中国宏观经济丛书
ZHONGGUO HONGGUAN JINGJI CONGSHU

国家高端智库成果
GUOJIA GAODUAN ZHIKU CHENGGUO

U0574827

"十三五"时期经济社会发展总体思路研究

陈东琪◎主编

人民出版社

《中国宏观经济丛书》编委会

主   任：朱之鑫
常务副主任：陈东琪
副 主 任：马晓河　任伟民　王昌林　吴晓华
委   员（按姓氏笔画排序）：

史育龙　白和金　毕吉耀　刘立峰　刘树杰
杨宜勇　肖金成　汪　鸣　宋　立　张长春
张燕生　林兆木　罗云毅　胡春力　俞建国
郭小碚　高国力　黄汉权　银温泉　韩文科
董　焰　臧跃茹

本书编写人员

主   编：陈东琪
成   员（按姓氏笔画排序）：

万海远　王　元　王　君　王　磊　王云平
毛科俊　申　兵　田智宇　邢　伟　刘志成
刘树杰　刘保奎　刘泉红　孙长学　孙凤仪
孙学工　杜飞轮　李　璐　李大伟　李玉涛
李红宇　李连成　李晓琳　李爱民　杨　威
杨　萍　杨宏伟　肖金成　吴文化　吴晓华
汪阳红　宋　立　张　燕　张于喆　张义博
张本波　张林山　张铭慎　张璐琴　陈长缨
陈晓博　欧阳慧　罗　蓉　郝　洁　姚淑梅
袁　朱　贾若祥　顾　严　郭丽岩　郭春丽
郭冠男　涂圣伟　盛朝讯　银温泉　韩　祺
韩文科　曾　铮　曾智泽　谢雨蓉　蓝海涛
臧跃茹　樊一江

前　言

　　"十三五"连接两个百年奋斗目标，既要面向未来五年，如期实现全面建成小康社会，又要面向 2049 年，建成富强、民主、文明、和谐的社会主义现代化国家。为了准确把握"十三五"时期发展环境，更加有效地应对各种风险和挑战，提出符合时代特征和发展需要的政策建议，国家发展改革委宏观经济研究院 2014 年设立重大课题《"十三五"时期经济社会发展总体思路研究》，由常务副院长陈东琪研究员拟定研究思路并设计研究框架，统筹全院力量，形成了一个主报告和十三个专题报告，为"十三五"规划纲要的编制工作提供了有力支撑。

　　本书汇集了课题组主要研究成果，其核心观点是，"十三五"时期要坚持"民生优先、改革创新、绿色安全、开放和谐"原则，不仅要从发展的有效性、协调性、创新性、可持续性、包容性等五个方面促进发展质量全面提升，努力实现全面建成小康社会的宏伟目标，同时还要面向 2050 年，努力推动实现以城乡、产业、科技、国防和国家治理现代化为目标的"五个现代化"。该成果的创新性主要体现在以下六个方面。

　　一是较早提出"以全面提升发展质量为中心"新思路。课题组认为，"十三五"规划是体现全面科学发展精神的规划，"必须以全面提升发展质量为其灵魂，强化质量导向，以提升质量作为发展核心，作为一切工作的中心"。发展质量体现在"发展的有效性、协调性、包容性、持续性、创新性"。这个观点与十八届五中全会提出的"以提高发展质量和效益为中心"，创新、协调、绿色、开放、包容五个发展理念相契合。

　　二是充实丰富我国社会主义现代化新内涵。课题全面阐述了社会主义现代化的时代内涵、目标导向及其之间的关系，指出"十三五"时期加快推进城乡、产业、科技、国防和国家治理现代化，争取下一个 30 年实现

"五个现代化"。城乡现代化是从城镇化发展规模、城市发展质量、美丽乡村建设需要提出的新要求。产业现代化不仅在农业、工业现代化中注入提升竞争力和发展质量的新内容，而且要求加快推进服务业现代化。科技现代化融入了以信息技术、生物科技、智能制造、新能源、新材料等世界科技发展的新因素、新变化、新趋势。国防现代化着重强调加快转变国防安全模式和国家安全保障体系，全面提升部队的整体作战能力、现代武器装备能力、海陆空控制能力和信息战能力。

三是敏锐判断国际能源版图变化新格局。课题组判断，世界能源版图正在发生趋势性变化，美国由能源单一需求方变为供求方，中印等亚洲国家成为主要需求方，亚洲能源市场的重要性上升。到 2020 年，我国将成为全球第一大石油进口国，印度将成为全球最大的煤炭进口国，日本依然是从北美和俄罗斯进口天然气的主要国家。苏伊士运河、博斯普鲁斯海峡、曼德海峡等中东油气输往欧美通道的重要性下降，而霍尔木兹海峡、马六甲海峡等中东油气输往亚洲通道的重要性将有所上升。

四是系统阐述了发展结构新变化。课题组指出，"十三五"时期我国发展结构将出现四个方面的新变化。一是消费结构将从物质消费为主转变为非物质消费为主，"消费主导型经济"特征日趋明显。二是产业结构逐步从制造业为主转向制造与服务并重，智能制造产业体系将逐步形成，服务业结构加快从以传统服务业为主向现代服务业转变，从降低生活性服务业为主向以生产性服务业为主转变。三是城乡结构以新型城镇化为主导，"市民主体型"社会特征愈益明显，以提质增效为核心的城市发展内涵容量不断增长。四是区域结构将体现统筹中东西、协调南北方的区域发展总体战略，区域间分工协调效应增强，促进整体经济的均衡协调发展。

五是科学构建了发展指标新体系。课题组依照提高发展质量指标的基本特征，以发展的有效性、协调性、创新性、可持续性和包容性为目标，设置了 5 大类、36 个指标。其中，根据"十三五"时期新的形势与要求，在"十二五"规划主要指标的基础上，按照全面建成小康社会的要求，根据《全面建设小康社会统计监测方案》指标体系和我国经济社会发展相关指标体系研究，设置了工业增加值率、全员劳动生产率、居民文教娱乐服务支出占家庭消费支出比重、户籍人口城镇化率、城市可吸入颗粒物浓度比下降、义务教育年限、新农合实际补偿率、城乡人均低保支出水平提高幅度等 20 个新指标。

六是明确提出了经济社会发展新建议。课题组就"十三五"时期产业升级、城乡互动、区域协调、对外开放、社会发展、生态文明、互补调节、公共安全等方面提出"八新"战略任务：打造具有国际竞争力的现代产业发展新体系，构建共促、协同的城乡发展一体化新格局，建立统筹东中西、协调南北方的空间发展新构架，培育优质高效的外向型经济发展新优势，形成包容和谐有序的社会发展新秩序，形成人与自然和谐发展新形态，构建政府和市场有效调节新机制，建设生产安全、生活安稳、国家安定的平安中国。

本书是《中国宏观经济丛书（2014—2015）》之一。《中国宏观经济丛书》是宏观院的重要学术品牌，入选的主要为宏观院重大课题和历年获得宏观院优秀成果奖的课题成果。该课题的研究工作和出版由财政部基本科研业务费专项资金资助，人民出版社对丛书的顺利出版给予了大力支持，在此表示衷心感谢。限于我们的研究水平和工作深度，书中难免有不当和错漏之处，诚恳期待社会各界提出批评意见和建议，以帮助我们不断提高课题研究水平和丛书质量。

国家发展改革委宏观经济研究院

《中国宏观经济丛书》编委会

2016 年 3 月

目 录

总报告

专题报告

总报告:"十三五"时期经济社会发展总体思路研究

"十三五"时期是全面建成小康社会的收官阶段,是迈向2049年、实现中华民族伟大复兴中国梦的新起点。按照十八大和十八届三中全会精神要求,深入分析"十三五"时期国内外发展环境,理清发展思路,细化发展目标,明确发展重点,部署发展任务,配套发展政策,对于编制好《"十三五"发展规划纲要》,加快推进社会主义现代化建设具有重要意义。

一、发展环境:新的挑战和机遇

(一)国际环境出现深刻调整

1. 世界经济呈现长期低速增长态势,发展模式转型加快,新一代新兴经济体增长动力趋强,全球增长结构出现新变化

国际金融危机以来,发达国家去杠杆化趋势延续,政府紧财政制约公共需求,高失业率制约私人消费,银行修复资产负债表制约私人投资,以金砖国家为代表的新兴经济体在高速增长之后换挡减速,未来世界经济增长动力总体减弱,增长速度放缓。根据 IMF 预测,2016—2020 年全球经济平均增速约为3.9%,发达国家为2.3%,新兴市场和发展中国家为5.4%,较2003—2007 年平均水平分别下降0.9、0.5 和2.3 个百分点。

以美国为代表的发达国家"再工业化",推行以降低消费率、提高储蓄率、减少进口依赖、增加出口强度为内容的"再平衡"战略,强调发展新工业为主的实体经济,对过度消费、福利虚高、金融监管缺失等结构性问题进行调整。拥有几十亿人口的新兴市场国家着力将扩大国内居民消费作为增长的主要

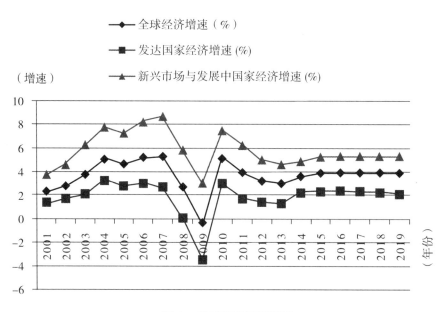

图1　世界经济增长预测

动力，以此带动工业化和现代化，原来强调出口导向的增长模式向"内外需结合、内需为主"的增长模式转换，从而在一定程度上会降低国际贸易增长强度，收窄世界经济增长空间。

印尼、菲律宾、匈牙利、波兰、哥伦比亚、尼日利亚、肯尼亚等新一代新兴市场国家出现加快发展趋势，柬埔寨、老挝以及撒哈拉沙漠以南非洲国家经济显现较高增长态势，释放后发效应。这对缩小发达国家和发展中国家在增长速度和收入水平方面的差距产生一定作用，从而相应调整改善全球增长结构。

世界经济低速增长将制约我国依靠外需拉动经济增长的空间。特别是发达经济体在转型中经济增长创造进口需求的能力减弱，我国出口增长难以与发达国家经济复苏同步。国际金融危机以来，大多数发达国家经济增长对进口的拉动作用要弱于金融危机前（参见图2），如美国2011—2013年间名义GDP增长1个百分点所创造的进口需求增长1.38个百分点，远低于2003—2008年间的2.29个百分点。同时也要看到，全球经济发展模式转型和增长格局调整客观上倒逼我国进一步深化经济体制改革、实施创新驱动发展战略和推进经济结构战略性调整，有利于我国经济长期可持续发展。中亚、东南亚、拉美和非洲等众多国家正处在工业化初中期阶段，其基础设施建设明显滞后，制造业水平偏低，急需引入资本、技术和管理经验以加快工业化和城镇化进程，为我国发挥在基础设施建设、成套设备制造等领域的竞争力优势，拓展新兴市场，培育国际大型跨国公司、推进以高铁为代表的产业"走出去"提供了难得机遇。

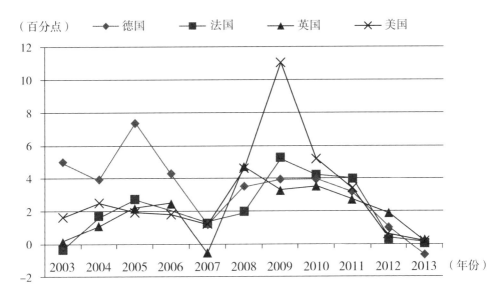

图 2   主要发达国家名义 GDP 增长 1 个百分点拉动的进口额增速

2. 以信息技术、智能制造、新能源应用为主要内容的新科技革命，促使全球生产方式变革，催生新业态，世界各国抢占产业制高点的竞争更加激烈

信息技术和新能源技术、生物技术等新兴技术向深度融合发展，尤其是向传统制造业领域持续渗透，各种复合型新技术不断涌现，成为全球新科技革命的重要动力。3D 打印和智能机器人技术广泛应用，产品价值链中的生产环节和研发、设计环节进一步分离，电脑和人脑在研究设计、开发应用、智能制造中进行范围广、层次深的功能分工，电脑在研发设计、价值链创造环节中占比越来越高，有的研发和生产环节全部由智能机器完成。在这种新型生产组织方式下，个性化、分散化的制造方式成本明显降低，推动传统大规模标准化制造方式出现大调整、大创新、大变革。智能电网、可再生能源等绿色能源技术的开发和应用，有望使每一栋建筑、每一户居民同时成为能源的生产者和消费者，促使传统集中式能源供应模式向集中式和分散式互为补充的新型能源供应模式转变。以互联网和物联网为大平台、以云计算和大数据为核心的新一代信息技术，大幅提高了远程实时交流和大规模数据搜集分析的效率。电子商务、互联网金融、远程医疗、远程教育等一系列新兴服务业态，在丰富服务现代化内容的同时，促使传统服务业态快速转型调整，服务业发展的内容和方式出现前所未有的变革。

在技术基础、高端人才、创新环境方面具有明显优势的发达经济体，强力抢占新一轮科技革命和产业变革制高点，巩固其在全球经济中的主导权和控制权。在部分新技术领域具有一定产业基础的新兴市场经济体加快发挥后发效应，积极参与新型科技产业革命，逐步具备挑战发达经济体的相对竞争优势。我国和发达国家在新技术领域的起点差距相对较小，以新技术衍生的新业态、新组织、新内容以扁平而不是垂直的组织方式加速传播和应用，为缩小与发达国家在新科技产业发展中的差距创造条件。这为我国跳跃式发展新科技产业，加快传统产业转型升级，在产业现代化中缩小与发达国家的差距创造了新机会，甚至在部分领域成为"领跑者"。

3.WTO 框架下的全球化进程放缓，国际贸易自由化障碍增加，区域化趋势日益明显，多边和双边跨境投资贸易合作呈现新特点

WTO 多哈发展议程谈判因发达国家和发展中国家立场相悖停滞不前，两大阵营尤其在农产品出口补贴、发展中国家国内产业保护等问题上难以协调，全球化进展放缓。与此同时，区域性自由贸易协定推动的区域化快速推进。到 2014 年 1 月底，向世界贸易组织通报并仍然有效的区域贸易安排共 377 个，2009 年以来生效的占 20%。经济发展阶段相近、经贸联系较为紧密的经济体之间合作进程加快，几乎涉及全球所有的发达国家和发展中国家。

信息技术、通信技术和运输技术的发展大幅缩短人与人之间的时空距离，跨境合作研发、远程服务等微观主体之间的新型跨境合作方式不断涌现。在 IT 等新兴行业，近年来由研发人员和消费者通过互联网进行协同创新的开放式创新模式已经开始取代传统的创新模式，大幅度提高了创新的效率。这种网络化、分散化的跨境合作和协调创新方式加快突破传统跨国直接投资和货物贸易格局。

在全球化和区域化"双推进"、多边和双边间跨境投资贸易合作和协同创新过程中，中国虽然在出口贸易等方面面临挤压和挑战，但是在 WTO 框架下的全球化和区域自由贸易协定谈判实施中，可以寻求更大的对外投资贸易融合发展的空间，发挥自身的新影响力。尤其是在新型跨境合作中，我国有机会在价值链更高层级上参与全球分工。我国技术水平和创新能力不断提升，在跨境合作研发、跨境工程建设、服务外包等方面优势越来越明显，为资本、产业"走出去"提供了难得的发展机会。

4. 全球治理体系由单极转向多极，西方国家力图维持全球治理主导地位，发展中国家在推动传统治理体系变革同时积极构建新体系，寻求共商共建共赢的多极化治理秩序

国际金融危机以来，世界经济重心在某种程度上由发达国家转向新兴发展中国家，全球权力从以美国为中心的单极向多极体系演变。G20 由应对金融危机的临时性机制发展为推动全球治理体系变革和宏观经济政策协调的重要平台，"金砖国家"、"基础四国"在重大议题上更加注重协调立场，国际货币基金组织和世界银行针对提高新兴大国话语权已完成一轮份额与投票权改革。随着发达国家和发展中国家力量对比出现新变化，G20 等多边合作机制将在维护世界经济稳定发展、扩大市场开放、重塑国际经贸规则、改革国际货币金融体系，以及气候变化、能源资源安全、粮食安全等领域发挥更加重要的作用，全球治理体系逐步向多元化调整乃大势所趋。

西方发达国家力图维护在全球治理中的主导地位。在气候变化和环境治理领域，欧盟和美国将继续要求发展中大国承担更多减排责任，甚或采取碳税、环境税等手段强制发展中大国减排。在国际经贸规则领域，美国等发达国家将以 TPP 和 TTIP 为抓手，构建符合自身利益的高标准经贸规则体系，并力图将其上升为全球性规则。

发展中国家继续推动国际货币基金组织、世界银行等传统治理体系变革，同时致力于建立更能代表自身利益的新体系。近期成立的金砖国家开发银行和应急储备库为发展中国家建立自己的"世界银行"和"国际货币基金组织"树立了标杆，经过较长时间将逐步推动形成与现行国际货币体系既"平行"又"交叉"的体系。

全球治理体系多极化有利于提升我国在国际舞台上的地位。在发达国家非常规货币政策退出、重点国家政策溢出效应、重债国清偿债务等诸多全球治理问题的协调中，各方将更加注重对中国的借重与合作。然而，随着中国经济实力增长，发达国家要求中国承担更多的减排、污染治理等责任和义务，发展中国家对中国在国际扶贫、对外援助等方面的期待越来越多，中国被加速推向国际事务前台。这就要求中国在探索创新发展模式、调整优化发展路径、不断增强发展实力和全球影响力的同时，积极参加全球规则制定、谋求全球治理话语权，主动承担相应的全球发展责任，推动全球和平有序发展。

5. 世界能源版图发生趋势性变化，美国由能源单一需求方变为供求方，中印等亚洲国家成为主要需求方，亚洲能源市场和通道的重要性上升

美国在页岩气、页岩油勘探开采技术方面取得重大突破，已经进入大规模商业化开发阶段，油气资源产量持续快速增长。2012 年美国超过俄罗斯，成为全球第一大天然气生产国，2020 年美国总体能源自给率将达到 93.5%，较 2010 年提高约 10 个百分点，天然气则转为净出口，在全球能源格局中由单纯的需求方变为供应和需求双重角色。亚洲能源需求规模快速扩大，从 2011 到 2020 年，亚洲发展中国家的能源消费量年均增速将达 3.2%，明显高于非洲、拉美和东欧国家。我国占亚洲能源消费一半以上，到 2020 年将成为全球第一大石油进口国，印度将成为全球最大的煤炭进口国，而日本依然是从北美和俄罗斯进口天然气的主要国家。部分中东的油气资源流向亚洲市场。东欧地区地缘政治冲突、俄罗斯与美欧围绕克里米亚和乌克兰东部归属问题博弈不可能在短期内结束，有可能长期影响全球能源分配格局。欧盟将逐渐减少对俄罗斯的油气资源依赖，扩大从美国、中东、委内瑞拉、尼日利亚进口能源。这会使苏伊士运河、博斯普鲁斯海峡、曼德海峡等中东油气输往欧美通道的重要性下降，而霍尔木兹海峡、马六甲海峡等中东油气输往亚洲通道的重要性将有所上升。预计 2035 年经前三地的原油贸易量占全球贸易总量分别为 11%、2% 和 11%，较 2010 年下降 3 个、2 个、3 个百分点；经后两地的原油贸易量占全球贸易总量比重分别为 50% 和 45%，较 2010 年提高 8 个和 13 个百分点。

全球能源版图的调整，总体上有利于中国作为重要买方在能源市场博弈中的话语权，但责任和风险也会随之加大。除了能源通道因美国部分责任减少，其安全保障投入可能相对减少，迫使中国不得不承担更多相应责任外，地缘政治冲突加剧、美国可能从供给侧对大宗商品市场施加影响等因素，都会增加中国能源供应的不确定性。这就要求中国既要与供给方建立有长期安全保障的合作机制，又要与能源需求方形成共赢机制，以提升中国在全球能源棋局中的掌控能力，为保障中国经济社会可持续发展创造良好的外部环境，保证中国现代化进程不因外部冲击而中断。

（二）国内条件发生重大变化

1. 发展阶段新变化

经济增长进入新常态。国际经验表明，当一国人均 GDP 达到 5000 美元后，支撑经济增长的原有动力明显减弱，潜在增长率下降将导致经济减速。

受环境约束增强、人口红利减弱，要素生产成本上升及边际生产率递减等因素影响，中国经济增长将从 10% 以上的高速换档到 6—8% 中高速增长区间。经济增速下降既为经济结构优化提出了迫切要求，又为其调整提供了空间，创新驱动将逐步成为经济转型升级的根本动力，经济发展将从规模扩张转到提质增效上来。

城镇化进入深度均衡推进期。改革开放以来中国城镇化率年均增速达到 0.9 个百分点，其中 1978 到 1995 年间，中国城镇化处于缓慢推进期，年均提高 0.6 个百分点。1995 年以来进入快速推进时期，年均提高 1.4 个百分点。预计到 2020 年之前城镇化速度还会较快，2020 年以后进入平稳期。"十三五"时期，中国城镇化将进入中小城市"扩容"和大城市"提质"同步推进阶段。随着东部地区城镇化成本上升，以及区际间产业梯度转移，中西部地区城镇化速度将明显加快，一定程度上可以缓解地区间城镇化不均衡和大中小城镇发展不协调状况。新型城镇化规划提出要加快推进创新城市、绿色城市、智慧城市和人文城市建设，未来中国城镇化必将朝着更加规范、更加有序、更加节能、更加环保、更加智能的方向发展。

从传统到现代工业化。中国工业化正处于中期向后期过渡阶段。"十三五"时期，随着要素供给条件变化，资本密集型和技术密集型产业替代劳动密集型产业步伐加快，劳动生产率将持续提高，产业竞争力将明显提升。在新一轮科技和产业革命带动下，新能源、新材料、生物医药、智能制造、新一代信息技术等新兴产业和生产性服务业发展步入快轨道，带动中国产业从低附加值工序向高附加值工序攀升。随着工业化与信息化融合步伐加快，信息化将带动三次产业现代化进程加快。在资源环境的硬约束下，绿色化、低碳化、清洁化生产将主导产业发展方向，资源节约型、环境友好型产业将获得快速发展。

迈向高收入阶段。中国人均国民收入已达 6700 美元，按照世界银行的划分标准，已经进入中上等收入国家行列。伴随经济中高速增长，人均 GDP 将持续提高。"十三五"时期，中国人均 GDP 将超过中上等收入平均水平，向高收入阶段门槛迈进。

全方位对外开放。作为目前世界第一大出口国，中国正处于从商品输出向商品、资本和产业相结合的"走出去"的转变之中。"十三五"时期，中国资本输出将进入快速发展阶段，随着服务业对外开放步伐加快，生产企业和服务企业"走出去"都将呈现蓬勃发展之势，中国将成为世界对外投资增长最快的国家之一。伴随贸易条件变化及外贸发展方式转变，中国出口将由传统劳动密集型产品转向资本、技术密集型产品，服务贸易也将快速发展，进口将由以引进外资、资源和技术为主转变为引进资本、资源、技术、人才并重。

2. 发展结构新变化

居民消费主导需求结构变化。近年来随着中国居民收入水平不断提高，居民消费能力不断增强，消费结构升级趋势加快，汽车、住房、旅游、通讯、休闲、健康服务等消费热点不断向更大范围扩散。"十三五"时期，伴随中国工业化城镇化进入提质增效阶段，产业规模扩张和基础设施建设高潮逐渐过去，消费将逐步代替投资成为支撑经济增长的主要动力，中国将进入投资主导型经济向消费主导型经济的转变时期。未来居民生存型消费比重将进一步降低，发展与享受型消费比重上升，消费结构将从物质消费为主转变为非物质消费为主，"消费主导型经济"特征日趋明显。

服务化、智能化主导产业结构变化。"十三五"时期，中国第二产业比重将进一步下降，第三产业比重加速上升，产业结构逐步从以制造业为主转向制造与服务并重。一方面，伴随先进制造技术快速发展，以新型传感器、智能控制系统、工业机器人、自动化成套生产线、3D打印等为代表的智能制造产业体系将逐步形成。另一方面，经济服务化趋势日益明显，从以传统服务业为主向以处在"微笑曲线"两端的现代服务业为主、以生活性服务业为主向以生产性服务业为主的服务业结构转变加快。

新型城镇化主导城乡结构变化。虽然目前中国城镇化率已达53.7%，但以完全意义上的城市人口概念衡量的真实城镇化率仍不超过40%。"十三五"时期，新型城镇化将稳步推进，农村转移人口市民化将逐步加快，1亿左右农村转移人口和其他常住人口将落户城镇，1亿左右中西部转移人口将实现就近城镇化，城乡发展差距进一步缩小。随着城镇化率在50%以上逐步提高，中国"市民主体型"社会特征愈益明显，以提质增效为核心的城市发展内涵容量不断增长。

东西南北协调主导区域结构变化。未来一个时期，中国要实施统筹中东西，协调南北方的区域发展总体战略，努力构建各具特色，形成协调联动的区域发展格局。随着沿海经济发展深度调整，东南沿海地区的产业继续向中西部等欠发达地区梯度转移，东中西之间差距趋于缩小，南北方互动越来越强。区域发展将从部分地区优先发展的"非均衡推进"转向"均衡协调发展"，区域间分工协调效应增强，促进整体经济的均衡发展。

3. 发展优势新变化

人力资本优势。伴随中国劳动力供求关系变化，劳动年龄人口增速放缓，劳动力从农业和农村向城镇和工业领域的转移及整个劳动力再配置进程接近尾声，人力资源无限供给及其所带来的人口红利基本结束，传统要素优势减弱，但由劳动力受教育程度提高带来的人力资本优势加快形成，为中国经济发展从规模数量扩充向提质增效阶段转变提供了新的要素条件。数据显示，中国每十万人口拥有高等学校在校生，从1990年的年180人增长到2013年的1822人；普通高校毕业生占从业人员比重，从1990年的0.01%提高到2013年的0.9%。中国在校大学生占劳动年龄人口中的比重、大学生占新增就业人员的比重和国外留学回国人员占城镇新增就业人员比重逐年增加，2013年分别达到2.7%、53%和2.7%。劳动力素质提高和结构变化为中国加快技术创新提供基础。

资金和基础设施建设优势。中国储蓄率位居世界前列，总体上已从资本短缺转变成为资本过剩，外汇储备已超过3.8万亿美元，位居世界首位，与其他发展中国家相比有着明显的资金优势。在资本存量上升的同时质量明显提升，建设了一大批具有国际一流水平的重大装备和重要基础设施，为中国经济长期发展奠定了坚实基础。在高铁、高速公路、油气管道和港口等基础设施建设方面也具有相对的技术优势和经验，为中国积极参加国际性基础设施建设，扩大中国基础设施产业发展的外向空间，并带动相关产业及其资本走出去，拓展国内经济发展的国际空间提供了良好的条件。

需求市场优势。随着经济发展水平从低收入国家进入中上等收入国家，中国市场容量越来越大，吸引外国资本和技术的能力越来越强，原来以劳动力和自然资源为主形成的低成本竞争优势逐步转换到新的需求市场优势。从消费需求看，对文化、教育、医疗、养老和旅游等服务类需求增长迅猛，智能手机、平板电脑、信息家电等已形成新的消费热点，汽车等消费持续增长，消费潜能正在市场释放，正在成长成为世界重要的新兴消费市场。从投资需求看，中国在城市轨道交通、环境治理、城市排水、保障房和农村基础设施等方面存在着极为迫切的需求。在消费和投资需求的共同带动下，在为中国现代服务业和高端制造业提供更大市场空间的同时，也将为世界各国产品提供越来越大的市场需求。

4. 发展机制新变化

资源配置市场化。随着全面深化改革的深入推进和市场在资源配置中的决定性作用日益凸显，各类资源要素配置将逐步摆脱政府过多干预的状况，并依据市场规则、市场价格在时间和空间上重新配置，在市场、产业和企业层面加快释放市场正能量，提高生产潜力和效率，进一步解放生产力，促进中国发展动力机制的有效转换，推动经济社会发展全面提升。

政府调控规范化。在逐步推行负面清单制度后，把政府工作重心放到宏观调控、公共服务、市场监管、社会管理和环境保护方面来。政府宏观调控职能与结构调整、转变经济发展方式、体制改革、改善民生目标紧密结合，并通过一系列的政策设计和制度安排，实现宏观调控的目标制定和政策手段机制化，逐步形成科学合理的调控政策手段搭配和制度化、规范化和法制化的宏观调控体系，从而有利于提高宏观调控的科学性，提升整体宏观经济效率。

社会治理多元化。伴随社会组织管理制度改革的推进和政府向社会放权步伐不断加快，社会组织参与社会治理的制度和政策环境不断优化，政府、社会和公民三方共同治理社会的格局正在形成；随着社区发展壮大和社区自治制度逐步完善，社会治理结构扁平化趋势日益明显，社会治理机制加快调整。提供好的社会秩序，更有利于人民自由、安稳、体面的生活和发展。

（三）"十三五"发展面临的新风险和挑战

"十三五"时期，受发展阶段转换、经济结构调整、社会结构变动和国际经济政治环境复杂多变等多重因素的影响，中国经济社会领域面临比以往更多、更难以预见和把控的风险，对经济社会发展构成了不容忽视的重大挑战，也对中国提高应对风险的能力提出了更高要求。

1. 经济下行带来的财政金融风险增大

在外延发展模式支撑的高速增长时期，各地城市及基础设施建设力度不断加大，传统生产部门产能加剧扩张。但由于财政金融体制改革相对滞后，与市场化相适应的基础设施融资制度不健全，多层次资本市场尚未建立起来，形成对银行信贷的过度依赖，由此造成地方（融资平台）债务和企业债务快速上升，社会总杠杆率持续攀升，地方政府债务和商业银行表外业务（影子银行等）等财政金融风险不断累积。同时由于住房制度改革与房地产市场化发展衔接不到位，加上土地财政和居民财富积累分配不均，导致房地产市场出现一定程度的风险隐患。"十三五"时期，在经济下行压力加大、财政收入减缓以及房地产市场调整的背景下，中国地方政府债务、影子银行、房地产泡沫、产能过剩等多重风险相互叠加，如果不能有效处理好"去杠杆、去泡沫、去产能过剩"等风险的相互关系，有可能出现一定程度的系统性风险，给中国宏观经济的稳定发展带来较大的不确定性，影响中国全面建成小康社会和基本实现现代化的伟大历史进程。

2.社会发展的不稳定性风险增多

经过30多年的改革开放和高速发展，中国经济体制深刻变革，社会结构深刻变动，利益格局深刻调整，思想观念深刻变化，社会主体趋于多元化、利益诉求趋于多样化。由于重点领域和关键环节的体制改革不到位，收入分配不公、贫富差距扩大、公共服务不完善、群体性事件增加、城市流动人口增多、土地征用和房屋拆迁侵犯农民权益、药品食品安全等社会矛盾尚未得到妥善解决。"十三五"时期，在经济增速换挡和结构调整中，以往被高速增长所掩盖一些社会问题将日益突出，新的社会矛盾将不断产生，各种风险因素相互交织、相互影响。而随着发展阶段提升，社会公众对收入增长预期持续提高，而对收入分配不公和环境污染等问题的承受力下降，对社会进步与公平正义的期待增强大，加之西方势力干预下我国反恐反暴压力加大，网络信息社会信新兴媒体迅猛发展，网络虚拟社会对现实社会的影响日益增强，局部社会矛盾更容易传播扩散，社会治理难度空前加大。

总体而言，"十三五"时期，虽然发展环境与条件有所变化，但中国仍处于可以有所作为的战略机遇期，经济依然可以保持持续稳定增长，综合实力将不断增强，为化解上述风险提供了雄厚的经济实力。同时随着全面深化改革的深入推进，财政、金融、社会管理等领域的制度将日益完善，经济社会安全保障体系将逐步形成，中国有足够的智慧和能力处理好错综复杂的矛盾和问题，将风险冲击效应降低到最低程度。

二、指导方针和发展原则

"十三五"时期是全面建成小康社会的收官阶段，是迈向2049年、实现中华民族伟大复兴的新起点。"十三五"规划，要根据国际发展环境的深度调整、国内发展条件的重大变化，与时俱进地调整经济社会发展思路，明确未来五年发展的指导方针和原则，找准下一个30年（到2049年）发展的目标方向，为建成全面小康社会、建设社会主义现代化强国，设计新方略，描绘新蓝图。

（一）发展的指导方针

"十三五"经济社会发展的指导方针应当是：以全面推进科学发展为总纲，

以全面提升经济社会发展质量为核心,以改革推动创新、创新驱动发展,实现全面建成小康社会目标,加快推进城乡、产业、科技、国防和国家治理现代化,为实现中华民族伟大复兴的中国梦而努力奋斗。

1. 以全面推进科学发展为总纲

从"六五"到"十五"这5个五年计划始终贯彻邓小平同志"发展是硬道理"的基本思想,强调快速发展,经济隔几年上一个新台阶甚至翻番以这个发展导向,成功取代了"以阶级斗争为纲",全党全国紧紧围绕经济建设这个中心,用20多年时间解决了"总体小康"问题,符合当时中国经济由小到大的发展阶段的需要,符合全国人民要求加快发展的强烈愿望。目前,经过长时间的高速增长,以"多、快"为特征的发展模式,面临资源环境承载困难、发展代价过大、增长不可持续等方面的挑战。

"十一五"和"十二五"规划,既明确了"拥有十三亿人口的发展中大国,仍处于并将长期处于社会主义初级阶段,发展仍是解决我国所有问题的关键",贯彻了"十六大"关于"发展是党执政兴国第一要务"、"聚精会神搞建设、一心一意谋发展"的精神,又体现了党的十六届三中全会提出的"科学发展观"。"十一五"规划提出"发展必须是科学发展","十二五"规划明确"以科学发展为主题"。这不仅反映了"发展是硬道理"的内在本质要求,又充实丰富了发展的理念和内涵,为卓有成效地转变发展方式、加快推进从"多、快"为主转向以"好、省"为主、实现"又好又快"发展明确了战略指向。

十多年来践行科学发展观的经验表明,中国要解决发展中的三"不"(不平衡、不协调、不可持续)问题,从根本上来说,就必须使科学发展理念渗透到国民经济和社会发展的所有方面、一切领域,五年规划的总纲就应该从"科学发展"提升到"全面科学发展",让所有发展活动都体现科学性、有效性和可持续性。从"发展"到"科学发展"再到"全面科学发展",既是中国经济社会发展的历史和逻辑之必然,也是国家建设由小到大、由大到强的必由之路。

2. 以全面提升经济社会发展质量为核心

任何发展离不开数量和速度,而全面科学发展更要在必要数量和速度前提下提升发展质量。从这个角度来说,体现全面科学发展精神的规划,必须以全面提升发展质量为其灵魂,就必须强化质量导向,以提升质量作为发展的核心,作为一切工作的中心。

全面提升发展质量的内涵非常丰富,主要包括:

● 人口质量

●要素（土地、劳动力、资本、技术）质量

●工程建设质量

●产品（食品和药品）质量

●服务（商业服务和公共服务）质量

●教、科、文、卫、体质量

●人民生活质量

●环境质量

●公共安全

●社会稳定

……

3. 创新驱动发展，改革推动创新

创新驱动发展。全面提升发展质量的根本途径是提高生产率，持续增进效益，而生产率提高和效益增进的核心推动力是创新。没有创新就没有竞争力，就没有生产率的持续提高，就没有持续增长，也就没有科学发展。企业发展是这样，国家发展更是这样。

改革推动创新。从外延看，创新主要包括：制度（体制机制）创新、技术创新、管理创新。推动发展质量提升、实现全面科学发展的关键是技术创新。一个企业、一个国家没有持续性的技术创新，就难以解决其竞争力和质量提升问题，而持续性技术创新从根本上依靠良好的制度和管理方式。从这个意义上说，技术创新是全面科学发展的基础，制度创新、管理创新是全面科学发展的前提和条件。因此，"十三五"规划要体现"创新驱动发展"，就必须全面深化体制机制改革，实现制度创新和管理创新，以"改革推动创新"。

4. 实现全面建成小康社会目标（中期，未来 5 年）

"十三五"要紧紧围绕全面建成小康社会这个总目标，全面落实政治、经济、社会、文化和生态文明建设各方面的重大任务和数量指标，更要根据经济社会发展新阶段的新要求，充分体现增强国家竞争力和可持续发展能力的新需要，切实满足人民群众对生产安全、生活安稳、国家安定，物质和精神文化生活双增进的新期待。

5. 加快推进城乡、产业、科技、国防和国家治理现代化（长期，下一个 30 年）

城乡现代化。城乡、产业、科技、国防和国家治理现代化这"五个现代化"，是对毛泽东、周恩来等老一辈无产阶级革命家提出的农业、工业、国防

和科学技术"四个现代化"的继承和发展。在 1964 年提出"四个现代化"的时候，城乡二元经济结构还非常明显，农村发展很落后，城镇化率只有 10% 多一点，不可能提出新型城镇化和美丽乡村建设相结合的城乡现代化目标。此后，近半个世纪特别是改革开放 30 多年来的城乡经济快速发展，城镇化率在 21 世纪第二个十年之初"过 5"（超过 50%），无论是从城镇化发展规模、城市发展质量的需要看，还是从美丽乡村建设的需要看，都提出了城乡现代化的新要求，提出了充实丰富社会主义现代化的新内容。

产业现代化。20 世纪 70 年代提出"四个现代化"中的农业、工业现代化，是产业现代化发展的重要内容。当时，产业中的服务业无论是占 GDP 的比重还是占就业的比重都非常低，不可能提出包含服务业现代化在内的产业现代化。国际金融危机以来，随着全球产业发展模式和产业结构调整加快，中国服务业出现繁荣发展势头，非农产业中出现了服务业占比大于工业占比的拐点，这种具有长远历史意义的结构变化，不仅要在农业、工业现代化中注入提升竞争力和发展质量的新内容，而且要求加快推进服务业现代化，这就逻辑地要求"十三五"规划提出包括农业、工业和服务业这三大产业在内的、更具系统性的产业现代化。

科技现代化。20 世纪后半期和 21 世纪初以来，全球化、信息化深度发展，世界科技发展出现新变化新趋势，以信息技术、生物科技、智能制造、新能源、新材料等为代表的高新技术研发和应用步伐加快，对经济社会发展产生日益深刻的影响。这就要求丰富科技现代化的内涵，在"十三五"规划中充实科技现代化的新内容。

国防现代化。随着中国成为世界第二大经济体，国家发展的综合实力和国际影响力提升，国家安全需求显著增加，这就要求有范围更宽、内容更新、方式更有效的国家安全保障，要求加快军事创新，在国家创新体系中充实军事创新的内容，要求全面加强国防现代化。国防安全模式要从以机械化、自动化主导的传统模式转换到以智能化、信息化主导的现代模式，国家安全保障体系要从保障内陆主权转换到保障陆海空"三位一体"主权。这就要求全面提升部队的整体作战能力、现代武器装备能力、海陆空控制能力和信息战能力，为"以和求安、以安促和"提供实力保障，以强军为强国保驾护航。

国家治理现代化。中国经济发展规模扩大，发展水平快速提升，全面融入世界发展体系，逐步迈向中等发达国家行列，这就要求全面推进依法治国，按照现代国家的高标准来改革创新国家治理机制，构建政府、社会、市场合理分工，人大立法、司法独立、依法行政，法律面前人人平等的治理体系，建立政府权力清单制度，逐步将立法权集中到人大，切断立法与部门利益的联系，保证立法的公正性、中立性和权威性。实现国家治理体系和治理能力的现代化，是对中国社会主义现代化内容的增进和提升。

"十三五"规划以全面推进科学发展为总纲，以全面提升发展质量为核心，以改革创新作为发展的主要驱动力，加快转变发展模式，推进"五个现代化"建设，不仅要落实到2020年之前五年规划的全部内容中，更要体现在到21世纪中期（2049年）之前30多年的整个远景规划中。这就要求"十三五"规划对全局的设计视野要宽、站位要高、立意要远，要在认真总结和吸收前12个五年规划（计划）的主要经验教训基础上，将未来的5年中期发展与未来30多年的长远发展结合起来，使5年规划成为下一个30年远景规划的新起点、新里程碑。"十三五"规划不仅要为2020全面建成小康社会做好具体部署安排，更要为实现中华民族伟大复兴的中国梦、达到第二个百年战略目标做好远景性谋篇布局，使中期发展为长期发展打好坚实基础。

（二）发展原则

为了贯彻以全面提升发展质量为核心的全面科学发展，要遵循既掌控全局，又简明易行的执行规则或原则。本课题组建议将"民生优先、改革创新、绿色安全、开放和谐"十六个字作为"十三五"经济社会发展应当遵循的基本原则。

民生优先。经济社会发展的出发点和归宿，是让全体国民过上自由、安稳、殷实而体面的生活。"十三五"和下一个30年中国发展，无论是推进GDP数量的增长和质量的提升，增加供给，扩大消费，还是安排财政资金投入，推进公共工程建设，提供公共服务，以及安排所有其他的经济社会发展项目的次序，都要始终坚持以人为本、民生优先，把改善民生放在经济社会发展所有工作的首位。

改革创新。创新是科学发展的源泉，改革是创新的动力。"十三五"时期，要按照党的十八届三中全会全面深化改革的顶层设计，对政治、经济、社会、文化、生态五大领域进行系统性、整体性、协同性改革，全面构建市场决定资源配置、政府发挥更好作用的新体制机制，为实施国家创新战略、持续推动企业和个人创新提供根本性制度保障。

绿色安全。随着发展的重心由数量规模扩张转向质量水平提升，"十三五"规划和远景规划，要强化绿色导向，推进生产清洁化、消费节约化、资源循环化、生态绿色化，实现绿色低碳发展；要突出安全在质量提升和科学发展中的重要地位和作用，加快构建有利于生产安全、生活安稳、国家安定的发展体系，全面推进平安中国建设。

开放和谐。创新、质量提升、科学发展都离不开深度开放，离不开对外对内"双开放"。在"双开放"中，对内开放是对外开放的前提、基础和条件。无论是在跨境、跨国投资和贸易中，还是在国内城乡之间、行业之间、区域之间，以及国有和民营之间的投资和贸易中，都应该体现开放精神，打破各种损害公平竞争的分割、壁垒和垄断，把市场建设成统一开放、有序竞争的市场。科学发展的根本要求是调动经济社会各领域、各环节、各部门、各利益主体的积极性，最大限度地释放市场能量、解放生产力，这就必须构建包容和谐的发展体系构架。无论是先进地区还是后发地区，是发展的强者还是弱者，都应该获得公平的发展机会，分享发展成果，实现经济社会共赢和谐发展。

三、发展目标

（一）中期：2020年实现全面建成小康社会目标

课题组认为，要实现到 2020 年全面建成小康社会的伟大目标，需要围绕全面提升发展质量，坚持科学性、系统性、导向性和可比性原则，在对关键指标进行合理选择的基础上，构建科学合理的指标体系，以更好地完成"十三五"期间的各项目标任务。

1. 主要指标选取及测算

GDP 指标。选取 GDP、人均 GDP、GDP 增速等三个指标来衡量国内生产总值的总量、人均水平及其变化速度。从总量指标看，综合考虑国内要素条件变化、内外需市场变动以及资源环境约束条件后，按照生产函数法，我们估算 2020 年前我国经济潜在增长率为 6—7%。按照全面建成小康社会的要求，到 2020 年要实现国内生产总值比 2010 年翻一番，即 GDP 要达到按可比价计算的 80 万亿元人民币以上，未来年均经济增速应该在 6.5% 左右。五年规划的 GDP 增速是一个指导性的目标，现实经济增长表现往往大于这一预期指标。综合考虑以上因素，体现"十三五"时期提高经济发展质量这条主线，并为经济转型升级、深化体制改革预留空间，我们将"十三五"时期 GDP 预期增速定在 6.5% 的水平，预计 2020 年 GDP 总量达到 89 万亿元以上。按照 2014—2015

年 7% 以上的 GDP 增速、"十三五"时期 6.5% 的 GDP 增速、3% 的通胀率以及 3% 左右的美元贬值幅度，到 2020 年，中国人均 GDP 将达到 12000 美元以上，实现人均 GDP 翻两番的目标。

结构指标。城乡、经济等方面的结构转换升级也是考察全面小康社会实现程度的重要指标。我们选取户籍人口城镇化率、新兴产业以及服务业增加值比重等指标来衡量"十三五"时期的结构优化程度。到 2020 年，一方面城市化发展水平不断提高，城乡二元结构转换加快，能真正反映以人为核心城镇化程度的户籍人口城镇化率达到 45% 以上；另一方面，三次产业结构升级加快，新兴产业增加值比重上升到 15% 以上，服务业比重快速上升，生产性和消费性服务业协同推进，服务业增加值比重提高到 55% 左右。

居民收入指标。居民收入是反映全面小康社会实现程度的重要指标，我们选取居民人均可支配收入、城乡收入比、基尼系数等三个指标来衡量居民收入的变化及其公平程度。"十三五"时期，居民人均可支配收入年均增长 6.5% 以上，达到 29000 元左右；收入分配导向从"先富"转变为"共富"。城乡之间、地区之间、行业之间、社会各群体之间、个人之间的劳动收入和财产性收入差距缩小，相对贫困程度降低，人人实现小康，人民生活安心、放心、舒心。城乡居民收入差距 2020 年缩小到 2.8 左右；城市内高收入和低收入之间的差距比缩小到 5 以内；农村内高收入和低收入之间的差距 2020 年缩小到 7 左右，为进入高收入阶段、实现共同富裕创造条件。包括现有贫困地区的所有地区和所有居民，生活水平都达到基本小康标准。城乡最低收入家庭每人每天消费低于 1.25 美元的贫困人口（世界银行 2009 年用 2005 年的 PPP 美元计算的贫困标准），2020 年都将全部转化为"衣有所着、食有所餐、住有所居、学有所教、劳有所业、病有所医、老有所养"的小康人门，基本消除绝对贫困。基尼系数下降到 0.4 以内，中等收入者所占比重逐渐提升，逐步向"两头小、中间大"的"橄榄型"收入分配结构形态过渡，在不影响效率前提下提高收入分配的相对均等程度。

消费指标。毫无疑问，居民消费类指标也是衡量小康社会实现程度的关键指标，居民消费率已成为衡量一国经济发展良性与否的重要标准。我们选取消费率、恩格尔系数等指标来衡量居民消费的变化情况。为进一步提高居民的消费能力和消费水平，促进国民经济的健康正常运行，2020 年，最终消费率从 2010 年的 47.4% 上升到 55% 左右，缩小与世界平均消费率（65% 左右）的差距，实现居民收入增长与经济增长、劳动收入增长与劳动生产率提高基本同步。同时，城乡居民消费结构进一步升级，在总消费开支中，食品开支所占比重下降，住、行、旅游、教育、文化、娱乐、保险和用于其他用于健康安全和精神生活的开支所占比重上升。城乡居民恩格尔系数在 35—37% 间上下波动，市民消费接近高收入国家消费水平。

效率指标。经济运行效率的高低对于全面小康社会能否如期建成至关重要。反映经济运行效率的主要指标有劳动生产率，工业增加值率，资源产出率等。全员劳动生产率指根据产品的价值量指标计算的平均每一个从业人员在单位时间内的产品生产量，是生产技术水平、经营管理水平、人员技术熟练程度和劳动积极性的综合表现。根据 GDP 年均增长 6.5% 的基准，以及每年新增就业 1000 万人的预期，计算出 2020 年 GDP 总值以及全国就业总人数，由此得出 2020 年全员劳动生产率预计人均创造 106000 元左右。工业增加值率是指在一定时期内工业增加值占工业总产值的比重，反映降低中间消耗的经济效益，是一个国家或地区工业企业盈利能力和发展水平的综合体现。从现在起到 2020 年，我国工业发展水平和效益水平必将进一步提升，预计中国工业增加值率将从 2013 年的 23% 左右提升到 2020 年的 30% 左右。主要能源资源产出率在"十三五"时期累计增加 15% 左右。

基本公共服务指标。基本公共服务均等化是全面建成小康社会的重要保障。我们选取义务教育年限、新农合实际补偿率、城乡人均低保支出水平、人均预期寿命等指标来反映基本公共服务的均等化程度。到 2020 年，按照"全覆盖、保基本、低水平、多层次"原则，在区域之间、城乡之间实现基本公共服务均等化，所有国民均享有基本医疗卫生、基本养老、基最低生活保障、社会救助和失业救济等社会保障。在全面普及 9 年义务制教育基础上，逐步实行 12 年制义务教育，子女在父母就业居住地接受义务教育。新农合实际补偿率达到 70%，城乡人均低保支出水平提高 7% 以上，国民健康水平明显提高，人均预期寿命提高到 78 岁左右。

节能环保指标。经济社会的绿色化、低碳化发展一定程度上也体现着小康社会的实现程度。我们选取单位工业增加值用水量、农业灌溉用水有效利用系数、非化石能源占一次能源消费比重、单位国内生产总值能源消耗、城市可吸入颗粒物浓度比、主要污染物排放等指标来衡量经济社会的绿色化、低碳化发展程度。当前我国的能耗水平离国际社会和绿色低碳发展的目标仍有距离，需要设定更为科学、约束性更强的节能环保类指标。到 2020 年，单位工业增加值用水量降低累计 30%，农业灌溉用水有效利用系数累计提高 3% 左右，非化石能源占一次能源消费比重提高到15%以上，城市可吸入颗粒物浓度比累计下降15%左右，单位国内生产总值能源消耗累计降低15%，主要污染物排放减少8%。

2.指标体系

全面提升发展质量，要体现以下几方面的特征：一是发展的有效性，即发展效率，也就是发展过程中的投入产出关系，它是提升发展质量的基本核心；二是发展的协调性，即经济结构、区域发展格局等方面的协调程度，它是提升发展质量的关键因素；三是发展的创新性，即技术创新和体制机制创新在发展中的作用，它是提升发展质量的主要手段；四是发展的可持续性，主要表现为资源环境承载经济长期发展的潜力，它是提升发展质量的强大保障；五是发展的包容性，即经济社会发展对于减少贫困、提高居民生活水平的作用，它是提升发展质量的重要目的。

依照提高发展质量指标的基本特征，我们设置了5大类、36个指标。其中，根据"十三五"时期新的形势与要求，在"十二五"规划主要指标的基础上，按照全面建成小康社会的要求，根据《全面建设小康社会统计监测方案》指标体系和我国经济社会发展相关指标体系研究，设置了20个新指标。具体如表1所示。

表1 "十三五"主要指标及其对小康社会关键目标值实现程度

指标		2013	2015	2020	年增长率	小康社会标准值	实现程度	属性
发展的有效性	1.国内生产总值（万亿元）	56.9	66	89.2	6.5	—	—	预期性
	2.人均GDP（元）※	41900	47970	65723	[17753]	≥ 31400	209%	预期性
	3.城镇新增就业（万人）	—	—	—	[4500]			预期性
	4.工业增加值率（%）※	23	25	30	[5]			预期性
	5.主要能源资源产出率（%）※	—	—	—	[15]			预期性
	6.全员劳动生产率（元/人）※	73898	82463	106255	[23792]	—	—	预期性

续表

指标	2013	2015	2020	年增长率	小康社会标准值	实现程度	属性
发展的协调性 7. 服务业增加值比重（%）	46.1	48.5	54.8	[6.3]	≥50	110%	预期性
8. 文化产业增加值占 GDP 比重（%）※	3.77	4	5	[1]	≥5%	125%	预期性
9. 户籍人口城镇化率（%）※	35.7	38	45	[7]	—	—	预期性
10. 居民文教娱乐服务支出占家庭消费支出比重※	10	12	16	[4]	≥16	100%	预期性
11. 消费率（%）※	49.8	51	55	[4]	—	—	预期性
12. 失业率（城镇）	4.1	4.1	≤4	[-0.1]	≤6	150%	预期性
发展的创新性 13. 信息化指数※	—	—	—	[15%]	—	—	预期性
14. R&D 支出占国内生产总值比重（%）	2.09	2.2	2.5	[0.3]	≥2.5	100%	预期性
15. 每万人口发明专利拥有量（件）	4.02	4.6	6	[1.4]	—	—	预期性
16. 新兴产业增加值占 GDP 比重（%）※	—	8	15	[7]	—	—	预期性
17. 义务教育年限※	9	9	12	—	—	—	预期性
18. 平均受教育年限※	9.7	9.9	10.5	[0.6]	≥10.5	100%	预期性

指标	2013	2015	2020	年增长率	小康社会标准值	实现程度	属性
发展的协调性 19. 耕地保有量（亿亩）	20.27	20	20	[0]	—	—	约束性
20. 单位工业增加值用水量降低（%）	—	—	—	[30]	—	—	约束性
21. 农业灌溉用水有效利用系数（%）	—	—	—	[3]	—	—	预期性
22. 非化石能源占一次能源消费比重（%）	9.8	11	15	[53]	—	—	约束性
23. 单位国内生产总值能源消耗降低（%）	—	—	—	[15]	≤0.84吨标准煤/万元	135%	约束性
24. 城市可吸入颗粒物浓度比下降（%）※	—	—	—	[15]	—	—	约束性
25. 主要污染物排放减少（%）	—	—	—	[8]	—	—	约束性
26. 国土绿化达标率（%）※	94	95	100	[5]	100	100%	约束性
发展的包容性 27. 居民人均可支配收入（元）※	18590	21291	>29170	>6.5	≥15000	195%	预期性
28. 城乡居民收入比（以农为1）※	3.03	3	<2.8	[-0.2]	≤2.8	100%	预期性
29. 恩格尔系数（%）※	36	34	30	[4]	≤40%	134%	预期性
30. 基尼系数※	0.473	0.46	<0.4	[-0.06]	≤0.4	100%	预期性

指标	2013	2015	2020	年增长率	小康社会标准值	实现程度	属性
31. 高中阶段毕业生性别差异系数 ※	—	—	—	—	100	100%	预期性
32. 新农合实际补偿率（%）※	60	65	70	[5]	—	—	预期性
33. 城乡人均低保支出水平提高（%）※	—	—	—	＞7	—	—	预期性
34. 城镇保障性安居工程建设（万套）	—	—	—	[3000]	—	—	约束性
35. 人均预期寿命（岁）	74.8	75	78	[3]	≥75	104%	预期性

注：[ ] 内为五年累计数；※ 表示相对于"十二五"规划，该指标为新设指标。

（二）远期：2050 年实现"五个现代化"

按照中央"两个一百年"的目标部署，在 2020 年全面建成小康社会后，21 世纪中叶，也就是中华人民共和国成立 100 周年时，我国人均国民生产总值要达到中等发达国家水平，人民生活比较富裕，基本完成城乡、产业、科技、国防、国家治理体系和治理能力五个现代化，实现中华民族伟大复兴梦，把我国建成现代国家。

城乡现代化目标。社会主义新农村建设和城市化协同推进，实现城乡协调的人性化、便捷化、信息化、数字化、智能化和生态化发展，2050 年城镇化率提高到 75% 以上，形成"智慧城市"和"美丽乡村"相互协调的新城乡发展体系，城乡发展的质量和效率不断提高，实现城市"量"的扩张和"质"的提升相结合，大中小城市协调发展，城乡生态环境质量超出世界平均水平，全面实现城乡现代化。

产业现代化目标。产业结构、生产设备、产业劳动力、管理和技术水平全面实现现代化。在劳动力绝对数量减少的条件下，农业靠生产率提高来保持持续较快发展，先进制造业特别是以 3D 打印为代表的智能制造和以大数据、云计算、创意产业为主要内容的现代服务业比重快速上升，三次产业结构显著优化，力争到2050年三次产业结构调整为3∶37∶60，构建起以现代农业为基础、先进制造业和现代服务业为支撑，优势突出、竞争力强的现代产业体系。生产设备和管理系统的自动化、柔性化程度大为提升，产业劳动力素质得到极大提高，产业生产技术进入世界领先行列。

科技现代化目标。以原始创新为主要特征的科技创新能力全面提升，科技成果转移机制趋于完善，企业在国家创新体系中的主体作用得到充分发挥，以科技创新带动产业创新和国家创新，每百万人口中的R&D人员超过全球平均水平；R&D占GDP比重提高到4%左右，形成全民创新创业的良好体制环境，全面实现科技现代化，促进"五个现代化"如期实现。

国防现代化目标。军队实战能力、武器装备和预备役部队建设全面实现现代化。在全面建成一支强大的信息化作战部队基础上，完成军队由数量规模型向质量效能型、由人力密集型向科技密集型的转变，正规军的机动化、电子化、信息化、智能化的作战能力，民兵预备役部队快速动员和遂行任务能力全面增强。武器装备精良，能全面适应信息化、高技术化的现代战争需要。全面构建陆海空"三位一体"的国防安全控制体系、与现代信息战、电子战、智能战相适应的国防后勤保障体系。

国家治理现代化目标。完善人民代表大会制度、政治协商制度、民族区域自治制度、基层群众自治制度等基本政治制度。健全政府、社会、市场合理分工，人大立法、司法独立、依法行政，法律面前人人平等的治理体系。切断立法与部门利益的联系，所有立法权集中到人大，保证立法的公正性、中立性和权威性。建立适应现代国家管理所需要的党的领导干部制度和国家行政管理机构，实现党、国家、社会各项事务治理制度化、规范化和程序化，全面提升国家治理能力和水平。

四、产业升级：打造具有国际竞争力的现代产业发展新体系

"十三五"时期是我国工业化中后期，产业升级的核心动力从大规模要素投入转为提升要素配置效率，产业升级的主体从政府逐步转向市场。在不断强化市场决定资源配置的发展中，政府工作重心将转到营造公平竞争环境和弥补市场缺失上。未来产业的发展方向：优化基础产业与工业、服务业的结构，全

面改造传统产业，推动制造业中高端化、服务业现代化，促进产业融合互动，不断提升价值链、附加值，形成投入小、质量高、竞争力强的现代产业发展体系。

（一）全面改造传统产业

传统产业是中国经济发展的主体力量。全面改造传统产业既要做减法，更要做加法，要建立企业技术改造、淘汰落后产能的长效机制，深化信息技术在各行各业的集成应用，提高研发设计、生产过程、生产装备、经营管理信息化水平，推进节能减排和绿色低碳发展，不断提高传统产业的现代化水平，实现产业提质增效。

全面提升产业发展效率。对传统制造业，要加快推进自动化、智能化改造，通过横向资源整合和纵向上下游产业链的整合，提升制造效率，创建新的产业价值体系。对传统农业，要引导和支持经营主体和科研机构联合研发，加快建设以农业物联网和精准装备为重点的农业全程信息化和机械化技术体系，加强高标准农田、畜禽规模化养殖场（小区）和标准化池塘建设，加快培育专业大户、家庭农场、专业合作社和龙头企业等新型农业经营主体，加强农产品质量安全监管装备标准化建设，培养提升一批专业性、综合性实验室，不断提高农业生产效率。对传统服务业，要引导运用现代经营方式和信息技术改造提升，推动传统商贸业合理布点，推动文化、教育、医疗等向有条件的中小城市转移。加快远程服务业的信息化进程。大力推进云计算示范应用，建立适应各行业特点的专业信息化系统和平台，为相关产业优化升级提供支撑。

促进绿色低碳发展。制定修订一批重点用能产品的能耗限额标准。实现节能新技术、先进工艺及高效节能产品研发的重点突破，积极推动传统产业低碳技术改造。以钢铁、有色、建材、化工、造纸等行业为重点，大力推进清洁生产和绿色制造。建立健全污染控制机制，探索推进产品生态设计。推广无害、低害、废弃物回收处理的新工艺、新技术，发展循环经济。加强环保技术的研发、推广和应用，开发绿色技术和绿色产品替代对环境有害的产品。

健全淘汰落后产能机制。制定和完善适当技术、能耗、环保标准，进一步提高行业准入门槛。鼓励企业通过并购重组淘汰落后产能。尽快建立淘汰落后产能的激励机制、退出机制和补偿机制。完善地方政府政绩考核机制，把反映能源资源消耗、环境影响程度、社会全面发展情况的指标、淘汰落后产能目标完成情况和措施落实情况纳入地方政府政绩考核评价指标体系。建设产能信息预警制度，引导和调节市场供求，披露行业的经济技术指标以及采用新技术、新工艺的情况，促使产能过剩行业加快采用先进的技术工艺淘汰落后产能。

（二）加快发展现代产业

现代产业包括先进制造业、现代服务业、现代农业、战略性新兴产业以及各产业新业态。发展现代产业，必须以企业为主体，市场为导向，加快创新驱动，在关键领域和核心环节取得突破，抢占国际制高点，不断提升我国产业在全球价值链分工中的地位。

明确企业是产业升级的主体。随着我国与发达国家技术差距的逐步缩小，依靠引进技术的做法越来越艰难，发达国家将限制和封锁高端和原创技术的输出，我国产业升级更多将取决于是否能够形成一批具有持续创新能力的企业，在技术含量较高的现代产业中形成一批具有创新优势的龙头企业。今后一个时期，要打通科技和经济社会发展之间的通道，让市场真正成为配置创新资源的力量，让企业真正成为技术创新的主体。不仅要充分发挥重点企业、龙头企业在技术创新中的主导作用，还要积极发挥中小企业在自主创新中的独特作用，重视扶持创新型中小企业。鼓励以重点企业、龙头企业为主体，建立重大技术选择和培育机制，通过鼓励企业自主建立实验室和开发平台加强重大科学技术攻关，推进重大技术创新成果转移应用。实施以政府采购制度为主的相关市场培育政策，加强知识产权管理，明确专项成果的知识产权归属和转化责任，推广中国自主制定的国家技术标准和质量标准，推进重大专项研发成果迅速商业化、产业化。鼓励以骨干企业为依托、产学研有效合作的产业技术创新联盟等创新合作平台吸纳中小企业加入，积极创办为中小企业提供产品研发、技术创新、质量检测等服务的共性技术服务平台。促进技术、市场与资本的结合，构建支持技术创新的金融服务体系，不断增强企业自主创新的动力。

促进制造业价值链上移。先进制造业是现代产业的龙头，也是实现中国产业升级的重要抓手。中国以数量规模扩张为特征的制造业发展阶段基本结束，未来制造业发展的重心要转向技术含量高、业态模式新、营利能力强的先进制造业，要在研发、设计、品牌等环节不断突破，不断提高附加值。推进环境、能耗、技术、质量等方面的标准体系建设。支持各种不同的技术路线，由市场选择产业的技术方向、引导产业价值链提升，不断提升中国制造业在全球价值链中的位势。

协同发展生产性和消费性服务业。推进服务业现代化，要求生产性服务业和消费性服务业协同发展。生产性服务业发展的重点是：培育发展研发交易市场，提升新材料、新产品的研发设计和采用新工艺的能力；运用云计算、大数据、互联网、物联网等新的信息技术，提升信息服务发展水平；加快金融创新，改善生产各环节的融资服务，增强金融业对实体产业发展的支持作用；推进第三方物流与制造业联动发展，打造现代化物流服务平台；鼓励服务外包，推动专业的中介服务发展；加快生产性服务业与农业、工业在更高水平上的有机融合，引领产业向价值链高端提升，推动经济提质增效升级。消费性服务业发展的重点是：加强教育、医疗、养老等方面的政策支持，丰富文化、体育、旅游和其他服务业的供给，发展绿色消费服务，拓宽消费服务的渠道，提高消费服务的质量和水平。

增强战略性新兴产业核心竞争力。"十二五"从数量和规模角度对战略性新兴产业进行了谋篇布局，建立了一些平台，形成了一些行业，获得了快速发展，在国际上具备了一定的市场份额和影响力。但是，在竞争力方面仍然处于相对薄弱、被动的地位，"十三五"要从"心（芯片）、脑（人工智能）、动（发动机）"三方面取得突破：一是要加快有自主知识产权的芯片、传感器的研发和应用，通过政府采购鼓励国内用户使用国产芯片，提升国产芯片产业发展竞争力和应用水平。二是要加快人工智能、数字制造、工业机器人等基础制造技术和可重构制造、3D打印等新兴生产系统的研发和应用，在生产生活中推广智能技术和智能设备，促进实现重点领域人工智能水平显著提升。三是要加快国内企业自主研发汽车、飞机发动机关键技术步伐，解决一直困扰中国汽车、飞机研发的"动力不足"问题。

（三）促进产业融合互动

国际金融危机以来，全球产业发展出现了明显的融合发展趋势。"十三五"要适应这一新趋势，以企业为主体，以市场为导向，打破技术、资源、人才在地区、行业、企业之间的体制障碍，改变"划地为牢"的传统条块管理机制，促进要素自由流动，实现产业融合互动发展。

多层次延伸产业链。促进农业与制造业、服务业融合互动发展，大力发展农产品深加工、休闲观光农业。推动制造业向服务业领域延伸，制造企业利用互联网和信息技术，从卖产品向卖设计、卖服务等高端环节延伸，加强对产品设计、品牌推广、营销方式、渠道物流、支付结算、售后服务等环节的革新。

强化行业间要素融合。着力推进文化软件服务、建筑设计服务、专业设计服务、广告服务等文化创意和设计服务与装备制造业、消费品工业、建筑业、信息业、旅游业、农业和体育产业等重点领域企业融合发展，鼓励传统零售业、批发业与信息产业结合，发展电子商务和网上购物，创新发展商业模式和业态。推动国内企业融入跨国公司制造系统的网络化制造联盟，促进制造企业个性化生产、就近生产。

构建产业融合发展平台。以服务业领域为重点，深入打破垄断，改革现有按照传统产业划分的行业监管体制，探索建立适合产业融合互动的综合性监管体制。建立以产业链龙头企业和行业协会、科研、政府四位一体的产业融合发展的公共服务平台，为产业融合提供信息服务、研发服务。

（四）加强基础设施对产业升级的支撑作用

基础设施是国民经济现代化的重要依托，也是产业升级的关键因素。加快推进交通、能源、水利、信息网络等先进基础设施建设，全面提高新建基础设施建设质量标准，提升公共基础设施的建设质量、运行效率和维护水平，延长大型公共产品的生命周期，为各种生产要素流动创造良好的外部环境，为促进产业升级提供重要支撑。

交通设施网络建设。统筹发展铁路、公路、航空、水运和管道等运输产业，按照"零距离换乘、无缝化衔接"要求，建设和完善能力匹配、运行高效的集疏运系统，有机衔接各种运输方式，有序发展综合交通枢纽，鼓励发展铁水、公水、空铁等多式联运。提高运输服务发展水平，进一步放宽铁路和民航业市场准入，充分发挥既有交通基础设施效用，为现代物流业提供持续发展的物质基础。完善大城市和城市群交通系统，形成快速大能力铁路通道，建设高等级广覆盖公路网，提高主要城市间航班密度，缓解人口和产业高度聚集对交通系统的压力。重视公益性交通设施和运输服务发展，加强对农村公路、国边防公路、区域开发性铁路、公路和机场、内河航道、城市公共交通、农村客运等公共基础设施的投入，不断满足城乡和产业现代化发展的需要。

水利建设。加强水资源配置和重点水源工程建设，增强城镇供水保障能力，加快农村饮水安全工程建设，开发利用非常规水源。加强饮用水水源地、地下水保护与河湖生态修复，优化和完善水文水资源监测站网，加大重点地区水土流失治理。按照确有需要、生态安全、可以持续的总体要求，合理布局重大水利建设项目。重点针对资源性、工程性缺水地区、防洪体系有较大缺陷的地区，加快建设一批重大引调水工程、重点水源工程、江河湖泊治理骨干工程。优先安排前期工作基础较好的重大水利工程。进一步加强农田水利建设，加强防洪薄弱环节建设。建立健全水权制度和水价机制，完善公共财政水利投入政策，鼓励和吸引社会资本投入水利建设。

能源开发利用。促进发展安全稳定、经济清洁的现代能源产业，推动煤炭安全绿色开采，加快油气资源勘探开发，大幅提升化石能源安全高效清洁生产水平。提高风电开发利用效率，拓展太阳能利用领域，提升核电公众接受度，扩大非化石能源的开发和供应规模。打破传统能源行业分割和壁垒，改变传统大规模集中生产格局，研究开发适用于分布式发电能源技术，大力推进分布式能源发展。加强能源输配网络和储备设施建设，加快推进智能电网普及。合理控制能源消费总量，推动终端用能技术革命，提高能源开发转化和利用效率，促进能源循环利用和可持续发展。

信息网络发展。紧跟现代信息技术发展步伐，加快新一代国家信息基础设施建设，重点推动新一代移动通信、下一代互联网、移动互联网、云计算、物联网、智能终端等领域发展。推进有线和无线宽带接入网建设，扩大4G网络覆盖范围。推进下一代互联网示范城市建设，加强互联网基础管理。推进智能电网、智能燃气网、智能热力网、智能交通、智能建筑等基础设施建设，加强网间互联互通。做好网络空间战略布局，完善网络与信息安全保障机制，提高安全保障能力。

五、城乡互动：构建共促、协同的城乡发展一体化新格局

农业人口规模庞大是我国的基本国情，"十三五"期末全国城镇化率达到60%时，仍将有5.7亿人口生活在农村。"十三五"期间应坚持城市发展与农村进步双轮驱动，以新型城镇化为主线，增强城市承载力，提高"以城带乡"的水平，以城乡发展一体化为抓手，缩小城乡发展差距，打牢"以乡促城"的基础，形成互补、共促、协同的城乡发展新格局，到本世纪中叶基本实现城乡现代化。

（一）推进农业转移人口市民化

"十三五"时期提高城镇化质量的首要任务是，有序推进农业转移人口市

民化。让目前在城镇务工经商的 2.69 亿农民工，特别是离土离乡的 1.66 亿农民工及其家属，自由落户城镇，自由择业经商，平等享受城镇公共福利，实现基本公共服务城镇常住人口全覆盖。

促进农业转移人口落户城镇。"十三五"时期应根据放开与放宽结合、自愿与引导结合的原则，进一步调整户口迁移政策，全面放开建制镇和小城市落户限制，有序放宽中等城市落户条件，并以居住年限、就业年限或城镇社会保险参与年限为基准，合理确定大城市落户门槛，到 2020 年努力实现 1 亿左右农业转移人口和其他常住人口在城镇落户。

扩大社会保障覆盖面。加快实现职工基本养老保险基础养老金全国统筹，鼓励和引导农民工积极参保、连续参保。将灵活就业农民工纳入当地城镇居民基本医疗保险，扩大农民工参加城镇职工医疗保险、工伤保险、失业保险和生育保险比例。逐步健全覆盖全体居民的社会保险管理信息系统，实现各类社会保险关系跨地区、无障碍转移接续。采取公共租赁住房和租赁补贴等多种方式，逐步解决农业转移人口在城镇的基本住房问题。逐步将农业转移人口纳入城镇居民最低生活保障体系，加强针对农民工的教育、医疗和司法等专项救助。

教育卫生基本公共服务全覆盖。切实将农民工随迁子女义务教育纳入城市教育发展规划和财政保障范围，继续提升农民工随迁子女在公办学校接受义务教育的比例。扩大农民工随迁子女在城镇接受普惠性学前教育的规模，健全随迁子女在流入地接受中等职业教育免学费和参加升学考试的政策。继续实施免费向农业转移人口提供健康教育、妇幼保健、预防接种、传染病防控和优生优育等公共卫生服务的制度，努力使其与当地城镇居民享有同等医疗卫生服务水平。将农业转移人口聚居地纳入城市社区医疗服务体系，加强农业转移人口聚居地疾病监测、疫情处理和突发公共卫生事件的应对。

（二）优化城镇化空间格局

城市群是城镇现代化发展的重要空间组织形式，也是我国经济社会转型升级和参与国际经济合作与竞争的重要平台。"十三五"时期应以城市群为主体，形成大中小城市和小城镇协调、多元发展的城镇化空间组织格局。

优化城镇布局。构建以陆桥通道、沿长江通道为两条横轴，以沿海、京哈京广、包昆通道为三条纵轴，以轴线上城市群为依托、以区域性中心城市为支撑，以周边中小城市和重点中心镇为组成部分，大中小城市和小城镇协调发展的空间布局和城镇体系。

建设若干城市群。打造京津冀、长江三角洲和珠江三角洲城市群的国际竞争新优势，建设世界级城市群。积极培育哈长、中原、长江中游、成渝等城市群，形成带动全国经济发展的新兴增长极。促进关中—天水、江淮、滇中、北部湾、海峡西岸等城市群发展成形，使之成为推动国土空间均衡开发、引领区域经济发展的重要载体。以城市群为主要平台，推动城市间产业布局、基础设施、生态保护、环境治理、公共服务等协调联动，探索建立城市群协作治理和利益共享机制，实现城市群一体化发展。

协调大中小城市发展。提升大城市的区域经济中心、对外开放门户、科技创新基地、教育文化中心等功能，增强对周边地区经济社会发展的服务、辐射和带动作用。促进中小城市扩容升级，优先发展区位优势明显、资源环境承载能力较强的中小城市，支持具备条件的东部地区中心镇、中西部地区县城和重要边境口岸发展成为中小城市。

有重点地发展小城镇。在农产品主产区和重点生态功能区加强县城和中心镇建设，培育文化旅游、商贸物流、资源加工、交通枢纽等专业特色镇。将远离中心城市的小城镇和林场、农场等，建设成为服务农村、带动周边的综合性小城镇。创新镇域管理体制，对吸纳人口多、经济实力强的镇，赋予同人口和经济规模相适应的管理权，强化对广大农村地区的服务功能。

（三）提高城市建设水平

城市建设水平直接决定了城市综合承载能力。"十三五"时期需要以新型城市建设为重点，切实提高城市治理水平和运行效率，为居民营造更加便捷舒适的生活环境。

促进产城融合。引导生产要素向城市集聚，壮大非农产业规模，强化城镇间和区域间分工协作，提升中小城市产业承接能力。进一步提升城镇产业发展和经济增长的就业弹性，注重培育吸纳就业能力强的现代城镇产业。大力促进中小企业特别是小微企业发展，扩大非正规就业。

建设新型城市。强化城市之间交通联系，提高中小市和小城镇通达水平。加强电力、通信、给排水、供热、垃圾污水处理等市政设施建设，均衡布局学校、医院、文化和体育设施，构建运行高效、供给充分、安全便捷的市政设施体系和生活服务网络。将生态文明理念全面融入城市发展，推行绿色生产方式、生活方式和消费模式，建设宜业宜居的绿色城市。统筹城市发展的物质资源、信息资源和智力资源利用，推动物联网、云计算、大数据等新一代信息技术创新应用，实现与城市经济社会发展深度融合，建设多样化的智慧城市。注重古旧城、特色城镇保护，建设各具特色的人文城市。

（四）加快城乡发展一体化

促进城乡发展一体化，是增强城乡经济发展协调性，实现城乡基本公共服务均等化，缩小城乡发展差距的重要途径。"十三五"时期城乡发展一体化重点在于要素市场一体化，基础设施建设一体化，基本公共服务均等化，城乡生态环境共建共保，美丽乡村建设。

要素市场一体化。加快建立城乡统一的人力资源市场，促进城乡劳动者平等就业、同工同酬。建立健全有利于农业科技人员下乡、农业科技成果转化、先进农业技术推广的激励和利益分享机制，引导城市人才向农村流动。逐步建立城乡统一的建设用地市场，保障农民公平分享土地增值收益。探索多种方式推进工商资本下乡，发挥其在农业发展和农村建设中的积极作用。统筹发挥政策性金融、商业性金融和合作性金融，完善农业保险制度，支持民间资本依法设立面向"三农"的中小型银行等金融机构，引导更多生产要素投入农业农村。

基础设施一体化。加快推进城乡水利基础设施体系建设，协调城乡防洪排涝、引调水工程建设，在有条件的地区完善城乡供水管网，逐步实现城乡供水同水源、同管网、同水质、同服务。继续实施农村电网改造升级工程，实现城乡用电同网同价。提升农村路网等级和畅通水平，大力发展镇村公交，加快形成以县城为中心、覆盖镇村的公路网络。

基本公共服务均等化。大力促进教育公平，实行义务教育公办学校标准化建设，科学规划学校布局，保障农村学生就近上学需要。优化配置医疗卫生资源，鼓励城市优质卫生服务机构帮扶县乡村等农村基层医疗机构。加快城乡居民基本医疗保险制度整合步伐，建立全国统一、城乡一体的居民基本医疗保险制度。完善乡镇、行政村劳动保障服务站（室）建设，将就业服务网络向农村延伸。健全农村留守儿童、妇女、老人关爱服务体系，努力解决农村"三留守"问题。

生态环境共建共保。实施城市大气环境治理，提高可吸入颗粒物和微细颗粒物综合控制水平。加强重点工业行业水污染控制，强化重要流域、湖泊和城乡河道综合整治，完善城市污水管网，促进农村生活污水处理设施建设和资源化综合利用，改善城乡水环境。将城市生活垃圾无害化处理设施服务向乡镇、村延伸，提升城乡垃圾收运、处理和管理水平。推进城镇绿地、绿廊建设，积极开展村庄绿化，提高绿化覆盖率。加强工业污染场地和受污染农田的修复，全面改善土壤环境。统筹城乡环境监测，禁止城市和工业污染向农村扩散。

建设美丽乡村。科学编制县域村镇体系规划和镇、乡、村庄规划，保持乡村风貌、民族文化和地域文化特色，维护农村居住、生产、生态、文化等多重功能。加强农村道路、供水、供电、邮政、通信等基础设施建设，改善生产和生活条件。完善农村教育、卫生、文化设施，提高农村公共服务能力。实施村庄环境综合整治，完善污水和垃圾集中收集处置设施。按照发展中心村、保护特色村、整治空心村的要求，有序引导农民向新型农村社区集中居住。借鉴城市社区管理模式，建设新型农村社区，增强农村社区自我管理和服务能力。

六、区域协调：建立统筹东中西、协调南北方的空间发展新构架

按照"统筹东中西、协调南北方"的区域发展方针，着力培育新的区域经济带，作为推动国家经济提质增效的战略支撑，以大江大河和陆路交通干线为纽带，按照"内畅外通、梯度联动、协同发展"思路，统筹发达与欠发达地区协调发展，打通横跨东中西、连接南北中的经济支撑带，挖掘各地区比较优势，完善区域合作体制机制，构建高效、均衡、开放、可持续的区域发展新格局。

（一）统筹东中西

提升东部沿海地区对全国转型升级的带动作用，引领全国经济提档升级；着力培育建设一批新的区域经济增长极，拓展中西部地区发展空间，引领和支撑地区经济发展。依托陆路交通和流域骨架，突出轴带比较优势，串联若干以城市群为核心的经济区，构建"三横（长江经济带、陇海—兰新经济带、珠江—西江经济带）经济发展轴带，有序引导产业自东向西梯度转移，促进东中西部协调联动发展。

长江经济带。以长江三角洲地区为龙头，以长江中游经济区、成渝经济区等为支撑，形成一条以长江为纽带的人口与产业发展轴线。把长三角经济区建

图3　中国"三纵三横"经济带骨架和主要经济区布局

设成为有全球影响力的先进制造业基地和现代服务业基地，全国经济发展的重要引擎，加快形成国际竞争新优势，在更高层次参与国际合作和竞争。把长江中游经济区建设成为长江流域中段重要的经济支点，培育成为全国新的经济增长极。把成渝经济区建设成为引领西部地区加快发展、提升内陆开放水平、增长国家综合实力的重要支撑，培育成为西部地区新的重要增长极。充分发挥长江黄金水道的航运功能，率先建成综合交通运输体系，支撑经济带高效运转。依靠创新驱动产业转型升级，引导产业合理布局和有序转移，培育形成具有国际水平的产业集群，增强长江经济带产业竞争力。推进流域上中下游地区间加强生态建设和环境保护，建设绿色生态廊道，显著改善长江生态环境。加快构建统一开放、有序竞争的全流域市场体系，把沿海发达地区积累的经济资本与中西部地区的发展空间相结合，使上下游地区形成各具特色、优势互补的经济态势。积极推进长江上游地区与云南、贵州合作，共同建设孟中印缅经济走廊，将长江经济带与孟中印缅经济走廊连接起来。

陇海—兰新经济带。充分发挥陇海—兰新路桥大通道的作用，以中原、关中—天水、兰州—西宁、天山北坡等区域为支撑，形成连接东中西、陆海联动、向西开放的新经济支撑带。把中原经济区建设成为与长江中游地区相呼应、带动中部地区崛起的核心地带，引领中西部地区经济发展的增长极。把关中—天水经济区建设成为全国内陆型经济开发开放战略高地、全国先进制造业重要基地，培育形成支撑和带动西部地区加快发展新的重要增长极。以东中西联动为切入点，强化各城市间合作，在沿线积极培育壮大一批区域性中心城市，加快产业聚集，为东部沿海地区的企业走向中亚市场提供良好的发展平台。加强沿线各地区间全方位的经济、社会、文化交流与合作，促进东西优势互补。充分挖掘不同地区市场需求，加强东西部产业合作。促进沿线劳动力、人才、货物、资本的自由流动，推进贸易与投资便利化，降低物流成本。加强中巴、中哈、中吉合作，率先推进中巴经济走廊建设，加快构建与欧洲的联系纽带，共建陆上丝绸之路经济带。

珠江—西江经济带。该区域东起珠三角和香港、澳门，经广西、贵州，西至云南瑞丽与孟中印缅经济走廊相连。把珠三角经济区建设成为我国南方地区对外开放的门户和平台，我国参与经济全球化的主体区域，全国经济发展的重要引擎。依托沿江沿河资源优势和经济合作基础，以珠江三角洲经济区为龙头，以广西北部湾、滇中、黔中等区域为支撑，促进下游地区资金、技术、人才优势和中上游地区的能矿资源和劳动力等要素优化配置，深化推进流域联合开发与治理，积极开展产业合作，形成资源互补、产业配套、梯度发展的珠江—西江流域产业走廊，建设成为我国又一条连接东西向发展的经济带，形成发达地区带动落后地区加快发展的新格局，打造成为流域开发合作的示范区。以国际大通道为依托，充分利用中国—东盟自由贸易区平台，共同参与澜沧江—湄公河国际次区域合作，把珠江—西江经济带打造成为面向东盟的重要门户区。

（二）协调南北方

依托东部沿海海岸线及主要铁路干线，贯通全国南北方若干经济区，构建"三纵"（沿海经济带、京广京哈经济带、包昆经济带）经济发展轴带，带动南北方协同互动发展，畅通南北方生产要素流动，加快激活东北地区等老工业基地的发展潜力。

沿海经济带。沿东部海岸线自北向南分布了环渤海、长三角、海峡西岸、珠三角、北部湾等经济区，是我国改革创新的重要策源地和经济最发达的地区。统筹沿海经济带南北方协调发展，推进环渤海地区改革开放步伐，加快辽宁沿海的辽西地区、江苏沿海、广东的西南部沿海、广西沿海等区域的发展。突出首都经济圈的龙头带动作用，增强辽宁沿海、河北沿海、山东半岛城市群等重点区域的支撑功能，把环渤海经济区建设成为北方地区对外开放的门户、全国科技创新与技术研发基地、我国参与经济全球化的主体区域、有全球影响力的先进制造业基地和现代服务业基地。发挥开发开放的综合优势，以创新为突破口，加快改革开放步伐，完善市场经济体制、创新发展模式，实现区域经济的新一轮飞跃，引领全国经济发展方式转变，带动全国转型升级步伐的加快。以体制改革推动区域发展转型，加快提高科技创新能力，在更高层次参与国际合作和竞争。着力培育产业动态竞争新优势，大幅提升产业层次，抢占全球产业链高端。着力增强可持续发展能力，提高能源、水、土地、海域等资源利用效率，加大环境污染治理力度，化解资源环境瓶颈制约。

京哈—京广经济带。沿京哈京广铁路线布局，自北向南串联了哈长、辽中南、京津冀、冀中南、晋中部、中原、长江中游、珠三角等区域，联通了辽河、海河、黄河、长江、珠江五大水系。全面带动、推进东北等老工业基地振兴。把京哈线、京广线、同蒲线、焦枝线、枝柳线通过的地区作为一个整体，畅通物流运输通道，提高市场一体化水平，共同打造京哈京广经济带，加快推进东北老工业基地振兴及新兴工业基地崛起，进一步提升经济带的发展潜力，建设好全国重要的粮食生产基地。深化东北地区的合作，打通北向对外经济通道，加强与东北亚相邻地区的国际次区域合作。

包昆经济带。该区域通过纵贯西部南北地区的包西铁路、宝成铁路、成渝铁路、内昆铁路等铁路，连接了呼包鄂榆、宁夏沿黄、关中—天水、成渝、黔中、滇中等地区，对辐射带动西部地区发展具有重要意义。要加快建设沿线交通基础设施，合理开发能矿资源，推进建设一批能矿产业基地，提升对国家经济安全的保障能力，提高成渝和关中城市群整体竞争力，提升省域核心城市的辐射带动作用，统筹协调城市与工矿区布局，积极培育新的增长点，加快建设一批区域性中心城市。

全面振兴东北。扩大东北振兴发展成果，破解制约全面振兴东北的发展瓶颈和体制障碍。着力实施综合交通网络、清洁能源体系、水利设施等一批重大基础设施工程，深化国企改革，促进非公有制经济发展，激发市场活力，挖掘东北发展潜力。推进东北地区一体化进程，完善地区创新体系和生产力布局，加快促进资金、技术、人才、资源等在区域市场内自由流动和优化配置。完善城市功能，推进老工业区、独立工矿区搬迁改造和资源型城市转型。扩大向东北亚区域及发达国家开放合作，加强与京津冀、长三角、珠三角地区的区域协作。积极发挥政府保障和改善民生、引导绿色发展的杠杆和引导作用。

（三）支持特殊类型地区发展

缩小区域政策单元，提高区域政策的精准性，加大对特殊类型地区的分类指导和支持力度，着力解决特殊类型区域发展中面临的突出困难，推进与全国其他地区同步实现小康目标。

革命老区。加大对赣南、陕甘宁、大别山、左右江等革命老区的支持力度。加快完善基础设施，提高基本公共服务水平，切实改善老区群众的生产生活条件。提高在乡退伍红军老战士、失散红军等人员遗孀定期生活补助政策，帮助残疾人改善生活条件。支持革命老区因地制宜发展壮大特色产业，加大革命旧居旧址保护和修缮力度，发挥旧居旧址在爱国主义教育中的重要作用，支持红色旅游基础设施建设，促进红色文化旅游业大发展。继续加大对革命老区在财政、税收等方面的政策支持力度。

民族地区。落实国家民族发展政策，加大对西部地区为重点的民族地区支持力度。支持湖南湘西、湖北恩施、吉林延边、海南等少数民族比重较大地区享受西部民族地区政策。改革完善民族政策，将对少数民族的优惠政策区域化。继续加大财政转移支付支持力度。按照经济发展与社会建设并重的原则，加强和创新少数民族地区社会管理模式，构建生产发展、生活富裕、社会和谐的良好格局。

贫困地区。以集中连片特困地区和西藏、四省藏区、新疆南疆四地州为主战场，探索扶贫新模式，以农村为重点，以扶贫对象为目标，把稳定解决扶贫对象温饱、尽快实现脱贫致富作为首要任务，更加注重增强扶贫对象自我发展能力，更加注重基本公共服务均等化，更加注重解决制约发展的突出问题，努力推动贫困地区经济社会更好更快发展。

边疆地区。加强基础设施建设，切实改善和保障民生，优先支持边疆贫困地区脱贫。促进特色优势产业发展，扶持特色农牧产品加工、特色民族文化产品、边境旅游等产业发展。以国际大通道为依托，以沿边境重要口岸、边境城镇为支撑，以边境（跨境）经济合作区和开发开放实验区为载体，通过建设东盟合作高地、西南开放桥头堡、向西开放门户、东北亚开放枢纽，构建沿边地区开发开放的新格局。允许沿边重点口岸、边境城市、经济合作区在人员往来、加工物流、旅游等方面实行特殊政策。

资源主导型地区。深化巩固资源型城市转型成果，加快解决国企改革遗留问题，推动鼓励发展混合所有制经济。有序推进国有林区和垦区改革。扎实开展独立工矿区改造搬迁工程试点工作，支持资源枯竭型城市棚户区改造，改善居民和职工居住条件。

农产品主产区。从确保国家粮食安全和食品安全的大局出发，发挥地区比较优势，促进以"七区二十三带"为主体的农产品主产区发展。限制工业开发、切实保护耕地红线，确保谷物基本自给、口粮绝对安全，加强农产品主产区政策与区域规划政策的衔接配套。着力开展标准农田建设，积极稳妥推进农业规模经营，创新农业生产组织方式，提高粮食生产的科技水平和机械化水平。

重点生态功能区。构建以青藏高原生态屏障、黄土高原—川滇生态屏障、东北森林带、北方防沙带和南方丘陵山地以及大江大河重要水系为框架，以其他国家重点生态功能区为重要支撑的生态安全格局。加大对重要生态地区及生态脆弱地区的均衡性转移支付力度，建立生态补偿机制和奖惩机制，探索建立地区间横向援助机制，逐步加大政府投资用于生态环境保护方面的比例。

（四）推进陆海统筹发展

全面提升陆海空间开发的协调度、陆海基础设施对接的通达度、陆海产业发展的融合度，促进海洋经济与陆地经济的深度融合以及海洋、沿海与内陆地区的协调发展。全面实施海洋战略，发展海洋经济，保护海洋环境，坚决维护国家海洋权益，推进建设海洋强国。

综合开发陆海资源。以保障国家战略资源安全和维护国家主权权益为出发点，以统筹陆海资源开发利用规划为核心，以陆地资源利用技术为依托，以创新海洋科技为动力，以提高海洋能源、海洋矿产资源、生物资源、海水资源、滨海土地及海岛资源开发利用水平为重点，统一筹划陆地资源和海洋资源开发的强度与时序，统筹近海资源开发与深远海空间拓展，统筹管辖海域资源开发与国际海域资源利用，着力提高海洋资源控制能力和综合开发水平。

统筹发展陆海产业。坚持陆域产业发展的支撑作用和海洋产业发展的引领作用有机结合与互动，以市场为导向，以科技为动力，以工业化为主体，确立新时期国家海洋主导产业，加快推进产业链延伸，提高海洋产业现代化水平，构建国家海洋开发竞争新优势。重点发挥临港产业集陆海属性于一体的优势，推动临港产业健康有序发展，强化内陆和沿海地区之间的产业分工与合作。

畅通陆海交通通道。统筹规划，推进陆海交通基础设施一体化建设。以深水泊位的开发建设为重点，充分发挥海铁联运稳定性、安全性和低成本的优势，完善以港口为中心的综合运输体系建设。以港口为龙头，发展多式联运，加强陆海通道建设，推动港口—腹地交通一体化，提高陆海一体的集疏运水平。积极推进对外海洋发展战略，强化陆海对外战略通道的建设与维护。

保护陆海生态环境。坚持陆海一体、河海一体的基本原则，建立从山顶到海洋的"陆海一盘棋"生态环境保护体系框架，统筹沿海和流域经济社会发展。重点海域以海定陆，实施陆源污染物入海量总体控制。加强流域水利工程对河口水沙调控的综合管理，维护河口生态健康。加强围填海管理，实施沿岸生态红线制度。强化沿海重大涉海工程环境监管，倒逼布局优化及技术创新。突出沿岸重点区域生态保护与环境治理，优化沿海地区人居和发展环境。

七、对外开放：培育优质高效的外向型经济发展新优势

中国参与国际竞争合作的比较优势正在发生重要的阶段性变化，对外经济发展将进入一个转型换挡的关键调整时期，由以扩大低端要素投入规模为特征的数量型发展方式，转为以提升中高端要素投入质量为特征的效益型发展方式。"十三五"时期的对外开放应以提升中国在全球价值链位置、促进中国国际分工地位由中低端向中高端升级为核心，在更高层次上利用好国内国外两种资源、两个市场，创新对外贸易、利用外资、"走出去"发展新模式和涉外经济体制机制，构建中国主导的国际产业分工体系，增强对全球资源的配置能力，提高对外开放效益，注重防范开放风险，为今后实现由对外开放大国向对外开放强国转变打下基础。

（一）转变对外贸易发展方式

在保持对外贸易稳定发展、优化进出口结构的同时，加快培育出口竞争新

优势，发挥进口的积极作用，大力发展服务贸易，提高服务贸易占全部贸易比重、高附加值出口占全部出口比重，实现对外贸易发展方式由"数量、价格优势"向"质量、效益优势"的转变。

提升出口竞争力。推动出口从传统成本优势向综合竞争新优势转化。大力发展先进技术、研发设计、品牌渠道、生产管理等与制造和出口有关的中高端生产性服务业，尽快打造出一批拥有自有技术、自主品牌、自有营销渠道等的外贸企业，形成以人才、资本、技术、服务、品牌、质量为核心的出口综合竞争优势，促进由"中国制造"向"中国创造"和"中国服务"跨越。推动出口结构升级。提升轻工、纺织、家电等传统产业的技术、质量、档次和标准，引导出口企业在国际市场差异化竞争，提高单位出口价值。扩大资本技术密集型的机电产品、高新技术产品出口，大力发展新兴出口产业，提升中间产品、资本品出口比重，延长国内增值链。支持企业建立境外营销网络。鼓励企业发展跨境电子商务平台、境外电子商务等国际贸易新业态，突破跨国公司对传统营销渠道的控制；支持企业以参与境外展会、并购国外营销网络、开设专卖店等方式，建设境外分销、维修、服务等网络，将贸易链延伸到境外批发和零售终端，增强渠道控制力。培育出口品牌。支持企业境外注册商标，以自有品牌为基础培育国际品牌，率先在轻工、纺织、机电等出口较多的领域将国内知名品牌推向国际；引导企业开展品牌国际设计推广活动，鼓励企业收购境外品牌。

优化进口结构。实施积极主动的进口战略，发挥进口对宏观经济平衡、结构调整和自主创新的重要作用。处理好进口与自主创新的关系，制定对先进设备、零部件、技术等的差别化进口政策，发挥进口在提升价值链方面的积极作用。根据国际能源资源版图变化，积极扩大短缺资源能源进口，稳定进口价格。通过降低暂定税率等方式，扩大一般消费品和国内竞争力较强的产品进口，提升国内福利水平。

拓宽服务贸易。在运输、旅游、工程等传统优势服务贸易领域，提升技术、改善管理，打造我国服务品牌，提高出口效益和附加值。顺应我国技术水平快速提高的趋势，扩大对发展中国家的技术出口。抓住全球服务贸易不断出现新业务、新业态、新模式的机遇，大力扶持通信、贸易、专利特许等新型服务出口。积极发展服务外包，鼓励承接研发、设计、软件、信息、专业服务等国际服务业转移，提升承接外包业务层次。提高服务贸易进口有效性，以发达国家为重点，鼓励金融、物流、环保、管理、咨询等服务贸易进口，积极引入短缺的高端服务。

（二）提升双向直接投资效益

根据国内经济发展的需要和可能，将"引进来"和"走出去"更好结合在一起，提高我国在全球范围内配置资本和产业的能力。按照对外转移产业、获取高端要素等不同目标，加大对境外投资的支持力度，通过"走出去"构筑中国主导的国际生产体系。以引进短缺高端发展要素为目标，更加注重择优选资，发挥外商投资的溢出效应，实现由"引资"向"引技"、"引智"转型，提升利用外资质量。

根据全球配置资源需要推动境外投资。引导传统劳动密集型行业建立海外生产基地，在劳动力成本较低、资源丰富、环境容量大、基础设施相对完善、当地市场需求较大的发展中国家，鼓励我国具有技术管理等优势的轻工、纺织、服装、五金、家电等制造业加快投资布局，转移部分生产能力，降低生产成本，以境外生产替代出口。支持资本技术密集型行业扩大境外投资，鼓励化工、冶金、建材等重化工业向境外投资，转移消化部分国内过剩产能；引导汽车、机械等装备工业到境外投资设厂，加快占领新兴市场。加强境外基础设施投资合作，发挥中国在基础设施投资、建设、运营等方面的优势，在工程承包和劳务合作基础上，支持企业积极开展对境外港口、公路、铁路、机场、能源、通讯和城市基础设施等的建设和投资，结合丝绸之路经济带和21世纪海上丝绸之路建设，优先与周边国家实现基础设施的互联互通，为中国制造业境外投资起到先导性作用。通过境外投资获得国际先进要素资源，鼓励企业扩大向境外高新技术产业、先进制造业投资，在科技资源密集的国家通过收购、参股等方式设立研发中心，获取国际高端研发人才和成果。

不断提高引进外资的水平和质量。扩大服务业外资准入，推进金融、教育、文化、医疗等服务业有序开放，放开育幼养老、建筑设计等外资准入限制。鼓励外商投资现代物流、软件开发、信息咨询、科技服务、知识产权服务等生产性服务业，引导外资依托云计算、物联网等新兴技术，发展服务新业态。鼓励跨国公司设立营运中心、财务中心等服务性功能机构，吸引跨国公司亚太区总部和全球总部落户，提高服务业利用外资能级。推动制造业利用外资转型升级，引导外资更多地投向高端制造、高新技术、节能环保、新能源等产业，积极推动战略性新兴产业的国际合作。抓住信息技术革命整合全球产业链发展的机遇，引导外资从组装加工逐步向研发、设计、核心元器件制造等环节拓展。推动"引资、引技、引智"有机结合，提高利用外资技术水平，支持外资投向科技中介、创新孵化器、生产力中心等公共科技服务平台。加大人才引进力度，结合国家创新驱动战略，营造良好的创新创业环境，促进外商投资企业引进先进技术和高端人才，吸引全球优秀人才来华创新创业。

（三）构建开放型经济风险防范机制

随着中国对外开放程度不断提高，国际环境变化对中国经济发展影响显著增加，国内外政策协调也面临许多新挑战，这些有可能对中国经济发展产生威胁和损害，从而引发经济安全问题。因此，要完善开放条件下的风险防范机制，增强风险防控水平，全力维护国家和产业核心利益，切实保障经济安全。

产业开放风险防范机制。合理保护受进口冲击较大的敏感产业和幼稚产业，对一些重要产业和战略产业，必要时进行进口限制，并加快培育国内民族产业，减少进口依赖。充分运用符合 WTO 规则要求的反倾销、反补贴、特殊保障和发展中国家保护的例外措施，对因进口受损产业及时提起立案申请。建立健全进口产业预警体系，降低中国产业遭受损害的可能性。建立对外资产业和技术控制的风险防范机制，对可能出现外资产业和技术控制的行业，列入外资准入负面清单，限制外资比重。完善外资并购安全审查机制，依法实施反垄断审查。

跨境资本流动风险防范机制。加快推进外汇体制改革，完善汇率形成机制，建立金融开放条件下对资本流动和外债的宏观审慎管理体系。加强对短期投机性资本流动特别是金融衍生品交易监测，在紧急情况下，对资本流动采取临时性管理措施，避免短期资本大规模流进流出对宏观经济稳定的影响。合理调控外债规模、优化外债结构，做好外债监测，加强对外债风险的防范。提高境外投资企业风险防控能力，建立健全安全风险预警机制和突发事件应急处理机制，强化海外资产和人员安全保障。

能源资源供给风险防范机制。推动能源资源进口来源多元化，降低进口风险。在保证口粮绝对安全的前提下，适当扩大其它粮食品种进口，保证中国粮食安全。支持能源资源境外勘探和开发投资，引导境外农业种植业投资，加强对全球能源资源和粮食的控制能力，为中国提供长期、稳定、经济、安全的供给。加强石油等重要能源资源运输大通道建设，增加通道数量，提高运用外交、军事等手段保障通道的能力，为进出口提供安全、高效、便捷的运输路线。建立国家重要战略物资的储备体系，把握国际供求关系的有利变化，增加石油等能源资源和粮食战略储备。提高中国对矿产品等资源性产品的定价权，从国家层面对进口进行管理和协调，提高对外议价能力。建立能源资源和粮食预警体系，提升处理危及国家能源粮食安全突发事件的能力。

八、社会发展：形成包容和谐有序的社会发展新秩序

按照"民生优先、科学发展、优质高效"的方针，加快提升人口质量，促进创业就业，多渠道增加城乡居民收入，建设一体化社会保障体系，推动社会事业全面发展，建立现代化社会治理机制，形成包容和谐有序的社会发展新秩序。

（一）提高人口质量

提升新生人口素质。统筹推进人口和计划生育服务体系建设，加强协同合作，拓展服务范围，重点加大出生缺陷预防力度，做实三级预防干预体系，进一步降低出生缺陷发生率。切实保障妇女合法权益，加强妇女劳动保护、社会福利、卫生保健、扶贫减贫及法律援助等工作，改善妇女发展环境，加强婚前孕前咨询指导，建设全国优生优育和产前诊断网络。依法保障儿童生存权、发展权、受保护权和参与权，改善儿童成长环境，提升儿童保障水平，促进儿童身心健康发展。

增加健康预期寿命。广泛开展健康教育，全面普及健康知识，继续增加公益性健身设施，积极倡导健康生活方式。加强疾病预防控制，先重点行业、后全面普惠地实施强制性的职业健康检查制度，提高重点人群参与职业病及相关疾病筛查的比例和频次，增强公益性诊疗的可及性。加强公共卫生服务体系建设，把职业健康服务作为基本公共服务免费向农业转移人口提供，有效降低发病率和疾病损害程度，大幅提高劳动年龄人口的健康水平。

积极应对人口老龄化。适应健康老龄化的需要，完善政策体系，动员全社会力量，促进资源合理配置，培育壮大老龄事业和产业。加强公益性养老服务设施建设，推动居家养老、社区养老、机构养老等多层次社会养老服务供给增加。大力发展老年医学，努力做好老年初级卫生保健工作，为老年人提供适当、及时的初级保健照顾，延长健康预期寿命。倡导和鼓励社会互助，积极发挥各种社会组织、社区在养老敬老助老方面的作用。

（二）增加就业与居民收入

优化自由创业就业环境。强化政府在制定宏观经济政策中的充分就业导向，改善就业环境，提高经济发展的就业弹性，不断增加就业机会。打破城乡之间、不同地域、不同行业、不同人群间的就业制度分割，消除歧视性、限制性规定，促进就业公平。构建全国人力资源大市场，促进人力资源有序流动。健全就业公共服务体系，适度扩大就业政策覆盖范围，加快推进全国统一的人力资源供求信息平台建设，加强基层就业公共服务"一站式"平台建设，增强就业服务的普惠性、针对性和有效性。完善创业支持政策，积极推进创业孵化基地建设。引导全社会转变观念，营造有利于创新创业的社会环境。鼓励中小企业、小微企业、个体工商户以创业带动就业。

完善劳动收入增长机制。加强市场化工资决定机制建设，合理反映企业经济效益和劳动力市场供求状况，促进职工工资正常增长。普遍实施企业工资集体协商制度，加快培育职工协商主体，提高平等协商和理性协商能力。完善劳动保障监察执法网络和劳动争议调解仲裁制度，切实保障劳动者权益。进一步突出创造性劳动在初次分配、再分配等各个环节中的重要地位，破除一切不利于创新创造的收入分配制度障碍，创新成果分配更多向技能人才、科研人才和管理创新人才倾斜。

拓宽财产性收入渠道。加大国有企业利润和国有资本经营收益向全民所有者转化的力度，探索直接分红、定向补贴、补充养老金缺口等多种方式，提高居民财产性收入共享面。积极稳妥推进产权制度改革，盘活城乡居民存量资产，重点推动农民依靠土地、林木、草原等承包经营权创收增收。更加注重面向中低收入群体推进金融创新，大力发展普惠性金融，提供接地气的金融产品，降低投资门槛，分享投资收益。完善监管机制，加强风险教育，合理控制和有序分散财产性收入风险。

（三）建设一体化社会保障体系

统筹社会保险。统一城镇职工基本养老保险、城镇居民社会养老保险、新型农村社会养老保险以及农民工养老保险制度，推动实现基础养老金账户全国大统筹、省际间无缝对接、顺畅转移和便捷接续。加快推进基本医疗保险人口全覆盖，理顺城镇职工基本医疗保险、城镇居民基本医疗保险、新型农村合作医疗保险的衔接机制，优化分级诊疗机制，强化门诊、住院报付比例及上限调节，结合城镇化整体布局推进统筹区域外医保定点机构认定和异地就医即时结算。完善失业保险、工伤保险、生育保险制度，积极发展商业保险。

完善社会救助。逐步缩小城乡最低生活保障待遇差距，有条件的地区率先实现城乡标准并轨；整合利用低保资格认定信息资源，实现动态管理、应保尽保、应退尽退。适度拓展专项救助制度，将低保边缘群体、符合条件的常住人口纳入救助范围，推广实施职业病和重特大疾病医疗救助、职业教育和高等教育救助等专项救助。健全完善临时救助和灾害救助制度。建立健全社会救助标准科学制定和动态调整机制，强化社会救助标准与物价上涨挂钩、低保与专项救助标准联动、社会救助与社会保险及慈善事业衔接等制度安排。

提高社会福利。逐步提高农村五保供养和城镇"三无"老人供养标准，探索将（半）失能老年人、低收入老年人等纳入社会福利保障范围，合理安排集中供养和分散供养比例。加强社区儿童照料和关爱服务体系建设，按需建设儿童福利机构，加大家庭照料支持力度，将困境儿童、事实无人照料儿童纳入儿童福利保障体系。健全残疾人托养康复体系，推进重度残疾人补贴制度全面覆盖和标准稳步提高，构建残疾人友好型社会支持系统。继续做好优抚安置工作。

（四）推动社会事业全面发展

教育发展多样化。逐步实施十二年义务教育，将高中阶段教育纳入义务教育法保障范围，公共财政兜底，全面免除学费，大幅提高入学率和巩固率。均衡配置义务教育资源，缩小城乡、地区、校际间硬软件差距，有力保障农民工子女平等接受义务教育的权益。面向产业需求发展职业教育，贯通中等高等职业教育，形成一体化的现代职教体系，提供高技能人才系统性培养方案，增强教学的针对性和实用性。内涵式发展高等教育，实施宽进严出的招生毕业制度，面向经济社会转型升级要求优化学科和专业结构，引入教学科研人员长期激励机制，推进高等院校与校外实践基地、企事业单位实训基地、创业培训和孵化基地紧密对接，增强毕业生实际操作能力和创新创造基础。鼓励发展民办教育，购买义务教育阶段学位，提供多层次高质量教育培训服务。深入推进教育对外开放，加大境外高水平大学、职业培训机构等引进力度，积极开展教育"走出去"活动。

医疗卫生发展多元化。统筹布局医疗卫生服务机构，在薄弱地区建立若干国家级区域医疗中心，配置优质资源，提供优质服务，发挥辐射带动作用。加大公立医院对口支援力度，通过输出团队、技术、资源等方式，重点提高薄弱专科的服务能力和水平，满足本地及周边地区优质医疗服务需求。强化区域医疗卫生联动协作机制，建立健全双向转诊和检查结果互认制度，构建区域医疗卫生信息平台，加快建设区域远程会诊系统、预约诊疗系统等，促进区域内医疗技术交流和合作，实现医疗卫生业务应用互通、共享、协同。突破制约医师多点执业的体制性障碍，理顺医疗绩效评价机制和人事薪酬制度，最大限度发挥医疗卫生服务人员的积极性、职业素养和社会责任感。鼓励社会办医，重点支持民办医疗机构纳入医保定点范围。

文化体育现代化。共建共享城乡文化设施，着力提高便捷程度和可及性，健全完善公共博物馆、美术馆、纪念馆、文化馆（站）免费开放的长效保障机制，推动科技馆、工人文化宫、文化馆（站）、妇女儿童活动中心等免费开放，加快实现广播电视"户户通"。探索建立全民阅读配套网络，发展数字图书馆等新兴服务平台，方便广大群众查阅书报资料。创新公共文化投入机制，加强财政公共文化资金绩效管理，着力提高服务水平和群众满意度。积极引入政府采购、服务外包、以奖代补、税收减免、定向资助等方式，吸引社会力量参与建设公共文化设施和提供公共文化服务，拓宽服务供给渠道，丰富服务内容和形式。加大公共文化产品创作的支持力度，重点扶持优秀人才培养、优秀活动展演和优秀品牌传播，引入竞争机制，大力培育文化领域社会组织特别是文化非营利机构。

（五）创新完善社会治理机制

治理主体多元化。以党委领导、政府负责和法制保障为基础，着力提升社会协同和公众参与的水平，积极引导社会主体有序参与社会管理和基层治理。加快培育发展社会组织，深化社会组织登记体制改革，进一步降低登记门槛，全面实施直接登记制或备案制，重点促进行业协会商会、枢纽型和公益慈善类社会组织发展。加快发展社会工作者队伍和社工机构，积极推进职业化、规范化和品牌化建设，提高公信力和自我发展能力。

治理程序规范化。探索实施社会治理项目目录和社会治理参与主体准入退出制度，采取税费减免、购买服务、项目委托等形式，加大政策和资金支持力度，鼓励引导社会力量参与社会治理。建立基层共同治理规范，在全国普遍实施社区公共服务事项准入制度，"权随责走、费随事转"，切实减轻社区行政负担。细化、优化社区网格化管理，将社会管理和公共服务落实到社区、细化到网格、延伸到家庭。健全完善法制管理，促进社会治理参与主体健康发展。

治理方式多样化。扩大社会力量承接政府职能和获取政府购买公共服务范围，提高社会主体参与度和群众接受度。创新基层自治方式，推广城乡社区居民议事会制度，建立健全"居民代表进网格"工作制度，开展社区服务中心（站）社会化运营模式试点。创造条件鼓励支持居民互助、驻区单位共建，形成党委政府积极倡导、社会组织帮助扶持、专业社工引领引导、志愿者有效支撑、社区居民和驻区单位广泛参与的共同治理新格局。

九、生态文明：形成人与自然和谐发展新形态

"十三五"时期国内资源环境紧约束趋于常态化，国际气候与环境治理趋于制度化，经济社会发展空间被挤压的风险增大。必须树立尊重自然、顺应自然、保护自然的生态文明理念，坚持节约优先、保护优先、自然为主的方针，以生态文明制度建设为核心，强化资源节约、环境保护和生态修复，提升绿色、低碳和循环发展水平，从源头上扭转生态环境恶化趋势，推动形成人与自然和谐发展新形态。

（一）多渠道深化资源节约

落实节约优先战略，始终坚持节约集约利用资源，加强全过程节约管理，发展循环经济，大幅度提高资源利用效率，努力使中国能源、水、土地等紧缺资源的生产力水平达到或接近世界领先水平。

节能降耗。继续设定较高的节能目标，抑制高耗能产业发展，推进工业、建筑、交通、公共机构等领域节能，加强重点用能单位的能源管理。进一步明确节能责任主体，强化节能目标责任考核，把培育和提升重点用能单位的节能能力作为优先目标。完善节能法规和标准，严格执行主要耗能产品能耗限额标准和产品能效标准，强化固定资产投资项目节能评估和审查。健全节能市场化机制，推行合同能源管理和电力需求侧管理，完善能效标识、节能产品认证和节能产品政府强制采购制度。推广先进节能技术、装备和产品，建立清洁型生产体系。深入推进节能减排全民行动，树立节能型消费理念。

有效节水。划定生态脆弱地区的水资源生态红线，实行最严格的水资源管理制度，加强用水总量控制与定额管理，严格水资源保护，完善江河流域水量分配方案，推进水权制度建设，建设节水型社会。强化水资源有偿使用，严

格水资源费的征收、使用和管理。推进农业节水增效,推广普及管道输水、膜下滴灌等高效节水灌溉技术,鼓励发展旱作农业。在保障灌溉面积、灌溉保证率和农民利益的前提下,建立健全工农业用水水权转换机制。加强城市节约用水,提高工业用水效率,促进重点用水行业节水技术改造和居民生活节水。加强水量水质监测能力建设。实施地下水监测工程,严格控制地下水开采。大力推进再生水、矿井水、海水淡化和苦咸水利用。

合理节地。坚持最严格的耕地保护制度,划定永久基本农田,建立保护补偿机制,从严控制各类建设占用耕地,落实耕地占补平衡,实行先补后占,确保耕地保有量不减少,守住18亿亩耕地红线。实行最严格的节约用地制度,从严控制建设用地总规模。按照节约集约和总量控制的原则,合理确定新增建设用地规模、结构、时序。提高土地保有成本,盘活存量建设用地,加大闲置土地清理处置力度,鼓励深度开发利用地上地下空间。强化土地利用总体规划和年度计划管控,严格用途管制,健全节约土地标准,加强用地节地责任和考核。显著提升单位建设用地的增加值产出率。

循环利用资源。发展循环经济,按照减量化、再利用、资源化的原则,推进生产、流通、消费各环节循环经济发展,构建覆盖全社会的资源循环利用体系。推行循环型生产方式,推动产业循环式组合,构筑链接循环的产业体系,通过循环利用提高资源产出率,节约资源。健全资源循环利用回收体系。倡导文明、节约、绿色、低碳消费理念,对塑料购物袋、一次性筷子的生产、销售和使用实行更严格限制,推动形成与我国国情相适应的绿色生活方式和消费模式。

(二)高标准推进环境保护

"十三五"时期要通过削减人口聚集区煤炭消费量、控制污染物排放等措施,解决灰霾污染、土壤污染、饮用水不安全等损害群众健康的突出环境问题,加强综合治理,明显改善环境质量。坚持共同但有区别的责任原则、公平原则、各自能力原则,积极应对气候变化。通过高标准推进环境保护,协调人口、资源、环境与发展的关系,遵循自然规律,实现可持续发展。

改善大气环境质量。对大城市等人口聚集区的大气环境等人类生存不可或缺的公共资源,采取最严格的措施加以保护。制定、实施满足治理灰霾污染等危害公共环境安全重大问题要求的环保标准,及时公布环境信息,加强社会监督,对造成环境损害的责任者严格执行赔偿制度,依法追究刑事责任,落实政府对公共资源权的保护责任。控制煤炭消费总量，加快发展清洁优质能源，大幅度削减大城市和城市群地区的煤炭消费量，实施区域大气污染联防联控机制，控制区域复合型大气污染。对超过国家重点污染物排放总量控制指标或者未完成国家确定的环境质量目标的地区，严格执行区域限批制度。提升细颗粒物污染的防治能力，燃煤企业严格执行二氧化硫和氮氧化物治理要求，强化脱硫脱硝设施日常稳定运行。改善油品质量，完善技术标准，加大机动车尾气治理力度。

积极应对气候变化。坚持《联合国气候变化框架公约》及《京都议定书》的主渠道作用，坚持共同但有区别的责任原则、公平原则、各自能力原则，推动国际社会共同采取行动，积极应对气候变化。综合运用调整产业结构和能源结构、节约能源和提高能效、增加森林碳汇等多种手段，继续设定较高的碳强度下降目标，控制温室气体排放。加强气候变化科学研究、观测和影响评估，在生产力布局、基础设施、重大项目规划设计和建设中，充分考虑气候变化的潜在影响。加强适应气候变化特别是应对极端气候事件能力建设，加快适应技术研发推广，提高农业、林业、水资源等重点领域和沿海、生态脆弱地区适应气候变化水平。

加大水环境保护力度。实行严格的饮用水水源地保护制度，集中式饮用水水源地水质全部达标，彻底解决城乡居民饮用水安全问题。落实环保法要求，严格执行项目环境影响评价制度、污染物排放总量控制制度和和排污许可制度，加强重点行业水污染治理，推进重点流域和区域水污染防治，加强重点湖库及河流环境保护和生态治理，加大重点跨界河流环境管理和污染防治力度，加强地下水污染防治。

有效治理土壤环境污染。开展重金属污染治理与修复。加大持久性有机物、危险废物、危险化学品污染防治力度，重视对农业生产中的化肥、农药等面源污染的防治，对受污染场地、土壤、水体等开展污染治理与修复。强化核与辐射监管能力，确保核与辐射安全。建立、健全环境与健康监测、调查和风险评估制度，采取措施预防和控制与环境污染有关的疾病。加强环境风险防范，做好突发环境事件的风险控制、应急准备、应急处置和事后恢复工作。

优化城乡公共环境。加强城乡环境卫生基础设施建设，健全城乡公共环境卫生管理制度，完善以公共财政为主导、环卫作业服务与垃圾处理市场化相结合的投融资体制，创新数字化城管、环境卫生村规民约等管理机制，加强公共卫生环境维护由集中治理向长效管理转变。加快建设公共环境卫生管理社会参与体系和环境卫生质量监测体系，加强环境卫生宣传教育，结合"低碳城镇"、"美丽乡村"等城乡创建活动，开展公民环境健康素养促进行动，使城乡居民养成自觉维护公共环境卫生的健康生活习惯。

（三）全方位实施生态修复

坚持保护优先和自然修复为主，加快推进环境税和资源税改革，实现资源有偿使用和生态补偿，加大生态保护和建设力度，对主要自然生态系统实施重大生态修复工程，从源头上扭转生态环境恶化趋势。

草原保护。确权登记草原资产，明确草原的使用权和草原生态保护责任。落实基本草原保护制度，实行以草定畜、草畜平衡。对水土流失严重、有沙化趋势、需要改善生态环境的已垦草原，有计划、有步骤地实行退耕还草；已造成沙化、盐碱化、石漠化的，限期进行治理。对严重退化、沙化、盐碱化、石漠化的草原和生态脆弱区的草原，实行禁牧、休牧，并通过生态保护补助奖励等机制，在保护草原生态环境的同时，促进牧民增收。

矿山及工业用地植被修复。以"谁破坏，谁修复"和"谁治理，谁受益"为原则，落实矿山及工业用地植被修复责任。制定明确的植被修复阶段性目标，加大投入力度，加快矿山及工厂、风电场等工业用地植被修复，及时还清旧债，争取不欠新债。综合采用化学改良法和客土法治理尾矿污染，改良矿山土壤。优先选择生长快、适应性强的固氮树种和优良乡土树种，以及适合坡地的耐干旱草种和适合洼地的耐水湿草种，通过植树种草和强化养护管理等措施，尽快恢复矿区植被和工业用地的生态环境。

森林养育。统筹林地保护与利用，加强林地林权保护基础建设，全面加强林地林权管理。推进森林资源管理，建立健全保障森林可持续经营的采伐管理机制，建立国家级公益林监管长效机制，加强森林资源监督和林政稽查，加强资源监测体系建设。促进森林可持续经营，构建健康、稳定、高效的森林生态系统，提高林地生产力，增强森林综合功能和效益，重点实施中幼林抚育和低质低效林改造，分类经营，定向培育，优化森林结构，提高森林质量，建设和培育稳定的森林生态系统。

地质灾害防控。建立健全地质灾害调查评价体系、监测预警体系、防治体系、应急体系，明确地方政府的地质灾害防治主体责任，强化全社会地质灾害防范意识和能力。对工程建设引发的地质灾害隐患，坚持谁引发、谁治理，明确防灾责任单位，切实落实防范治理责任。全面查清地质灾害隐患的基本情况，坚持预防为主、防治结合。科学开展工程治理，加强地震灾区、三峡库区、交通干线、水利枢纽、输油（气）输电等重要设施及军事设施周边的重大地质灾害防治，有效规避灾害风险，基本消除特大型地质灾害隐患点的威胁，使灾害造成的人员伤亡和财产损失明显减少。

十、互补调节：构建政府和市场有效调节新机制

用好"看得见的手"与"看不见的手"，政府回归守夜人和弥补市场失灵角色，在解决负外部性、维护市场竞争秩序、保障公共安全和保护私人财产不受侵犯等方面更好发挥作用，充分发挥市场的竞争、供求和价值规律及优胜劣汰机制，加快形成市场决定资源配置、政府与市场有效调节的新格局。

（一）市场决定资源配置

建立完善统一开放的市场体系、竞争有序的价格调节机制和公平竞争的市场秩序，以实行负面清单和权利清单管理为突破口，最大限度减少对市场和经济的直接干预，全面构建市场决定资源配置新机制。

1. 构建统一开放的市场体系

以完善产权制度为基础，加快完善土地、金融、劳动力、技术等要素市场，着力清除市场壁垒，形成产权清晰、功能完善、流动顺畅、统一开放、竞争有序的现代市场体系，提高各类资源的市场配置效率。

打通土地市场。加快农村土地确权颁证和市场化改革，建设城乡统一的建设用地市场，在符合规划和用途管制前提下，允许农村集体经营性建设用地出让、租赁、入股，实现城乡土地同地、同权、同价。还原农民对宅基地的财产权利，参照城市住宅用益物权交易法规法则，允许农村宅基地融资抵押、适度流转、有偿退出。落实农村承包地无固定期限的长久使用制度，建立健全农村承包地流转市场，引导农村土地流转和规模经营。减少非公益性用地划拨，扩大城市建设用地市场配置范围，使土地在竞争使用中得到优化配置。

开放金融市场。大力发展中小银行等信贷服务机构，促进信贷市场供给主体多元化。提升信贷服务机构自主定价能力，充分发挥利率信号引导资金配置的作用。积极发展多层次资本市场，促进主板、中小企业板、创业板等交易所市场与"新三板"等柜台交易市场协调发展，大力发展产权交易市场。减少行政干预，提高证券发行市场化程度。支持创业投资基金、股权投资基

金等发展。继续发展外汇市场，扩展市场广度和深度，促进人民币汇率形成机制完善和人民币资本项目可兑换。有序发展商品及金融期货市场、金融衍生品市场。

优化劳动力市场。彻底消除城乡、行业、身份、性别等影响平等就业的制度障碍和歧视，实行城乡平等的就业服务、用工准入和同工同酬的劳动报酬制度。国有企业和垄断行业要建立体现市场竞争的选人机制和用工制度，用人向社会开放、工资与其他行业对接。完善工资形成机制，加快形成反映劳动力市场供求关系、企业经济效益、经济增长速度和物价水平的工资决定和增长机制。完善社会保险制度衔接和关系转移接续政策，加快形成与劳动力自由流动相适应的社会保障制度。加快建立经理人才市场，逐步推行国有企业经营者市场化配置。

提升技术市场。健全技术创新市场导向机制，发挥市场对技术研发方向、路线选择、要素价格、各类创新要素配置的导向作用，建立主要由市场决定技术创新项目和经费分配、评价成果的机制。挖掘技术可界定、可划分、可流通、可交易的产权资本属性，推进专利技术和知识产权全面融入市场，促进科技成果产业化。加快推进科技成果转化法修订落实，明确财政性资金形成的知识产权的归属，完善流转、收益、处置机制，引导高校院所通过转让、许可、质押等方式实现知识产权的市场价值。完善知识产权技术鉴定、评估、交易体系和定价机制，规范发展中介服务机构，促进更多专利和知识产权通过市场转让。

统一区域市场。打破行政性分割和地区、部门封锁，在全国范围内建立统一、开放、竞争、有序的市场体系，引导资本、劳动力等生产要素跨区域合理流动。进一步放松市场进入管制，禁止对外地产品或服务设定歧视性准入条件和收费项目，或以颁发许可证等方式强制企业或消费者购买指定的本地商品或服务。全面清理不符合建立全国性统一市场的地方法规和歧视性、限制性政策。

2. 建立竞争有序的价格机制

规范竞争性产品价格秩序，积极稳妥推进天然气、电力等资源性产品和药品、医疗服务等领域的价格改革，政府定价范围限定在重要公用事业、公益性服务、网络型自然垄断环节，全面放开竞争性环节的价格，充分发挥价格机制在供求调节中的公平秤作用。

维护竞争性产品价格秩序。维护合理竞争的价格秩序，规范企业自主定价行为，坚决打击价格联盟、低价倾销等排除或限制市场竞争的市场行为。将反价格联盟写入行业自律公约，严惩竞争性领域的企业和行业协会"以行业自律价"之名、行价格联盟之实行为，建立成员企业主动从内部瓦解价格联盟的激励机制。健全薄利行业的市场流通与交易机制，严惩扰乱市场秩序、破坏行业规则的低价倾销行为，严厉查处以高规格高等级商品充当低等级低规格等变相降价行为。保障小企业和消费者的知情权和选择权，鼓励实名投诉、举证扰乱价格秩序的市场行为。

放开资源产品价格。统筹协调天然气、电力、水等资源性产品生产者、经营者、消费者、上下游产业的利益关系，健全完善反映市场供求、资源稀缺程度、生态环境损害和修复成本的价格形成机制。按照与可替代能源保持合理比价关系的原则，逐步理顺天然气价格，并建立起动态调整机制，完善煤电价格联动机制。在供电、供水、供气领域全面推广居民阶梯价格制度，保持基本需求部分价格相对稳定，合理控制不同阶梯加价幅度。建立与国际市场资源供求衔接的价格形成机制，推动进口、出口资源联合对外谈判机制。顺应进口资源品种国际定价的金融化趋势，完善国内期货交易平台和品种，增强市场发现价格、规避风险的功能，高度关注国际市场价格剧烈波动可能产生的冲击及传导趋势。

完善服务价格形成机制。推进药品及医疗服务价格改革，建立反映医药和医疗资源稀缺性、体现药品和医疗服务真实价值的药品及医疗服务市场价格形成机制。建立以管理医保支付价为核心的市场价格管理体系，完善基于专家审议和利益相关方协商的价格决策程序。放开铁路、民航的增值服务和延伸服务环节价格，政府价格监管严格限定在具有自然垄断性质的环节。分类推进中介服务、专业服务、公益性服务价格改革，旨在满足群众多样化需求、市场竞争充分的服务领域价格一律放开。

3.形成公平竞争的市场秩序

以法治为保障、信用为基础，加快完善有利于各类市场主体参与市场公平竞争的准入、退出和要素使用制度，建立透明化、法制化的监管制度，创造公平公正的市场竞争环境，努力激发市场主体活力。

公平准入。实行负面清单管理，政府列出禁止和限制进入的行业、领域、业务等清单，各类市场主体可依法自由进入清单之外的领域，公平参与市场竞争。结合实际应用效果和影响，建立负面清单动态调整机制。各种所有制经济在使用贷款、土地、融资、财政扶持时获得平等对待，享有同等的资源条件和经营环境。

诚信体系。以食品药品安全、金融等领域为重点，综合运用信息公示、信息共享和信用约束等手段，形成有效遏制制假售假、商业欺诈、逃债骗贷等违法失信行为的市场信用环境。推动建立自然人、法人统一代码，根据市场主体信用状况实行分类分级、动态监管。构建守信激励和失信惩戒机制，加强对守信行为的激励，对违背市场竞争规则和侵害消费者权益的企业建立黑名单制度，在注册经营、土地供应、政府采购、资格认定、资质审核甚至市场准入等方面依法限制和禁止。

市场监管。优化市场监管职能配置，积极推进政策制定、审批审查等管理职能与监督检查、奖惩处罚职能分开，加快解决综合经济管理部门、行业主管部门、独立监管部门之间职能交叉重叠问题。研究制定与负面清单管理相适应的事中事后监管机制，通过反垄断审查、金融监管、规划管控、环境保护、劳动者权益保护、技术法规和标准等手段，加强对企业生产经营的监管。依托公共信息和信用平台，导入风险控制、分类管理和信用管理制度，在食品药品安全、环境保护、工矿生产安全等领域建立源头可溯、全程可控、风险可防、责任可究的市场监管体系。

（二）更好发挥政府作用

以转变政府职能为核心、优化机构设置为基础、创新行政管理方式和完善权利制衡机制为途径，加快建立法治透明、廉洁高效的服务型政府，努力激发市场活力、促进社会公平正义。

1. 优化行政管理职能

以满足社会公共需要，提供必要而充足的公共产品，创造安全公平法治的市场环境为导向，加快完善政府公共管理职能。优化政府经济管理职能，改进宏观调控和市场监管的方式方法，加强对经济总量平衡、经济结构协调和生产力布局优化的引导调控，加强对市场主体、市场行为和市场秩序的监督管理，为市场主体创造良好的发展环境。强化政府公共服务职能，建立健全政府主导、覆盖城乡、普惠标准不断提高的基本公共服务体系，创新社会治理方式，营造富有秩序、充满活力、切实能够维护公平正义的社会环境。完善与公共管理相适应的公共财政制度，进一步增加公共安全、基础教育、公共卫生、社会保障和基础设施等领域的支出，加快建立事权和支出责任相适应的财政制度。

深入推进"放权"改革。全面深化行政审批制度改革，加快向市场和企业放权，最大限度减少对微观事务的管理，加快从竞争性领域以及能够引进市场机制和社会力量的公共服务领域退出，政府不再直接投资办企业，不再直接干预市场运行和企业经营。加快向社会放权，将行业规范制定、资质认定、行业技术标准制定等职能转移给具有资质条件的社会组织，减少政府对社会组织的具体干预。加快向地方政府和基层放权，将更多的审批和经济社会管理权限下放给地方政府；在逐步推进社区自治基础上，赋予城镇社区更多的人事、财务、管理权利；按照方便农民、便于监管的原则，将部分行政事务和社会管理权限下放到镇级政府。加快事业单位分类改革，推动公办事业单位与主管部门理顺关系和去行政化，逐步取消其行政级别。

2. 精简行政组织机构

优化政府机构设置。按照"精简、统一、效能"原则，进一步推进机构整合，合并职能相近、管理分散的机构，调整职责交叉重复、相互扯皮、长期难以协调解决的机构，对职能范围过宽、权力过分集中的机构进行适当分设。按照决策、执行、监督相对分开的要求，积极稳妥地推进大部制改革，优化大部门内部机构设置和运行机制。统筹党委、政府和人大、政协机构设置，撤并职责相同或相近的部门，探索将党政群部门"联动"起来建立大部门体制。允许地方探索打破垂直管理部门和地方管理部门的界限，建立条块融合的行政管理体制。

优化行政层级和区划设置。从促进科学发展、优化资源配置、改善社会管理和公共服务出发，简化行政管理层级，调整行政区划规模和管理幅度，探索"中央、省、市（县）、镇"四级政府行政层级体系。在扩权强县或财政省直管县改革试点基础上，允许有条件地区依法有序探索省直接管理县（市）体制改革。适时适度缩小省级行政区划，增加省级政府行政组织建制。适应以人为核心的新型城镇化的需要，完善设市标准，稳妥开展具备条件的县有序改市。

3. 创新行政管理方式

更多运用市场化管理手段和经济调节方式，对经济主体的管理，从工程项目审批为主向以外部性管理为主转变，设立国家安全、环境保护、能耗和其他外部性准入门槛。对社会主体的管理从单纯事件管理向诚信管理为主、诚信管理和事件管理相结合转变，管理工具从运用行政手段为主向运用法律手段为主转变。完善发展成果考核评价体系，加大资源消耗、环境损害、生态效益、产能过剩、科技创新、安全生产、新增债务等指标的权重，建立政府绩效评估公共参与机制、绩效评估结果公示制度和反馈调整机制，引入责任追究和领导引咎辞职制度。

4. 建立权利制衡机制

权利清单。科学配置和依法规范各部门职责权限，公开权力目录和运行流程，量化行政执法自由裁量权标准，推进权利运行程序化和公开透明化。以公开行政审批、固定资产投资项目审批、行政处罚等关系广大居民生产生活的事项为重点，加快审核清理、合法确权，制定权力清单，探索权力公开的方式和途径。

第三方评估。建立第三方机构定期评估政府行为和绩效制度，对政府行为绩效进行专业评估和公平、公正、客观的评价，评估和评价结果作为干部晋升的依据。

社会监督。加强权利运行和行政行为的监督，健全对重点环节和重点部门权力行使的独立监督体系。完善非国家安全性党务、政务和各领域信息公开透明制度，为公民、法人和其他组织实施监督创造条件。完善群众举报违法行为的制度，高度重视新闻舆论监督，完善网络监督和网络问政制度。

（三）严明法治

坚持科学立法、民主立法和权威立法，进一步完善促进市场有效竞争的法律体系，按照公开公正透明的原则严明法治，加快建设法治政府，提高法律的执行力和政府的公信力。

立法。提高立法的科学化水平，坚持立改废并举，使法律准确反映经济社会发展要求，增强法律的针对性、及时性、系统性，发挥立法的引领和推动作用。提高立法的民主化水平，扩大公众有序参与，保证人民群众的意见和建议得到充分表达，合理的诉求、合法的利益得到充分体现，更好协调利益关系。提高立法的权威性，全国人大及其常委会负责制定国家级立法，省级人大及其常委会制定地方性法规，坚决克服部门立法和立法过程中部门利益法制化倾向。

执法。政府按照"法无授权不可为"的原则依法行政，严格界定执法权限，法无明文规定时，政府部门不得做出影响市场主体权益或增加其义务的决定。企业、公民和社会组织按照"法无禁止即可为"的原则，依法从事经济社会活动。全面落实行政执法责任制，健全行政补偿和赔偿制度，严禁损害市场主体的合法权益。严明法律，建立违法成本高于违法收益的预期管理机制，提高法制管理的威慑性和法律的执行力。

十一、公共安全：建设生产安全、生活安稳、国家安定的平安中国

以构建平安中国为核心，在经济社会各领域强化安全发展观念，优化安全发展环境，增强安全保障能力，促进专业力量与群防群治相配合，全面推进生产安全、居民生命财产安全、网络信息安全、国防和社会安全体系建设，把我国建设成为生产安全、生活安定、国家安稳的和谐国家。

（一）创新安全生产管理机制

健全安全生产信息管理体制。准确把握安全生产工作规律，深入研究重点行业领域的事故特点和形势趋势，充分运用科技和信息手段，提升安全生产隐患排查、监测监控和预报预警能力。根据企业人员规模、管理技术水平、行业危险因素等，分级分类制定事故隐患排查标准，推进安全生产标准化建设。引导企业加强安全生产信息化建设，建立安全生产隐患动态监测、实时管理和预测分析系统，全过程记录隐患排查工作，便捷实施隐患信息自查和上报。完善安全监管服务平台，对企业报告信息、执法检查数据、监管措施状况等进行记录和分析，及时有效识别重大风险隐患。

健全安全事故预防控制体系。完善安全生产法律法规和标准，提高执法检查的针对性和有效性，督促落实安全生产的各项规章制度，提供法制化坚实保障。进一步淘汰不具备安全生产条件的落后产能，继续整顿关闭小煤矿、小矿山等，做大做强技术先进、安全可靠的现代产业项目，在结构调整和质量效益提升中降低事故发生率。整合安全科技优势资源，加快推进安全生产关键技术及装备的研发。推进企业安全生产设施和管理体系建设，创新生产安全科技和管理流程，提高机械化、自动化、信息化水平。加强现场管理和专业培训，增强班组安全生产和应急处置能力。增强事故应急救援能力，有效遏制重特大事故发生，最大限度减少生命财产损失。

完善安全生产责任制。强化企事业单位主体责任、政府部门和行业协会监管责任、地方政府属地管理责任，惩防并举，全面落实安全生产责任制。明确安全生产各主要环节的责任主体和责任人，建立健全倒查机制，严格查处、严

肃追究事故责任，及时准确公布事故信息和调查处理情况。提高生产安全绩效在领导干部政绩考核中的地位，重点加大安全隐患排查等过程管理的权重，年度考核和任期考核相结合，事故发生和应急处置综合考察，增强绩效考核的科学性和约束力。鼓励社会公众、新闻媒体监督举报，支持职工第一时间发现和排除事故隐患。

建立交通运输安全综合治理机制。加大交通运输安全普法宣传力度，提高全民安全法制意识，增强依法开展交通运输活动的自觉性。建立交通运输安全隐患排查治理长效工作机制，及时有效发现、治理危险路段及桥梁、隧道、码头安全隐患，加快淘汰安全性能差的运营车型，积极预防交通运输事故发生。强化交通运输企业安全主体责任，禁止客运车辆挂靠运营，禁止非法改装车辆从事旅客运输。加强道路运输车辆动态监管，利用具有行驶记录功能的卫星定位装置、实时交通状况图像监控系统等多种手段实行联网联控。严厉整治超载、超限、超速、酒后驾驶、高速公路违规停车等违法行为。

（二）健全公共安全保障机制

加强社会稳定的制度建设。科学识别、动态跟踪和及时处置涉稳风险，实现从被动、事后维稳定向主动、源头创稳定的根本性转变。完善重大决策社会稳定风险评估机制，增强群众在稳评中的参与度和话语权，将群众利益贯彻到科学民主依法决策全过程。畅通群众需求诉求表达机制，鼓励人民团体、社会组织和大众传媒发挥积极作用，引导群众积极有效、依法理性地表达诉求和主张权益。健全司法体制和法律援助制度，加强基层司法所建设和法律援助服务体系建设，提高依法维权便捷程度，守住维护群众权益的法律法规底线。落实矛盾纠纷排查制度，及时发现苗头隐患。完善人民调解、行政调解、司法调解联动体系，加强基层调处化解社会矛盾的能力。

建立全时空治安防控体系。全面建立社会治安实时监控机制，利用信息化手段全力消除各类盲点，预先排查风险隐患，预判指导应急处置。搭建现实社会和虚拟空间有效衔接的防控网络，利用互联网大数据支撑维护治安、打击违法的显著提升。健全立体化防控体系，点线面相结合，人防物防技防相配套，打防管控一体化运作，最大限度预防和减少违法犯罪活动发生，切实保障人民生命财产安全。坚持群防群治，加强基层基础建设，壮大社区治安志愿者队伍，合理调配部署志愿者力量，落实责任到社区网格，强化与基层公安机关的实时沟通与联动配合，形成动态服务管理机制。加强特殊人群社区教育、矫正矫治和综合干预，健全社会帮扶体系，帮助解决实际困难，消除潜在安全隐患。提高全民防范意识和能力，形成全社会协力维护安定和谐良好局面。

形成常态化防暴反恐机制。坚持依法防范和惩治，坚持持续高压和严打方针，坚决打击和遏制严重危害人民群众生命财产安全的刑事犯罪案件、恶性极端事件和暴力恐怖活动。强化反恐情报信息工作，建立分级共享、有效沟通、运转高效的情报信息平台，加强信息汇总整理和综合研判，合理制定应急处突方案。适时开展专项打击和重点整治，因地制宜实施打黑除恶、治暴打拐、禁毒缉枪、打击电信诈骗等专项行动，加强对枪支弹药、管制刀具、易爆易燃剧毒物品等的管控，严防暴力犯罪发生。建立常态化反恐机制，统筹建设强有力的反恐体系。

建立健全食品药品安全监管机制。采用适应国情、尽可能严格的食品药品安全标准，严守食品药品生产经营的安全准入底线。健全食品药品监测体系，建立质量追溯制度和责任倒查机制，推行原产地质量标识，形成生产流通消费全过程可追溯体系，构筑从生产源头到消费终端的安全链条。落实企业主体责任，完善守信受益激励和失信受损惩戒机制，全面贯彻实施食品药品安全刑事处罚措施，震慑食品药品违法犯罪行为。进一步健全监管执法工作机制，显著增强执法能力，全面加强食品药品监管。探索建立食品药品审评审批终身追责机制。以应急预案为重点，完善食品药品安全应急反应机制，健全应急组织体系，强化预警，简明程序，快速反应，协调联动。

（三）构建信息安全网络体系

互联网安全体系。以安全为导向推进互联网基础信息网络建设，同步规划、同步建设、同步运行安全防护设施，强化技术防范，严格安全管理，切实提高防攻击、防篡改、防病毒、防瘫痪、防窃密能力。加强互联网网站、地址、域名和接入服务单位的管理，完善信息共享机制，规范互联网服务市场秩序。强化互联网信息安全应急处置工作，完善应急预案，加强互联网信息安全装备设施建设。加强网络信任体系建设和密码保障，健全电子认证服务体系，推动电子签名在金融等重点领域和电子商务中的应用。加大对网络违法犯罪活动的打击力度。

重点领域信息安全体系。加强政务信息安全管理，建立政府网站开办审核、统一标识、监测和举报制度，减少政府机关的互联网连接点数量，加强安全和保密防护监测，落实涉密信息系统分级保护制度，大力推动密码技术在涉密信息系统和政务信息系统保护中的应用，严格政府信息技术服务外包的安全管理。保障重要行业信息系统安全，针对能源、交通、金融等领域涉及国计民生的重要信息系统，切实强化技术防范，严格安全管理。加强重要领域工业控制系统安全监测和管理，定期开展安全检查和风险评估，实行安全风险和漏洞通报制度，重点对可能危及生命和公共财产安全的工业控制系统加强监管。

信息安全监管体系。完善国家信息安全基础设施，加强信息安全专业骨干队伍和应急技术支撑队伍建设，提高风险隐患发现、监测预警和突发事件处置能力。加强信息共享和交流平台建设，健全信息安全情况通报机制。进一步完善监管体制，充实监管力量，加强对基础信息网络安全工作的指导和监督管理。倡导行业自律，发挥社会组织和广大网民的监督作用。加强个人信息保护，明确敏感信息保护要求，强化企业、机构在网络经济活动中保护用户数据的责任。

（四）加快国防安全和军队现代化建设

部队作战能力现代化。以现代知识武装军队官兵，培养忠于国家、勇于献身的牺牲精神，全面提高军队人员素质。坚持把军事训练摆在国防安全战略位置，紧紧围绕能打仗、打胜仗目标，从实战需要出发，从难从严训练，提高部队实战化水平。深入开展基于信息系统的集成训练，引入先进理念，创新完善战法，加快形成适应信息化条件下作战的战斗力。加强近似实战环境下的对抗性训练，提高针对性和可检验性，探索联合作战和融合训练方法，确保部队"召之即来、来之能战、战之必胜"。

武器装备现代化。把自主创新作为武器装备建设的战略支撑，加强重大科技问题研究，加大科研攻关力度，加快自主创新步伐，重点发展能够适应未来信息化战争需要的高技术武器装备。抓好装备全系统全寿命质量管理，切实落实对武器装备建设的稳定性、可靠性和安全要求。依据实战标准，强化部队训练和战法研究，努力实现人与武器装备的最佳结合，形成装备建设的整体优势和合力，提高武器装备建设的整体效益，全面提升武器装备现代化水平。

海陆空控制能力现代化。适应国防安全需求新变化，使国防安全保障体系由传统模式转化为现代模式，国防安全内容由单一内陆主权转为陆海空三位一体的综合主权。加大边防人力财力物力投入,坚持执勤训练一体化,提高管边控边能力,有效履行卫国戍边职责。加强海军发展建设,发挥部队多类型优势,发展新一代主战装备,强化实战准备,着力增强远洋作战能力,切实捍卫国家海上主权。加快空军现代化实战化建设步伐,优化部队结构,增强快速反应和远程打击能力,建设空天一体、攻防兼备的强大人民空军。

军民深度融合。贯彻平战结合、军民结合、寓军于民的方针,按照平时服务、急时应急、战时应战的要求,不断提高民兵预备役部队快速动员和遂行任务能力,更好服务军事斗争准备。突出国防动员建设重点行业和领域、科技参战支前和综合动员保障关键环节,加强国民经济动员、人民防空、交通战备和国防基础设施建设。适应打赢信息化条件下局部战争新要求,优化国防后备规模结构和力量布局,强化针对性训练演练。加强国防动员立法工作和全民国防教育,形成法制有力保障、社会普遍关心的良好局面。

以和求安,以安促和。以和平外交为主要手段谋求国家长治久安和对外关系良性发展。坚持与邻为善、以邻为伴的方针和睦邻、安邻、富邻的政策,加强对外经贸往来、文化交流和文明对话,正确处理同邻国关系,实现和睦相处、共同发展。坚持走和平发展道路,用东方智慧解决国际问题,优先使用外交手段应对地缘政治危机和地区热点敏感问题,妥善化解争议和矛盾。积极构建新型大国关系和全球治理新机制,加强与发展中国家合作,推进国际关系民主化,推动各国共同参与国际和地区治理、共同促进世界和平与发展。以国防安全能力提升促进形成长远和平发展环境。通过建设具有强大威慑力的国家军事防务体系,不断提升并适度展示国防实力,发挥军事力量的威慑和制衡作用,为长期维持和平发展环境提供基础和保障。

专题一

"十三五"时期提高中国
经济发展质量研究

本文在回顾不同时期人们对发展质量认识演变的基础上，结合发展经济学理论从内涵、外延、目标和路径四个方面阐述了提升发展质量的概念。"十三五"时期，中国发展仍面临着要素使用效率不高、宏观经济风险加剧、经济结构调整缓慢、资源环境约束强化和发展的包容性不足等一系列问题。在新的发展阶段，提升发展质量是我国在新的发展阶段规避短期经济风险，破解资源环境约束，提升发展包容性的必然要求。本文还对中国发展质量进行了总体评价，指出了影响发展质量提升的制约因素。最后，提出了提升发展质量的目标原则，明确了"十三五"时期应该推进创新驱动、发展教科文卫、深体制改革、调整经济结构、保护资源环境、强化民生改善，全面提升发展质量。

一、对提高发展质量的认识及其概念

人类对发展质量的认识是伴随经济理论演变和实践活动演进而不断动态深化的，其概念充分反映了经济发展的全面性与深刻性。

（一）对发展质量认识的演进

人们对发展质量的认识，经历了一个从经济增长到经济发展、从经济增长质量到经济发展质量的转变过程。

1. 经济增长及其质量

经济增长是经济社会最本源的议题，也是经济学最恒久的话题，人们对经济增长及其质量的认识经历了三个阶段。

第一，经济增长质量决定于生产要素积累。人们最初对经济社会的认识发轫于对财富积累的思考，认为经济量的增长，即一个国家或地区产品和劳务的增加，是一国财富积累的来源，它构成了经济社会基本的物质基础。经济增长的动力来自于生产要素的积累，要素积累的丰裕程度直接决定了经济增长的质量。

第二，经济增长质量决定于要素效率提高。20世纪中期以来，人们发现要素积累导致的要素报酬率下降抑制了经济增长的动力，经济增长质量并不完全取决于要素的积累，而更倚重要素使用效率的提升，即全要素生产率的提高。要素使用效率的提升最终取决于技术进步的程度，而技术进步程度有赖于研究开发投资、干中学与技术外溢以及人力资本积累。

第三，经济增长质量决定于经济运行稳定。20世纪80年代开始，人们发现经济频繁周期性波动将损害要素配置效率、消弥经济增长动力。一些经济学者由此认为，经济增长质量在一定程度上取决于经济增长的稳定性。经济稳定增长能实现要素有效配置与利用，抑制经济大起大落，减少宏观经济运行的潜在风险，从而提高经济增长质量。

2. 经济发展及其质量

经济发展的话题是伴随着发展经济学兴起而开始流行的，它在经济增长概念上附着了结构、社会和生态等价值因素；与之相应，经济发展质量除了增长质量之外还增加了以下三个层面的内容。

第一，经济发展质量要考虑经济结构协调。20世纪中期开始，发展经济学的结构主义注意到，一个国家或地区的经济发展总是伴随着供给结构、需求结构、城乡区域结构、收入分配结构等经济结构的变化。而通过制度等因素不断优化这些结构，可以实现要素加快积累、资源有效配置和激励有效兼容，从而提高经济发展的质量。

第二，经济发展质量要考虑人民生活提升。20世纪70年代，发展经济学家开始意识到，经济发展最终需要满足人的发展，生计、自尊和自由是经济发展的三个核心价值。因此，经济发展质量的高低取决于人民生活品质的提升，而人民生活品质的提升取决于收入水平的改善、教育程度的增强和预期寿命的提高，并取决于这些因素的平等性与公平性。

第三，经济发展质量要考虑资源环境改善。20世纪70年代，罗马俱乐部首次提出增长的极限问题，他们注意到资源消耗和环境破坏给经济发展带来了巨大挑战，因此认为自然环境和生态平衡是经济持续发展的自然基础，提升经济发展质量需要考虑资源环境承载能力，要使经济社会改变发展方向，使其向可持续性更强的目标前进。

（二）从发展理论看提高经济发展质量的概念

从逻辑学出发，提高经济发展质量的概念包括了内涵、外延、目标和路径四个方面。

1. 提高经济发展质量的内涵

根据对发展质量认识的演进过程，可以看到：一是发展质量除了包含早期增长质量的层面外还增加了更为丰富的价值观内容；二是人们对发展质量的理解是一个从单一维度向多维度演进的过程；三是提高发展质量的主要层面随着发展阶段演进不断增加新的内容和更高要求。

鉴于这些认识，我们认为提高经济发展质量的内涵应该根据经济发展阶段的演进而赋予不同的层次，这些层次包括生产要素积累、要素效率提高、经济运行稳定、经济结构优化、人民生活提升和资源环境改善等六个方面。

依据罗斯托"经济发展六阶段论"，我们认为一国或地区的经济发展可以划分为六个阶段，即传统社会阶段、创造起飞条件阶段、起飞阶段、向成熟推进阶段、高额群众消费阶段和追求生活质量阶段。各阶段提高经济发展质量对应的层次如表 1 所示。

从中国经济发展阶段出发，已经进入向成熟推进阶段的中后期，并正在迈向高额群众消费阶段和追求生活质量阶段，因此提高经济发展质量应该综合全面考虑六个层次的价值内容。

根据上述考虑与分析，在现阶段提高中国经济发展质量的内涵是：一国或地区通过加快技术创新与体制变革，推进生产要素充分利用与有效配置，保持经济平稳增长，逐步优化经济结构，不断提升人民生活水平，持续改善资源环境，最终不断提升生产质量、生活质量和生态质量，实现该国或地区经济社会的全面、协调、可持续发展。

2. 提高经济发展质量的外延

根据提高经济发展质量的内涵，其外延可以归纳为要素投入的充分性与有效性、经济运行的稳定性、经济结构的协调性、资源环境的可持续性以及经济发展的包容性。

——要素投入的充分性与有效性。要素投入充分性是指经济发展潜能的利用程度，包括现有各种要素是否得到有效的利用以及其是否在经济发展中形成了新的生产能力两个方面；这意味着要在条件允许的情况下实现合意的快速增

表1 经济发展质量的阶段性内涵、外延及其目标

提高经济发展质量主要层面	对应外延	对应目标	阶段划分	经济发展阶段					
			阶段特征描述	传统社会阶段	创造起飞条件阶段	起飞阶段	向成熟推进阶段	高额群众消费阶段	追求生活质量阶段
				经济处于原始状态，没有现代科学技术，整个社会生产力低下，人均收入仅能维持生存	过渡阶段，新的科技方法开始出现，新旧文替，人均收入增长人仍然缓慢	传统发展障碍被克服，农业生产率提高，人均产值大大上升	持续进步时期，现代技术波及到大范围经济活动，产生结构转变，人均国民生产总值持续增长	资源更多用于生产耐用消费品（服务），消费愿望改变	主导部门转向以生产服务业为代表的提高生活质量的相关部门，如教育、卫生、住宅、文化娱乐、旅游等
生产要素积累	要素充分性与有效性	提升生产质量	各发展阶段经济发展质量对应层面	√	√	√	√	√	√
要素效率提高				—	√	√	√	√	√
经济运行稳定	运行稳定性			—	—	√	√	√	√
经济结构优化	结构协调性			—	—	—	√	√	√
人民生活提升	资源环境可持续性	提升生活质量		—	—	—	—	√	√
资源环境改善	发展包容性	提升生态质量		—	—	—	—	√	√

资料来源：作者根据相关文献整理得出。

长，其从潜能是否得到充分利用角度反映经济发展质量。要素投入的有效性是指经济发展效率，即经济发展过程中投入与产出关系，单位投入获得的产出越多，表明生产要素的使用效率和经济发展质量越高；其高低可反映经济发展质量的优劣，是经济持续发展的重要保障，也是提高经济发展质量的集中反映。

——经济运行的稳定性。经运行的稳定性是指国民经济运行的平稳状况，主要表现为经济增长波动率和价格波动率相对稳定，它是经济健康发展的基础，经济发展的稳定性越好，经济安全性越大、风险性越小，从而经济发展质量越高；其是经济发展质量的重要标志，也是提高经济发展质量的重要保证。

——经济结构的协调性。经济结构的协调性是指经济结构包括产业结构、区域结构、贸易结构等的协调程度，合理的经济结构是实现经济快速增长并获得较高经济效益的基础，不仅标志着经济发展状况处于良好状态，而且是未来经济持续快速发展的前提；其是评价经济发展质量高低的重要内容，也是提高经济发展质量的关键。

——资源环境的可持续性。资源环境的持续性是指经济持续发展的能力，主要表现为指资源、环境承载经济长期发展的能力，只有在自然资源被有效利用和生态环境得到有效保护的前提下，经济发展才是可持续的；付出巨大资源和环境代价的经济发展是低质量的发展，会导致人们生活质量的下降；评价经济发展质量不能忽视资源、环境代价，其是提高经济发展质量的重要基础。

——经济发展的包容性。经济发展的包容性是指经济发展的结果即经济发展对于减少贫困、提高居民生活水平的作用，高质量的经济发展应使更多的人从中受益；其是经济发展质量高低的重要内容，也是提高经济发展质量的主要目的。

3. 提高经济发展质量的目标

提高经济发展质量，要通过提升经济发展的充分性、有效性、稳定性、协调性、包容性、可持续性，实现国民经济社会中生产、生活、生态"三生"质量的提高。

一是提高生产质量。即通过提升要素投入的充分性与有效性、经济运行的稳定性和经济结构的协调性，实现潜在增长能力的充分发挥、提高生产要素配置效率和技术创新对经济增长的贡献、宏观经济运行在合意区间波动以及经济结构符合阶段特征和发展前景的诉求。评价这一目标的主要指标是：经济增长和就业指标、要素产出效率指标、经济结构指标以及增长与价格波动性指标等。

二是提高生活质量。即通过提升经济发展的包容性,更加关注和改善民生,逐步缩小收入差距,不断提高居民的生活水平,加快实现社会公平,使更多的人从高质量的经济发展中受益,以使全体人民各尽其能,共享发展成果。评价这一目标的主要指标是:城乡居民收入及其差距指标、不同人群收入差距指标、消费升级指标以及基本公共服务及其均等化指标等。

三是提高生态质量。即通过提升资源环境的可持续性,提高资源对经济发展的保证程度及其支持能力,切实降低单位产品资源消耗,不断提高生态环境对经济社会发展的承载能力,突破"增长的极限",实现经济社会的永续发展。评价这一目标的主要指标是:资源供求指标、单位产值能源消耗指标、各类污染物(固体废弃物、废水、废气)排放指标以及生态环境质量指标等。

4. 提高经济发展质量的路径

从经济增长和发展的理论出发,提高经济发展质量的途径有两个:一是制度变迁,二是技术进步。

第一,技术进步是提高经济发展质量的主要动力。技术进步改变了人们的生产生活方式,提升了要素使用效率,扩大了供给能力,创造了商品种类的多样性,为经济社会发展提供了更多的渠道、机制与手段,有助于提高生产要素的积累和要素效率、熨平短期经济波动、推进经济结构优化升级、提升人民消费质量、解决资源环境技术问题,从而提升了要素投入的充分性与有效性、经济运行的稳定性、经济结构的协调性、经济发展的包容性以及资源环境的可持续性,由此推动经济发展的质量逐步提高。

第二,制度变革是提高经济发展质量的重要基础。制度变迁降低了发展中交易费用,构建了发展中的激励机制,创造了发展中的合作条件,约束或减少了破坏经济发展的行为。合理的要素产权与价格制度安排,有助于提高生产要素的积累和要素效率,提升了要素投入的充分性与有效性。审慎有序的宏观管理制度,有效降低了经济短期波动的频率,提升了经济运行的稳定性。符合经济发展阶段特征与现实实情的结构性体制和政策,推进经济结构向合理优化的方向演进,提升了经济结构的协调性。合理的分配制度和社会公共政策,有力保障了人民生活水平的提高,提升了经济发展的包容性。创新性的资源与环境管理制度,切实推动资源环境的改善,提升了资源环境的可持续性。通过影响经济发展质量的各层面,好的制度安排将不断提高一国或地区的生产质量、生活质量和生态质量,从而推进经济发展质量不断提高。

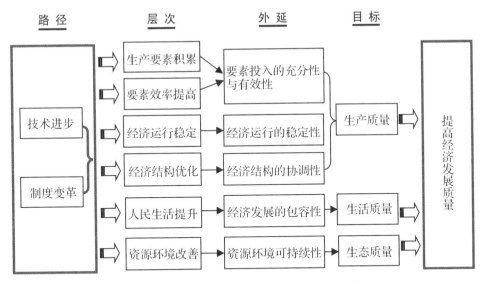

图1 提高经济发展质量概念与内涵的逻辑示意图

二、中国发展面临的主要问题与提升
经济发展质量的重要意义

（一）"十三五"时期中国发展面临的主要问题

改革开放以来，中国经济经历了超过 30 年的快速增长，经济社会发展取得了一系列令人瞩目的成就，但发展中不平衡、不协调、不可持续问题依然存在，突出地表现为发展质量不高。"十三五"时期，要实现全面、协调、可持续发展，不断提升发展的质量和效益，中国仍面临着一系列挑战。

1. 要素使用效率亟待提高

经济增长的基本理论认为，一国经济的长期增长离不要劳动力、资本、人力资本等生产要素的积累，更离不开技术进步和要素使用效率的提升。而且，随着发展阶段阶段的变化，经济增长的主要驱动要素会有所不同。在经济发展水平不断提高和经济结构持续变化的过程中，经济增长将经历要素驱动、效率驱动和创新驱动的不同阶段。"十三五"时期，随着中国逐渐向高收入国家迈进，经济发展将逐渐从要素驱动向效率驱动转型。

从中国当前经济发展的现状来看，要素使用效率仍然较低。主要表现在四个方面。一是能源利用效率低。2013能源峰会上有学者提到，2012年中国一次能源消费量36.2亿吨标煤，单位GDP能耗是世界平均水平的2.5倍，美国的3.3倍，同时高于巴西、墨西哥等发展中国家。中国每消耗1吨标煤的能源仅能创造14000元GDP，而全球平均水平是25000元GDP。二是土地利用效率低。国土资源部发布的《2013年中国国土资源公报》显示，2013年国有建设用地供应量为73.05万公顷，连续5年保持增长。国家土地督察系统在2011年例行督察中发现，全国43个城市中共有918个项目存在土地闲置问题，涉及面积共计8.84万亩。2013年，上海市全市建设用地的产出率大概是纽约的1/29、香港的1/14。上海市漕河泾开发区土地利用效率最高，每平方公里的工业产值是200亿元，而台湾的新竹则是513亿元。三是水资源利用效率低。中国单位GDP用水量大约是世界平均水平的4倍，是国际先进水平的5—10倍。农业灌溉用水有效利用系数为0.45—0.50，远低于发达国家0.7—0.8的水平。四是投资效率低。相关研究表明，1978年到2010年中国的资本产出比为3.92，美国1965年到2010年的资本产出比为5.29，日本1980年到2010年的资本产出比为14.69。尽管中国与美日的发展阶段不同，但仍足以反映出中国投资效率偏低。

2. 宏观经济风险仍然存在

宏观经济的大幅波动是影响发展质量的重要因素，高质量的发展离不开稳定的宏观经济环境。一方面，经济的大幅波动会破坏经济长期增长的内在机制，造成社会资源的巨大浪费，影响经济发展的持续性，损害居民的福利水平；另一方面，经济的大幅波动会加大宏观经济运行的潜在风险，经济过热可能引发高通涨，经济增长过慢又可能导致失业，一旦各种风险集中爆发，宏观经济还存在"滞胀"的风险，这会给宏观经济政策的制订带来极大的困难。

2008年全球金融危机爆发以来，全球经济在曲折中前进，主要发达国家步履维艰，复苏进程缓慢，新兴经济体也面临着增速放缓和增长动力不足的问题。展望"十三五"，中国经济发展仍面临着多方面的风险。一是发展动力不足的风险。过去三十多年，中国经济增长在相当程度上依赖生产要素的大量投入，投资也主要集中于基础设施建设，但是随着经济的发展和资本的积累，进一步的要素投入将面临着边际收益递减和投资回报不足的问题。未来一段时期，如果不能有效地推动技术进步和全要素生产率的提升，中国经济可能会面临发展动力不足的问题。二是财政金融风险。本次全球金融危机爆发以后，中国政府采取了一揽子的经济刺激政策，为稳定宏观经济，减少危机冲击做出了重大贡献，但与此同时，由于政策实施过程中存在的一些不足，也导致了财政金融风险的积累。一方面，地方政府的债务负担加重，融资平台风险加剧，另一方面，影子银行发展迅速，对相关领域的监管不足也在一定程度上加剧了金融风险。除此之外，人口结构变化带来的社保支出增加，环境保护支出带来的政府支出压力，都在一定程度上加剧了未来的财政风险。三是房地产风险。过去十年，中国的房地产业迅速发展，为经济持续快速增长做出了贡献，但也导致了房价过高，宏观经济对房地产业依赖过大等一系列问题。未来几年，房地产市场风险存在集中爆发的可能，会从多个方面对宏观经济造成冲击。包括房价下跌导致房地产投资增速大幅下滑，进而对钢材、水泥、建材等行业造成冲击；房价下跌导致银行业房地产信贷的风险暴露，影响金融系统稳定；房价下跌导致地方政府土地出让收入降低，加剧地方政府财政风险等。四是资源环境风险。过去三十年的快速发展，消耗了大量资源，也对环境造成了一定的破坏。"十三五"时期，资源环境的约束也可能成为宏观经济潜在的风险源。一方面，随着人民生活水平的提高，对资源的消耗加大，中国将在能源安全、粮食安全等方面面临严峻的挑战；另一方面，由于环境承载力有限，如果不加大环境保护力度，加大环境治理的投入，未来一段时间，多年发展积累的环境风险存在集中爆发的可能。上述四个方面的风险可能成为未来一段时期影响宏观经济的重要因素，也是提升发展质量面临的重大挑战。

3. 经济结构调整有待深入

发展经济学理论认为，合理的经济结构对于经济的长期发展至关重要。经济发展的不同阶段，一国经济结构会因其制度建设、要素禀赋、基础设施的发展变化而有所不同。因此，经济结构将伴随着经济社会的发展而不断调整。库兹涅茨曾指出如果没有结构转变，持续的经济增长将不可能实现。目前，中国正处于从上中等收入向高收入迈进的关键时期，经济结构调整对于提升发展质量非常重要。

"十三五"时期，中国的经济结构必将面临着深刻的调整。一是区域经济结构调整。一方面，随着中国城镇化进程的加快，城乡结构面临着进一步的调整，需要从经济制度、体制、机制和政策等方面进行深层次的调整，推进新型城镇化，加快城乡一体化进程。另一方面，尽管中国已经制定了较为完善的区域发展总体战略和主体功能区战略，但不同地区经济发展水平差距较大，经济结构趋同的问题仍然较为严重，不同区域之间结构调整的任务仍然艰巨。二是需求结构调整。改革开放以来，中国总需求快速增长，结构性问题近年来有所缓解，但仍需进一步推动需求结构调整。应由依靠外需拉动向内需转型，由依靠投资向领先消费转型，由依靠政府投资向依靠社会投资转型。三是产业结构调整。"十三五"时期，中国仍处于工业化的中后期阶段。从目前的情况看，产业结构并不能完全适应我国的发展阶段。具体表现在，三次产业中服务业所占的比重偏低，农业内部传统农业所占的比重偏高，现代农业所占比重偏低；工业内部高耗能高污染行业所占比重偏高，高技术高附加值行业所占比重偏低；服务业内部，商业餐饮交通运输等传统服务业所占比重偏高，信息、金融、旅游等新兴服务业所占比重偏低。四是要素投入结构调整。根据迈克尔·波特的国家竞争力优势理论，生产要素可以分为基础生产要素和高级生产要素。基础生产要素可以提供初始优势，而初始优势又可以通过对高级生产要素的投资得以扩展和强化。目前，中国经济发展过程中，劳动力、物质资本和自然资源等基础生产要素投入比重较高，而人力资本、知识资本、技术和信息等高级生产要素投入不足。"十三五"时期需要进一步调整要素投入结构，提升高级生产要素投入的比重。

4.资源环境约束不断强化

可持续发展既要求保持资源的可持续供给能力，也要求积极预防控制环境破坏与污染。随着中国进入重化工业快速发展的工业化中期阶段，资源能源消耗和污染物排放日益密集化，导致资源环境约束日益突出。

近年来，资源环境问题对我国社会经济发展的制约越来越明显，主要表现在以下方面：一是主要战略性资源数量持续下降。我国绝大多数自然资源人均量都远低于世界平均水平，而且随着改革开放以后经济高速增长，自然资源的人均占有量迅速下降，尤其是水、耕地、能源、主要矿产等战略性资源面临的态势异常严峻。二是资源空间分布和生产布局严重逆向配置。主要表现为人口稠密、生产力布局集中的地区，资源较为匮乏；而资源丰富的地区，人口相对较少，产业发展较为落后。这一问题在水资源分布和矿业资源分布方面表现得尤为突出。三是生态环境日益恶化。根据瑞士达沃斯世界经济论坛发布的世界各国环境质量可持续指数，2008年，全球144个国家和地区中，中国名列第105位。该指数涵盖了自然资源、过去与现在的污染程度、环境管理努力、对国际公共事务的环保贡献，以及历年来改善环境绩效的社会能力等指标，反映出中国在生态环境方面面临的严峻形势。近年来，中国不断出面的各种污染事件和大面积雾霾也从侧面印证了中国生态环境恶化的现状。

5. 发展的包容性有待提升

包容性发展要求通过经济持续发展在一个国家内部实现不同地区、不同人群和不同阶层之间的共赢。实现包容性发展不仅是提升发展质量的目标之一，也是提升发展质量的重要保障。在中国要实现包容性发展就是要在发展中体现以人为本的理念，让发展的成果惠及全体人民，实现全面协调可持续发展。

经过几十年的快速发展，中国人民生活水平大幅提高，但发展的包容性仍有待进一步提升。一是要进一步改善收入分配结构。在中国当前的收入分配结构中，存在城乡收入差距较大、不同行业之间的收入差距较大、劳动者报酬在国民收入分配中所占的比重过低等一系列问题，导致总体上的贫富悬殊。从中国居民收入水平的基尼系数来看，尽管近两年有所回落，但绝对水平仍然很高，长期位于 0.4 的国际警戒水平之上。二是要破除各种影响社会公平的体制机制障碍。从个人的角度来看，每个人应该公平地享有教育、医疗、就业的权利，但当前中国的一些改革中，"机会均等"的原则并未完全贯彻，户籍、地域、学历等方面的歧视仍然存在。从企业的角度看，国有企业、民营企业、外资企业并不具有完全平等的市场地位，市场竞争中的区域分割、部门垄断仍然存在，在制度设计和政策制订过程中部分企业获得了超国民待遇，而另外一些企业则在市场准入、项目审批等方面受到多方面的制约。

（二）提升发展质量的重要意义

首先，提升发展质量是一国进入中高收入阶段的必然要求。"十三五"时期，中国正处于从中等收入向高收入迈进的关键阶段。从发展战略看，要成功地跨越"中等收入陷阱"，必须提升发展质量。大量研究表明，落入"中等收入陷阱"有多方面的原因，但其中非常重要的方面包括这些国家难以克服技术创新的瓶颈，对发展的公平性重视不够，宏观经济政策缺乏稳定性等。一国要成功跨越"中等收入陷阱"必须不断改善要素投入的效率，优化经济结构，减少资源环境方面的压力，使全体人民共享发展成果，这就要求不断改善发展质量。从发展的目标看，进入中高收入阶段后，人们的物质生活水平必将进一步提高和改善。多数人的温饱问题初步得到解决以后，发展的目标开始逐步聚焦于人的全面发展，社会需求、政治需求、文化需求、环境需求等发展型需求越来越强烈。中国在未来一段时期将面临着来自国内外的稳定经济、缩小收入差距、保护环境等多方面的压力。这就要求我们必须改变片面追求发展速度的做法，不断提升发展质量。

其次，提升发展质量是规避短期经济风险的根本途径。"十三五"时期，中国经济长期发展积累的一些潜在风险可能逐渐暴露，成为影响"十三五"战略目标实现的隐患。这些风险包括发展动力不足的风险、财政金融领域的风险、产业结构失衡的风险以及社会稳定方面的风险。要积极应对，有效规避这些风险，必须不断提升经济发展质量。通过提高要素投入的充分性和有效性，依靠科技进步和生产率提升来促进经济发展，实现发展动力的转换和升级，可以解决发展动力不足的问题；通过提高宏观调控的科学性，保持经济稳定运行，确保财政收入稳定增长和金融体系稳定，可以有效化解财政金融风险；通过经济结构优化升级，实现协调发展，可以避免经济结构失衡；通过提升经济发展的包容性，促进社会公平，让发展成果惠及全体人民，可以化解各种社会矛盾，避免社会阶层分化，保持社会稳定。总之，通过提升发展质量，可以巩固经济社会发展基础，实现持续稳定发展。

再次，提升发展质量是实现经济社会可持续发展的有力保障。"十三五"时期，中国在保证发展的可持续性方面仍然存在一系列挑战。如果片面追求发展速度可能导致资源环境约束强化，现有的土地、矿产、水和生态无法承载更进一步的发展。提升发展质量可以在满足当代人需求的情况下，又不对后代人满足其需要的能力构成危害。通过改善要素投入的充分性和有效性，可以在不增加或少增加物质资料投入的情况下，实现经济社会发展的目标；通过加强环境保护和资源节约可以维护发展的可持续性，通过环境治理和生态修复提升资源环境的承载力，降低资源环境约束给发展带来的限制；通过提升发展的包容性，改善人民的生活水平，改善医疗和教育条件，加快人力资本积累，实现人的全面发展。

此外，提升发展质量是实现发展成果惠及人民的有效手段。发展经济的根本目的在于通过发展生产力来提高人民生活水平。要不断提高人民生活水平，一要维护发展的稳定性和持续性，避免经济停滞和大幅波动，给人民生活造成不必要的冲击；二要维护发展的公平性，避免收入差距悬殊和贫富分化；三要保护好生态环境，为人民的生活创造良好的外部环境。上述目标的实现离不开发展质量的提高，只有把发展的速度、质量和效益相结合，才能够满足人们物质文化需求的不断增长。

三、当前中国经济发展质量的总体评价与制约因素

近年来，中国经济发展质量呈现出逐步提高的迹象，但步伐仍然较慢，且存在诸多主观和客观的制约因素，给下一步加快提高经济发展质量提出了挑战。

（一）对中国经济发展质量的总体评价

对于中国经济发展质量的评价，应该根据提高经济发展质量的外延特征出发，从要素投入的充分性与有效性、经济运行的稳定性、经济结构的协调性、经济发展的包容性以及资源环境的可持续性等五个方面入手。

1. 要素效率有所提高，但改进速度仍然较慢

由于技术引进效应逐步减弱，20世纪末以来，中国全要素生产率出现下降，其对经济增长的贡献率也同步回落，维持在13%左右的较低水平。近年来，随着中国劳动生产率的不断提升，全要素生产率对经济增长的贡献率有所回升，接近了15%的水平；但其提升速度较慢，较之20世纪80年代25%左右的水平和90年代20%左右的水平仍然有差距。由此，近年中国要素生产率出现了一定程度的提高，但其改进的速度仍需进一步提升。

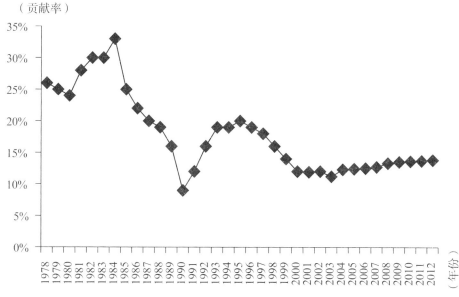

图2　全要素生产率对经济增长贡献率的变化情况（单位：%）
资料来源：蔡昉，《中国经济增长如何转向全要素生产率驱动型》，《中国社会科学》2013年第1期。

2.宏观经济整体稳定，但经济风险逐步加大

中国近年宏观经济政策均较为稳健。2000年以来，除了2008年至2010年危机管理宏观政策导致物价总水平和GDP出现显著波动外，大部分时间宏观经济运行较为平稳，周期性波动较小，波动幅度不大。《2013—2014年全球竞争力报告》，中国"宏观经济环境"在全球排名第10位，不仅远远超过其他金砖国家，在发展中国家中名列前茅，亦超过了大部分发达国家。但是，在中国

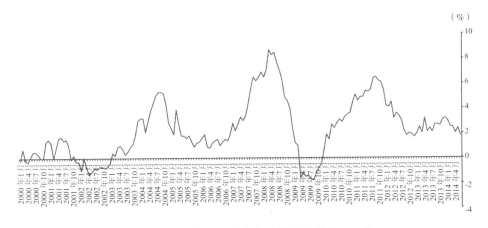

图3 中国月度CPI同比变动情况（单位：%）

资料来源：统计局网络数据库。

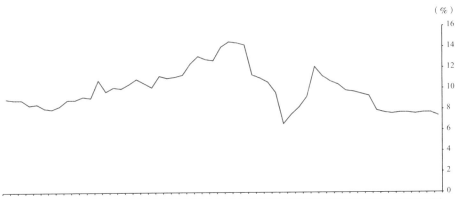

图4 中国季度GDP同比变动情况（单位：%）

资料来源：统计局网络数据库。

经济进入中高速增长中枢的背景下，地方债务风险逐步累积，银行金融风险初现端倪，房地产泡沫风险逐步凸显，在一定程度上给我国宏观经济稳定造成了极大的不确定性。

3. 经济结构逐步优化，但结构性问题仍存在

从产业结构看，近年中国服务业发展迅速，2013 年第三产业在 GDP 中的占比首次超过了第二产业，产业结构逐步升级；工业部门中，高技术产业的增速开始明显快于传统产业，工业结构进一步优化。但是，中国服务业在 GDP 中的占比仍然较小，低于全球 60% 左右的平均水平；而在服务业中，生产性服务业占比不到 50%，低于全球 65% 左右的平均水平；与此同时，在工业中，战略性新兴产业等引领未来产业发展的工业部门增速仍然较慢，且仍处于产业链中较为低端的环节与工序，不利于结构的进一步优化。

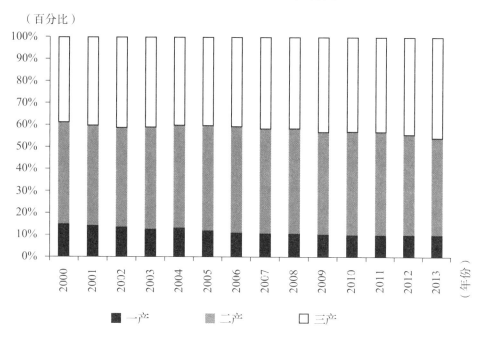

图 5　中国三次产业占比变化情况（单位：%）
资料来源：统计局网络数据库。

从需求结构看，近年来，消费在 GDP 中的占比及其贡献率逐步提升，而投资与净出口的占比与贡献率则逐步下降，需求结构开始向居民消费占比增加演进，为形成更为合理的结构提供了良好的基础。但是，消费率的增长仍然较为缓慢，与中国广大的内需市场相比，需求结构还有较大的改进空间。

（百分比）

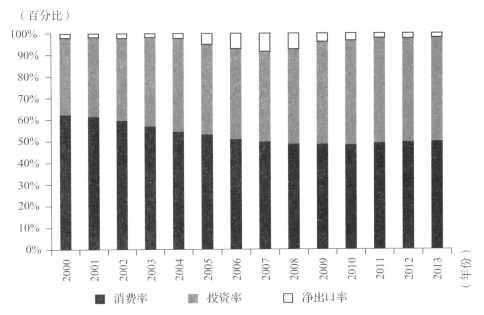

图 6　中国消费率与投资率变化情况（单位：%）

资料来源：统计局网络数据库。

（百分比）

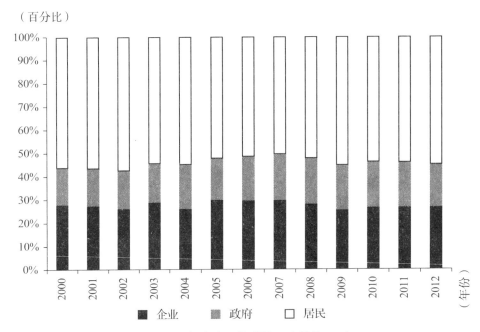

图 7　中国初次分配构成情况（单位：%）

资料来源：根据历年《中国统计年鉴》资金流量表计算得出。

（百分比）

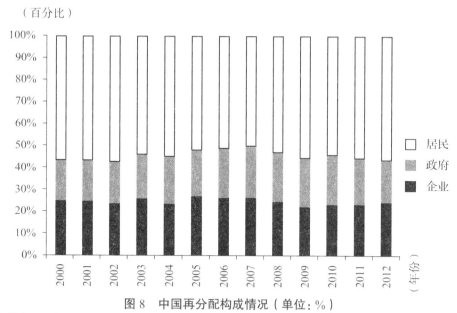

图8　中国再分配构成情况（单位：%）

资料来源：根据历年《中国统计年鉴》、《中国税务年鉴》和《中国财政年鉴》相关数据计算得出。

从分配结构看，不论初次分配比例还是再分配比例，居民所得比例近年出现了增加，政府所得比例呈现出下降趋势，而企业所得保持较为稳定的比例。但是，从历史趋势看，居民所得在初次分配和再分配中的比例仍然在55%左右，较之90年代初60%以上的较高水平还有差距，与主要发达国家60%左右的水平也存在差距；政府所得比例仍然较高，维持在20%左右的水平，与世界主要国家10%左右的水平相比偏高较多；而企业所得仍然偏低，在25%左右的水平，与主要发达国家30%左右的水平存在一定差距。

4.资源环境有所改善，但承载力依然较脆弱

近年来，中国资源节约利用效率不断提升，万元GDP能耗出现了较为显著的下降趋势，2013年这一指标降至0.6609，较之2005年下降了近50%；与此同时，从2010年开始，大部分主要污染排放物都有所下降。但是，中国经济增长过度依赖资源投入的模式还未改变，2013年中国单位国内生产总值能耗是美国的2.9倍、日本的4.9倍、欧盟的4.3倍、世界平均水平的2.3倍，消费的铁矿石、粗钢、氧化铝和水泥分别约占世界消费总量的54%、43%、34%和52%。

与此同时中国经济发展的环境代价仍然较大，很多地区环境污染严重，重

（排放量）

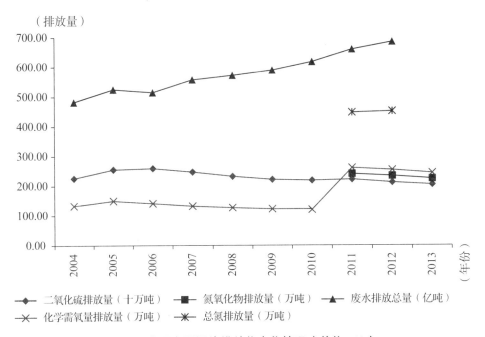

图9 中国主要污染排放物变化情况（单位：%）

资料来源：统计局网络数据库。

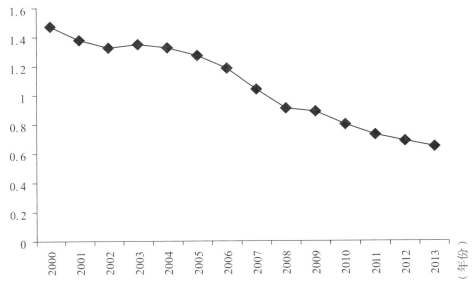

图10 中国万元GDP能耗变化情况（单位：吨标准煤/万元）

资料来源：统计局网络数据库。

大污染事件时有发生，生态系统退化，承载能力依然脆弱，生态环境约束依然明显偏低。

5. 生活水平显著提升，但民生改善尚需强化

2005 年以来，中国城乡居民生活水平不断提升，城镇居民家庭人均可支配收入与农村居民家庭纯收入基本以年均 10% 左右的速度增长，城乡居民收入有了明显改善；与此同时，"十二五"以来，城乡收入差距比迅速下降，2013年较之 2010 年下降了 16%，城乡差距进一步缩小。此外，居民消费升级趋势明显，城乡居民家庭恩格尔系数逐步下降，2013 年城镇居民家庭恩格尔系数降至 35% 的较低水平，而农村居民家庭恩格尔系数降至 37% 的水平，城乡居民家庭恩格尔系数进一步靠近，城乡消费水平差距逐步缩小。

但是，中国民生改善还面临诸多问题，突出表现为：基尼系数有所下降，但仍然处于高位，社会矛盾依然存在；基本公共服务均等化仍然需要提升，医疗、教育等公共服务"提质"任务艰巨；老龄化社会特征逐步凸显，社会养老体系有待健全。这些民生和社会领域的问题，都给提高经济发展质量提出了新的挑战和更高要求。

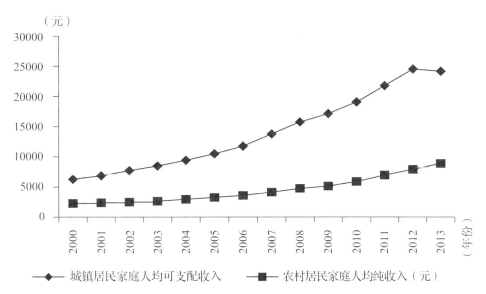

图 11　中国城镇居民可支配收入和农村居民纯收入情况（单位：元）

资料来源：统计局网络数据库。

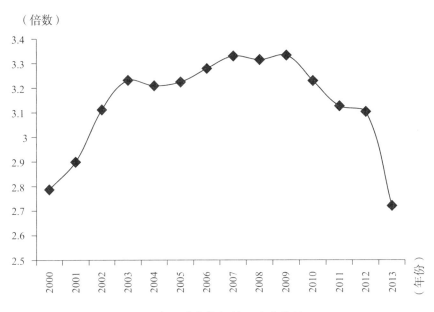

图 12　中国城乡收入差距比变化情况

资料来源：统计局网络数据库。

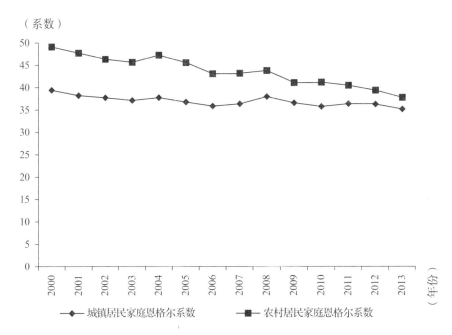

图 13　中国城镇居民家庭和农村居民家庭恩格尔系数（单位：%）

资料来源：统计局网络数据库。

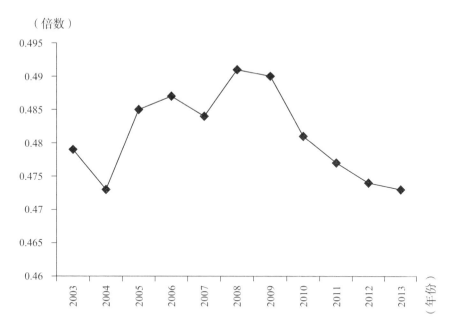

（倍数）

图 14　中国基尼系数变化情况（单位：%）

资料来源：统计局网络数据库。

（二）制约中国经济发展质量提高的主要因素

提高经济发展质量是一项长期性的艰巨任务。从现实出发，以下主观和客观因素，在一定程度上将制约下一段时期中国经济发展质量的提高。

1.发展观念尚处落后

经过三十多年的改革开放，中国秉承"以经济建设为中心"的发展理念，实现了长期经济高速增长，创造了世界经济发展史上的"中国奇迹"。当前，随着经济发展进入了成熟阶段，中国政府尤其是地方政府追求经济数量型增长的思维惯性对于经济发展的负面效应逐步显现，阻碍了中国经济发展质量提升的步伐。在增加地方财政收入的内在激励之下，各地方政府追求数量型增长的动力仍然存在，加快招商引资和高耗能、高污染大项目上马的冲动依然强劲，不利于生产质量和生态质量的提升。同时，在追求高速增长的惯性思维之下，各地政府加大投资的力度丝毫不减，地方财政支出多用于基础设施建设，而用于支持欠发达地区以及增加低收入群体和农村居民收入的财力不足，用于社会领域的支出也相对较少，社会公共事业发展滞后，这些因素都严重影响了人民生活质量的提高。

2. 创新能力仍然不强

从现实出发，由于中国创新的融资渠道较为单一，科研成果研发市场化程度不高，科技成果转化的支持体系不健全，缺乏促进技术创新的制度环境，尚未形成崇尚创新的文化氛围，造成了中国技术创新能力相对较弱。技术创新能力不强主要表现为以下几个方面：一是创新人才储备相对匮乏，每万名劳动力中的研究人员人数不但低于世界主要发达国家的水平，还低于一些新兴市场国家和转轨国家的水平，研发人员的产出效率在全球也处于落后的地位；二是创新投入数量相对不足，虽然研发强度今年有大幅提升，2013 年达到 2.09%，但与发达国家平均 2.5% 以上的水平仍有差距；三是创新投入结构出现失衡，作为技术创新主要因素的基础研究投入不足，占比大大小于发达国家，甚至低于大多数发展中国家和新兴市场国家；四是创新成果转化率不高，科技成果转化率平均仅为 25%，实现产业化的不足 5%，专利技术交易率只有 5%，专利推广率在 10%—15% 上下浮动，低于许多发达国家和新兴市场国家。创新能力不足，不利于要素效率提升、经济结构优化和生态环境改善，从而阻碍了经济发展质量的进一步提高。

3. 体制机制还未健全

经过多年改革开放，中国已经初步建立起了社会主义市场经济体制。但是，由于多种原因，中国经济体制仍不完善，极大制约了中国经济发展质量的提高。一是公共财政体系不健全，把各级政府的财政状况和物质生产增长紧密地联系起来，影响了经济结构的优化；财政的分配和调节作用发挥不够，各级政府的事权和财权划分缺乏科学依据，影响了基本公共服务均等化的顺利推进。二是投资体制改革不到位，政府投资范围界定不清晰，在基础性和公益性领域投资相对滞后的同时，一些地方政府却将大量财政资金投入了国家限制和禁止发展的领域，特别是由于投资决策、执行和监督缺乏有效制约，使得投资结构失衡和权力"寻租"问题时有发生，影响了要素效率的提高和经济结构的优化。三是资源环境保护体制不完善，地方资源开发利用方式粗放，污染防治措施形同虚设，虽然经济速度一时上去了，但造成的环境污染与资源浪费却是不可逆转的，极大影响了经济发展的可持续性。四是社会保障体系不完善，特殊困难群众的社会保障问题还未完全解决，社会收入差距仍然较大，基本公共服务均等化的质量仍然不高，有碍经济发展的包容性。这些因素给生产、生活和生态质量的提升造成了现实制约，不利于中国经济发展质量进一步提高。

四、"十三五"提高中国经济发展质量的总体思路

(一)提升发展质量的目标原则

1.经济、社会和生态目标相结合

发展的内涵不仅包括经济总量的增长和结构的优化,也包括社会稳定和社会保障水平的提高,还包括生态环境的保护。提升发展质量必须实现经济、社会和生态目标相结合。有效性要求尽可能减少资源配置和生产中的无效率,稳定性要求避免经济增长波动,降低通胀和失业,协调性要求具有合理的经济结构,这些都反映了发展中的经济目标;分享性对减少贫困、缩小收入差距、提升公共服务的可及性和均等化水平,反映了发展中的社会目标;有效性还要求以尽可能少的资源投入和污染排放实现较高的产出,持续性要求树立绿色、低碳的发展理念,保持稳定可持续的生态环境,反映了发展中的生态目标。

2.短期、中期和长期目标相结合

提升发展质量要实现短期、中期和长期发展目标相结合。从短期看,要保证经济发展的有效性和充分性,提高资源配置效率和生产效率;从中期看,要保证发展的稳定性和协调性,一方面要减少经济波动,避免大起大落,另一方面要调整需求结构、产业结构、区域结构和城乡结构,使经济结构与发展阶段相适应;从长期看,要保证发展的创新性和持续性,为经济发展提供不竭的动力,实现经济社会的可持续发展。此外,短、中、长期都要保证发展的分享性,使发展成果惠及全体人民。

3.宏观、中观和微观目标相结合

提升发展质量还包含了宏观、中观和微观不同方面的目标。宏观层面,保持经济运行的稳定性,要求实现经济增长速度基本稳定,保持适度通货膨胀,降低失业率,降低财政金融风险;要素投入的充分性与有效性,要求提升全社会的全要素生产率,提高技术进步对经济增长的贡献;经济结构的协调性,要求完善需求结构,使内需和外需、消费和投资与经济发展的阶段以及内外部环境相适应;经济发展的包容性,要求降低全社会的基尼系数,提升全社会的基本公共服务水平。中观层面,经济结构的协调性,要求不断优化产业结构和区

域结构。微观层面，资源环境的可持续性，要求政府、企业和个人在生产生活中注重环境保护和资源节约；要素投入的充分性与有效性，要求企业注重生产效率的提升，加大科技方面的投入；发展的包容性，要求提升低收入者的收入水平，提高劳动力要素在收入分配中所占的比重。

4. 总量型目标和结构型目标相结合

提升发展质量要实现总量增长和结构调整相结合。在总量型目标方面，要使经济增长保持一定的速度，并减少其波动，保持适度的通货膨胀，提高就业水平；减少资源消耗总量，提高环境保护和治理的投入和力度。在结构型目标方面，要提高技术和人力资本在要素投入中的比重，提升全要素生产率对经济增长的贡献；改善经济发展中的产业结构、需求结构、区域结构和收入分配结构；提高清洁能源在能源消费中的比重，降低高耗能、高污染行业在国民经济中的比重；提高低收入者收入增长的速度，提升劳动者报酬在国民收入分配中所占的比重；降低居民收入的基尼系数。

（二）提升发展质量的重点任务

1. 推进创新驱动，为发展质量提升提供强大动力

创新驱动是全面提升发展质量的根本动力，是保持经济中高速增长推动向中高端水平迈进的关键基础。实现中国产业创新能力的提升，应主要解决创新的主体、动力、领域和平台等问题。应将企业作为创新的主体，将市场竞争作为创新的动力源泉，因而提高创新能力的根本措施，是加强知识产权保护。此外，应遵循产业创新的规律，从中国的具体国情出发，还应重视以下几个方面：一是技术创新与技术引进"双轮驱动"。应将引进技术和开发创新有机结合，强化技术引进与消化吸收的有效衔接。二是政府和市场"双向引导"。一方面，将市场竞争作为创新的动力源泉，通过加强知识产权保护激励微观企业的技术创新活动；另一方面，政府发挥对创新的政策引导作用，解决技术创新领域内的市场失灵和系统失灵。三是实现"二产"和"三产"的融合创新。加快制造业关键领域的技术创新，实现中国制造业在全球价值链上的动态攀升；同时加快包括物流、金融在内的服务业应用技术创新；通过制造业和服务业的融合创新，实现产业融合发展。通过创新能力的增强，可以为发展质量的提升提供强大动力。

2. 发展教科文卫，为发展质量提升提供重要支撑

发展质量的提升离不开教育、科技、文化和卫生的发展，教科文卫的发展

也必须与经济社会发展的阶段相适应。"十三五"时期，必须通过教科文卫的发展，为发展质量的提升提供重要支撑。一是要大力发展教育提升全民文化素质和人力资本。要通过增加儿童特别是农村和贫困儿童的早期营养和教育公共投入，确保所有儿童都有一个好的、更为平等的起点。要缩小地区之间社会群体之间义务教育质量的差距，且在财政条件允许范围内，分阶段、分地区推广免费高中阶段教育。要深化职业教育和高等教育改革，帮助劳动力获得多种能力，既符合当前劳动力市场要求，又能够灵活调整以适应未来劳动力市场迅速变化的需要。二是要充分发挥科技进步对发展质量的支撑作用。要加快实施国家科技重大专项，大力培育和发展战略性新兴产业，推进重点领域核心关键技术突破，前瞻部署基础研究和前沿技术研究，加强科技创新基地和平台建设，大力培养造就创新型科技人才。三是推动文化大繁荣大发展。要加强社会主义核心价值体系建设；加快构建公共文化服务体系，加强公共文化产品和服务供给，广泛开展群众性文化活动；加快发展文化产业，构建现代文化产业体系，形成公有制为主体、多种所有制共同发展的文化产业格局，建立党委和政府监管国有文化资产的管理机构，实行管人、管事、管资产、管导向相统一。四是要通过改善医疗卫生体系提高全民身体素质。要将医疗卫生工作的重点从疾病治疗转向健康促进，不断完善中国的初级卫生保健体系，建立有效激励机制以鼓励人们更多使用基层卫生服务，改变过于依赖医院服务的状况。要深化医疗卫生服务筹资与付费改革，推动公众获得更加公平的健康服务，确保卫生系统提供优质高效服务。通过教科文卫的发展，提升全民族的科学文化素质和身体素质，为发展质量提升提供重要支撑。

3. 促进公平竞争，推动经济市场化

公平竞争是全面提升发展质量的内在要求，是使市场在资源配置中决定性作用和更好发挥政府作用的核心理念。"十三五"时期，国家要为所有市场主体创造公平的竞争环境和条件，使他们能够在相同的环境和条件下参与市场竞争，让调动市场主体和亿万人民创造财富的积极性和创造力。一是要推进政府改革，推进国家治理体系和治理能力现代化。按照建设法治政府和服务型政府的要求，切实转变好政府职能，继续推进简政放权，实施结构性改革，实现充分发挥市场配置资源的决定性作用和更好发挥政府作用有机结合，推动建立统一开放、竞争有序、诚信守法、监管有力的现代市场体系。二是要推进新一轮的市场化改革，使市场在资源配置中发挥决定性作用。核心是放松土地、利率、汇率等生产要素的市场管制，使受束缚的生产力进一步释放。进一步放宽市场准入，全面推进负面清单管理模式和权力清单制度，坚决废除和纠正妨碍竞争、有违公平的规定和做法。进一步强化市场主体责任，坚持依法平等、公开透明监管，规范市场秩序，完善守信激励和失信惩戒机制。

4. 调整经济结构，加快产业现代化

要提升发展质量，必须提升经济结构的协调性。"十三五"时期必须把调整经济结构作为经济社会发展的一项重要任务。一是要调整要素投入结构。生产要素的投入是生产活动的起点，其结构变化对于经济转型有着基础性的影响。调整要素投入结构要求从主要依靠自然资源、土地、非熟练劳动力等低级要素推动发展，向主要依靠技术、信息和人力资本等高级要素转型。二是要调整产业结构。包括推动三次产业结构由低级形态向高级形态转型，实现从劳动密集型产业向资本密集型和知识密集型产业转型，从低附加值产业向高附加值产业转型。三是要调整需求结构。具体而言，要由依靠外需向依靠内需转型，由依靠投资向依靠消费转型，由主要依靠政府投资向主要依靠社会投资转型。四是要调整区域经济结构。要采取多种措施缩小各区域之间的经济发展差距，缓和各区域之间的结构趋同现象；要加快推进新型城镇化，从城乡分割和城乡发展不平衡向城乡一体化和城乡平衡发展转型；要不断完善和落实主体功能区战略，优化国土空间开发格局。通过经济结构的调整，加快产业现代化进程，使产业发展与经济发展阶段相适应。

5. 保护资源环境，促进生态绿色化

绿色低碳是全面提升发展质量的基本途径，是建设资源节约型和环境友好型社会的根本举措。"十三五"时期，要加大资源节约和环境保护的力度，应将战略重点放在可持续发展的基本制度安排和政策保障方面，加强可持续发展能力建设，完善的政策法规体系，构建综合决策机制和协调管理机制，促进资源节约、集约利用和环境保护。具体来说，需从"开源"和"节流"两方面同时入手，开源即提高资源保障能力和环境承载力，节流则是减少资源的低效率利用和减少对环境损害。一是要提高资源特别是能源的持续供应保障能力，将能源保障置于资源保障最优先的地位。科学规划国内资源开采，合理开发利用自然资源，保护可再生资源的再生产能力。充分运用经济手段，利用国际市场打破中国资源约束。二是要完善资源环境的激励与约束制度。加快推进能源、矿产资源、土地、水资源、排污权等领域的产权制度改革。加快形成合理产权交易机制，重点建立资源、能源和环境要素的市场价格形成机制。加快完善资源和环境等税收制度。三是要促进形成节能减排的长效机制。加强节能减排基

础能力建设，完善节能减排目标考核制度，强化节能减排管理。四是要健全资源环境可持续发展的支持体系。加强资源环境法规、政策、管理及决策等体系建设，充分运用法律和必要的行政手段强化管理，促进资源可持续利用和环境保护。通过建立全方位的资源节约和环境保护制度，促进生态绿色化。

6. 强化民生改善，实现社会公平化

关注民生、重视民生、保障民生、改善民生，是政府的基本职责，是推动经济社会发展的重要目标，也是全面提升发展质量的本质属性。"十三五"时期，必须在教育、就业、医疗、劳动保障、住房等涉及百姓切身利益的领域，采取多种措施不断改善民生。一是要千方百计扩大就业。要不断完善促进就业和保障从业人员权利的各种法律法规，实行积极的产业、财政、税收、金融等方面的促进就业政策。促进劳动力在不同区域之间的合理流动，加强劳动力培训，使劳动力素质与经济发展阶段和产业结构调整相适应。二是要健全社会保障体系。要进一步采取措施完善基本养老保险，提高企业退休人员基本养老金，积极推动农民工参加社会保险，大力支持地方做好城市低保工作，切实保障困难群众基本生活。积极推动公务员和事业单位职工养老金改革，逐步提高国企利润划拨社保基金的比例。三是要完善医疗卫生体制。要加快建立基本医疗卫生制度，加快城市社区卫生服务网络建设，改善农村地区的基本医疗条件。推进医疗体制改革，加强医药价格管理，使医药费用过快上涨的势头得到初步遏制。四是要推动收入分配制度改革。合理的收入分配制度是社会公平的重要体现。要不断完善最低工资标准制度，并根据当地社会平均工资水平增长状况对最低工资标准进行调整。积极推进工资集体协商工作。进一步完善以税收、社会保障、转移支付为主要手段的再分配调节机制，加大税收调节力度，建立公共资源出让收益合理共享机制。通过就业、社保、医疗和收入分配方面的改革改善全体人民，尤其是低收入者的生活水平，实现社会公平化。

宋　立　孙学工　曾　铮　刘志成

专题二

公平竞争：提升发展质量的基础

公平竞争是指市场主体能够在同等条件下机会均等地参与市场竞争。公平竞争是提升发展质量的基础，而提升发展质量则是公平竞争的方向和目标。中国市场竞争有失公平性，体现在市场主体地位不对等、竞争机会不均等、竞争手段不公正，降低了资源配置效率，挫伤了市场经济活力，影响了发展的持续性、包容性与分享性。"十三五"时期，应贯彻推进国家治理体系和治理能力现代化的总体要求，以法治为保障，以信用为基础，加快完善有利于各类市场主体参与市场公平竞争的准入、退出和要素使用制度，坚持价格放开与配套制度机制建设，建立统一开放、竞争有序的现代市场体系和透明化、法治化的监管制度框架，创造规范有序的市场竞争秩序和公平公正的竞争环境，为激发市场主体活力、促进经济持续健康发展提供重要支撑与保障。

"十三五"时期，中国将处在提升发展质量的难得的战略机遇期，为了落实国家治理体系与治理能力现代化的总体目标，推动全面深化改革任务顺利完成，使各项制度基本成熟、基本定型，一系列战略性、系统性、全局性变革必将对发展质量提出新的要求与挑战。为了满足社会各界对全方位提升发展质量的热切期盼，需要建立健全统一的现代市场体系，深入挖掘市场公平竞争的内涵，着力夯实提升发展质量的基础。在成熟市场经济国家，公平竞争是一种文化理念，也是一套体制机制，更是一系列行之有效的措施与方法。对照国际经验，理解中国市场体系下公平竞争与发展质量的内涵及相互关系，分析市场缺乏公平竞争的表现、根源和影响，探讨通过公平竞争提升发展质量的对策建议，是本报告研究的核心问题。

一、公平竞争与发展质量的内涵及相互关系

党的十八届三中全会决定指出："经济体制改革是全面深化改革的重点，核心问题是处理好政府和市场的关系，使市场在资源配置中起决定性作用和更好发挥政府作用。"要使市场在资源配置中起决定性作用必须充分发挥市场机制作用。要充分发挥市场机制作用，有赖于市场主体之间的公平竞争。公平竞争有利于提高经济运行和资源配置的效率，提高市场经济的活力，增强经济运行的稳定性与持续性，增强发展的包容共享，为发展质量的全面提升奠定坚实基础。

（一）公平竞争的内涵

1. 公平竞争的定义

公平竞争指的是市场主体能够在同等条件下机会均等地参与市场竞争。公平竞争要求参与竞争的市场主体具有平等的竞争地位，均等的竞争机会，采取公正的竞争手段。平等的竞争地位，要求经营者不论其所有制结构、经营规模、经营期限、所在地域，都具有平等地参与价格竞争、质量竞争和创新竞争的权利。均等的竞争机会，要求经营者在法律和规则允许的范围内具有平等地进入或退出某一市场，平等地在市场中展开竞争的权利。公正的竞争手段，要求经营者采取的竞争手段需要为法律法规所允许，为道德伦理所容纳，为社会规范所认可。

公平竞争事实上包含了反对垄断和反对不正当竞争两个方面的含义。一方面，公平竞争要求禁止各种限制和排除竞争的行为（也称"垄断行为"），包括经营者滥用市场支配地位、经营者达成垄断协议以及具有或者可能具有排除、限制竞争的经营者集中。另一方面，公平竞争要求禁止各种不正当竞争行为，包括假冒伪劣、虚假宣传、商业贿赂、侵犯商业秘密、低价倾销、不正当有奖销售、诋毁商誉等。

2. 公平竞争的要件

公平竞争要求竞争者地位平等，机会均等，手段公正。在市场经济条件下，要真正实现公平竞争，离不开统一、公平、合意、竞争者共同遵守的规则，这些因素共同构成了公平竞争的要件。

——规则统一。公平竞争的规则必须是统一的，不能因人而异，因地而异，避免交易者之间可能产生的纠纷。统一的竞争规则有利于市场参与者在更

大范围内开展竞争，有利于生产要素在更大的市场范围内进行有效配置。

——规则公平。公平竞争的规则必须是所有的竞争参与者，或者至少是大部分竞争参与者共同认可的，各方在竞争中具有同等的权利，不能偏袒任何一方。

——规则合意。规则是否合意决定了竞争的过程和结果是否合意。合意的规则需要具备几个条件，一是合意的规则应该是让多数市场主体满意的规则；二是合意的规则应该有利于提高资源配置的效率和公平性；三是合意的规则应该与经济社会发展的目标相一致，从长期看有利于提升发展质量。

——共同遵守。公平竞争的规则必须为所有的交易参与者共同遵守，不能有任何交易者凌驾于规则之上，或被排除在规则之外。只有所有的市场参与者共同遵守的规则才能称得上公平的规则，建立在公平规则基础上的竞争才能称为公平竞争。

（二）发展质量的内涵与维度

根据《科学发展观百科辞典》，发展质量是指在现代化进程的一定时点上，社会在以其拥有的资源总量满足自身需要上所呈现的全部功能特性及其社会整体运行的优劣状态。从这一定义可以看出，发展质量是经济发展中是数量、速度、水平、结构、效益和质量的统一。在归纳已有研究的基础上，可将发展质量可划分为六个维度，即发展的充分性、发展的持续性、发展的创新性、发展的协调性、发展的稳定性和发展的分享性（见表1）。

1. 发展的充分性主要是指发展的能力、效率与潜力。其中，能力指经济发展的总规模，效率反映经济发展投入产出的比例，潜力则指经济发展对已有资源的利用程度和科技要素在产出的贡献程度。

2. 发展的持续性主要是指发展在能源、经济方面的可持续性。自然资源与环境资源的稀缺性制约了经济的发展，经济发展必须考虑资源与环境的承载力。

3. 发展的创新性主要是指经济主体的创新程度和能力发展情况。根据经典定义，创新包括引入新产品，引入新的生产方法，开辟新的市场，获得原材料或半成品的新的供应来源，新的组织形式等五方面的内容。

4. 发展的协调性主要是指发展过程中经济、社会的整体协调均衡程度。这是发展质量的关键一环。经济与社会发展的协调性既强调产业结构、区域结构和贸易结构自身的协调，同时也强调经济与社会发展本身的匹配性。

5. 发展的稳定性主要是指经济发展的波动程度和潜在风险。发展的稳定性首先要考虑与宏观经济相关的指标的波动性，此外，经济发展的稳定性也需要考虑其蕴含的内外风险。

6.发展的分享性主要是指发展的公平、包容与和谐程度。主要涵盖社会经济保障、社会包容和社会信任等内容。发展的分享性就是要实现收入差距的合理化，实现发展成果惠及全体人民。

表1　发展质量的评价维度

维度名称	度量内容	度量指标
发展的充分性	发展的能力、效率与潜力	GDP及其增速、劳动生产率、全要素生产率、产能利用率
发展的持续性	能源方面的可持续性	单位产值能源消耗量、能源对外依存度
	经济方面的可持续性	居民消费率、民间投资占比，中小企业银行贷款占比、中小企业银行贷款增速、储蓄率
发展的创新性	经济主体的创新程度和能力	R&D强度、高新技术产业产值GDP占比、研发人员人均专利申请数、专利申请总量、国际专利批准数
发展的协调性	经济内部的协调	三次产业比例、生产性服务业占比、中西部地区经济总量GDP占比
	经济与社会的协调	城市化率、文化事业从业人员占比、卫生医疗机构的人均病床数
发展的稳定性	经济波动和潜在风险	消费价格指数波动率、经济增长波动率、国债GDP占比、国债和地方债以及外债之和GDP占比、不良贷款率
发展的分享性	发展的公平、包容与和谐程度	基尼系数、社会保障覆盖率、城镇登记失业率、人口平均预期寿命

资料来源：冷崇总:《关于构建经济发展质量评价指标体系的思考》，《价格月刊》2008年第7期，作者有删减整理。

（三）公平竞争与发展质量的关系

公平竞争与发展质量两者之间是辩证关系，两者相互依存。公平竞争是提升发展质量的基础，而提升发展质量则对公平竞争提出了新的要求，高质量的发展是公平竞争的方向与目标。

1.公平竞争是提升发展质量的基础。公平竞争是市场经济的灵魂和本质特征，也是现代市场经济的内在要求，是竞争机制发挥积极作用的前提和基础，充分发挥市场在资源配置中的决定性作用，提升发展质量，有赖于公平竞争。

第一，公平竞争有利于提高资源配置的效率与经济运行的协调性。市场经济是以市场作为资源配置的基本手段，在市场规律这只看不见的手调节下，实现经济有效运行和社会资源最优配置。在资源配置的过程中，公平竞争是核心要件，它能有效地发现并形成合理的价格，引导劳动力和资本等生产要素在经济生活领域自由流动，寻求生产要素的最优投入组合，提升资源在不同地区、不同行业和不同部门之间的配置效率，有效发挥市场机制配置资源的功能，从而推动生产力发展和实现经济协调。

第二，公平竞争有助于增强市场经济的活力。公平竞争通过优胜劣汰机制，不仅给企业施加了外在的压力，还为企业发展提供了一种发展动力，它促使企业为了自身的生存和发展而充分发挥积极性和创造性。企业公平的价格竞争、质量竞争和引入新产品竞争，会激发企业有较高的积极性去降低成本，改善经营管理水平，提高产品质量和劳动生产率，以实现更高的利润；还会使企业不断开拓进取，有更强的动力加大研发投入，开发新工艺和新产品，在市场中抢占有利地位。

第三，公平竞争有助于增强经济运行的稳定性与持续性。通过公平竞争，可以建立统一开放、公平有序的市场体系，有效减少地方保护与行政权力、权贵资本对市场运行的干预，限制垄断势力与不正当竞争行为紊乱市场秩序，保证市场参与者平等获取收益的权力；杜绝假冒伪劣产品，营造良好的经济氛围，提升产品与服务质量，避免价格机制的剧烈波动，促进经济平稳运行；还可以刺激企业更有效的利用资源，充分反映资源与环境的价值，避免资源浪费和生态环境破坏，实现可持续发展。

第四，公平竞争有助于增强发展的包容共享，全面提升发展质量。通过公平竞争，可以避免消费者在交易过程中因企业的垄断行为或不正当竞争行为而承受损失，消费者可以享受更为公平的价格，更高质量的产品和服务，获得更新的产品体验和更宽可选商品和服务集合；可以减少企业在市场竞争过程中因不公平竞争造成的损失，确保企业获取合理的商业利润，从而全面提升消费者与社会福利。此外，发展成果更多地被全体人民共享，这是社会主义公平正义的具体体现，也是市场经济永不枯竭的活力之源。公平竞争可以提升个人作为社会人进行互动获取所必需的物质资源和环境资源的可能性，实现发展成果共享，以最大限度地减少社会分化或分裂，促进社会包容，激励个人的力量和能力有效发挥，全面提升发展质量。

2. 提升发展质量对公平竞争提出新的要求，是公平竞争的方向和目标。从现代经济发展的历史经验来看，发展质量的评价必须反映现代社会普遍推崇并接受的价值准则和评判标准，必须有着合理的、稳固的政治、经济、社会结构和支撑。社会公平公正是现代社会进步的内在要求，而前者正是建立在包括公平竞争市场环境在内的经济制度基础之上的。在发展质量提升的过程中，要充分体现公平竞争的原则。公平竞争是激发社会活力的最有效规则，只有公平竞争带来的发展质量提升，才能真正地得到全社会的认同。

提升发展质量从本质上讲是提高生产要素的利用效率，解决如何用有限的资源使"蛋糕"做得又大又好。提高生产要素的利用效率，不仅要靠科学技术的发展、管理制度的创新、劳动力素质的提高等，还要有一个良好的保障市场主体的公平竞争市场环境，否则，生产要素的效率不可能得到充分实现。只有强化以企业为主体的公平市场竞争，才能激发企业的活力与创造力，通过企业的自我扩张促进经济变革和推动经济增长，使经济保持在经济主体互利互赢的格局上稳定增长，形成螺旋式上升的高品质经济，而不是经济结构和利益严重失衡下的单纯循环流转的粗放增长。

因此，提升发展质量必然要求加快建立统一开放、竞争有序的市场体系，使市场在资源配置中起决定作用，形成企业自主经营、公平竞争，消费者自由选择、自主消费，商品和要素自由流动、平等交换的现代市场体系，清除市场壁垒，提高资源配置的效率，增进社会公平正义。

二、中国市场缺乏公平竞争的 表现及对发展质量的影响

市场经济条件下，实现市场公平竞争的目的在于使市场竞争中各竞争主体之间的竞争权利和竞争义务达到相对均衡的状态。只有在这种状态下，才能最大程度地释放市场主体参与竞争的积极性和创造性，才能最大程度地实现有效竞争，从而最大限度地优化资源配置。然而，当前中国经济领域中仍存在诸多不公平竞争问题，严重阻碍我国发展质量的全面提升。

（一）中国市场缺乏公平竞争的表现

当前，中国市场竞争总体保持在良性的轨道上，公平竞争的机制逐步建立，优胜劣汰的市场规律基本发挥作用。然而，从局部来看，市场缺乏公平竞争的

现象仍时有发生，某些地区和领域中还比较严重，具体表现在以下三个方面。

1. 市场主体地位不对等。中国作为一个赶超型国家，长期以来，运用非均衡发展战略来推动经济发展，这也被视为"中国奇迹"的重要经验（林毅夫等，2003）。这种非均衡发展战略倾向于激励政府在经济发展过程中，通过人为的市场分割与地方保护，对市场主体的法律地位与资源占有进行干预，实现经济非均衡增长。然而，政府的地方保护与市场分割等干预行为最终会扭曲市场主体获取资源参与竞争的能力，导致市场主体不能在一个统一的市场平台参与竞争。

同时，中国还是一个典型的转型经济体，在由计划经济向市场经济转型的过程中，由于意识形态传统和既得利益等方面的原因，针对不同所有制主体，政府有意识地执行区别对待的政策，公有经济主体与非公有经济主体的法律地位长期不对等，后者获取资源的能力大大弱于前者，从而造成后者与前者的竞争地位严重不对等。

2. 竞争机会不均等。在中国经济发展的过程中，政府往往在规范市场秩序的同时也破坏了市场秩序，造成较高的市场进入壁垒，很多政府部门为了对市场进行"清理"和"整治"，试图运用行政手段来"建构"和"规范"市场，通过设定大量的准入条款，延伸审批环节，造成市场机制本来能够很好发挥作用的领域人为扭曲，限制市场主体的数量和分布，阻碍潜在竞争者进入，导致并加剧"玻璃门"、"弹簧门"、"旋转门"现象，造成不同市场主体竞争机会的不均等。

为了保证国有经济的控制力，政府运用公共权力对市场竞争的限制和排斥，赋予大量国企行政垄断地位，民营资本进入电信、铁路、电力等行政垄断行业的困难重重。另一方面，在行政垄断下，公平竞争的市场机制受到抑制，资源配置效率被扭曲，具有行政垄断权力的国有企业不断利用行政权力赋予的垄断地位，攫取大量的资源，并向竞争性领域延伸市场势力，造成行政垄断企业与竞争性企业的市场竞争机会不均等。特别是，在计划经济向市场经济转型的制度环境下，行政垄断更容易导致严重的腐败寻租与分配不公。

3. 竞争手段不公正。市场竞争的公平性在很大程度上取决于市场主体竞争手段的公正与否。当前，中国市场体系不健全，全国统一开放市场体系尚未最终形成，市场主体为了获取不正当利益，不遵循市场经济的基本游戏规则，诚信意识缺失，公平竞争的伦理道德观念失范，大量企业采取不正当的竞争手段来限制竞争、损害竞争对手与消费者的利益，从而造成竞争秩序的混乱，市场机制无法正常发挥经济调节作用。

一方面，具有垄断势力的企业滥用市场支配力，来妨碍和限制竞争，获取垄断利润。2008 年《反垄断法》正式实施以来，国家发展改革委价格监督检查与反垄断局已经查处了多起垄断企业运用转售价格维持手段，滥用市场支配地位的案件。另一方面，许多企业采取种种不诚实、不道德的手段从事市场交易，损害其他经营者的合法权益，扰乱社会经济秩序。仅 2014 年第 1 季度，国家工商总局就查处无照经营、侵犯消费者权益、侵权假冒等案件近 7 万件。

（二）中国市场缺乏公平竞争对发展质量的影响

公平竞争是提升发展质量的基础。市场缺乏公平竞争，妨碍统一开放、竞争有序的现代市场体系形成，不可避免地挫伤市场主体的积极性和创造性，降低市场主体的活力、竞争力以及可持续发展能力，进而伤害中国经济的活力，最终导致发展质量降低。

1. 市场缺乏公平竞争，使得市场分割与资源错配，资源配置的有效性与充分性降低。市场经济要求全国成为一个统一的大市场，各种生产要素、资源根据市场信号自由流动，使它们向效益好和产品有市场的那些部门、行业、企业和地区流动，在市场信号的调节下重新配置生产要素，实现资源优化配置。在中国经济发展过程中，地方政府自身构成参与市场的一个重要主体，同时其行为通过影响要素流动及相关的市场主体的行为来介入市场活动，使得市场竞争严重缺乏公平。为了吸引具有流动性的生产要素与资源，彰显发展成就与政绩，地方政府有强烈的激励采取地方保护等不公平竞争手段，形成"诸侯经济"，这在很大程度上妨碍了国内统一大市场的形成，造成严重的市场分割与资源错配，使各种生产要素、资源不能按市场需求合理配置，降低了资源配置效率。刘培林（2005）研究表明，地方保护导致的市场缺乏公平竞争，不仅降低了国民经济资源配置静态效率，还降低经济增长的动态绩效。

2. 市场缺乏公平竞争，造成市场经济活力下降，消费者与社会福利受损。竞争的基本法则是优胜劣汰，适者生存。竞争越激烈，达尔文式的生存斗争越残酷，对企业施加的外部压力越大，企业不断开拓进取，进行创新的动力越强烈，从而使得市场经济更富有活力，经济发展与技术进步潜力越大。而市场缺乏公平竞争，会扭曲企业作为创新主体的动力，部分企业有更强的动力采取滥用市场支配力与不正当竞争手段来限制竞争，从而获取不合理的利益，造成消费者与全社会福利受损。中国的市场化进程是一个渐进深化的过程，这个过程突出表现为行政权力对市场的干预，市场竞争秩序不完善，许多行业的行政垄断企业占有大量的资源，通过垄断权力和不正当竞争来获取高额垄断利润，缺乏创新的动力，严重抑制了经济活力，导致社会福利损失。姜付秀等（2007）研究发现，中国行政垄断引起的不公平竞争，对中国经济社会产生了很大的危害。1997—2005 年，仅烟草、铁路运输、电力、邮电通信、石油开采与加工、金融 6 个行政垄断行业造成的福利净损失达到触目惊心的地步，9 年平均损失下限为 738 亿元，上限为 3748 亿元，分别占国民总收入的比重分别为 0.612% 和 3.279%，这部分福利既没有被消费者得到，同时也没有被生产者得到，是纯粹的福利损失。

3. 市场缺乏公平竞争，导致发展的持续性减弱，全社会持续健康发展成本提高。公平竞争的市场机制能够通过价格信号来充分反映生产要素与资源的价值，刺激企业提高资源综合利用效率，降低生产成本，为企业在统一的平台上展开竞争，使得企业在追求自身最大利益的同时，实现整个社会利益的最大化。而市场缺乏公平竞争，部分企业可能罔顾自然资源与生态环境等社会成本，肆意占有这些公共资源来获得不正当的竞争优势与经济利益，从而影响自然资源与环境资产在不同主体以及各代人之间的最优配置，影响可持续发展，提高全社会持续健康发展成本。中国经济社会发展所受到的资源和环境约束比世界上其他国家更为显著，特别是进入新世纪以来，资源和环境问题凸显。许多企业与地方政府缺乏公平竞争意识，为了自身利益，忽视发展的自然资源与生态环境成本，导致资源浪费与环境破坏日益严重，造成巨大的经济损失，也危害群众健康和社会稳定，制约中国经济和社会持续健康发展。根据环境保护部《2013 中国环境状况公报》，中国环境污染与生态破坏严重，以空气质量为例，2013 年，依据新的《环境空气质量标准》（GB3095—2012）对 SO_2、NO_2、PM10、PM2.5、CO 和 O_3 六项污染物进行评价，74 个新标准监测实施第一阶段城市环境空气质量达标城市比例仅为 4.1%，其他 256 个城市执行空气质量旧标准，达标城市比例也仅为 69.5%。

4. 市场缺乏公平竞争，导致发展的包容分享性下降，社会断裂风险上升。公平是市场经济道德大厦的重要根基，市场经济发展离不开公平竞争，公平竞争可以激发全社会诚信守法经营的氛围，增强社会成员之间在竞争过程中对竞争对手能力的认同，形成有序竞争的市场格局，并实现发展成果的合理分享，从而最终增强全社会的包容分享性。不公平竞争使得市场主体和社会成员之间的不平等竞争地位，导致资源获取与占有能力的不均，刺激市场主体和社会成员违背诚实守信与公正守法经营的信条，破坏市场的正常竞争秩序，形成了一种野蛮竞争的局面，把合法公正的市场竞争引入了恶性竞争的歧途，削弱了市场主体与全社会对竞争能力与市场绩效的认可，进而提高社会断裂的风险。刘培林（2005）、姜付秀等（2007）实证研究均发现，行政垄断部门依据行政垄断权，利用不公平的竞争手段利截取市场利益，提高行政垄断部门内部劳动者收入，造成社会机会的不均等，加剧社会分配不均，尤其是拉大由于身份地位而不是因为个人能力等素质差距而导致的贫富差距，进而引起全社会与发展成果分配的合理性的普遍质疑，社会包容发展的氛围趋于下降。

三、中国市场缺乏公平竞争的根源

公平竞争的缺失与中国经济的转轨特征、发展阶段和发展环境密切相关，有着深刻的法律、制度、市场体系和社会规范方面的原因。

（一）维护公平竞争的法治环境尚不完善

公平竞争是市场经济的重要原则，而市场经济是法治经济，因此公平竞争法则的推行有赖于良好的法治环境。当前，中国维护和促进公平竞争的法治环境不完善是公平竞争缺失的重要原因。

1. 促进公平竞争的法律法规尚不完善。自从中国提出建设社会主义市场经济以来，分别在 1993 年和 2007 年通过了《反不正当竞争法》和《反垄断法》，力图通过以法律的形式来规范市场主体的竞争行为，为竞争环境的改善做出了重大贡献。但是，相关法律存在几个方面的问题。一是法条过于抽象，相关规定的原则性强，而操作性弱，缺少相应的配套细则具有可操作性的补充立法。二是竞争法律和其他方面的法律仍存在法条竞合的问题，比如，在对价格垄断行为的处罚上，《反垄断法》与《价格法》存在竞合问题。三是一些领域还存在妨碍竞争的部门规章和地方性法规，在《反垄断法》通过后仍未完全清理。

2. 竞争执法部门的权威性不够。目前，中国竞争领域的行政执法由不同的部门负责。其中，反不正当竞争的行政执法主要由国家工商行政管理总局反垄断与反不正当竞争执法局负责；反垄断的行政执法分别由国家发展改革委价格监督与反垄断局、商务部反垄断局、国家工商行政管理总局反垄断与反不正当竞争执法局分别执行，同时，在国务院层面设立国务院反垄断委员会负责组织、协调、指导反垄断工作。现有的竞争执法部门都是厅局级业务部门，在对一些副部级的国有企业进行行政执法时，往往会因行政级别不够高而难以维护竞争法的权威。

3.对违反竞争法的行为处罚力度不够。目前，在竞争法领域，存在违法成本过低的问题。一是对企业限制竞争行为的经济处罚力度过小。我国《反垄断法》规定对达成垄断协议和滥用市场支配地位的行为处以其营业额百分之一到百分之十的罚款，而美国和澳大利亚等国则按违法所得按三倍处罚，不确定违法所得的按年营业额的百分之十计算。二是未对限制竞争行为的刑事处罚做出明确规定。在美国、加拿大、日本、韩国等国都在反垄断法中规定了公司和个人的双重刑事责任，这对于市场主体的限制竞争行为有很强的震慑力，而我国的反垄断法尚没有市场主体承担刑事责任的规定。

（二）维护公平竞争的制度障碍依然存在

公平竞争的实现需要有良好的制度来保障，只有在制度设计上贯彻公平原则，公平竞争才可能具备坚实的制度基础。目前，中国要切实推行公平竞争仍存在一些制度障碍。

1.针对民营企业的不公平的市场准入仍然大量存在。公平的市场准入是公平竞争的第一步，如果一个行业对一部分市场主体设置歧视性的进入障碍，那么这个行业就谈不上公平竞争。尽管国务院在2005年和2010年分别发布了《国务院鼓励支持非公有制经济发展的若干意见》和《国务院关于鼓励和引导民间投资健康发展的若干意见》，在放宽民营经济市场准入方面做出了一系列规定，但相关政策的执行力度仍然偏小，针对民营企业的不公平的市场准入仍然大量存在。

2.地方保护主义阻碍了全国统一市场的形成。地方保护带来浓厚的计划经济和地方本位主义色彩，严重违背市场经济的基本价值取向。地方保护主要表现为某些地区会或者禁止本地区的资源、技术、人才流向外地，或者通过设置关卡等不合理手段阻碍外地商品进入本地，或者是以不正当的歧视性方式抬高外地商品进入本地的门槛。地方保护主义在不同的行政区划之间设置了无形的市场壁垒，阻碍了全国统一市场的形成，成为公平竞争的巨大障碍。

3.部门分割现象导致公平竞争难以有效推行。部门分割表现为部分政府主管部门和行业协会，利用行政上的隶属关系限制本部门、本行业的经营者与其他部门、行业的交易，或是以合谋或默契合谋的方式，操纵市场价格、划分市场。比如，在一些行业，行业协会利用其特殊地位，通过发布行业协会规则、通知、召集本行业的经营者讨论并形成协议等形式，组织企业形成价格协议，试图使垄断行为变得合理化。

4.腐败成为制约市场主体公平竞争的重要因素。腐败现象存在于经济活动的不同领域，会通过多种方式对公平竞争造成了严重的不良影响。一是腐败导致不公平的市场准入。一些涉及市场准备的行政审批一旦出现腐败，就会产生大量的寻租行为和裙带关系，企业难以公平地开展竞争。二是腐败是招投标中的企业串标和官商合谋的根源。招投标中的串标和官商合谋是严重的不正当竞争行为，往往导致高效率低成本的企业在竞争中输给那些不具优势的企业，而相关行为的出现往往与腐败密切相关。三是腐败给一些经营者带来不必要的成本增加。腐败可能使一部分市场主体在参与市场竞争时遭受不公正的刁难，引发不必要的成本，影响竞争的公平性。

（三）促进公平竞争的社会信用体系尚未建立

信用是市场经济的基石，健全社会信用制度是促进市场公平竞争的必要条件。只有让失信者寸步难行，让守信者一路畅通，才能够真正减少那些违背市场竞争原则和侵害消费者权益的不公平竞争行为。当前，中国促进公平竞争的社会信用体系尚未建立，是导致公平竞争规则难以顺利推行的重要原因。具体而言，社会信用体系存在的问题主要有以下几个方面。

1.社会信用体系有关的法律和制度建设有待加强。法律和制度是确保社会信用体系正常运行的基础，中国现行信用法律制度不完善。一是法律不健全。从立法的角度看，尚未制定专门的法律来全面规范信用信息的公开和使用、信息主体的权益保护，公开的信用信息与非公开的信用信息区分及使用缺乏法律依据等，相关部门及地方规章建设水平不一，有的还相对滞后。从执法的角度看，一方面企业制假售假、商业欺诈、逃债骗贷现象仍然突出，不少行为不能依法受到惩处；另一方面，即使法院对市场主体的信用问题做出了判决，法院判决得不到有效执行也会引发一系列进一步导致信用缺失的连锁反应。二是社会信用制度存在不足。表现为国家信用监管职能分散、没有形成全国统一的信用信息共享平台、行政管理的条块分割限制了信用信息的共享；信用中介市场发展滞后，守信激励机制不健全、失信惩戒机制薄弱，个人信用制度基本没有建立，社会信用缺乏统一的标准等。

2.建立在社会信用基础上的奖惩机制仍未建立。只有对市场主体守信行为予以激励，对其失信行为予以惩罚，社会信用体系才能真正发挥作用，公平竞争才能真正得以实现。目前，中国的守信激励机制和失信惩罚机制均不健全。同时，惩戒失信违约行为的有力措施欠缺，企业生产的假冒伪劣商品、问题食品和问题药品能堂而皇之地进入市场，企业在交易环节的恶意违约、诈骗，侵犯知识产权，恶意骗取贷款等行为没有受到法律制约，失信成本过低，失信者的发展机会、利益没有因失信行为而受到限制或损失。奖惩机制未建立导致市场主体陷入"囚徒困境"，竞相钻法律和制度的空子，采取不正当手段参与市场竞争。

3. 支持社会信用体系的信息平台尚不完善。联合征信数据平台是社会信用建设的先导性、基础性工程。目前，我国的信用信息共享、信用评价和信用管理工作还有待提升。一是缺乏各部门信用信息资料的互联互通。企业及个人信用信息广泛分散在工商、税务、公安、金融等职能部门，缺少互联互通和共享。二是信用评价标准不一。信用信息的管理部门都有各自的信用等级评价标准和评定办法，缺乏一个协调统一的评价机构和评定方法。三是信用管理不够完善。多数企业没有建立信用管理机制，没有专人收集交易伙伴的资信档案，对客户信用风险缺少系统、科学的研究，政府部门也缺少对信用管理的指导性政策和措施。

（四）统一健全的市场监管体系尚未形成

公平竞争离不开良好的市场监管，当前中国的市场监管正处于从传统型向现代治理型市场监管体系转型的过程中，统一健全的市场监管体系尚未形成是公平竞争缺失的重要原因。

1. 监管部门缺位与过度监管现象并存。在中国，特定行业监管职能无论由单一机构承担还是由多个机构共同承担，市场准入、服务质量、投资审批、价格核定等往往由多个部门参与，职能分割与重叠情况比较普遍，导致管制失灵，管制缺位与过度并存。监管职能分割可能导致在市场监管过程中，各部门有利益时互相争权，需要承担责任时又相互推诿，其结果是监管缺位与过度监管并存。大气污染、水污染、土壤污染等环境监管方面的难题也突显出监管需求巨大与监管体系缺失和监管能力孱弱引之间的突出矛盾。

2. 监管规则不清，程序含糊，方法陈旧。公平竞争要求市场中存在统一公平的市场规则，这不仅是对市场规则的要求，也是对市场监管的要求。在中国市场监管存在规则不清、程序含糊、方法陈旧等问题。一部分监管规则是通过渐进式改革形成，并没有以立法的形式对监管规则和程序进行明确的规定。而在监管方法上，主要没用传统的监管模式，激励性监管方法使用不足。上述问题的存在，造成行政的自由裁量权过大，立法、司法和市场力量难以对政府的监管行为形成有效的监督和制衡，监管部门可能会在决策过程中偏袒某些特定的市场主体，影响公平竞争。

3.决策机制不够公开透明。现代化的政府监管应该是基于规则的监管，规则既是监管行动依据，也是被监管者与消费者权益的保障。但在中国当前的监管决策过程中，决策机制不够公开透明，决策的原则、依据、程序、时间节点没有做到完全公开。这会导致市场主体对政府监管行为难以形成正确的预期，不同的主体因其与监管部门联系的密切程度不同，掌握的信息也有所不同，其结果是市场主体之间难以真正做到公平竞争。

四、国外规范市场竞争秩序的典型做法和经验教训

（一）典型做法

1.坚持竞争政策，破除多种形式垄断

行政垄断指政府行政干预下导致的垄断，如政府指令、法规等。这包含两种情况，一种是直接针对某种活动的限制，如投资审批等；另一种是对行业准入的限制，如能源、铁路、电信、传媒等具有自然垄断特征或关系国家战略安全的行业。前者容易导致政府在行政控制权上的过度扩张，从而导致经济活动低效率；后者则容易导致被限制准入行业中产品和服务的高价格与低质量。

对于直接针对某种活动的限制，北美自贸区率先采用了负面清单管理模式。这种模式的基本特点是明确规定出不允许项目，而其他未列入的项目属于"非禁止即可行"范畴。对政府而言，其最大特点是削弱了正面清单管理模式下的潜在控制权范围。负面清单模式在发达国家被广泛应用。例如，在医疗管理方面，德国的处方管理当中就明确规定有些药物属于不能报销的负面清单范围，加拿大的处方管理当中除了负面清单，还有"有条件清单"，可以根据特定条件放宽报销范围；在金融管理方面，瑞士的金融监管部门就在官方网站上设有"负面清单"一项，指的是那些未得到监管部门批准从事一定业务的金融机构的名单，而美国则是长期使用这一政策来吸引外资的发达国家之一。负面清单模式有助于消除隐性壁垒，因此对国际国内贸易都有重要借鉴意义。

对于能源、铁路、电信等具有自然垄断特征的行业，各国政府曾长期实施

严格的准入限制政策，但越来越多的国家开始破除行政垄断，放款准入限制，垄断产业中逐渐开始引入竞争。例如，美国颁布《国家能源法》，消除了信发电公司上网的法律障碍，鼓励电力市场的竞争，要求公用电力公司开放输电系统，必须为非公用电力公司发电厂提供输电服务，同时还允许电力企业到国外参与电视立场竞争。类似的行动还在银行、有线电视、天然气、铁路、货运和航空产业中实施。英国通过实施《电力法》，拆分重组实现厂网分离和配电环节竞争。

对于市场垄断，各国主要是通过大力实施《反垄断法》来规范市场竞争秩序。其中限制竞争行为、滥用市场势力行为和兼并并购行为是三种主要受到约束的行为。日本的《禁止垄断法》、美国的《联邦贸易委员会法》都禁止包括价格协议、限产协议、联合抵制协议、划分市场协议在内的限制竞争行为；德国的《反对限制竞争法》、法国的《价格和竞争自由法令》则明确禁止价格歧视、排他性独家交易、捆绑销售和限定销售区域等滥用市场支配地位行为；美国的《克莱顿法》和《并购调查条例》等则对兼并并购行为规定了严格的审查评估程序，以鉴别兼并和并购行为是否会对市场竞争以及国家的产业政策、社会福利带来不利影响等。近期，欧美的反垄断开始着眼于促进创新、从结构判定转向行为和绩效判定，这些做法既与激发创新相一致，也符合反垄断的初衷。

2.打破地方保护，促成统一开放市场

地方保护严重阻碍要素和产品的自由流动，破坏市场的自由竞争秩序。在市场经济发展的初期，地区贸易壁垒和各种地方保护行为曾在各国普遍存在。美国、澳大利也等国家都出现过当地政府对非本地生产的商品设置壁垒的做法。如美国的马里兰州曾立法对在本州内销售进口货物征收50美元的许可证费。由于地方保护行为严重阻碍统一市场的形成，损害经济的活力和消费者利益，各国相继出台了相关法律，禁止地方政府设置各种贸易壁垒。

美国在形成统一开放市场方面，规定国会"州际贸易"权力、成立"州际贸易管理委员会"等做法值得借鉴。美国最初是靠世界贸易兴起的，但随着经济的崛起，美国遇到了英国等欧洲强国的打压。这时，美国开始关注国内市场，通过修建铁路、打击地方保护主义等措施，建立了统一的全国大市场，完成了由外需型经济向内需型经济的转型。在美国，联邦宪法第三条规定了国会调节"州际贸易"的权力，地方和地方之间的贸易争端原则上都可以在联邦内获得解决。同时，1803年确立司法审查制度，规定联邦法院有权审查州政府的违宪规定，并依据州际贸易条款审查地方规定是否合宪。为了防止有法不依，保证宪法原则能够得到有效贯彻，美国专门建立了"州际贸易管理委员会"，设计了双层司法体系。跨州性的贸易纠纷，都会交由联邦司法体系进行仲裁，而联邦司法体系与各州之间有很好的制度性隔离机制，这确保了地方保护主义即使在金融危机导致联邦政府要求"购买美国货"的情况下仍未抬头。

欧盟的国家援助相关立法和《欧共体条约》中关于商品贸易自由、人员流动自由、服务贸易自由和资本流动自由等四大基本自由的规定也值得借鉴。在《欧洲联盟运行条约》中，明确指出"除非两部条约另有规定，否则，由某一成员国提供的或通过无论何种形式的国家资源给予的任何援助，凡通过给予某些企业或某些商品的生产以优惠，从而扭曲或威胁竞争，只要影响到成员国之间的贸易，均与内部市场不符。"作为欧盟的前身，欧共体由欧洲经济共同体演化而来，其目标之一就是保证其成员国国内高水平的就业率、稳定的经济增长和生活水平的提高。为此，欧盟法律明确规定整个欧盟构成一个内部市场，且必须保证商品、劳动力、服务业和资本能够自由流动。因此，一方面需要在立法上确立统一开放市场的法理依据，另一方面还需要建立地方行政部门对本地企业援助的法律机制。

3. 规范交易市场，杜绝恶性竞争行为

交易市场上经常会出现恶性价格竞争、价格欺诈、虚假广告信息甚至是诋毁竞争对手的行为。以美国电信业为例，导致其在 2000 年崩溃的根本原因并非是新兴电信公司高层领导缺乏经验而决策不当，而是电信业中存在的恶性竞争和裙带关系。老电信业一直就存在的恶性竞争、"红眼病"以及互相勾结，新电信业力图挑战老电信业的传统地位，而老电信业则希望在华尔街打败新电信业。在并购过程中，新老电信公司既是竞争对手，在为讨好华尔街的投资商而进行互惠假账交易的时候他们又是合作者。这些恶性竞争行为导致了后来的行业崩溃。这些行为扭曲了价格作为产品信息的市场化反映，也给消费者带来了严重的误导，从而扰乱了正常的市场竞争秩序。

为了杜绝恶性竞争行为，发达国家采取了一系列措施规范市场的交易行为。美国实施了大量的企业间交易审核措施，并利用证券交易委员会、商务部等政府部门规范交易市场行为。英国制定了《价格标识规则 2004》，并通过反价格垄断、反价格欺诈、规范物价标识和价格社会监督来实现价格方面的监管。其中，除了全国性的反垄断机构进行特定行业的价格监管外，地方政府还设立贸易标准服务局，对区域性的价格欺诈案件，如过度收费、标识错误、误导消费等行为进行处理。澳大利亚的《贸易行为法案》中明确禁止生产商和经销商对产品的未来供给和使用情况进行误导性描述，对过分夸大产品功效、对明知无法在一个合理时间内持续供应的产品特价促销等广告行为有严厉的处罚措施。在防止过度竞争方面，除了相关立法外，日本还通过实行对内企业巨大化和对外自由化的产业政策，采用法人相互持股的独特的企业股权结构，坚持强调竞合关系的竞争观念，有效地制止了过度竞争。另外，各国还利用信誉体系建设规范市场行为，对经营主体采取信誉评级、分类监管的做法。对于声誉好的企业在政府采购、企业扩张方面提供优待；对于声誉差的企业采取进入限制、市场禁入等制度。

4. 严格质量标准，强制问题产品召回

产品质量问题一直是市场竞争中的核心问题之一。假冒伪劣产品不仅损害市场竞争秩序，还会导致消费者的自身安全受到严重威胁。国外在严格质量标准方面的主要做法包括健全质量监管体系、实施产品回溯制度和强制问题产品召回。

西方各国普遍重视通过实施强制性标准来保障产品质量安全。几乎所有西方国家都实施了相关法律，要求所售商品必须通过标签等形式标明商品的标准、等级、成分、注意事项等基本信息；对安全要求较高的如食品、药品等行业实施严格的审批、检验制度，并规定了十分严厉的处罚措施。从监管体系而言，美国建立有覆盖联邦、州和地区三个层次的 20 多个监管机构，还包括利用"政府食品质量安全信息"门户网站和民间团体来加大监督力度；欧盟则建立独立行使职能的欧洲食品安全管理局，通过建立综合快速预警系统来交换有关信息，这一做法直接导致了欧盟各成员国的独立食品安全机构的设立。从追溯机制而言，美国的《2009 年食品安全加强法案》规定了 FDA 将以更高的频率对企业进行检查和问题产品的追溯；欧盟则要求所有的食品生产经营者必须建立可追溯系统，强制执行；日本则不断扩大追溯范围，从牛肉到肉食产业、水产养殖产业，再到蔬菜和大米，食品追溯体系不断扩大。

一旦产品质量出现问题，各国都会采取较为严厉的惩罚措施，但从 1966 年开始，率先在汽车产品上美国实施了产品召回制度，即产品的生产商、进口商或销售商在得知其生产、进口、销售的产品存在可能引发消费者健康、安全问题的缺陷时，依法向职能部门报告，及时通知消费者，设法从市场上和消费者手中收回缺陷产品，并进行免费修理、更换的制度。召回制度始于 1966 年美国的《国家交通与机动车安全法》规定的汽车召回，随后产品种类扩展至玩具、食品药品和化妆品等，后来韩国、法国、英国、日本、加拿大和澳大利亚等主要发达国家都建立了强制性的问题产品召回制度。这些做法有助于通过市场机制实现优胜劣汰和公平竞争，同时能最大程度保护消费者利益。

（二）经验教训

纵观世界各国的经验教训，维护市场竞争秩序的关键有两个方面：首先是处理好政府与市场的关系。既要充分发挥市场在资源配置中的决定性作用，让自由竞争有自动、充分的实现机制，又要更好发挥政府作用，为形成有效竞争、弥补市场失灵保驾护航。其次是确保政府在维护市场秩序发挥积极作用。既要做到坚持法律在维护市场秩序中的主导地位，让市场竞争有法可依，又要提升政府依法治理的能力和水平，让市场竞争有法必依。

1. 必须把重视市场的决定性作用与更好发挥政府作用相结合

处理好政府与市场的关系，关键在把握好市场和政府的边界。一方面，理论和实践表明市场竞争是配置资源的一种有效方式，无论在以私有制为基本经济制度的国家还是以公有制为基本经济制度的国家，其都具有旺盛的生命力。市场竞争的本质是通过不同信息（如价格、声誉等）来实现市场的优胜劣汰。西方发达资本主义国家都通过建立"大市场"、"小政府"的模式来确保市场竞争的充分实现。因此，凡是能通过有效的市场竞争机制实现的，政府应该减少干预。另一方面，市场具有内在的自发性和盲目性，尤其在市场失灵领域无法实现资源有效配置的目标，此时政府需要进行矫正。美国等西方发达国家和俄罗斯、拉美等转型国家的经历从不同角度表明，在维护市场竞争秩序中必须重视国家和政府的作用。

以美国为代表的西方发达国家经历了从崇尚完全自由竞争的市场经济向具有一定程度政府干预的混合经济的转变。尤其是在市场秩序方面，由于早期完全忽视政府作用而导致自由竞争的经济中出现了各种垄断及其他限制竞争的情况。在此情况下，西方国家普遍建立内容繁杂的竞争政策体系，通过强化政府干预来确保竞争机制在市场秩序中发挥作用。以俄罗斯为代表的转型国家则经历了剧烈的私有化过程。这一过程的根本起因是由于计划经济体制本身存在的严重缺陷及前苏联和东欧各国在社会主义建设中出现的种种失误，使这些转型国家错误地将问题的根源归咎于公有制和社会主义制度。"休克疗法"使转型国家在背离公有制和无政府主义上越走越远，政府过度地抽离了市场经济活动，这导致经济陷入秩序混乱和深度衰退。事实表明，事后这些转型国家不同程度地出现了政府在市场秩序管理方面的责任回归，例如强调政府在稳定和调节经济方面的职能等。

除了维护竞争、稳定经济的基本职能外，国家和政府还在完善市场秩序的监管体系上承担重要责任。以美国为例，强大监管体系是其市场得以平稳良好运行的基础，例如消费产品是受到有关政府部门一系列的规章来进行管制的，如食品和药品管理局、农业部、联邦贸易委员会、交通部以及消费品安全委员会。除了实体经济部门的市场秩序监管，近年来急剧膨胀的虚拟经济也要求国家和政府实施一定程度的监管。以房地产次级贷款破灭为导火索的 2008 年金融危机就说明，政府对金融过度创新放松监管后可能引发难以估计的金融灾难。

2. 必须把提升国家治理的现代化与强化法律主导地位相结合

确保政府在维护市场秩序发挥积极作用，关键是要做到强化法律主导性与提升政府依法治理有机协调。一方面，要将政府的规定通过法律的形式变成强制性的国家意志，健全市场秩序规制的法律体系。实践表明，政府的市场秩序规制有时能促进有效竞争但有时也能阻止过度竞争。因此在维护市场秩序的过程中必须强化法律法规在市场秩序规制的主导地位，否则极有可能导致妨碍有效竞争或助长过度竞争的发生。健全市场秩序规制的法律体系，不仅有利于市场竞争中的各个主体能明确竞争行为的红线，从而稳定竞争预期并规范竞争行为，同时它还能有效规范政府的规制行为方式，防止政府在市场秩序规制中越界从而妨碍竞争。经过近百年的探索和实践，几乎所有西方发达国家都已经建立起以《反垄断法》为核心，相关法律严密配套的市场竞争法律体系。

另一方面，要提升政府在依法治理、多头治理的过程中不断提升现代化的治理能力。国外的市场秩序监管基本上都存在政府机构、社会组织、消费者的多主体参与，这实际上要求政府在市场秩序监管上从单一管理走向多头管理，政府需要提升对这一过程的治理能力。以英国为例，社会层面的价格社会监督主要由消费者、全国或各地的消费者组织进行。公平交易署、地方贸易标准服务局设有消费者热线，接受消费者的投诉和咨询，全国消费者联盟主要开展对消费热点问题展开调查、发布价格信息和审核确定价格信息发布者名单。地方上有一些社区、乡村服务团队，围绕防止假冒伪劣商品、烟酒销售、动物屠宰及相关价格行为展开监督，维护市场秩序。美国除了建立有覆盖联邦、州和地区三个层次的 20 多个监管机构，还包括利用"政府食品质量安全信息"门户网站和民间团体来加大监督力度。

另外，法律体系的健全不仅有助于划清政府在规制活动中的边界，还能进一步增强政府的独立性来提升法律的执行力。欧美发达国家在市场秩序规制方面的法律比较完善，且具有较强执行力。以美国的贸易仲裁双层体系可见，司法间的独立性和隔离性是确保司法公平和有效制衡的有效手段。在美国，联邦宪法第三条规定了国会调节"州际贸易"的权力同时规定联邦法院有权审查州政府的违宪规定。为了防止有法不依，美国专门建立了"州际贸易管理委员会"，这才使得跨州性的贸易纠纷都会交由联邦司法体系进行仲裁，最终形成良好的制度性隔离机制。相比之下，东南亚和拉美等发展中国家的法制建设则明显迟缓，且执行力普遍较弱。例如，拉美部分国家曾一度试行反垄断机构一并处理反倾销法和反补贴法等各种案件的情况。这直接导致执法机关的权威性和地位，而且也影响反垄断法的效力，出现某些案件大家争着搞，有些案件则相互推诿的现象。

五、通过公平竞争提升中国发展质量的对策建议

顺应国家治理体系现代化的法治规范要求，以法治为保障，以信用为基础，加快完善有利于各类市场主体参与市场公平竞争的准入、退出和要素使用制度，建立统一开放、竞争有序的现代市场体系和透明化、法制化的监管制度，创造规范有序的市场竞争秩序和公平公正的竞争环境，为激发市场主体活力、促进经济持续健康发展提供重要支撑和保障。

（一）全面优化市场法治环境

进一步完善促进市场有效竞争的法律体系，严格坚持依法行政，加快建设法治政府，提高政府的执行力和公信力。

1. 完善立法规划，突出立法重点，坚持立改废并举。提高立法科学化、民主化水平，增强法律的针对性、及时性、系统性。加快落实保护私人财产权的法律法规。通过修宪和立法赋予私有财产权以合法身份和平等地位，切实保护民间投资及投资后产生的收益，建立针对民间投资的法律援助和司法救济制度，确保各类市场主体同等受到法律保护。建立健全个人信息和隐私保护的法律制度，依法规范信用服务市场。修改或废止妨碍统一市场体系和公平竞争机制高效运行的法规、规章和规范性文件。

2. 完善竞争法体系，加强立法和执法衔接。推动《特许经营法》等旨在促进竞争的相关法律立法进程，增加禁止政企合一、政资合一、政监合一的内

容，切断行业主管部门与企业的利益联系，增加对垄断行业中"一家独大"企业的拆分条款，限制相对市场份额，促进有效竞争。完善《反垄断法》实施细则，在横向合并、纵向合并、知识产权、产业政策、国际援助等方面及时增补反垄断执法指南，为多头执法部门提供统一的执法标准，避免标准不同引致的不同法律后果。严格执行《反不正当竞争法》和《反垄断法》，建立违规违法成本高于违规违法收益的预期管理机制，扩大惩罚性赔偿的适用范围和赔偿倍数，提高法制管理的威慑性。建立全国反垄断公共信息情报平台，引入法律经济学分析框架与定量分析工具，指导各部门和地方联合执法，减少执法协调成本，切实提高执法透明度、效力和效率。

3. 加快推进依法监管、依法行政。（1）完善市场监管法律体系建设，及时总结市场监管实践中的有益经验，按照条件成熟、突出重点、统筹兼顾原则，对监管政策目标与基本原则、监管机构责任与权力、监管机构与政府其他部门的关系、监管机构负责人任免、监管人员专业结构及任职标准、监管程序、监管错误纠正等做出明确规定，确保市场监管有法可依。（2）完善市场监管立法备案审查制度，修改或废止妨碍统一市场体系和公平竞争机制高效运行的法规、规章和规范性文件。树立柔性执法理念和程序，倡导行政指导、行政合同、行政奖励及行政和解等非强制手段，法无明文规定时，市场监管部门不得做出影响市场主体权益或增加其义务的决定。全面落实行政执法责任制，健全行政补偿和赔偿制度，严禁损害市场主体的合法权益。（3）促进行政执法与刑事司法的衔接，建立涉嫌犯罪案件的移送和监督机制，形成预防和打击违法犯罪的合力，坚决纠正有案不移、有罪不罚、以罚代刑等问题。行政执法机构自觉接受司法审查，确保程序公正。

（二）完善市场公平竞争制度

1. 实行统一的市场准入制度，推行负面清单管理。完善节能节地节水、环境、技术、安全等市场准入统一标准，除国务院以清单方式明确列出禁止和限制投资经营的行业或领域以外，各类市场主体皆可依法平等进入，公平参与竞争。

2. 防止下放或取消的审批权反弹，清理前置审批相关的有偿中介服务。严禁部门和地方违法设定行政许可、增加行政许可条件和程序，严禁以加强宏观调控、事中事后监管为名，变相恢复、上收已取消和下放的行政审批项目。全面清理和规范行政审批相关前置有偿中介服务事项。全面推广一门受理、并联审批、多证联办的"政务超市"审批服务模式。完善公开公平的中介市场竞争和监管机制，规范中介机构市场行为。

3.确保平等使用生产要素，统一市场退出制度。加快资金、土地、资源要素等领域的市场化改革，各类市场主体获取经济资源尤其是金融资源时机会均等、成本相同，平等使用生产要素。放开自然垄断行业竞争性业务，在公用事业领域实行特许经营等方式，保障各类所有制市场主体有序进入、平等竞争。实行统一的市场退出制度，对不符合产业政策、行业标准、资不抵债的各类市场主体，实施相同的市场退出标准和退出援助制度；完善上市公司和金融机构市场化退出机制。严格执行《招标法》，加强对政府采购、工程招标等活动的公开化、透明化、程序化管理，确保各类市场主体参与竞争时机会平等、规则统一。

4.破除部门或地方的行政垄断。打破地区、部门的封锁和分割，坚决查处滥用行政权力限制竞争的违法行为，纠正各类违法实行优惠政策的行为，禁止对外地产品或服务设定歧视性准入条件、收费项目，或以颁发许可证等方式强制企业或消费者购买指定的本地商品或服务，严禁和惩处各类违法实行优惠的政策行为，以及干预或阻挠统一执法的行为。明确国家反垄断委员会是实施反行政垄断的执法机构，而"涉嫌违法机构的上级机构"负有协助审查、参与举证的责任。

5.营造褒扬竞争的文化氛围，完善竞争政策协调机制。在全社会普及推广竞争文化，提高政府机构和普通民众对竞争优势在促进经济增长、破除垄断、提高效率、保障权益方面积极作用的认识，倡导"竞争友好型"公权力运行与执法模式，提高全社会公平竞争、优胜劣汰的意识，督促经营者依法合规开展经营生产。建立竞争领域政策审查和协调机制，在制定和实施产业政策、贸易政策、投资政策时，评估其对竞争机制可能造成的影响。中国三家反垄断法执法机构，应效仿美国两个反垄断执法机构达成执法备忘录的协调机制，约定在发动反垄断调查前告知另一方，执法过程中信息共享，以避免管辖权冲突并减少执法成本。此外，还应建立反垄断执法向地方逐级授权的规范机制。

（三）坚持价格放开与配套制度建设

1.推进价格改革的总体方向及重点领域。凡是市场自身能根据供需关系形成价格，都应交给市场，政府不进行不当干预。应大幅缩小政府定价范围，主要限定在重要公用事业、公益性服务、网络型自然垄断环节，重点推进资源性产品和交通、电信、药品、医疗服务价格改革，放开竞争性环节价格，减少具体定价种类，精简具体定价项目。一是深化资源性产品价格改革。以天然气、电力、水等资源性产品为重点，统筹协调生产者、经营者、消费者、上下游产业的利益关系，健全完善反映市场供求、资源稀缺程度、生态环境损害和修复成本的价格形成机制。政府价格监管应主要限定在自然垄断环节，如输配电网、天然气管网等。价格监管的基础是成本监管，需结合不同行业特征，探索建立定价成本监管规则，定期评估审核管网运营企业定价成本，并向社会公布结果。二是推进交通运输领域价格改革。铁路、民航的基础设施网络具有自然垄断性质，需要政府进行价格监管，而增值服务和延伸服务环节如果竞争充分的话，完全不需要政府干预。现阶段，铁路客、货运等总体上暂不具备完全放开价格条件的竞争性环节，可建立与可替代性产品（如公路运输）的市场价格相挂钩的联动机制，作为过渡办法制定反映市场供求、竞争情况的标杆价格。三是完善药品及医疗服务价格改革。应建立反映医药和医疗资源稀缺性、体现药品和医疗服务真实价值的市场价格形成机制。我国正在完善全民医保体系，药品价格体制也应由市场交易价格管制向医保支付价管理转变，建立以管理医保支付价为核心的市场价格形成机制，建立基于专家审议和利益相关方协商的药价价格决策机制。结合公立医院改革，加快调整医疗服务价格，积极推进医疗服务定价方式改革，不断完善医疗服务管理体制。

2. 推进价格改革的制度机制建设。一是建立健全居民阶梯价格制度。鉴于中国目前收入分配差距较大，出于保障民生，减少价格改革对居民基本生活影响，同时鼓励节约使用的考虑，应区分基本需求和非基本需求，保持基本需求部分价格相对稳定，合理控制不同阶梯加价幅度。阶梯电、水、气价都应遵循这一原则。二是生产领域实行差别化价格政策。现阶段存在大量具有负外部性的环境问题，如跨流域水污染、大范围雾霾等。需要积极发挥价格机制在环保方面的作用，进一步完善脱硫脱硝除尘等环保电价和可再生能源电价附加政策，在"两高一资"行业加快推行差别化价格政策，合理提高定额外用水、电价格，开展工业用电、水阶梯价格试点，推行差别化排污收费和垃圾处理收费政策。三是加强竞争性市场体系建设。实现主要由市场决定价格的机制，基本前提是有竞争性市场，在没有形成竞争性市场前全面放开价格，可能会给拥有市场支配地位的垄断厂商滥用市场支配力打开方便之门，也不利于消费者权益保护。为此，应在网络型垄断行业的可竞争性环节大力推进竞争性市场体系建设，坚持价格放开与完善竞争政策及其执行同步。

3.推进价格改革相关配套制度建设。价格改革是个一项复杂的系统工程，垄断行业、收入分配、财税、金融等领域改革尚未完全到位，制约价格改革的体制机制矛盾依然较多，很多时候不能指望价格改革一并解决所有体制问题，而需要全面深化体制改革为价格改革提供更大空间。一是切实推动产权制度改革。资源性产品定价问题本质上是产权问题，资源越稀缺，产权制度安排对相应价格改革的制约越明显，需要进一步推动产权改革，从而为价格改革提供更多可突破的路径。二是理顺收入分配关系。资源性产品价格和交通、电信、医疗等服务价格是社会各阶层利益交汇的敏感点，实质上也是收入再分配的重要形式，不仅要讲经济理性，更要讲决策艺术，必须审慎权衡改革的速度、力度与社会对改革的可接受程度，合理分担改革成本、分配改革收益，力争使重点领域价格改革成为社会的稳定器和可持续发展的助推器。三是完善社保标准与物价联动机制。公用事业和服务类价格改革可能会对普通居民尤其是低收入群体产生较大影响。需要健全完善社会救助和保障标准与物价上涨挂钩的联动机制，努力化解价格改革对低收入居民基本生活的影响。

4.全面评估价格改革的相关影响。任何一项价格改革都应把握力度和节奏，应当按照调价方案的成熟和稳妥程度，充分酝酿、分期推进，以避免政策性新涨价影响集中爆发，从而给稳定物价总水平带来不确定性影响。应完善基础统计工作、推动CPI按收入分层编制的同时，使得CPI分层编制标准更加多样化，尽快建立全国收入分层CPI的规范统计制度，以有助于更加准确地评估价格改革对中低收入人群的影响。物价管理部门应积极回应社会对价格改革的关切，通过媒体渠道正面宣传价格改革的程序、方案以及改革影响，妥善应对突发负面舆情。严格执行价格听证制度，争取更多民众的理解与支持。

（四）加快市场信用体系建设

1.推动建立统一的市场主体信用信息平台。编制全国和地方资产负债表，建立融汇全社会房产、银行借贷、商事登记、纳税缴费、交通违章等基础数据的统一网络平台，建立企业信用信息档案，制定部门之间监管执法信息共享标准，打破"信息孤岛"，推动政府信用"大数据"开放共享、互联互通，形成覆盖全部信用主体、所有信用信息类别、全国所有区域的信用信息网络。推进信用标准化建设，建立以自然人身份号码和法人机构代码为基础的统一社会信用代码管理制度，完善信用信息征集、存储、共享、应用与公示环节的制度支撑，根据信用状况实行分类分级、动态监管。

2.完善守信激励与失信奖惩机制。以食品药品安全、金融等领域为重点，综合运用信息公示、信息共享和信用约束等手段，营造诚实、自律、守信、互信的社会信用环境，有效遏制制假售假、商业欺诈、逃债骗贷等违法失信行为。将市场主体的信用信息作为实施行政管理的重要参考，引导各类市场主体守合同、重信用，让守信者一路畅通、失信者寸步难行。对违背市场竞争规则和侵害消费者权益的企业建立黑名单制度，在注册经营、投融资、土地供应、进出口、出入境、工程招投标、政府采购、评奖评优、生产许可、资格认定、资质审核甚至市场准入等方面依法限制和禁止，对严重违法失信主体实行市场禁入制度。对诚实守信的市场竞争主体在相关方面予以鼓励和支持。

3.强化生产经营者主体责任和连带责任。完善消费环节经营者首问和赔偿先付制度，健全缺陷产品强制召回制度。建立企业产品和服务标准自我声明公开和监督制度、消费品生产经营企业产品安全事故强制报告制度，探索实行生产经营者"社会资产负债表"或"社会责任报告"披露制度，定期公布健康和安全条款、环境改善条款等社会责任信息。将生态环境损害和对公民人身、财产的损害列入赔偿范围，强化停止侵害、排除危害、恢复原状等责任落实机制。探索扩大食品药品安全、环境保护、安全生产相关的各类责任保险，形成及时预警、风险分担、社会化救援救济的市场化新机制。

4.完善社会信用服务体系，促进信用信息社会化运用。依法公开在行政管理中掌握的信用信息，拓宽性用信息查询渠道，为公众查询市场主体基础信用信息和违法违规信息提供便捷高效的公共服务。在充分保障公共安全、商业机密和个人隐私的前提下，依法使各类市场主体信用状况透明、可核查、及时更新。同时，建立健全由市场需求、信用服务机构和信用服务产品等组成的信用服务体系，规范发展市场化的信用服务机构，不断提高独立性和公正性，引导其为社会提供市场化、专业化、多层次、多样化的信用产品和信用服务，加强对从业机构和人员的监督管理。推进全社会诚信文化建设，提高公民个体和各类法人机构诚信意识和诚信水平。

（五）建立统一的现代市场监管体系

加快推进传统市场监管向现代治理型监管转变，从政府主导的、相对封闭的管理体系，向法治规范、职能完备、公平公正、有效力且高效率、可问责、公开透明、参与率和回应度高的治理体系转变。

1.保障市场监管职能完备、权限清晰。协调解决综合经济管理部门、行业主管部门、独立监管部门之间微观管理职能交叉重叠的问题。积极推进政策制定、审查审批等职能与监督检查、实施处罚职能相对分开，监督处罚职能与技术检验检测职能相对分开。以行业技术经济特性及财政责任为主要依据科学划分监管层级。供给网络跨区的行业，监管权应集中于中央，供水、供暖、公共交通等由地方政府承担财政责任的市政公用事业，监管权应完全应该交给地方政府，并建立地方综合性监管机构，推动监管重心下移，提高基层监管效能。建立权责统一、权威高效的执法体制，减少执法层级，健全协作机制，提高监管效能。

2. 确保市场监管规则与程序清晰，监管行为可预期。建立全过程风险防范的严格监管程序。由事后被动处置转变为事前主动防范预警、事中积极控制事态、事后快速处置相结合的全过程动态监管。在食品药品安全、环境保护、工矿生产安全等方面建立主体责任、风险评估、快速预警、追踪溯源和预防控制等一整套严密、科学、及时、高效的监管程序和方法，使得监管政策和执法行为可预期。加快推进市场监管科技化、智能化，充分利用信息网络技术加强非现场监管执法，实现在线即时监督监测。制定突发事件监测和应急处理预案制度，建立联席会议机制，明确应急处理主体责任和处置流程，提高处置能力。

3. 建立公开透明、基于科学的监管决策机制。把市场和社会"找回来"，为公众参与拓展更多渠道，让企业、社会组织和民众自我管理，针对消费侵权热点问题和典型侵权行为，建立政府部门、市场主体、社会组织、新闻媒体、司法机关等多元共治的消费维权和监督体系。为减少监管者与公众之间的信息不对称，监管机构决策依据的原则、相关信息及过程应向公众全面公开，召开听证会、审议会、咨询会邀请相关利益主体参加，充分发表观点，并就决策潜在影响进行充分评估，切实提高监管决策的科学性与有效性。

4. 加强市场监管绩效评估机制建设。加强社会监督和综合治理，形成以企业主体责任落实为核心，消费者权益保护为基础，质量检测和风险评估为技术支撑的市场监管网络。改进市场监管的绩效评价体系，尝试引入"零事故风险"标准体系来考核监管机构的运作绩效，进行以绩效为导向的预算管理，设立科学而严格的评估程序与问责机制，最大程度减少事故发生的概率，从而改善中国政府的公信力和公众形象。

刘树杰　臧跃茹　郭春丽　郭丽岩　王　磊　刘志成　张铭慎

专题三

技术创新：全球趋势与中国选择

　　全球技术创新呈现向新一代信息技术、高端装备、生物技术和新能源聚焦的态势。世界主要国家对技术创新重点的选择无不充分体现本国特色和发展战略，更加重视提升制造业水平。我国"十三五"时期技术创新重点的选择应聚焦聚焦再聚焦，应准确把握我国经济社会发展所处阶段及其发展战略需求，以处于支配地位的装备制造业关键核心技术创新为重点，以处于先导地位的新一代信息技术产业技术创新为支撑，以处于纽带地位的高技术服务业/生产性服务业为抓手，切实提升我国产业层次和国际分工地位。应着力加强和改进引进消化吸收再创新与集成创新，不断优化技术创新的制度条件和政策环境。

一、技术创新的全球趋势

（一）世界重大技术创新的发展趋势

　　从全球范围看，科学技术，特别是一些重要科学问题和重大关键技术日益成为建设创新型国家和现代化科技强国的主要支撑力量。为更加有效地实施创新驱动发展战略，我们必须前瞻思考、敏锐把握世界重大技术创新的发展趋势。

　　2013年，麦肯锡从颠覆我们现有生活和工作方式的角度，挑选出移动互联网、知识型工作自动化、物联网、云计算技术、先进机器人、自动或半自动交通工具、新一代基因组技术、能量存储、3D打印、先进材料、先进的油气田勘探开采技术和可再生能源等12项潜在颠覆性技术。并预测，这些技术会在今后数年中推动较大规模的经济转型和颠覆已有世界；且到2025年后，这些领域内的创新将每年为世界经济带来14—33万亿美元的影响。

为抓住新一轮科技革命和产业变革的机遇，近年来，世界主要国家都在积极准备，纷纷提出了依托各国社会发展现实要求和未来发展目标的重大技术。如，2012 年，美国国家情报委员会（NIC）在《全球趋势 2030：可能的世界（Global Trends 2030：Alternative Worlds）》中，聚焦于未来 15—20 年内有望取得重大突破并能产生广泛影响的少数关键技术，通过对技术与经济、社会、政治、军事等多方面关系进行综合分析后认为，2030 年前技术创新的 4 大关键领域是信息技术、自动化和制造技术、资源技术和医疗技术。

2010 年，英国政府科学办公室（GO-Science）则在和来自产业界、学术界、国际机构和社会企业的 80 名代表进行访谈和研讨的基础上，根据英国的比较优势、未来需求以及潜在的市场规模，对未来 5—15 年内对英国最为重要的技术，特别是能带来经济利益、有可能发展成为重大新兴产业并有望支撑英国经济发展的一系列技术进行了分析和展望。在其发布的《技术和创新：2020 年代英国的增长机遇（Technology and Innovation Futures：UK Growth Opportunities for the 2020s）》中明确提出，按需制造、智能基础设施、第二次互联网革命、未来可能经历的能源转型、有助于实现低碳经济的新材料、再生医学、知识产权等七大潜在增长领域，并涵盖了 55 项重要技术的 28 个技术群。

从全球范围看，技术创新的发展呈现以下两大新态势：一是从技术更新速度看，技术创新、成果转化和产业化的周期日益缩短，且呈交叉融合、群体跃进态势。二是从技术发展模式看，正从单纯的以技术推动为主向技术推动和需求拉动协同推进转变。

从国别角度看，各国对重大技术创新的选择会根据其经济社会发展情况充分体现本国特色；同时，连续、滚动式发布不断进化的重大技术。目前，各国重大技术创新的选择呈现以下三大新特征。一是从技术选择背景看，并非单纯从技术层面考虑，必须强调实现国家目标、体现国家战略意图的要求，并强调与产业发展紧密结合且需产业界积极参与。二是从技术选择内容看，并不追求全面覆盖所有技术领域，但必须突出战略性、前瞻性，体现出鲜明的决策导向性。三是从技术选择过程看，强调创造一个能有效加强包括技术供给者、技术使用者及相关利益人等各方参与者互动、反馈和优化的环境。

（二）发达国家（地区）创新政策的新动向

为适应世界经济正处于半全球化时代、全球制造业迎来新变局、互联网及其相关技术引发新变革等新形势的变化，发达国家（或地区）在推进自主创新的政策方面日益趋近、趋同，很多方面所采取的方式、方法"不谋而合"。因此，总结近年来（即 2005 年以来，特别是 2007 美国金融危机以来）发达国家（或地区）创新政策的主要发展趋势和共性经验，对于当前我国实施创新驱动发展战略而言，具有十分重要的实际借鉴意义。概括而言，呈现出"四同时"的特征。

1. 突出科技创新战略地位的同时，重视科技管理体制的完善

各国（或地区）日益认识到科技创新是提升竞争力、增加就业和实现更高生活水平的重要驱动因素，因此，都更加突出科技创新的战略地位。美国于 2009 年 9 月出台了《美国创新战略：推动可持续发展并创造高水平就业》（A Strategy for American Innovation：Driving Towards Sustainable Growth and Quality Jobs），明确提出，通过科技创新应对经济危机，以创造就业并促进美国经济的复苏和可持续发展。2011 年 2 月又在此基础上发布了《美国创新战略：确保经济增长与繁荣》（A Strategy for American Innovation：Securing Our Economic Growth and Prosperity），提出了为赢得未来，保持美国在创新能力、教育和基础设施等方面的竞争力所必需采取的战略规划和措施。欧盟则于 2011 年 11 月出台了《地平线 2020》（Horizon 2020），作为欧盟 2014—2020 年的科研与创新框架计划以促进科技创新，推动经济增长和就业增加。

同时，为加强对科技发展的宏观管理和协调，更加有效配置资源，提高创新效率，并广泛凝聚共识，世界主要发达国家（地区）均突出了以政府为主导、社会各界高度参与的新型宏观科技管理体制。一方面，是改革科技行政管理体制，突出政府的主导作用。例如，法国于 2005 年 2 月成立国家科研署（ANR），主要是研究和加强对重点科研项目的高强度资金投入，支持基础研究和应用研究的发展，开展创新活动，促进公共科技部门与私立科技部门之间的合作伙伴关系，为公共科技研究成果进行技术转化和推向经济市场作努力。[①]另一方面，是搭建融合各方利益的交流平台，力争实现科技创新政策的协调。为推动科研界与政府和经济界的紧密合作，将科研成果尽快转化为经济效益，德国政府在 2005 年出台《高技术战略》后，新成立了"创新与增长咨询委员会"（其前身是"创新伙伴委员会"），成员包括 4 位政府高官和 13 位大型企业、中小企业和科技界的代表。同时，为负责"高技术战略"的具体实施和发

① 周晓芳、刘清、吴跃伟：《法国的科技政策》，科学网，2007年04月16日。

展规划，还成立了"经济界科研联盟"，在跨部门沟通的基础上听取和处理来自不同行业对推进科技创新的意见和措施。①

2. 加强顶层设计的同时，充分利用市场化手段

在充分认识到创新是促进经济发展的根本源泉，主要发达国家纷纷通过设立专项计划、建立技术与创新中心等方式，支持科技创新。近年来，芬兰设立了《专业技术中心（OSKE）计划（2008—2013）》，旨在将高水平的知识与专业技术作为商业运作、职业开发和地区发展的资源，以促进研发与商业活动的商业化，促进知识密集型企业的发展；设立了《芬兰优秀教授计划》，旨在使杰出的研究学者——国外或国内的专家一起合作，在芬兰学术研究中组成"优中选优"的合作团队，以建立长期的科学与技术的合作。②

同时，虽然设立专项计划、建立技术与创新中心等支持科技创新的方式是由政府主导的国家战略性措施，但在具体项目的申请、执行和审核过程中，充分发挥包括企业家和专家在内的社会各方力量的作用，尽量减少行政权力对项目的不当干扰。作为芬兰重要的公共研究资金的分配与执行机构之一的芬兰国家研发基金（The Finnish National Fund for Research and Development，SITRA），由芬兰议会通过法案并由中央政府安排预算成立，由专门的基金管理公司管理，是一家具有政府政策性功能而又实行市场化运作的公共基金，主要是对创业阶段企业进行风险投资。SITRA主要通过监事会（成员来自于芬兰银行的国会监督委员会）和董事会（根据立法要求，成员中拥有财政部、商务和产业部、教育部各自指定的代表）的构成，在体制上保证了投资方向必须遵循芬兰的创新战略，以贯彻国家或政府的政策导向。同时，SITRA通过与各相关领域的参与者和专家紧密联系沟通，利用综合计划和初创融资服务两种方式，自行选择应投资的项目，独立进行考察并根据客户申请决定资助方式，应该说其运营基本体现了市场经济的原则。此外，SITRA还引进了外国投资者观察机制，即利用外国投资者的专家经验为其提供外部意见。

3. 重视培育区域创新集群的同时，大力促进创新型中小企业发展

研究表明，区域创新集群有利于就业率的增加和工资的增长，还能增强

① 总会信息部信息化处《德国促进自主创新的立法与实践》，中国国际贸易促进委员会网站，2008年07月09日。
② 张新民：《2010年度芬兰科技发展及科技政策与战略》（下），《全球科技经济瞭望》2011年第26卷第10期，第24—32页。

公司的生产能力并促进新业务的产生，会带来明显的经济收益，因此，各国都大力推动创新集群的建设和发展。法国 2004 年底启动的"创新集群"计划，旨在调动并支持法国同一地区经济和研发主体的积极性，产学研用密切结合，通过在法国不同地区培育创新集群，激发该地区在经济和科技领域的创造活力，加快技术转移，增强吸引力，遏制企业外迁。[①] 美国商务部则在 2012 年 1 月发布的《美国竞争力与创新能力》(The Competitiveness and Innovative Capacity of the United States)，明确指出竞争力和创新仍受地理位置影响，区域集群就是一个"创新生态系统"，"由不同社区的不同专家及技能构成"。商务部创建了创新与创业管理办公室（OIE），通过 i6 挑战计划以促进区域创新集群的发展；通过管理创新与企业家咨询委员会，为培育企业发展、开发区域性创新集群的最优方法提供咨询建议。目前美国有 150 个聚集区，其中 NorTech 是典范。[②]

在重视区域创新集群发展的同时，各国都将扶持创新型中小企业的健康发展作为本国提高竞争力、实现经济增长的主要战略措施。法国国家创新署（OSEO）不断加大扶持创新型中小企业的力度，通过实施"技术创新型企业大赛"为创新型项目提供初始资金，通过"中小企业协约"围绕创新型中小企业的客户这一关键环节，鼓励"大型机构"与创新型中小企业开展合作。同时，法国国家创新署专门设立网上创新型中小企业融资平台（OSEO pme Capital），为处于生命周期中关键阶段（初创、创新、开发、业务转移 / 购买所有权等）的创新型中小企业及特小企业提供帮助与资金支持。[③] 美国商务部 2012 年 1 月发布的《美国竞争力与创新能力》(The Competitiveness and Innovative Capacity of the United States)，明确指出，创业者和新企业在科学发现的商业化进程中具有重要作用。为支持创新型创业，解决创新型企业和新成立企业的融资难问题，小企业管理局和财政部通过"小企业就业法案"，为小企业提供了 440 亿美元贷款，并减免了 120 亿美元的税款。同时，政府也在实施"美国创业计划"，通过对符合条件的小企业免征资本利得税、删除或修改制约企业家增长的管制规则等政策行动，促进创业并培育产业领

① 夏奇峰：《2010年法国创新政策及创新体系改革》，《全球科技经济瞭望》2011年第26卷第9期，第37—48页。
② U.S. DEPARTMENT OF COMMERCE. The Competitiveness and Innovative Capacity of the United States[R/OL]. 2012-01.
③ 夏奇峰：《2010年法国创新政策及创新体系改革》，《全球科技经济瞭望》2011年第26卷第9期，第37—48页。

域的新机会。^①

4. 大力支持优先领域的同时，强化制造业的战略地位

在科学技术日新月异的背景下，随着科技创新领域的不断开拓，任何国家都无法给科技创新活动以全面支持和保障，因此，为使有限的预算能够发挥最大效用，发达国家都根据国际科技发展形势对重点发展领域有所选择。2010 年12 月，英国商业、创新与技能部（BIS）公布了未来 4 年科学预算经费投入的重点领域和面对未来一二十年需要跨领域、跨学科综合应对的六大科学计划，具体包括 "适应环境变化（Living with Environmental Change，LWEC）计划"、"能源计划（Energy Programme）"、"全球粮食安全（Global Food Security）计划"、"老龄化研究（Ageing：Lifelong Health and Wellbeing）计划"、"数字经济（Digital Economy）计划"、"全球不确定性（Global Uncertainties：Security for all in a Changing World）计划"。^②

尽管发达国家在大力支持的优先领域方面各有特色，但对任何国家而言，足够强大的制造业对保证本国经济独立自主和长期繁荣的重要性不容小觑。为此，突出制造业的战略地位成为金融危机后发达国家的共同选择。例如，为进一步发展英国先进制造业，英国的商业、企业和管理改革部（Department for Business，Enterprise and Regulatory Reform，BERR）和创新、大学和技能部（Department for Innovation，Universities and Skills，DIUS）2008 年联合发布了《制造业：新挑战和新机遇》（Manufacturing strategy：new challenges，new opportunities），明确指出制造业是英国经济发展的重要基石，并提出了包括占据全球产业价值链的高端环节、加快技术创新成果转化步伐、加大对无形资产的投资、帮助企业增加对人才和技能的投资、抢占低碳经济发展先机等提振英国制造业发展的五大策略。为达到预期目标，英国政府联合与制造业相关的各公共行政部门、行业协会和各主要制造业企业，制定了落实制造业发展战略的七大配套行动计划，以促进制造业的发展。^③2009 年 4 月、2010 年 3 月又先后发布了《新产业、新工作——打造英国的未来》（New Industry，New Jobs-

① U.S. DEPARTMENT OF COMMERCE. The Competitiveness and Innovative Capacity of the United States[R/OL]. 2012-01.

② 王仲成：《后金融危机时代英国科研经费投入的特点和趋势》，《全球科技经济瞭望》2012 年第26 卷第7 期，第45—52 页。

③ Department for Business, Enterprise and Regulatory Reform （BERR）, Department for Innovation, Universities and Skills （DIUS）. Manufacturing strategy:new challenges, new opportunities[R/OL].

Building Britain's Future）[1]和《新产业、新工作——1年后》（New Industry, New Jobs-one year on）[2]，初步形成了支持发展英国先进制造业的主要框架。

二、中国技术创新的制度条件

改革开放以来，特别是1984年《中共中央关于经济体制改革的决定》发布以来，中国不断出台促进技术创新的法律法规及相关制度，尽管目前看技术创新的制度条件还不完善，但一直在不断改善和优化。

（一）技术创新与制度创新的互动关系

技术创新是指从新产品或新工艺的设想产生到市场应用的完整过程。它由新设想的产生、研究、开发、商业化生产到扩散这样一系列的活动组成。制度创新则是制度的创立、变更及随着时间变化而被打破的方式。这里的制度是一个广义的概念，它泛指决定人们相互关系的一系列约束，它由正式制度（如宪法、法律等）和非正式制度（道德、习惯、禁忌等）构成。新制度经济学将创新视为一个系统，技术创新和制度创新是它两个不可或缺的组成部分，双方共同构成相互联系、相互推进的有机整体，形成推动经济增长的现实力量。一方面技术创新会冲破原有制度的束缚，导致制度创新；另一方面，制度创新又为新的技术创新提供了更为开阔的创新空间和宽松的创新条件，激励进一步的创新。双方的相互作用实现了创新系统的持续发展。

（二）改革开放以来中国促进技术创新的制度建设情况分析

1. 制度框架初步建立

改革开放以来中国促进技术创新的相关制度逐步建立、完善，包括法律法规、财政制度、政府采购制度、税收制度、金融制度、知识产权制度、技术标准制度、人才制度、军民融合制度、非正式制度等制度。

（1）法律法规。《中华人民共和国科技进步法》、《中华人民共和国促进科

---

[1] Department for Business, Enterprise and Regulatory Reform （BERR）, Department for Innovation, Universities and Skills （DIUS）. New Industry, New Jobs-Building Britain's Future [R/OL].

[2] Department for Business, Enterprise and Regulatory Reform （BERR）, Department for Innovation, Universities and Skills （DIUS）. New Industry, New Jobs-one year on[R/OL]. www.bis.gov.uk/, 2010-03.

技成果转化法》、《中华人民共和国中小企业促进法》、《国家科学技术奖励条例》等为技术创新提供了法律保障。

（2）财政制度。通过财政资金的投入引导和刺激企业技术创新支出的增长，引导产业技术创新的发展方向，表现为科技计划财政经费投入、中小企业技术创新基金、产业技术研究与开发资金、科技成果转化引导基金等。

（3）政府采购制度。政府采购可以有效降低创新企业进入市场的风险，采购政策通过价格、数量、标准和交货期等对创新产生影响。中国曾着手建立国家自主创新产品认定制度、自主创新产品政府采购预算管理制度、评审制度、合同管理制度、自主创新产品政府首购和订购管理制度等。

（4）税收政策。通过改变纳税人的税后利润，直接调节纳税人的成本收益率，间接影响纳税人的行为，进而引起社会经济活动的变化，以改善技术创新资源的配置条件，提高总体的技术创新投入水平，中国已出台高新技术企业、创业投资企业所得税优惠制度、股权激励个税制度、技术转让收入税收制度等。

（5）金融制度。为创新主体创造完善的融资环境和融资渠道，为规避和化解创新风险提供金融工具和制度安排。中国已建立包括中小企业股份转让系统、中小企业板、创业板、主板的多层次资本市场制度、担保制度、科技保险制度等。

（6）知识产权制度。通过对人们的智力成果进行产权界定 (归属确定) 使其产权化 (成为无形资产)，规定了人们与创新成果的所有关系，一方面保护了创新者的创新回报不致损失，提供了创新的激励；另一方面，为人们提供了技术创新的机会，促进了技术的传播与运用。中国已建立专利、著作权、植物新品种、集成电路布图设计、计算机软件等保护制度。

（7）技术标准制度。通过将积累的技术经验标准化，从而形成新技术出现的制度基础，来推动技术创新。技术标准通过其协调作用减少技术多样性，大大降低技术之间摩擦所带来的社会效益的巨大损耗。同时，也可以通过增强消费者的消费信心，使成为标准的技术迅速占领市场，以此促进该技术的发展，而且技术标准能够使得技术产品之间更好地兼容，进一步推动互补或兼容产品的发展。中国鼓励以我为主形成重大技术标准。

（8）人才制度。以创新创业人才资源为核心，利用各种资源和多种方式，开发、选择、吸引、留住、用好人才，中国已建立教育制度、人才引进制度、人才评价制度、激励制度等。

（9）军民融合制度。打破军民分割的技术创新体制，大力发展军民两用技术，使军工企业和民用企业彼此之间联结互动，真正成为国家创新系统中的有机构成要素。中国鼓励民间资本参与军民两用技术开发。

2. 不断加强顶层设计

1984 年颁布了《中共中央关于科学技术体制改革的决定》，全面启动科技体制改革；1999 年国务院发布《关于加强技术创新，发展高科技，实现产业化的决定》，提出通过深化改革，从根本上形成有利于科技成果转化的体制和机制；2006 年国务院发布了《关于实施科技规划纲要，增强自主创新能力的决定》，提出增强自主创新能力，建设创新型国家，之后出台的《实施＜国家中长期科学和技术发展规划纲要（2006—2020 年）》的若干配套政策》，从十个方面推进激励技术创新，推动企业成为技术创新主体，建设创新型国家的制度建设；2012 年《关于深化科技体制改革加快国家创新体系建设的意见》出台，明确了"十二五"时期制度建设目标是确立企业在技术创新中的主体地位、推进科研院所和高等学校科研体制机制改革、完善国家创新体系、改革科技管理体制、完善人才发展机制、进一步优化创新环境。

3. 相关法律法规根据形势变化不断修订

例如，由于近年来科技成果转化的环境和形势发生了很大变化，十八届三中全会对促进科技成果资本化、产业化提出了明确要求，因此 2013 年多部门联合开展了《中华人民共和国促进科技成果转化法》修订起草工作，消除阻碍科技成果转化的制度性障碍，以法律手段推动科技与经济结合、实施创新驱动发展。起草中删除了现行法中不适应新形势的条款；细化和丰富现行法中较为原则、仍符合当前情况的条款；结合实践经验，大幅度补充新的制度措施。又如我国《专利法》制定于 1984 年，经过 1992 年、2000 年、2008 年三次修改，正在进行第四轮修改，专利保护由"弱保护"到"强保护"，制度变动由"被动调整"到"主动安排"，制度移植从"舶来品"到"本土化"。

4. 部分制度经试点后全面推广

部分制度在试点地区首先进行试点，发现问题，考察效果，增强可操作性，进而在全国实施。例如 2010 年在中关村科技园区进行了研究开发费用加计扣除政策的试点，2013 年财政部、国家税务总局将此政策予以明确，即企业从事研发活动发生的:（1）企业依照国务院有关主管部门或者省级人民政府规定的范围和标准为在职直接从事研发活动人员缴纳的基本养老保险费、基本医疗保险（放心保）费、失业保险费、工伤保险费、生育保险费和住房公积金；（2）专门用于研发活动的仪器、设备的运行维护、调整、检验、维修等费用；（3）不构成固定资产的样品、样机及一般测试手段购置费；（4）新药研制的临床试验费；（5）研发成果的鉴定费用可纳入税前加计扣除的研究开发费用范围。

5. 开放条件下对制度建设带来挑战

随着中国加大开放，适应加入世贸组织要求对作为发展中国家的中国出台支持自主创新政策与相应的制度安排提出挑战。例如，在中国加入 GPA 的谈判进程中，政府采购支持自主创新的政策一度成为了敏感话题。以美国为首的西方发达国家认为中国促进自主创新的政府采购政策违反了 WTO 的国民待遇原则，存在对外国产品的歧视，以此对中国政府施加压力。中国被迫于 2011 年停止了相关系列政策的执行。

6. 技术创新的制度制约依然存在

尽管中国技术创新的相关制度在不断完善，但对于建设创新型国家、真正实现创新驱动发展的要求还不能完全适应，在诸多方面不尽合理的制度安排依然制约了技术创新活力的释放。主要表现在：创新资源配置过度行政化，分散重复封闭低效等问题突出；公平竞争的市场制度不健全，知识产权维权难、成本高，企业技术创新动力不足；供给侧制度建设强于需求侧制度建设，需求导向的技术创新机制还未确立；产学研合作利益分配机制不健全，产学研合作的长效机制尚未建立，企业技术创新主体地位没有真正确立，技术创新能力不强；军民结合的技术创新体系尚未建立，成果双向转移不畅；金融制度无法满足创新主体多样化和个性化的融资需求；教育制度、人才评价制度、人才激励制度等仍存在不合理之处，科研诚信和创新文化建设薄弱，高素质的创新创业人才不足等。

（三）新时期技术创新对制度建设的要求

1. 更加有利于全社会创新资源的有效配置

进一步理顺政府与市场的关系，明确政府在促进技术创新中的角色，既不要缺位也不要越位；进一步加强统筹协调，突出国民经济与社会发展的需求导向，使创新链条各环节有效衔接；建立军民融合的制度保障，加快军民科技资源的共享与技术创新成果的双向转移；进一步加快技术市场、资本市场、人才市场等建设，充分发挥市场配置资源的基础作用，促进创新资源向技术创新主体企业的流动。

2. 更加有利于激发企业技术创新积极性

进一步营造公平竞争的市场环境，消除创新型企业的不合理准入门槛；建立健全国有企业技术创新的经营业绩考核制度，落实和完善国有企业研发投入的考核措施，加强对不同行业研发投入和产出的分类考核；进一步完善知识产权制度，加强知识产权保护法的执行力度，增强知识产权制度对技术创新的激励作用；完善反垄断制度，限制知识产权滥用。

3. 更加有利于提升自主创新能力

进一步完善有利于技术创新的税收制度，降低创新成本，鼓励技术创新持续投入；支持和鼓励各创新主体根据自身特色和优势，探索多种形式的协同创新模式，完善知识产权和利益分享机制；强化科技资源开放共享机制，增强公共技术服务平台的服务能力，引导和支持企业加强技术研发能力建设；建立知识产权风险评估与预警机制，提高企业知识产权创造与运用能力；加强自主知识产权技术标准的研究制定，促进企业技术标准联盟、创新联盟发展，提高本土企业行业话语权。

4. 更加有利于创新人才队伍的发展

人才培养方式以着重培养学生的创新创业能力为中心，着力培养具有创新意识、创新思维、创业心理、创业素质与能力的，有国际视野与全球化观念的应用型、创新型与创业型高素质人才；建立以科研能力和创新成果等为导向的科技人才评价标准，探索有利于创新人才发挥作用的多种分配方式，进一步完善人才激励机制；加快国家科研诚信制度和创新文化建设。

5. 更加兼顾中国国情和国际环境

在开放条件下，充分借鉴国际经验，建立健全符合中国国情的相关制度。如进一步发挥政府采购制度促进自主创新的作用，充分利用 GPA 的发展中国家特殊和差别待遇等有关条款，加快研究设置规则允许的一般例外、明确本国供应商的优先级别、规定政府采购的本地含量、提高政府采购的门槛价、注重对中小企业的保护等制度。针对企业国际化发展、开展技术创新国际合作研究制定相应的扶持制度；探索尝试主导区域或多边国际知识产权协定的起草与谈判，为中国建设知识产权强国奠定条件。

三、中国技术创新的总体思路

一方面，在经济全球化背景下，中国的技术创新应放在全球大背景下去思考和选择，但也不能简单追赶国际潮流，不能简单追求技术领先，更不能图虚名而得实祸，而应紧密结合国情，紧密结合产业发展的内在需求，紧密结合国家经济社会发展的战略需求去进行思考和选择。

另一方面，关于中国的技术创新，党中央、国务院历来高度重视，已先后发布《国家中长期科学和技术发展规划纲要（2006—2020）》、《国家重大科技基础设施建设中长期规划（2012—2030年）》、《国务院关于加快培育和发展战略性新兴产业的决定》等纲领性文件，国家发展改革委员会、工业和信息化部等有关部门连年出台了系列《当前优先发展的高技术产业化重点领域指南》、《产业关键共性技术发展指南》等，已从长期、中期和近期全方位指明了我国技术创新的方向和重点。

基于上述因素，本研究报告不再泛泛开展技术创新的一般情况、一般规律和一般政策等一般性研究，而是改换视角、突出重点，把所要研究的技术创新界定为满足产业转型升级需求、提升产业核心竞争力的产业技术创新；把产业技术创新聚焦到对我国经济社会发展具有特殊重大战略意义的极少数产业领域。

（一）中国产业及其技术创新发展概况

1. 高技术产业／战略性新兴产业及其技术创新发展概况

目前，中国高技术产业／战略性新兴产业总产值已突破10万亿元，增加值占GDP的比重为10%左右；移动电话、彩电、计算机、若干药物等主要高技术产品的产量位列世界第一；中兴、华为已成为全球领先的通信设备制造企业，联想个人电脑销量已跃居全球第一；高新技术产品出口占全国外贸出口的40%左右。

依托已建成的119家国家工程实验室、130家国家工程研究中心和793家国家认定的企业技术中心，以及100多家家国家高技术产业基地，我国高技术产业／战略性新兴产业技术创新能力不断增强，信息产业领域集成电路芯片设计能力大幅提升、大尺寸液晶显示面板生产线正式投产，突破了"缺芯少屏"的发展瓶颈；航空航天领域ARJ21成功实现首飞，载人航天、探月工程、北斗导航等均取得了重大进展；生物产业领域的创新药物和疫苗、基因工程、诊断试剂、生物育种等产业的创新活力持续旺盛。东部地区高技术产业／战略性新兴产业正逐步向产业链高端发展。

但总体上看，我国高技术产业／战略性新兴产业大多仍处于国际垂直分工体系的底层、全球价值链的低端，关键原材料和元器件对国际市场的依赖程度高，核心竞争力缺失。比如电子信息产业领域的高端芯片由美国高通、博通主导，无线基站主控业务处理器件主要由美国飞思卡尔垄断。

2. 传统产业及其技术创新发展概况

目前，钢铁、煤炭、电力、汽车、纺织、轻工、造船、建筑、商贸等传统产业仍是我国的支柱产业，增加值占 GDP 的 90% 左右；钢铁已取得产量世界第一、出口量世界第一、消费量世界第一等多项世界第一；汽车产销量世界第一；纺织工业总产值超过六万亿元。

然而，中国钢铁产业创新能力不强，先进生产技术、高端产品研发和应用还主要依靠引进和模仿，一些高档关键品种钢材仍需大量进口；汽车产业的电动转向、制动系统、悬挂系统、发动机控制等核心零部件仍由外方控制；纺织产业处在"微笑曲线"的低端；大部分工业产品单位综合能耗比与国际先进水平相比还有很大差距；装备制造业关键设备的国产化率仅一半左右。

（二）中国技术创新的基本思路

从中国产业发展及技术创新现状看，无论是高技术产业/战略性新兴产业还是传统产业，都亟需大力开展技术创新。但在资金、人才和技术积累等因素有限的情况下，又不能平均着力、眉毛胡子一把抓。因此，技术创新，首先必须在观念和思路上进行创新，必须紧紧围绕战略性重点产业发展的迫切需求加以推进。

首先，全面突破，不如攻其一点。与其泛泛地、急切地全面推进各产业领域技术创新，但任何一个产业领域都无法取得突破性进展，不如分清轻重缓急，集中力量重点攻关，最终实现全面突破。这样不仅可以及早见效，并且更加事半功倍。

其次，"只有夕阳的技术，没有夕阳的产业"。技术创新的根本目的是让相关产品或服务的性价比更高、消费者更满意，而不能是标新立异、华而不实。因此，在新老产业均亟需技术创新的情况下，应将具有成熟市场的传统产业技术创新放在优先位置，使其更好更快地焕发新的生机与活力，切实支撑经济社会发展，并加快提升发展水平。

第三，没有模仿就没有创造。我国产业总体上处于国际分工的外围和全球产业链的低端，产业技术整体上处于模仿和追赶阶段。如果非要跨越这一阶段急于大范围推进原始创新，由于技术积累和人才积累不足，必将事倍功半。

综上，由于传统产业体量大、就业多、税收贡献高，是我国"十三五"时期调结构、转方式、稳增长、惠民生中的主要矛盾和矛盾的主要方面，而高技术产业／战略性新兴产业虽然取得不少技术创新成果但普遍遭遇技术瓶颈，总体上看技术和市场均不够成熟，体量和质量还不足以上升为"十三五"时期的主要矛盾，但已经有能力发挥技术的溢出和渗透作用，因此，"十三五"时期中国产业技术创新的基本思路应是，以完善技术创新的制度条件为基础，以精选若干传统产业集中力量突破关键核心技术为重点，以加快相关高技术产业／战略性新兴产业技术创新为支撑，以大力发展高技术服务业为抓手，切实提升中国产业层次和水平。

（三）中国技术创新的基本目标

根据中国产业发展现状和技术创新基本思路，"十三五"时期，中国产业技术创新的基本目标，应是推动相关产业实现节能减排、提质增效、转型升级和增强核心竞争力。

节能减排：为实现节能减排目标，应在淘汰落后产能等行政手段与合同能源管理等政策激励基础上，进一步加大传统产业装备更新、工艺革新等技术改造和技术进步的引导与支持力度，进一步降低能耗和排放，提高能效和资源综合利用水平。

提质增效：在机械化、自动化基础上，进一步提高信息化、智能化水平，提高生产效率和产品质量。

转型升级：提高加工度和产品附加值。

增强核心竞争力：突破关键核心技术，掌握相关知识产权，努力抢占国际经济技术竞争制高点。

四、中国技术创新的战略重点

根据技术创新的基本思路和基本目标，"十三五"时期中国技术创新战略重点所处产业领域的选择，应坚持少而精、辐射面宽、影响力大、带动性强的原则。具体产业领域的选择依据、选择方案及其技术创新战略重点分析如下。

（一）中国技术创新的战略性产业重点选择依据

1. 对中国经济发展具备强辐射和强制约双重性质的产业

即消除价格波动和进口因素影响后影响力系数和感应度系数均大于平均值 1 的产业。根据有关研究，主要包括金属冶炼及压延工业，纺织业，电力、燃气及水的生产与供应业，电气机械及器材制造业，通用、专用设备制造业，交通运输设备制造业，化学工业[①]。

2. 对我国经济社会全局和长远发展具有重大影响的产业

即节能环保、新一代信息技术、生物、高端装备制造、新材料、新能源、新能源汽车等战略性新兴产业。但"十三五"期间的重点，应是明确到 2020 年需发展成为支柱产业的节能环保、新一代信息技术、生物、高端装备制造产业。

3. 自身产值规模大且产业链条长的产业

目前，电力、燃气及水的生产与供应业产值超过 90 万亿；装备制造业（含高端装备制造）产值超过 20 万亿；化学工业产值接近 9 万亿；纺织业产值超过 6 万亿。而节能环保产业产值约 3 万亿，新一代信息技术产业产值约 3 万亿，生物产业产值约 2 万亿元。其中，产值规模大且产业链条长的产业主要是电力、燃气及水的生产与供应业和装备制造业（含高端装备制造）。

4. 对生产和生活均存在重大影响的产业

对生产存在重大影响的主要是装备制造业；对生活存在重大影响的主要是纺织业、节能环保产业和生物产业；对生产和生活均存在重大影响的主要是电力、燃气及水的生产与供应业和新一代信息技术产业。

（二）中国技术创新的战略性产业重点选择方案

满足上述四个选择依据中的 2 个及以上即可入选。据此，入选产业为电力、燃气及水的生产与供应业，装备制造业和新一代信息技术产业。考虑到电力、燃气及水的生产与供应业中，技术创新的重点主要是发、输、配电设备等装备，可纳入装备制造业中一并研究，所以，本研究报告将装备制造业和新一代信息技术产业领域的技术创新，选择为"十三五"时期中国技术创

[①] 刘瑞祥、姜彩楼：《经济全球化背景下我国产业关联特征分析——基于1997—2007可比价非竞争型投入产出表的研究》，《产业经济研究》（双月刊）2010年第5期。

新的战略重点。

事实上，装备制造业①是为国民经济各行业提供技术装备的产业，是各行业产业升级、技术进步的重要保障和国家综合实力的集中体现，是工业化之母、高技术产业之根、现代国防之基、强国富民之本，理应是未来一段时期中国技术创新的战略重点；而新一代信息技术产业是具有先导性和广泛渗透性的产业，是信息化与工业化深度融合的重要支撑，也是提高生产、生活、管理效率与质量的重要支撑，也应是未来一段时期我国技术创新的战略重点。

（三）基于战略性产业重点的技术创新战略重点

一方面，《国家中长期科学和技术发展规划纲要（2006—2020）》等文件已经指明了装备制造业和新一代信息技术产业技术创新的重点、前沿技术与基础研究方向；另一方面，新一代信息技术产业技术创新的重点主要也归结为装备创新，因此，本研究报告不再重复研究国家有关文件已经涉及过的内容，也不再区分装备制造业和新一代信息技术产业技术创新的重点等，而是将二者合并起来，并进一步聚焦和细化，从提升装备制造产业链进而带动提升中国制造业整体水平的视角，研究提出我国基于战略性产业领域的技术创新战略重点。

1. 中国装备制造业与世界主要国家的差距

经过多年的发展，中国装备制造业在总规模上仅次于美国、日本、德国，居世界第四位，但在技术水平、质量标准、劳动生产率等方面与发达国家还有相当大的差距，特别是在航空发动机、精密高档轴承、数控刀具、数控量具等产品领域，大部分依靠进口来满足国内需求。目前，中国光纤制造装备的100%、集成电路芯片制造装备的85%、石油化工装备的80%、轿车工业装备、数控机床、纺织机械、胶印设备的70%由进口产品占领。国产普及型、高级型数控机床所用数控系统的90%以上依靠进口。国产装备对国内市场的整体满足度不到60%，关键技术的对外技术依存度达50%以上。由于缺少核心技术、缺少自主品牌、关键零部件依赖进口，我国装备制造业总体上看在国际分工中处于产业链的低端。

---

① 按国民经济行业划分，装备制造业包括金属制品业、普通机械制造业、专用设备制造业、交通运输设备制造业、电气机械及器材制造业、电子及通信设备制造业、仪器仪表及办公自动化机械制造业、武器弹药制造业等八大类。

2. 中国装备制造产业链上的薄弱环节

装备制造业产业链包括上游的原材料制造业、中游的中间件制造业（含元器件制造、零部件制造、中间材料制造）以及下游的机芯制造（含主机和辅机）和系统集成（含装配、系统设计与系统成套制造）。

目前，中国原材料制造与中间件产业的联系相对正常，而中间件产业与机芯制造的联系和机芯制造与系统集成的联系存在着联系薄弱甚至中断的问题，要害是机芯制造水平低下甚至无法制造[①]。

3. 中国装备制造业技术创新战略重点选择

根据前述分析，中国应将装备制造业下游的机芯制造和系统集成作为技术创新的重中之重，以从根本上消除中国装备制造业的薄弱环节。尤其要将重大先进基础装备[②]的机芯研发作为优先领域，以带动整个装备制造业从而带动全国制造业加快实现技术进步。

五、中国技术创新的路径选择

结合中国技术创新的总体思路及战略重点选择，为了解决当前中国技术创新的重点薄弱环节，尤其在重大先进基础装备存在的机芯制造和系统集成等突出问题，中国技术创新路径选择应重点围绕装备制造业，以引进—消化—吸收—再创新和集成创新路径为重点，以原始创新为最终方向。具体而言，在技术创新模式上以中高层次的技术引进消化吸收再创新和集成创新为主，使技术创新资源配置向高研发投入和高消化吸收投入倾斜，实现外部技术资源与内部研发的协同作用，缩小与世界先进装备制造业技术水平的差距[③]。在中国技术创新的路径选择中应注重以下几个方面的工作。

[①] 吴天宝、刘志迎：《基于产业链的中国装备制造业技术进步》，《科技与经济》2008年第3期。

[②] 按照目前装备的重要程度及其功能，装备制造业可以分为3大部分：一是重大先进基础机械，主要包括计算机现代集成制造系统（Computer Integrated Manufacturing Systems, CIMS）、数字控制(Numerical Control, NC)、柔性制造单元(Flexible Manufacturing Cell, FMC)、柔性制造系统(Flexible Manufacture System, FMS)、电子制造装备、工业机器人等。二是电子、机械基础件，主要包括仪器仪表、微电子、刀模具、电力电子器件、液压、传动、气动、轴承、低压电器等基础件。三是重大成套技术装备，主要包括能源、交通、农林、医疗、卫生、环保在内的各部门科学技术及军工发展所必须的技术装备。

[③] 赵丰义：《我国装备制造业技术创新路径优化研究》，辽宁大学，2010年。

（一）积极引进技术及海外高层次人才

技术引进与消化吸收再创新是一个包括技术引进、消化吸收、技术创新、技术扩散等在内的复杂的系统工程，是发展中国家实现产业升级的捷径，是实现工业化和经济社会发展的有效手段[①]。与自主创新相比，引进成熟技术进行研究可节约大量的资金与时间。但技术引进数量和种类的增多，并不代表着技术能力的提高，只有通过不断的技术学习、应用和创新，充分挖掘出引进技术的内在潜能，才能实现真正意义上的技术进步和技术赶超[②]。针对当前中国高端产品主要依赖进口，如装备制造业机芯制造水平低下甚至无法制造、机芯制造与系统集成的联系存在着联系薄弱甚至中断等问题，为了尽快实现技术创新目标，应加强国外先进技术和海外高层次人才引进，选择"引进—消化—吸收—再创新"技术创新路径，采取开放式技术创新道路，促进中国技术创新水平提升。首先，政府重点负责高层次人才及技术引进的引导和监督管理，防止和杜绝低水平重复引进，尤其是对于大型成套设备和生产线的盲目进口。其次，政府可以采用信贷、投资、税收、外汇管理、价格、法律等多种手段，鼓励企业积极参与技术引进的消化吸收及再创新工作。再次，加强首台、首套重要装备的自主创新。引进消化吸收后自主开发的首台、首套重要设备，是自主创新的重要转折点、难度大、风险高，但市场前景好。因此，首台、首套重要装备的自主创新应为政府支持的重点。

（二）建立有效结合的产学研创新体系

技术创新需要产学研各方的合作、优势互补，需要技术创新各相关利益主体将各自的信息孤岛通过共享形成一条完整的创新链。产学研合作是联合体各方为市场需求和共同整体利益联合起来，按照市场经济机制，采取多种方式方法所进行的科研开发、生产营销、咨询服务等经济合作活动[③]。产学研合作能够学术界和产业界紧密地联系在一起，推动各方共同开展技术创新活动，对经济经济增长的促进作用的日益明显。产学研结合在经济发展过程中的重要战略地

[①] 吕达、张志勇：《发达国家技术引进消化吸收再创新成功经验与借鉴——基于辽宁省的调查》，《党政干部学刊》2012年第6期。

[②] 林春培、张振刚、田帅：《基于企业技术能力和技术创新模式相互匹配的引进消化吸收再创新》，《中国科技论坛》2009年第9期。

[③] 朱桂龙、彭有福：《产学研合作创新网络组织模式及其运作机制研究》，《软科学》2003年第17卷第4期。

位与意义，已成为世界主要发达国家的广泛共识，美国、日本、英国、德国等国家都根据本国的实际形成了各自的产学研发展特色模式[1][2]。但是目前我国产学研合作尚处于初期发展阶段，产学研各方尚未形成真正的合力，技术创新要素分散、交叉、重复，没有集成聚焦于产业持续创新链上[3]。因此，围绕创新战略重点，企业、高校及科研机构以技术创新需求根本出发点，运用市场经济规则，构建技术创新战略联盟，促进产学研在战略层面有效结合，提升中国产业技术创新水平。首先，加强企业工程技术中心和实验室等创新平台建设。目前，中国装备制造企业仍存在研发力量薄弱，尤其是工程实验室缺乏或简陋，很多重要的设备、器件无法实现工程化、产业化。企业工程技术中心和实验室的建设，是解决自主创新瓶颈问题的起点。其次，必须确立以企业为技术创新的主体，尽快健全大企业技术研发中心，同时充分发挥创新型中小企业积极作用。大企业实力雄厚，竞争力强，但缺少创新动力，技术创新效率不足。中小型创新企业机制灵活，市场反应快，创新欲望强烈，但自身实力不强，竞争力较弱。因此，必须促进大中小型企业在技术创新过程中的合作。再次，必须发挥市场在创新资源配置中的决定作用。以市场为导向，通过开展各种形式的产学研合作和国际技术合作，引导鼓励国内高等院校与企业建立以资产、知识产权、科技成果为纽带的紧密合作，加强与国内外研发机构的合作。

（三）推动企业跨国收购并购

兼并现在也是国际国内许多企业提高企业创新能力和竞争力的重要手段。尽管从国际上兼并风险比较高，但鉴于当今产业发展中，新技术小企业的不断涌现，一些大公司经常会采纳此种方式以提高自身的创新能力[4]。对于发展中国家的企业来说，除了技术贸易和吸引外资这两种传统的获得外部技术资源的方式外，科技全球化还提供了利用外部资源获得核心技术能力的更多途

---

① 刘力：《政府在产学研合作中的作用透视——发达国家的成功经验》，《教育发展研究》2002年第1期。
② 刘力：《政府在产学研合作中的作用透视——发达国家的成功经验》，《教育发展研究》2002年第2期。
③ 崔旭、邢莉：《我国产学研合作模式与制约因素研究——基于政府、企业、高校三方视角》，《科技管理研究》2010年第6期。
④ 柳卸林、简明钰：《如何通过国际兼并提高技术创新能力如何通过国际兼并提高技术创新能力——京东方的并购与创新》，《中国软科学》2007年第12期。

径，其中包括收购兼并拥有核心技术的海外企业①。因此，针对当前难以引进装备制造业核心技术的困境，应推动企业跨国并购获取国际创新资源，促进中国技术创新水平。首先，引导企业选择重点领域，从资金和政策上支持企业开展国际并购获取国际创新资源，结合国内创新战略部署，实现关键技术突破。当前，应重点以陷入欧洲危机的国家为对象，以突破装备制造业关键制约技术为导向，积极并购具备知识技术储备的企业。其次，完善对跨国并购的技术、知识产权等相关的信息服务，鼓励和支持相关中介机构为跨国并购提供技术、人才等专业化服务。同时，加强并购中海外研发团队整合和利用，重点培育具有国际视野科研团队，提升研发和创新能力。再次，引导企业重视知识产权战略，通过并购形成自主知识产权，形成整体技术吸收和使用方案。

（四）加强利用海外研发机构

欧美发达国家，尤其是美国，是技术创新的发源地，也是全球先进技术最集中、技术交流最频繁的地区。因此，通过海外投资，到科技资源密集的地方设立研发机构，开发生产具有自主知识产权的新技术、新产品，是利用国外科技资源的一种有效形式②。在发达国家设立研发机构，或者与当地研发机构合作，可以克服中国在国际市场上即使高价也不可能购买到具有核心技术的知识产权的问题，也有利于中国突破引进技术的限制。同时，在发达国家设立研发机构，能够可以与当地大学、科研机构联合合作，利用全球高智力人群，增强研发实力。因此，应以企业主体，引导企业建设海外研发机构，获取国际创新资源，促进中国产业技术创新。鼓励企业通过多种途径加强与美国、德国等装备制造业发达国家的研发机构合作，开展国际研发项目合作。首先应尽快出台对企业设立海外研发投资的审批政策。目前国家外汇管理局已表示"支持国内企业用汇设立海外 R&D 机构和投资境外高新技术产业"，但仍缺乏具体的实施细则。其次，应积极利用财政税收政策促进海外研发投资。目前针对跨国公司来华研发投资，中国已经在税收方面制定了许多优惠政策，对跨国公司来华研发投资起到了促进作用。为促使统筹利用海外创新资源，促进企业海外研发投

---

① 江小涓：《理解科技全球化——资源重组、优势集成和自主创新能力的提升》，《管理世界》2004年第6期。

② 江小涓：《理解科技全球化——资源重组、优势集成和自主创新能力的提升》，《管理世界》2004年第6期。

资，进而提高中国产业技术创新水平，应制定一些类似的促进措施，鼓励、引导企业到海外研发投资。再次，放宽对海外研发投资企业的融资限制，简化融资手续，拓宽企业海外研发投资的融资渠道。

（五）重视装备制造业的集成创新

集成创新可以有效提高自主创新的效率和效益，是多快好省地推进自主创新的一种最有效的实现形式。开展集成创新、提高集成创新能力还有助于巩固和提高原始创新能力和引进消化吸收再创新能。装备研制大都是集成创新的产物，如大型成套设备就是将众多的单机、配套产品和零部件，通过系统设计、集成为实现某一整体功能的大系统[①]。因此，抓好引进消化吸收再创新的同时，应该重视集成创新。尤其特别是技术难度大、成套性强，需要跨行业配套制造的重大技术装备自主研制，非常需要多领域的集成创新和技术链的整体突破。在具备一定自主创新能力的基础上，通过发达的信息系统，借鉴并采用其他技术，实现技术的集成与创新。具体而言，应以重大装备研制和行业共性、关键技术研发为中心，积极组织研发机构、设计、核心零部件配套、装备制造、及装备应用等单位多方面的科研技术力量，实现装备制造业单元技术、关键技术的集成和整机生产制造的突破。

六、中国技术创新的保障措施

从经济社会发展角度思考，技术创新的根本意义在于研究开发出技术创新成果，将创新成果转化为新产品并实现市场销售，提高技术创新对经济增长的贡献率，促进经济社会发展质量提升，实现创新转型。"十三五"时期，要着力构建促进技术创新成果产出、转化并实现经济价值的体制机制和外部环境。

（一）创新科研机制，加强重大科学技术攻关

1.推进科技体制改革，加快科技成果向现实生产力的转化

深化科技体制改革，进一步优化科技结构布局，密切产学研合作，加快科

---

① 杨利军：《中信重工"天平型"战略模式研究及启示》，《矿山机械》2011年第8期。

技成果向现实生产力的转化，以制度创新保障科技创新绩效的实现。充分认识不同类型科研机构的技术创新功能，充分发挥国家科研院所的骨干引领作用和大学的基础生力军作用，重视和引导科研机构的创新服务功能建设，增强其创新服务意识，有效促进技术创新体系和创新成果产业化机制的形成。

（1）改革科技立项和管理制度，提高科技成果的技术经济可行性。改革中国科技计划的管理机制，建立以市场为导向、企业为主体、产学研结合的科研机制。应用类科技计划，在立项时要贯彻"研发以致用"的原则，充分反映产业和企业发展的技术需求；在研发环节，切实支持由企业牵头的产学研合作研究；加强对科技成果的管理，对有实用价值的成果及时申请知识产权，修改科技成果转化法，规定国家科技项目承担单位有成果转化的责任和义务，对未及时进行转化的成果国家拥有强制许可转让权。

（2）增强科研机构的创新服务意识，引导科研机构加强创新服务功能建设，加快科技成果向企业的转移扩散。一是继续对不具有公共性质的国有科研设计院所实行改制，鼓励其与制造企业重组，或向创新服务型企业发展；二是科研机构与企业间建立长期战略合作伙伴关系，支持产学研合作建立研发平台，对科研机构办企业进行成果转化的方式不再鼓励，鼓励科研机构以成果许可、技术入股等方式转化科研成果；三是国家支持科研机构建设的科技基础设施向全社会开放，科研机构可就提供的研发服务收取相应费用，以提高科研机构的创新服务意识。

（3）加大对技术引进的审核，加强对引进技术的消化吸收再创新。一是严格技术引进审核，严禁引进成套技术和设备，鼓励引进核心技术，并在技术引进时制定相关消化吸收再创新计划；二是建立技术引进信息公布制度，严把技术引进关，防止技术的重复引进；三是加强对引进技术消化吸收情况的评估和考核，将围绕核心技术的自主知识产权获取以及国产化程度作为重要评估目标，对技术消化吸收情况不好的企业或机构，经济上使其承担损失，行政上严禁其再次引进。

（4）加快科技行政管理体制改革，统筹科技规划，协调科技管理，增强公共服务功能。目前由于科技行政管理体制存在问题，大学在科技创新中的作用未能得到充分发挥，国家科技计划对大学的支持减弱，因此要加强科技部门与教育部门间的协调合作，将科技体制改革与教育体制改革相结合，有效整合科技创新资源。科技部门与宏观管理部门、行业管理部门间要加强沟通协调，在科技决策与规划制定中反映国民经济社会发展及相关行业发展的要求，加强科技管理与经济管理的统筹协调。

（5）规范科技投入管理，提高国家科技经费的使用效率。强化科技经费的使用和管理，建立公平、公开、公正的科研成果申报、审批和评审制度，为各类创新主体公平竞争提供保障，以公平竞争促进自主创新能力提高。尽快建立财政科技经费的绩效评价体系，加强监管，形成追踪问效机制，优化资源配置，规范相关学术活动。

2. 创新重大专项实施运作机制，加强重大科学技术攻关

（1）重视重大技术的选择和培育。对重大技术的培育，不仅包括组织产学研联合攻关，取得重大技术创新上的突破，更重要的是要建立重大技术选择的框架方法，以及技术创新成果的转移应用机制。重大技术选择并不是要取代市场机制的选择，而是根据技术发展趋势、禀赋资源不同、产业发展需求遴选未来可能发展的重大技术，缩短技术发展周期，提高产业竞争力。同时，建议定期对重点行业的关键核心技术和共性技术的供给需求状况进行调查研究，针对重大科学技术和瓶颈性技术设立重大专项，由相关部门组织产学研联合攻关，并由参与企业进行产业化，逐步摆脱对国外核心技术的依赖。

（2）创新重大专项的组织实施运作机制。一是专项实施上贯彻以企业为主体的产学研联合实施为原则，并在一定程度上向产业联盟等技术创新联盟倾斜；二是建立重大技术创新成果转移应用机制，规定重大科技专项等政府支持的技术创新项目承担者有转移应用技术创新成果的责任，并将成果转移应用情况纳入项目成果评估体系；三是在重大专项实施中启动以政府采购制度为主的相关市场培育政策，保证重大专项研发成果迅速实现产业化、规模化，提高创新绩效；四是重大专项实施中加强知识产权管理，并与技术标准战略相联系，明确专项成果的知识产权归属和转化责任，推动以我为主形成技术标准。这样，以重大专项实施为载体，综合运用财税、金融、政府采购、人才等政策，促进专项实施领域内形成完整的科技创新链，在优势领域实现科技突破的同时，提高产业化率和产业化规模，促进自主创新能力的全面提升，提高科技创新对经济增长的贡献率，加快经济增长转型。

（二）落实企业创新主体地位，提高企业技术创新能力

加快落实相关政策，建立鼓励企业创新的相互协调的政策体系，明确企业的创新主体地位，引导创新要素向企业的集聚，降低企业创新成本和创新风险，全面提升企业技术创新能力，促进科技创新转化为现实生产力。

（1）推进和扩大自主创新企业试点，完善相关政策。对目前自主创新企业试点情况进行调查总结，明确自主创新企业的认证标准和评价体系，适当扩大自主创新企业试点范围，加强对相关政策实施效果的调查，修改完善相关政策和规定，促进形成有效激励企业自主创新的政策体系，进一步建立职能协调且高效运作的政府政策管理体系。

（2）深化国有企业改革。改进国有企业治理结构，建立真正独立和有效的董事会，负责对核心管理人员进行聘用、评价、解聘，减少企业核心管理人员对于职务的不确定感，通过培育企业长期行为，促进企业自主创新的积极性。在此基础上，进一步改进对核心管理人员和核心技术人员的薪酬制度，使其薪酬与企业长期创新收益建立联系，有效激励企业核心人员自主创新意识和动力。

（3）鼓励企业间、产学研间设立技术创新联盟，激励企业在不同创新环节开展联合创新。首先尽快制定或修改相关法规解决创新联盟的法律身份和监管问题，允许登记为"社团法人"或"事业法人"，并对其活动进行相应界定；其次，政府支持自主创新的资金适当向技术创新联盟倾斜，特别是对关键技术和共性技术研究的支持；最后建议在条件适合的重点地区和行业开展试点工作，及时总结试点经验，推进相关法规的制定。

（4）加大对重点企业、龙头企业和骨干企业的扶持力度，支持这些企业承担国家研发任务，主持或参与重大科技攻关，优先确立这些企业在产学研结合中的主导地位，促进其向创新主体转变。

（5）充分发挥中小企业在自主创新中的独特作用，重视扶持创新型中小企业。在创新型企业试点实施工作中，扩大对创新型中小企业的试点认定，支持创新型中小企业做强。定期对创新型中小企业的发展需求进行调查分析，有针对性提高对中小企业的金融服务和社会化服务。鼓励产业技术创新联盟等创新合作平台吸纳中小企业加入，鼓励企业间的兼并重组，特别是大企业对创新型中小企业的兼并重组，促进企业做大做强。

（6）继续鼓励自主创新与合作创新相结合。促进中国企业与跨国公司的研发合作，利用跨国公司技术优势增强我国自主创新能力；鼓励中国企业到国外设立研发机构，整合国际创新资源为我所用；加强对在华跨国公司研发活动以及跨国公司对国有企业并购活动的规制，及时制定出台相应的规范政策。

（三）实施创新人才计划，用好创新型人才

要坚持以人为本，充分开发国内外人力资源，建立良好的培养人才、吸引人才和用好人才的机制，扩大创新型人才队伍建设，促进创新型人才向优势地区和优势领域的集聚，鼓励和激励创新，为科技创新及产业化提供人才保障。

（1）加快培养多层次多领域的创新型人才。实施国家高层次创新型人才培养工程，在关系国家竞争力和国家安全的战略性科技领域，着力培养一批创新意识强和创新能力强的学科带头人；开展创新型企业家或经营管理者培养工程，培养一批创新意识强、创新组织能力强的优秀企业家。培养和优先提拔具有创新意识的政府领导者，起到创新示范和榜样作用。创新人才培养方式，结合重大攻关项目、自主创新产品和龙头企业培育工程，为创新型人才提供充分发挥才能、实现价值的空间，推进创新团队建设。

（2）建立高端人才的创新激励机制。针对高素质人才实现自身价值的需求，制定相关技术入股、重奖原始创新、个人所得税优惠、购房优惠等激励机制，将尊重创新落到实处。

（3）实施"企业创新人才工程"，引导人才向企业流动。鼓励大学、科研院所的专家教授到企业技术中心挂职或兼职。制定企业科研人员职称评定办法。完善专利技术收入分配、激励机制。制定国有企业技术参与分配的办法，允许对骨干科研人员给予持股奖励。对股份制改造比较彻底的企业，要采取股权激励等措施，最大限度地激励科研人员的创新积极性。

（4）改革和完善科研事业单位的人事制度，建立激励自主创新的人才评价机制。加快科研人员职称制度改革，全面实行聘用制度和岗位管理制度，将岗位工资、绩效工资为主要内容的收入分配与科研成果、创新绩效相联系，避免"学而优则仕"的官本位倾向，鼓励科研人员创新。

（5）加强对国外特别是出国留学人员的吸引。设立留学人员回国创业专项基金，鼓励地方建立留学人员创业园、孵化器等创新创业服务机构，制定和落实相关优惠政策，吸引海外留学人员、华人华侨回国创业。

（四）培育创新环境，为技术创新提供良好外部条件

1. 构建支持技术创新的金融服务体系

根据科技创新投资特点，进行金融体制创新，加强政策性金融支持，发挥

政策性金融资源的效应，为创业投资等的发展提供良好的外部环境，拓宽信用担保等融资渠道，建立起多层次、多渠道的支持自主创新的金融服务体系。

（1）充分发挥政策性金融的作用。一是政策性金融机构如国家开发银行、中国进出口银行及中国农业发展银行等要充分发挥其政策导向功能，对自主创新项目及产品尤其是国家重大科技专项、国家重大科技项目产业化项目的规模化融资以及科技成果转化、高新技术产业化、引进技术消化吸收、高新技术产品出口等在贷款上给予重点扶持；二是在时机成熟的条件下成立政策性科技开发银行，专门为自主创新服务；三是运用财政贴息方式，引导各类商业金融机构支持自主创新。

（2）加快风险投资发展。制定《创业投资企业管理暂行办法》配套规章，完善风险投资的法律保障体系。鼓励有关部门和地方政府设立风险投资引导基金，鼓励风险投资公司发展，引导创业风险投资企业投资处于种子期和起步期的创业企业，尽快建立针对自主创新企业的风险投资退出机制。在法律法规和有关监管规定许可的前提下，支持保险公司投资创业风险投资企业。允许证券公司在符合法律法规和有关监管规定的前提下开展创业风险投资业务。允许创业风险投资企业在法律法规规定的范围内通过债权融资方式增强投资能力。

（3）完善信用担保，鼓励科技信贷。允许创企业以专利、商标等自主知识产权作为抵押进行银行贷款。成立专门服务于自主创新的信用担保机构，鼓励商业金融对企业自主创新活动给予信贷支持。加快建设企业征信体系，鼓励商业银行与科技型企业间建立银企合作关系。

（4）建立支持自主创新的多层次资本市场。大力推进中小企业板的制度创新，缩短公开上市辅导期，简化核准程序，加快中小创新企业上市进程。逐步允许具备条件的自主创新企业进入代办系统进行股份转让。扶持发展区域性产权交易市场，拓宽风险投资退出渠道，同时解决企业特别是民营企业的融资问题。优先支持拥有自主知识产权的企业上市，对拥有自主知识产权的企业到境外上市筹资给予优先支持。支持符合条件的自主创新企业发行公司债券。

2. 加快制定出台以创新需求政策为主体的市场培育政策

中国已经制定出台相关自主创新产品认定办法，并明确提出建立财政性资金采购自主创新产品制度，说明中国开始重视创新产品的市场培育政策。"十三五"时期，还应进一步拓宽培育创新产品市场的政策思路，促进创新绩效实现，提高企业的创新收益预期，激励企业自主创新，培育自主品牌，将技术创新物化于新产品中，纳入经济运行体系。

（1）完善自主创新产品的认证和公布。修订出台新的《国家自主创新产品认定办法》，尽快制定发布新的《国家自主创新产品申报说明》，并每年向社会公布各产业领域的《国家自主创新产品目录》，以此为政府采购自主创新产品范围。加大宣传，引导群众的消费心理和习惯，引导全社会使用国产创新产品。

（2）建立自主创新产品使用情况反馈制度。政府部门将使用自主创新产品中存在的问题及时反馈给企业，并不定期向全社会征询自主创新产品改进意见，这样有利于企业有针对性地提高对市场需求的认识，促进自主创新产品的改进和再创新，同时也提高企业面向市场需求的技术创新能力。

（3）将相关市场培育政策纳入产业发展政策。通过制定强制性标准、征收环保费等方式淘汰落后产品，推进自主创新产品的市场销售。

（4）建立购买国外产品审核制度。对国内能够生产的产品，国家不鼓励购买国外产品，如果购买国外产品则不享受相关政策优惠；对国内尚不能提供、且多家企业需求的关键共性技术或重大装备，国家鼓励统一招标。建立禁止进口和限制进口的技术目录，并定期进行调整。

3. 发挥知识产权的政策工具作用

国务院于 2008 年颁布实施《国家知识产权战略纲要》，陆续出台的相关政策强调知识产权的创造和保护，并与技术标准和技术贸易等政策相关联，开始重视知识产权的政策工具作用。通过加强自主知识产权的创造、保护和利用的全面规划、组织和管理，提高企业自主创新能力，以科研成果的知识产权化为载体，促进其转移扩散和产业化，提高技术创新对经济发展的贡献。

（1）促进技术创新成果的研发，鼓励申请自主知识产权。整合修订专利法等知识产权相关法规，促进科研成果和相关产品的知识产权化，特别是加强沉淀在科研机构的科研成果的知识产权化，保护创新利益。政府相关部门为我国企业和科研机构在国际专利申请方面提供相关服务。

（2）加强科技创新及成果产业化的知识产权管理。加强知识产权人才培训工作，加强对中小企业知识产权工作的指导和服务，引导企业建立和完善知识产权管理制度；规定科研机构设立专门的知识产权管理部门，明确规定知识产权归属项目执行单位，并负有转化责任，鼓励成果转移，同时规定职务发明人在知识产权转化收入中获得合理报酬。建立和完善知识产权服务体系，提高企业和科研机构运用知识产权的能力。

（3）加强知识产权的有效保护。通过普法宣传和教育，进一步提高全社会的知识产权意识和法制观念。加大处罚力度，提高侵权成本，激励自主创新。积极加入知识产权相关国际协议，加强国际合作，加强相关宣传，改善中国在国际上不重视知识产权保护的形象，建立知识产权保护和管理的国际声誉，为中国自主创新产品打开国际市场提供有利条件。

4. 培养创新意识，发展创新文化

发展创新文化，努力培养创新精神，在全社会范围内营造生动、活跃、民主的创新氛围，激发人们的创新意识，是建设创新型国家的基础和关键。一是要弘扬中华民族优良有传统文化和时代精神，增强民族自信心和自豪感，激发勇于创新的信心和勇气，激发全社会的创新活力；二是树立正确的创新观念，坚持解放思想、实事求是，树立脚踏实地、厚积薄发的创新理念，而不是把创新停留在口号和形式上，摒弃急功近利、心浮气躁的心态，反对学术不端行为，坚决杜绝学术腐败，建设求真务实、诚信合作的学风；三是在全社会培育创新意识，倡导创新精神。突破束缚创新的旧的思维观念，大力弘扬"敢为人先、敢冒风险、敢争一流、宽容失败"的创新创业文化，使一切创新愿望得到尊重，创新活动得到鼓励，创新才能得到发挥，创新成果得到肯定和奖励，以此激励创新；四是加强国际合作，有效利用全球科技资源，充分吸收国外创新文化的有益成果。

曾智泽　王　君　李红宇　张于喆　杨　威

专题四

产业现代化的趋势、目标和重点任务

改革开放以来，中国产业高速发展，产业结构正呈现服务化、高技术化、融合化、绿色化和国际化的产业现代化特征和趋势。目前，中国产业发展还存在现代服务业发展滞后、产能过剩矛盾突出、制造业深加工水平低、创新驱动作用不强、依赖高耗能高污染发展的态势没有得到改善等问题。要通过存量调整和增量拉动相结合，以工业中高端化、农业现代化和服务业大发展为三大任务，建设具有国际竞争力的新型产业发展体系。

产业现代化是我国未来一段时期产业转型升级的重要内容。把握产业现代化的趋势，在此基础上研究中国产业现代化的目标，明确重点任务，对于"十三五"规划的制定具有重要意义。

一、产业现代化的趋势

（一）基本内涵

产业现代化的内涵包括两个方面：首先，从国民经济的产业体系整体看，产业现代化是农业、工业（第二产业）、服务业发展遵循国际产业发展演变规律，产业之间保持协调发展的关系，产业结构不断调整和演化。也就是说，评价产业现代化首先要以发达国家产业结构演变规律为主要参照物。其次，从产业内部组成看，产业现代化分解为农业现代化[①]、（第二产业）工业现代

[①] 农业现代化一般是指依靠制度变迁和技术变革，引入现代生产要素，完善农业物质基础，改造农业生产手段，重塑农业经营主体，创新农业组织方式，促进土地、资本、劳动要素均衡配置，不断提高土地产出率、劳动生产率、资源利用率，实现传统农业向现代农业转型的过程。这一过程是包括种植业、畜牧业、渔业和林业在内的整个大农业不断引进现代生产要素和先进经营管理方式实现转型发展的过程，也是涉及整个农业产业链转型发展的过程。

化^①、服务业现代化^②三个部分。一般而言，农业现代化水平的标准从农业经济结构、农业基础设施、农业生产手段、农业科学技术、农业经营产业化等方面进行评判。工业现代化水平标准可以依据发达国家产业结构水平、产业变动的最新趋势（包括新兴主导产业的产生、产业发展的理念变化、产业的生产组织方式变化等内容）、产业的国际分工地位、产业技术创新能力等几个方面来进行评价。服务业现代化水平的评判标准包括现代服务业的发展状况，以及传统服务业的技术改造两个方面。

（二）主要趋势

发达国家是产业现代化的引领者，一直处于产业现代化的最前沿，它们经历了长期的工业化，积累了产业现代化的经验，在产业结构演变、新兴主导产业变化、产业发展理念等方面都成为后发国家推进产业现代化的标杆。

1.服务业特别是现代服务业在发达国家产业结构中保持主导地位

从国际上产业结构演变规律来看，随着一个国家进入工业化中后期，服务业所占国民经济的比重将逐步占据主导地位，从全球 GDP 增长的贡献率来看，自 20 世纪的 60 年代开始，主要发达国家的服务业在整个国民经济当中的比重超过了 50%，美国在 20 世纪 50 年代就超过了 50%。1980—2000 年期间，全球服务业增加值占 GDP 比重，主要发达国家达到 71%，中等收入国家达到 61%。当前，金融、保险和流通服务业等现代服务业成为发达国家主导产业，广告、咨询、旅游、文化娱乐、研发、信息等现代服务业快速发展，新兴业态不断涌现。根据美国商务部经济分析局的资料，2010 年，美国以金融业等现代服务业为主的服务业增加值占 GDP 的份额为 81.9%。

---

① 工业现代化一般是指在一国或地区的经济现代化过程中，在现代科学技术进步的推动下，新兴工业部门不断产生和增长、原有工业部门持续变革和发展，并由此导致工业结构变化和整体工业生产力水平的提高、最终达到当今世界先进水平，参见陈佳贵、黄群慧：《中国工业化与工业现代化问题研究》，经济管理出版社2009年版，第61页。

② 服务业现代化没有明确的内涵，但是有现代服务业的概念。根据2012年2月22日，国家科技部发布的第70号文件，现代服务业是指以现代科学技术特别是信息网络技术为主要支撑，建立在新的商业模式、服务方式和管理方法基础上的服务产业。它既包括随着技术发展而产生的新兴服务业态，也包括运用现代技术对传统服务业的改造和提升。现代服务业的发展本质上来自于社会进步、经济发展、社会分工的专业化等需求，现代服务业既包括新兴服务业，也包括对传统服务业的技术改造和升级，其本质是实现服务业的现代化。

2. 新兴产业引领产业发展和结构调整

进入 21 世纪以来，科学技术发展日新月异，一场以数字制造技术、新能源技术和生命科学重大突破为标志的新一轮技术革命正在推进[①]。新一轮技术革命的过程推动一批新兴产业诞生与发展。兰德公司研究报告指出，信息技术将更多作为共用的平台技术，与新材料、可再生能源、生物等技术交叉融合，产生若干新兴技术和新兴产业。目前，在新兴产业领域，加大研发投入，突破关键技术并使之产业化将成为未来一段时期各国促进新一轮产业发展和结构调整的重要内容。

3. 新的制造范式和商业模式正在形成

以跨国公司为代表，新的制造范式和商业模式正在形成。体现在：一是制造业垂直分离和业务外包日益明显。传统的、垂直一体化的企业内集成的价值链开始转型，被分散于全球各地的专业化公司之间的协作价值网络所取代，制造系统的组织边界已从单一制造工厂扩展到网络化制造联盟。与此同时，企业制造能力出现分化，出现原始设备制造商（OEM）、电子设备承包制造商（CEM）、电子设备制造服务供应商（EMS）等新型的专业化制造企业，使得制造业务外包程度更加明显。二是制造企业个性化生产、分散式生产、就近生产成为重要特征。随着数字化制造的不断推广，新软件、新工艺、机器人和网络服务逐步普及，某些行业规模经济变得不明显，而且，新技术在制造领域的应用便于个性化产品的设计和生产，具有更加贴近客户需求的优势，为更快响应市场需求，企业会更多选择在消费地进行本地化制造。三是与新的制造业生产范式相适应，制造企业利用互联网（含移动互联网）和信息技术，推进商业模式创新，从卖产品向卖设计、卖服务等高端环节延伸，加强对产品设计、品牌推广、营销方式、渠道物流、支付结算、售后服务等环节的革新，移动互联、云计算、免费搜索等新型商业模式的涌现。

4. 产业融合正在成为新趋势

当前，信息网络技术的广泛应用，特别是近年来，发达国家推行"再工业化"，加强智能化制造，以信息技术为载体，产业间融合程度日益加深。以价值链、产业链延伸为重点，企业依托制造优势发展服务业，从生产加工跨界拓

[①] 杰里米·里夫金在《第三次工业革命：新经济模式如何改变世界》一书中指出，"第三次工业革命"的发生主要是基于互联网信息技术与可再生能源的交叉融合，新经济模式的五个支柱分别是可再生能源的转变、分散式生产、储存（以氢的形式）、通过能源互联网实现分配和零排放的交通方式等。

展为流程控制、产品研发、市场营销、客户管理等生产性服务，向服务提供商转型，促使传统制造企业向跨界融合企业转变。企业生产从以传统的产品制造为核心转向提供具有丰富内涵的产品和服务，直至为顾客提供整体解决方案，互联网企业与制造企业、生产企业与服务企业之间的边界日益模糊。

5. 产业向绿色、低碳发展

当今世界，水资源问题、大气条件恶化、生态环境恶化、能源问题等交叠出现，其中产业特别是制造业是资源能源消耗和环境污染"大户"，实现可持续发展的理念深入世界各国（尤其是经济发达国家）。欧盟、德国、意大利、澳大利亚、美国、日本等采取一系列战略策略和政策措施发展低碳经济，开发可再生能源和清洁能源，降低化石能源比重，降低"高碳"产业比例，鼓励低碳消费，促进产业绿色、低碳化发展。

二、当前中国产业现代化的阶段特征和主要问题

（一）当前中国产业现代化的阶段特征

1. 服务业占国民经济比重明显提升，中国产业发展逐步进入服务经济时期

服务业占国民经济的比重是衡量产业现代化与否的重要标志。改革开放以来，在需求带动、分工深化、城镇化拉动等因素的影响下，中国服务业在国民经济中的地位和作用不断增强。2013 年，中国服务业增加值从 1978 年的 872.5 亿元增加到 262204 亿元，增加值比重从 23.9% 上升到 46.1%（当年价，见图 1），首次超过第二产业，服务业对国民经济增长的贡献明显提升。同时，服务业向制造业渗透，制造业的服务功能越来越突出，出现了"制造业服务化"等现象，金融、信息、商务、研发设计服务等生产性服务业快速发展，进一步推动了服务经济的兴起，中国开始进入服务经济时代。

2. 一批新兴产业快速成长，逐步成为带动产业结构优化升级的重要力量

长期以来，钢铁、建材、造船、汽车等产业是拉动中国产业发展的主导产业。随着我国工业化阶段进入中后期，需求结构不断升级，加上新一轮科技革命和产业变革的影响，钢铁、建材等产业的增长将逐步放缓，汽车等产业将继续保持旺盛需求，电子信息、新能源与节能环保、生物与健康、文化创意、电子商务等一批新兴产业快速成长，年均增长在 15%—20% 左右，高于制造业平均水平，占国内生产总值比重有望提升到 15% 左右，成为带动产业结构优化

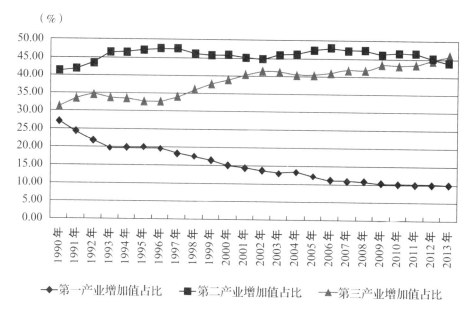

图 1　近年来中国产业结构变化趋势

数据来源:《中国统计年鉴》相关各年

升级的重要力量。

3. 中国产业发展参与国际分工程度日益加深，按价值链路线升级的特征越来越明显

从 20 世纪 80 年代中后期开始，中国制造业通过加工贸易和利用外资的方式不断参与以跨国公司为主导的全球价值链分工体系，产业发展切入国际分工的广度和深度不断拓展，加工贸易快速发展并成为外贸出口的主体。随着中国对外开放的深入推进，中国产业参与分工的形式日益多元化，从产业间贸易向产业内贸易、产品内贸易不断演进，产业门类也逐步增多，从单纯制造企业逐步转变为包括制造、研发、设计、服务外包等多元化企业，近年来在全球价值链中具有中高端位置的服务业企业数量也明显增多。从产业价值链升级路线看，中国电子信息等产业发展迅猛，并逐步从为国际代工的 OEM 向 ODM、OBM 发展转变，不断提升研发、销售、服务、芯片和元器件环节水平，涌现出华为、中兴等一批领先企业，产业沿价值链升级的能力不断增强。

4. 中国资源环境约束加大，产业需要向绿色低碳发展转型

产业发展向绿色低碳转型是发达国家产业现代化发展的题中之义。改革开放以来，中国经济持续快速增长，但这种增长是一种粗放式增长，造成资源环境压力日益增加，近年来，已经到了难以为继的程度，迫切要求加快扭转传统资源环境高损耗型产业结构，实现产业发展向"高效益、低排放"的循环低碳发展模式转变。当前中国经济发展的资源环境成本不仅大大高于美国、日本和韩国等发达国家，甚至明显高于巴西、印度、南非等发展中国家。迫切需要着力推进节能减排，大力发展低碳产业，并逐步推进能源、原材料等传统重化工业的高新化、集约化、清洁化和循环化发展。

（二）存在的主要问题

1. 第三产业特别是现代服务业发展仍然滞后，产能过剩问题仍然严重

从三次产业结构看，虽然中国第三产业增加值占国内生产总值比重已超过第二产业，成为国民经济的第一大产业，但服务业发展不优不强的问题仍比较突出，与发达国家处于工业化中后期同阶段相比，中国服务业占增加值比重明显偏低（见表1），现代服务业发展滞后，特别是研发设计、文化创意、物流、金融等生产性服务业还滞后于制造业发展的需要。从工业内部看，钢铁、电解铝、水泥、平板玻璃、造船等曾经拉动中国经济高速增长的主导性产业，有大量的落后产能难以淘汰，这些产业的产能过剩问题仍然没有得到根本性解决，而且，部分战略性新兴产业如风电等，也由于地方政府的推动、投资者决策的不科学等原因，也存在严重的产能过剩问题。

表1　主要发达国家与中国相同发展阶段服务业增加值比重比较

国家	可比年份	人均GDP	服务业占比（%）
美国	1949	9736	57.9（1960年）
英国	1950	6907	58.1（1935年）
日本	1969	8874	52.1（1975年）
韩国	1990	9532	47.9（1990年）
中国	2011	7371	46.1（2013年）

注：人均GDP为1990年国际元，数据转引自Maddsion(2001、2003)updated，www.ggdc.net/Maddsion。我国2011年数据根据国务院发展研究中心测算。

2. 制造业深加工水平低，参与国际分工的价值增值能力不强

整体上看，中国制造业的深加工度水平不高，产业的技术含量偏低，我们可以通过加工度指数、技术密集度、企业研发强度等指标和日本、韩国进

行比较（参见表2），中国的加工度水平、技术密集度水平远落后日本、韩国。更为重要的是，中国参与全球分工中，由于缺乏核心技术和著名品牌，发达国家企业是大多数全球价值链的领导者，占据着大多数全球价值链上的战略环节，尽管参与国际分工的程度日益提升，但在国际分工中的价值增值能力并不强，中国还处于国际产品内分工的低端位置，处于从属和被支配的地位（见表3）。

表2 中国制造业加工度和技术密集化程度及国际比较

指标	国家	中国					日本	韩国
	年份	1990 年	1995 年	2000 年	2005 年	2012 年	2009 年	2009 年
加工度指数	机械类/初金属	2.65	3.05	3.82	2.81	2.64	5.94	5.69
	服装/纺织	0.18	0.32	0.44	0.39	0.54	0.56	0.21
	印刷/造纸	0.45	0.41	0.39	0.35	0.36	1.91	1.09
技术密集度（%）	高技术制造业	6.50	8.10	13.80	15.80	12.61	47.00	60.10
	中高技术制造业	31.50	29.70	29.30	30.30	28.26		
	中低技术制造业	26.20	27.10	25.90	29.90	33.32	—	31.60
	低技术制造业	35.80	35.10	31.00	24.00	25.80	27.50	15.20
企业研发强度		—	0.50	0.71	0.76	1.19	3.96	1.81

资料来源：国家发改委产业所《中国产业发展报告》(2013—2014)，2012 年数据为作者计算。
注：①中国数据按照总产值技术，日本和韩国按照增加值技术。②技术密集度是指不同技术水平制造业产值占制造业比重。③企业研发强度是企业研发投入占销售收入比重，中国为大中型工业企业，日本和韩国为制造业。

表3 中国企业全球价值链嵌入地位状况

全球价值链产业产品	战略环节	战略环节控制者/领导企业	领导企业母国	中国企业占据的环节
计算机	研发、CPU制造、软件设计、核心元件	Intel、惠普、微软、戴尔等	美国、日本、台湾地区等	一般元件制造、成品组装
汽车	研发、模具、成套装备制造	通用、大众、本田、丰田	美国、日本、德国等	通用零配件、整车组装
飞机	研发、总装	波音、空客等	美国、欧盟	少量零配件
纺织服装	面料和时装研发设计、品牌、营销	皮尔卡丹、阿迪达斯等	法国、意大利、美国、中国香港等	低档产品、来料加工、贴牌生产

全球价值链产业产品	战略环节	战略环节控制者／领导企业	领导企业母国	中国企业占据的环节
集成电路	IC 设计、前沿技术研发和生产、IP 供应	Intel、三星、Iexnc-instr 等	美国、韩国等	低端制造和封装测试
耐用家电	研发、核心元件	西门子、三星、海尔等	日本、德国、韩国、中国等	一般元件、成品组装等

资料来源：涂颖清：《全球价值链下我国制造业升级研究》（复旦大学博士学位论文），2010 年。

3. 大多数产业创新驱动作用偏弱，技术实力较弱

长期以来，廉价的劳动力投入和资本高投入是支撑中国经济高增长的主导力量，也是中国产业发展和现代化的主要驱动力量。近年来，中国劳动力成本不断提高，资本产出比持续走低，中国产业现代化亟需通过创新驱动来实现。但从现实看，自主创新能力不足、关键核心技术落后、创新驱动的基础仍不稳固等问题还比较突出，制约中国产业现代化发展。一是自主知识产权成果较少，原始创新能力不足。比如，据世界知识产权组织（WIPO）统计，在生物技术领域，2008—2012 年，中国 PCT 专利申请数的比重为 2.8%，排名第五，排名前四的美国、欧盟、日本、韩国分别为 41.2%、32.8%、10.6% 和 4.3%。二是关键核心技术落后。例如，被誉为信息产业"心脏"的国产中央处理器（CPU）性能只有世界先进水平的 1/10—1/5，太阳能电池生产专用设备和材料基本依靠进口，高效太阳能电池、储能技术较世界先进水平落后 10年以上。中国新能源汽车动力电池隔膜、控制系统电子元器件等核心部件缺失，电机、电控总体技术水平落后 5—10 年。三是科技成果产业化能力差距较大。目前中国财政资金支持的技术成果转移转化率不到 10%，而发达国家为 40%—50%。

4. 产业高耗能高污染发展的态势没有得到改善，资源环境压力明显加大

中国产业结构重型化发展导致资源环境成本明显上升，2000 年到 2011 年，中国资源环境损耗占国民收入的比重由 5.3% 上升到 8.4%，其中金融危机前的 2008 年曾一度达到 10% 以上。近年来，全国六大高耗能产业①增速高于行业平均增速，产业结构更趋重化工化，资源环境压力明显加大。以 2013 年为例，

---

① 六大高耗能行业分别为：化学原料和化学制品制造业、非金属矿物制品业、黑色金属冶炼和压延加工业、有色金属冶炼和压延加工业、石油加工炼焦和核燃料加工业、电力热力生产和供应业。

当年全国规模以上工业增加值比上年增长 9.7%，而六大高耗能行业增加值比上年增长 10.1%，其中，非金属矿物制品业增长 11.5%，化学原料和化学制品制造业增长 12.1%，有色金属冶炼和压延加工业增长 14.6%。未来中国经济发展面临的资源环境硬约束将日益强化，资源环境高损耗型产业结构亟待调整。与此同时，资源能源供应紧张问题、资源能源利用效率不高和要素错配等问题仍然严重。根据厦门大学中国能源经济研究中心（2014）测算，中国 37 个工业行业中有 15 个行业的能源产出份额小于其投入份额，表明这些行业的能源要素配置存在负的扭曲，实际投入量大于最优投入量，存在节能潜力。这些行业多属能源密集型和劳动密集型行业，其中，有色金属冶炼及延压加工业、石油加工炼焦及核燃料加工业、与黑色金属冶炼及压延加工业的能源扭曲程度超过 25%，存在较大节能空间。

5. 农业发展基础薄弱，现代化水平偏低

近年来，国家持续加大强农惠农富农支持力度，加强农业基础设施建设，不断提高农业物质技术装备水平，农业发展取得积极成效，但是，中国农业发展的形势仍然严峻，部分长期积累的深层次矛盾和问题不断凸显，农业现代化水平仍然不高。主要体现在：耕地面积减少趋势不可逆转，质量下降态势难以根本改观，水资源短缺成常态，保障粮食等重要农产品供给与资源环境承载能力的矛盾日趋尖锐。农田水利设施建设依然滞后，农业物质技术装备水平不够高，科技创新和推广应用能力较弱，农业社会化服务体系不健全，国际农产品市场冲击日趋加大，保障农产品稳定生产和质量安全任务艰巨，等等。

三、中国产业现代化的总体思路和目标

（一）总体思路

把握产业现代化的基本规律和发达国家产业现代化的最新趋势，基于中国产业发展现状，充分发挥市场推进产业现代化的决定性作用和政府的积极引导作用，加快创新驱动，通过存量调整和增量拉动相结合，以工业现代化、农业现代化和现代服务业大发展为三大任务，着力解决工业产能过剩问题，培育一批新兴主导产业，打造一批大型国际企业集团和国际品牌，突破国际价值链薄弱环节，促进产业发展"服务化、高端化、智能化、低碳化"，建设具有国际竞争力的新型产业体系。

（二）目标

1. 产业国际竞争力提升

在当今开放条件下，中国产业现代化的总目标是建设有国际竞争力的新型产业发展体系。关键是要形成一批具有国际竞争能力的领军企业和具有国际影响力的知名品牌，打造充满活力的中小企业协作配套体系，在产业的关键技术和核心环节取得重大突破。到 2020 年，中国进入世界 500 强的大企业要超过 120 家，民营企业增加到 15 家，上榜企业的产业结构得到明显改善，制造业进入世界 500 强的数量增加[①]。

2. 工业现代化水平提高

围绕工业中高端化为核心，不断提高中国工业现代化水平，要实现工业增长质量提高、工业结构升级特别是战略性新兴产业规模化发展、自主创新能力提高、资源节约和环境保护。

——工业增长质量提高。关键是要提高中国工业附加值。从数量上看，是要提高工业的增加值率，从国际分工角度看，要不断提升中国产业在国际分工的地位。到 2020 年，工业增加值率应该提高到 35% 左右[②]。

——工业结构升级。先进制造业比重不断提高，战略性新兴产业规模化发展。战略性新兴产业实现增加值年均增长 20%，到 2020 年，战略性新兴产业实现增加值达到 13 万亿元左右，占国内生产总值的比重达到 15% 左右。

——自主创新能力提高。到 2020 年，工业企业研发投入明显加大，创新能力得到真正提高，以企业为主体的技术创新体系逐步健全。规模以上工业企业研究与试验发展（R&D）经费内部支出占主营业务收入比重 2% 左右，重点骨干企业 4% 以上。

——资源节约和环境保护。到 2020 年，单位工业增加值能耗较"十二五"末降低 20—25% 左右，单位工业增加值用水量降低 30—35%，单位工业增加值二氧化碳排放量减少 25% 以上，工业化学需氧量和二氧化硫排放总量分别减少 10—15%，工业氨氮和氮氧化物排放总量减少 15—20%，工业固体废物综

[①] 2013 年，中国内地入围世界 500 强企业 86 家，上榜企业的资源型特征突出，有 32 家来自资源型行业。上榜公司的主体是国有控股企业，完全市场化经营的民营企业较少，86 家上榜企业中仅有 7 家民营企业。

[②] 发达国家的工业增加值率一般在 35% 以上，美国、德国等国家要超过 40%。

合利用率提高 3—5%。

3. 农业现代化水平提高

重要农产品供给和保障能力显著提升，农业产业结构升级取得明显进展，农业物质技术装备水平大幅提升，现代农业生产经营组织方式趋于成熟，农民增收机制持续增强。具体发展指标为：

——重要农产品供给和保障能力增强。到"十三五"末，谷物综合生产能力达到 5.8 亿吨以上（含大豆等的传统"粮食"综合生产能力稳定在 6.3 亿吨以上），棉花生产能力达到 750 万吨以上，油料生产能力达到 3700 万吨，主要农产品基本达到无公害或绿色标准，农产品质量安全例行监测总体合格率维持在 97% 以上。

——农业物质技术装备水平提升。高标准农田改造规划任务基本完成，新增农田有效灌溉面积 4800 万亩，农业灌溉用水有效利用系数达到 0.57，农作物耕种收综合机械化水平达到 70%，农业科技进步贡献率达到 64% 以上。

——农业生产经营组织方式改善。部分地区农民专业合作社、种养殖大户、家庭农场、农业产业化龙头企业等新型经营主体成为农业生产主导力量，农业产业化组织带动农户 1.55 亿户。

——农民增收机制持续增强。主要农产品目标价格制度基本形成，农村土地制度改革初步完成，在 2013 年的基础上，累计转移农业劳动力超过 3000 万人，农村居民人均纯收入年均增长 7% 以上。

4. 现代服务业发展水平提高

到 2020 年，服务业占 GDP 比重为达到 52% 左右。服务业标准化、规模化、品牌化和网络化水平不断提升，培育一批具有核心竞争力和辐射带动力的服务业领军企业、知名品牌，研发设计、文化创意等现代服务业快速发展，推动中国成为"世界办公室"。

四、推进工业（制造）向中高端化发展

抓住国际产业转移的机遇，积极应对中国要素结构变化的挑战，加快创新驱动，转变发展方式，强化企业创新主体地位，提升产业价值链国际分工地位，优化资源要素结构，化解产能过剩和淘汰落后产能，推进节能减排，推动工业绿色发展，提高战略性新兴产业的核心竞争力。

（一）转变发展模式

当前，中国大部分工业品产量位居世界前列，在当前中国需求增长远远落后于供给增长条件下，导致了绝大多数行业出现产能过剩问题。[①] 而且，产量规模的扩张是靠投资拉动、大量耗费资源来实现。它造成了资源浪费和环境破坏等问题，与此同时，中国工业产品大量属于低附加值、初加工产品，处于国际价值链的低端地位。"十三五"期间，中国工业发展要由产业的规模扩张向价值链中高端提升，要加快推进中国产业全球配置资源的能力。转变发展模式，关键是要充分发挥市场在资源配置中的决定性作用和政府的积极引导作用，企业的投资和发展方向应该市场来决定，政府主要在基础设施环境完善、环境标准、技术标准、质量标准等方面来进行引导产业发展的方向和区域，以及政府通过加强公共技术创新平台建设来提升产业发展的层次。提升企业全球配置资源的能力，积极支持投资境外能源和矿产资源开发项目，鼓励冶金、化工、建材等重化工业向境外资源丰富、环境容量大的国家和地区转移，提高能源资源供给保障。

（二）强化企业的自主创新主体地位

鼓励企业加大对科研开发的投入。继续落实好企业研发费用加计扣除，高新技术企业认定政府采购等政策，积极探索与采用多种形式，鼓励使用自主创新的技术和产品，提升金融支撑能力。加快推进多层次资本市场建设，充分发挥新设立的创业板的作用，支持高新技术企业的风险融资。以骨干企业为依托建设关键核心技术研发和系统集成的工程化平台，支持建立以企业为主导、产学研有效合作的产业创新联盟，加强公共技术服务平台建设，促进中小企业创新发展。大力发展研发服务、信息服务、创业服务、技术交易、知识产权和科技成果转化等高技术服务业，构建产业创新支撑体系。要加强高层次创新人才的引进和培养，激励科技人员深入企业开展服务。加强知识产权保护和管理，鼓励企业建立专利联盟，建立知识产权评估交易机制，激励高校和科研机构的知识产权转移转化。

[①] 其中，钢铁、水泥、电解铝、平板玻璃、船舶产能利用率分别仅为72%、73.7%、71.9%、73.1%和75%，明显低于国际通常水平，不仅传统产业，而且光伏、风电等新兴产业同样存在着严重的产能过剩问题。参见中研网：《中国化解产能过剩需三年以上时间》，2014年5月23日。

（三）推进制造业向价值链中高端化发展

加快提升中国产业在全球价值链分工向中高端发展，一是促进产业发展由传统的依靠单一的劳动力比较优势向品牌、质量、技术、市场等综合优势转变，要实施品牌战略等新的产业发展战略，形成一批以大企业为主导的技术创新和自主品牌建设的骨干企业。二是分类提升产业价值链。不同类型产业的价值链特征存在差异，提升产业价值链，就要把握产业特性，找准价值增值的主要环节以及中国产业价值链的薄弱环节，重点突破，分类推进。一般而言，根据价值链的动力机制把价值链分为在购买者驱动的价值链和生产者驱动的价值链，前者的主要价值增值份额偏向于流通环节，产业主要集中在非耐用消费品为主的轻型制造业如服装、鞋子、玩具等；而后者的主要价值增值份额主要偏向于生产环节，产业主要集中为耐用消费品如汽车、电脑、飞机等和投资品为主的重化工业。根据产业特性，对于轻型制造业，其核心竞争力体现在设计和营销环节，提升价值链的关键是加强设计，要加快商业模式创新。对于耐用消费品和投资品，其核心竞争力是在研发和生产环节，提升价值链的关键是加强研发投入，在关键零部件取得突破。

（四）优化资源要素结构

针对当前中国劳动力供给日趋紧张，劳动力成本日益上升的问题，要推动资源要素结构优化。一是要加大技术创新要素投入和结构优化。目前中国R&D经费支出中，来源于政府的资金约24%；来源于企业的资金约占72%。政府财政要进一步扩大R&D支出预算，继续加大R&D的投入力度，不断提高R&D投入占GDP比重，要把资金投入用在关键性领域。要鼓励企业加大R&D的投入，构建以企业为中心的技术创新体系，发挥本土企业在整合全社会创新资源中的主导作用。要加强对技术引进和消化吸收再创新的管理，避免盲目重复引进。二是不断提高劳动者素质，改善劳动力结构。随着现代制造业对知识和技术的要求越来越高，对使用复杂生产资料的劳动力的专业技能的要求也越来越高，教育作为最重要的"无形资本"，在未来经济增长的推动和制约作用将更加突出。通过提高人力资源的技术含量，增加人力资本积累，加速生产要素之间的替代，促使中国经济增长方式由粗放型转为集约型，促进劳动密集型产业过渡为技术密集型产业。综合考虑劳动力的数量和质量，大量低素质劳动力加上少数高素质劳动力构成了中国严重不合理的劳动力结构，中国仍然是一个高技能劳动力资源相当贫乏的国家。要在继续加大农村义务教育发展基础上，继续加大对高等教育、职业教育的投入，增加熟练劳动力的数量和质量。加大对农村剩余劳动力和下岗职工、转业职工的职业培训。着眼于关键环节，增强对研发、设计、营销、供应链管理、金融服务、咨询等专业人才培育，重视对企业家的现代素质的培育。

（五）化解产能过剩

不同类型的行业，产能过剩问题产生的原因存在一定的差别，需要从供给和需求两个方面进行分类治理。对部分新兴产业的过剩问题通过采取完善消费环境等方式来扩大需求以缓解过剩问题。如，部分战略性新兴产业的消费难以扩大，主要是专用的基础设施和服务体系不完善，需要政府在相关领域加大投资力度，或者鼓励各类资本进入相关领域来完善消费环境。对于大多数传统产业的产能过剩问题治理，则主要从供给角度加快推进"去产能化"来缓解。要加快传统制造业"走出去"，推动钢铁、有色金属、建材、石化等重化工企业在有条件的国家和地区建立境外重化工园区，鼓励投融资系统加大对企业海外投资的信贷支持力度。进一步鼓励企业并购重组，尤其是跨区域的重组，在税收、信贷等方面制定优惠政策，使得相关产业在并购重组中淘汰落后产能，减少过剩产能。借鉴发达国家做法，尽快建立落后产能退出的补偿机制及其实施细则，建立激励机制淘汰落后生产能力，完善落后产能的退出机制。加快完善政府考核机制，把反映能源资源消耗、环境影响程度、社会全面发展情况的指标纳入地方政府政绩考核评价指标体系；将淘汰落后产能目标完成情况和措施落实情况纳入政府绩效管理。加强信息预警制度建设，加大产业信息发布的频率和范围。定期公布产品的市场供求信息、各产业的单位生产成本、各类资源价格差异以及相关的政策等信息，来引导和调节市场供求。披露行业的经济技术指标以及采用新技术、新工艺的情况，来促使产能过剩行业加快采用先进的技术工艺以淘汰落后产能。

（六）推进节能减排和绿色低碳发展

中国工业领域是节能减排和绿色发展的重点领域。加大工业投资项目节能评估和审查力度，提高新上项目的能效水平，坚决遏制高耗能行业能耗过快增长势头。推动行业能效对标达标，完善行业能效对比信息平台和对标指标体系，制定修订一批重点用能产品的能耗限额标准，定期发布主要产品能耗相关数据、节能减排和资源综合利用技术、最佳节能实践等，引导企业提高能效水平。实现节能新技术、先进工艺及高效节能产品研发的重点突破，积极推动传统产业低碳技术改造。以钢铁、有色、建材、化工、造纸等行业为重点，大力推进清洁生产和绿色制造。加强电子信息产品、汽车产品等污染控制，探索推进产品生态设计。推广无害、低害、废弃物回收处理的新工艺、新技术，提高资源利用和再利用效率。按照"减量化、再使用、再循环"的原则，以产业链为纽带，从企业、园区、基地三个层次，发展循环经济。强化排污总量控制，发展排污权交易市场。大力发展环保产业，加强环保技术的研发、推广和应用，开发绿色技术和绿色产品替代对环境有害的产品。

（七）提升战略性新兴产业的核心竞争力

一是强化关键核心技术、共性技术和前沿技术的突破。发挥国家科技重大专项核心引领作用，围绕经济社会发展重大需求，集中力量突破一批支撑战略性新兴产业发展的关键核心技术、共性技术和前沿技术。二是建设制造业创新网络。借鉴美国和德国等发达国家支持高技术产业发展的做法，通过政策支持、资金引导等措施，促使科技界和经济界联合，引导双方建立良性合作机制和利益分配机制，引导社会资金和企业资金的可持续投入，加强以企业为创新主体的网络内部产学研合作。三是强化新技术、新产品、新工艺等产业标准体系建设，提升产业的行业地位和话语权。鼓励一些研发能力强、技术含量高的企业，积极参与或相关行业的国际标准的制定工作，率先掌握产业相关标准的制定权，掌握市场竞争的主动权，从而保障企业获得最大的利益空间和生存空间。完善标准体系和市场准入制度，加快建立有利于战略性新兴产业发展的行业标准和重要产品技术标准体系。四是鼓励国际合作，充分利用全球创新资源。从全球角度选择研发领域，谋划项目建设，配置产业要素，加强与国际领先者的合作，最终提高国际竞争力。鼓励境外企业和科研机构在中国设立研发机构，支持外资企业与内资企业、大学、科研院所合作申请国家科研项目，共同研制相关产品标准，最终形成国际标准。支持中国企业和研发机构开展全球研发服务外包，积极利用全球科技成果和智力资源。鼓励中国企业、大学和科研院所在境外设立研发机构或科技产业园区，拓宽技术来源，在国外申请专利，参与国际标准的研制。

五、大力推进农业现代化

加快转变农业发展方式，稳步推进农业结构调整，大幅改善农业科技和物质装备条件，加快培育新型农业经营主体，完善农产品价格形成和调控机制，不断提高粮食等重要农产品综合生产能力，提升农产品质量安全水平和国际竞争力，促进农业规模化、集约化、低碳化发展。

（一）提升粮食等重要农产品竞争力

保障国家粮食安全和大宗农产品供求平衡事关国家长治久安，能够生产出具有成本竞争力的粮棉油糖等重要农产品是核心。为此，政府应继续优先支持发展粮棉油糖、生猪、牛羊肉和牛奶等关系国计民生的重要农产品。围绕重要农产品成本上升的关键领域，采取制度创新、技术创新、组织优化等方式，开展节本增效行动。坚持立足国内、确保产能、适度进口、科技支撑的国家粮食安全战略，基本稳定粮食播种面积，适当调整粮食产区布局，提高粮食质量安全水平，确保谷物基本自给、口粮绝对安全。加强粮食主产区和后备产区生产能力建设，深化与周边东南亚国家稻谷生产与加工合作。加强农产品优势产区和优势产业带建设，巩固棉花、油料、糖料等工业原料作物生产。

（二）改善农业科技和物质装备条件

提高农业科技水平是提高生产率、节约成本最直接有效的不竭源泉，改善农业基础设施是降低农业生产者外部成本的战略举措，山地丘陵农业机械化推进迟缓是农业综合生产能力提升的瓶颈，财政投入不足、方式不当是制约农业科技和物质装备水平提升的重要障碍。为此，应采取"生产者申请、财政支持、委托研发"等多种方式，引导和支持农业生产者和科研机构联合研发，加快建设以农业物联网和精准装备为重点的农业全程信息化和机械化技术体系，重点推进山地丘陵农业机械化。加强高标准农田、畜禽规模化养殖场（小区）和标准化池塘建设。加快提高财政支农比例，创新财政投入方式，重点投入农业科技和物质装备领域。

（三）加快培育新型农业经营主体

新型经营主体是提高生产率、节约成本、解决未来"谁来种地"的主导力量，农地流转难且不稳定、地租持续上升是阻碍新型农业经营主体的拦路虎。为此，应鼓励和支持社会资本发展农业生产，大力培育专业大户、家庭农场、专业合作社和龙头企业，提高农业资本积累能力。建立中央财政对新型经营主体种粮直补机制，农田水利、仓储烘干等基础设施建设项目及储备粮采购等政府涉农项目向新型粮食生产经营主体倾斜。支持农民一次性永久转让土地承包权给新型职业农民，奖补种粮新型经营主体长期流转土地的地租。鼓励涉农政策性银行为新型经营主体集中连片规模化的土地承包经营权长期流转提供低息贷款支持。

（四）提高农产品质量安全水平

农产品质量安全是转变农业发展方式，推进农业现代化的关键环节。要净化农产品产地环境，划定食用农产品生产禁止区域，建立农产品产地环境监测网络，推进农产品基地建设无害化、标准化、质量控制制度化、产品经营品牌化。加快重金属污染严重产区从食品作物向非食品作物种植调整，重点支持发展绿色、有机农产品。加强农产品质量安全监管装备标准化建设，培养提升一批专业性、综合性实验室。健全农业标准体系，完善农产品质量安全风险评估、产地准出、市场准入、质量追溯、退市销毁等监管制度，重点创造条件支持消费者和行业协会等社会组织监督农产品质量安全，健全检验检测体系，强化农产品质量全过程、全产业链监管。建立重点农产品供应基地溯源系统。在大型农产品批发市场、商场、超市、互联网公共服务平台等，健全重要农产品信息查询验证系统。

（五）完善重要农产品价格机制

目前中国粮棉油糖生猪等重要农产品实行最低收购价和临时收储相结合的价格支持政策，在成本不断上升、国内价格持续高于国际价格的条件下，国外农产品不断涌入国内市场，国家收储粮棉等重要农产品数量急剧上升，财政负担猛增，高价原料冲击农产品加工业，企业经营困难，现行价格支持政策难以为继，国家已围绕棉花、大豆探索建立目标价格制度。"十三五"期间，按照市场定价、价补分离的原则，采取差价直补和定量收储相结合的方式，进一步完善棉花和大豆目标价格制度，逐步将目标价格制度扩大到稻谷、小麦、玉米、甘蔗等重要农产品领域，提高农民务农收益。扩大粮食、生猪等农产品目标价格保险范围，稳定生产者收入。

六、促进服务业大发展

抓住国际服务业加快转移的历史机遇，以推进服务业新兴化为重点，加快市场化改革步伐，放宽准入，打破垄断，创新业态，突破薄弱环节，围绕服务实体经济，着力发展生产性服务，围绕满足人民群众多层次多样化需求，快速发展消费性服务，提升服务业知识化、信息化和便利化水平，促进服务业大发展。

（一）加快市场化改革和放宽准入，创新服务业新业态

当前中国服务业许多领域还存在准入限制，民间资本和外资进入还存在许多障碍，造成资本进入不足和产业竞争不足，影响产业发展壮大和后劲，需要进一步加快改革创新步伐，放宽准入，减少前置审批和资质认定项目，鼓励社会资本参与发展服务业。以金融、教育、文化、医疗、育幼养老、建筑设计、会计、审计、商贸物流、电子商务等领域为重点，鼓励社会资本依法依规以多种形式投资，有序放开外资进入限制，引导国际资本和先进技术投向金融服务、信息服务和专业服务等重点领域。加大社会化服务领域改革力度，重点将教育、医疗、文化、科技等领域营利性服务与公共服务分离开来，大力发展公共服务产业。加快推进社会办医疗、文化、科技、教育机构在专科建设、职称评定、等级评审、技术准入等方面采取同等对待的政策（医疗机构还要在社保定点方面采取同等对待政策），使社会力量成为公共服务产业的重要力量。深入开展国家服务业综合改革试点，鼓励各地结合实际开展服务业综合改革试点，尽快突破制约服务业发展的制度性障碍。顺应全球化、互联网和新技术潮流，疏通阻碍新业态发展的不利因素，积极引导新业态发展，重塑传统产业的商业模式边界。引导企业依托制造优势发展服务业，向服务提供商转型。引导企业利用互联网（含移动互联网）和信息技术，突破时空界限，大力发展境内外电子商务，鼓励企业为适应电子商务和消费新风尚，对产品设计、品牌推广、营销方式、渠道物流、支付结算、售后服务等环节进行革新，发挥实体店展示、体验功能，以新型业态促进互联网线下的生产与销售。

（二）围绕服务实体经济，着力发展生产性服务

当前中国生产性服务业发展相对滞后，一定程度制约中国制造业转型升

级。要更多依靠市场机制和创新驱动，重点发展生产性服务领域的薄弱环节，提升国民经济整体素质和竞争力。一是加强新材料、新产品、新工艺研发应用，鼓励设立工业设计企业和服务中心，发展研发设计交易市场。二是建设物流公共信息平台和货物配载中心，加快标准化设施应用。三是推动商业模式创新，推动云计算、互联网金融、合同能源管理等发展。四是推广制造施工设备、运输工具、生产线等融资租赁，创新抵押质押、发行债券等金融服务。五是发展会计审计、战略规划、营销策划、知识产权等咨询服务。六是鼓励服务外包，加快发展第三方检验检测认证服务，支持建立检测、检验、信息发布与处理等公共服务平台。

（三）围绕满足人民群众多层次多样化需求，快速发展生活性服务

面向全面建成小康社会的需要，围绕满足人民群众多层次、多样化生活服务需求，大力发展生活性服务业，不断提升服务供给水平，完善服务标准，积极培育消费热点，为改善民生和加快生活方式转变提供强劲支撑。一是大力推进健康、养老、信息消费、文化、旅游服务业发展，鼓励各地培育形成各具特色的生活性服务大型骨企业和著名品牌。二是推动商贸业优化升级。大力发展电商业及物流配送业，加强电商的监管，保证电商购物的质量和售后服务，加快商业模式创新。三是大力优化住宿业结构和布局。大力支持大众化产品开发，鼓励发展二三线城市的住宿业，更好地满足居民不同层次需求，积极发展经济型酒店、民俗酒店、农家乐、家庭旅馆等。加强节能环保，倡导绿色消费，创建绿色饭店。推动住宿业连锁化经营。培育自主品牌，延伸产业链，积极推进住宿业与文化、体育、旅游、会展等相关产业融合。四是提高生活性服务业的供给质量。根据发展需求，建立国家标准、行业标准、地方标准体系，对暂不具备标准化的服务产品，推行服务承诺、服务公约和服务规范等制度。根据便民消费、便利生活服务体系的诉求，在完善生活服务业相关的法律法规标准的同时，增强法规的约束力，提高企业诚信经营、依法依规的意识。

（四）提升服务业知识化、信息化和便利化水平

知识化、信息化是现代服务业发展的重要标志，便利化是服务业发展的基本要义。从满足人们消费需求、生产需求和加快服务业优化升级的角度出发，需要不断提升服务业知识化、信息化和便利化水平。一是提升服务业知识

和技术水平。加快提高物流、软件、金融等现代服务业的技术水平，更好地提高服务效率和适应全球化的需要；运用现代经营方式和信息技术改造提升传统商贸、交通运输等传统服务业，不断提高传统服务业的技术水平；大力推进旅游、教育、文化、体育、房地产、社区服务等生活服务业的科技进步；积极发展信息、科技、中介等技术和知识密集型服务业。二是推进服务业便利化、信息化发展。服务业信息化能够带来服务的便利化。既要推动传统商贸业布点合理，又要推动文化、教育、医疗等公共服务资源向有条件的中小城市转移。通过信息化进行远程服务，缓解公共资源分布不均衡问题。三是推动生产性服务业的信息化平台建设。要大力推进云计算示范应用，建立适应各行业特点的专业信息化系统和平台，为相关产业优化升级提供支撑。

七、政策建议

（一）加快政府职能转变，完善外部环境

1. 完善政府审批制度

加快建立纵横联动的部门协同管理机制，加强发展规划、发展战略、产业政策、总量控制目标、行业准入等相关标准的制度和实施管理，建立健全行政审批事项的清单制度，严格依法设定和实施审批事项，创新行政审批服务方式，加强对行政审批权力运行的监督制约。

2. 完善政府绩效考核机制

建立健全科学合理的干部考核制度，改变地方官员的考核指标。更加注重有利于推进经济转型升级，有利于增进百姓福利和幸福感的指标纳入各级政府政绩考核范畴。要增加社会管理、公共服务、环境保护等在考核指标的比重，降低经济发展所占的权重。

（二）深入推进改革，发挥市场决定性作用

1. 促进垄断性行业的改革开放

加快银行、保险、铁路、民航、邮政、电信等垄断性领域的改革开放步伐。积极探索"负面清单"管理模式，按照"非禁即入"原则，支持非公有资本参股国有资本投资项目，允许国有资本投资民营领域；支持民营企业通过兼并、收购、联合等方式，参与国有企业改制重组。

2. 形成创新发展的市场结构

一是根据各产业及市场的特点，形成大、中、小型企业分工合作的组织结构。对于钢铁、石化、汽车、船舶等规模经济效益显著的行业，推进跨地区兼并重组，促进规模化、提高产业集中度。对于新能源、电子信息、生物医药等新兴产业，重点推进大中小企业在研发、生产、市场和人才培养上建立战略联盟，形成合力。培育和壮大一批具有总体设计、成套能力和系统服务功能的大型企业集团。二是改善中小企业发展环境。大力发展中小金融机构，打造面向中小企业的技术创新和服务平台，引导、培育围绕集群主导产品的专业化市场，促成一大批专业分工明确、特色突出、技术能力和配套能力强的中小企业发展壮大。三是强化行业协会的协调能力和企业自律，规范市场行为，阻止恶性竞争。促进各种中介组织的发展，在协调市场行为、组织反倾销、反补贴以及应诉等行动中，充分发挥中介组织的特殊作用。

3. 健全农村土地承包制度

参照城市建设用地使用权 70 年规定，明确"长久不变"的土地承包期为70 年，承包期届满后自动延长，实行"长久不变"与土地确权登记颁证挂钩，满足条件的流转土地核发土地经营权证。引导和规范工商资本流转土地，建立健全土地流转风险防范机制。扎实开展土地承包经营权抵押、担保，防范潜在风险。探索建立土地承包经营权市场化退出和集体经济组织回购等机制。

（三）定向引导，完善产业政策

1. 大力支持突破关键薄弱环节和促进新兴产业发展

一是通过财政、税收和金融支持等手段，直接推动关键薄弱环节取得突破和促进新兴产业发展。尽快将"营改增"试点扩大到服务业全领域。继续落实好企业研发费用加紧扣除，将研发、设计、创意等技术服务企业认定为高新技术企业，享受相应的高新技术企业优惠政策。二是加快推进多层次资本市场建设，充分发挥新设立的创业板的作用，支持高新技术企业的风险融资。三是以骨干企业为依托建设关键核心技术研发和系统集成的工程化平台，支持建立以企业为主导、产学研有效合作的产业创新联盟，加强公共技术服务平台建设。四是培育新兴产业的市场需求。组织实施全民健康、绿色发展、智能制造、材料换代、信息惠民、新能源等重大应用示范工程，引导消费模式转变，培育市场。实施自主创新产品购买补贴和政府采购制度，扩大自主创新产品的市场空间，鼓励自主创新。五是制定标准引导产业技术创新方向。

政府通过制定能耗、安全、环保、自主知识产权、质量标准、国产化率等标准，建立市场准入门槛，统一市场准入，公平支持各种不同的技术路线，由市场选择新兴产业的技术方向。六是建立完善服务业创新体系、标准体系、知识产权服务体系。

2. 调整农业发展政策

加快提高财政支农比例，创新财政投入方式，优化财政支农结构。规范涉农部门支持农业发展的职能和方式，全面推进财政预算编制环节整合各级涉农资金，规范引导类、应急类农业专项资金。健全农业金融政策体系，充分调动大型金融机构支农积极性，扩大小微金融机构覆盖面，支持农民互助金融组织发展，提高农业金融政策执行力。借鉴美国联邦土地储备银行制度，研究涉农政策性银行增加土地银行职能。加大涉农金融产品开发扶持力度，支持互联网金融为代表的新型金融业态参与现代农业建设。

3. 完善化解产能过剩政策

一是通过政府、专家、企业多方研讨，科学选择产能过剩行业。二是分类治理，不同类型的过剩产能行业制定相应的化解之策。对于传统产业的产能过剩问题治理，要制定和完善适当技术、能耗、环保标准，进一步提高行业准入门槛。要修订完善《产业结构调整指导目录》，完善"组合政策"，突出差别电价、能源消耗总量限制、问责制、新老产能挂钩等对企业投资和生产的约束作用，抑制产能过剩行业盲目扩张。三是建立过剩产能正常退出援助机制：设立产业调整援助基金，援助企业的退出和产业转型。通过特别折旧、贷款贴息甚至是资金补偿（政府购买淘汰产能），加快过剩产能退出。实施再就业培训支持和再就业补助等特别政策。制定和完善资源枯竭地区转型发展的一揽子政策。

4. 制定绿色低碳发展政策

采取适宜的政府投资、税收、政府采购和财政贴息等财税政策，推进节能减排，压缩高耗能、高污染产业，提高能源和资源利用效率，鼓励发展低碳产业。

（四）完善人才政策

鼓励大学、科研机构与企业联合建立高级技术人才培养基地，促进科研机构与高等院校联合在创新人才培养方面的合作以实现教育资源共享，造就一批具备国际战略眼光、市场开拓创新能力、现代经营管理水平的企业家，形成一批掌握国际前沿核心技术，具有较强创新能力的尖端人才。改革人才激励制度和评价制度，形成产业内公平、开放、流动、人尽其才的灵活用人机制，营造有利于创新创业人才脱颖而出和充分展示才能的制度环境。

王云平　蓝海涛　涂圣伟　盛朝迅　张义博　韩　祺

供需格局变化和政策选择

从改革开放以来的经济发展历程看:(1)中国在经济高速增长阶段具有投资率更高、对外需依赖较大的特点,(2)内、外需先后成为经济增速上行的推动力量。从"十三五"时期经济发展条件及国际经验看:(1)需求方面,中国的经济增长将更多地依赖于内需和消费的增长,(2)供给方面,中国将更多地依赖技术进步和资本增长。可能的供求结合的政策选择:(1)放宽行业进入限制,不断完善市场环境,促进服务业中技术进步较快部门,如信息和通讯部门、生产性服务业的发展,(2)在不断完善社会保障制度的同时,加快教育、医疗、养老等社会领域的改革步伐。

一、需求格局

国民经济总需求包括消费、投资和净出口三个部分。消费和投资之和可称为内需(或内部吸收[①]),净出口可称为外需(或外部吸收)。

(一)外需和内需

1. 从 GDP 的内、外需构成看,中国一直是以内需为主的国家

改革开放以来,中国国内投资和消费(即国内需求)占 GDP 的比重始终在 90% 以上,净出口自 1994 年以来一直为正,而之前的年份则有正、有负(见表 1)。

[①] 国内消费和投资之和常常被称为吸收,这里为方便理解和分析,将之称为内部吸收,净出口部分称为外部吸收。(吉利斯、波金斯、罗默、斯诺德格拉斯:《发展经济学》(第四版),中国人民大学出版社1998年版,第522页)

表1　支出法国内生产总值（按当年价格计算）

年 份	内部需求			外部需求
	最终消费率（消费率）	资本形成率（投资率）	国内需求占比（消费率＋投资率）	净出口占比
1978	62.1%	38.2%	100.3%	-0.3%
1979	64.4%	36.1%	100.5%	-0.5%
1980	65.5%	34.8%	100.3%	-0.3%
1981	67.1%	32.5%	99.6%	0.4%
1982	66.5%	31.9%	98.4%	1.6%
1983	66.4%	32.8%	99.2%	0.8%
1984	65.8%	34.2%	100.0%	0.0%
1985	66.0%	38.1%	104.1%	-4.1%
1986	64.9%	37.5%	102.4%	-2.4%
1987	63.6%	36.3%	99.9%	0.1%
1988	63.9%	37.0%	100.9%	-0.9%
1989	64.5%	36.6%	101.1%	-1.1%
1990	62.5%	34.9%	97.4%	2.6%
1991	62.4%	34.8%	97.2%	2.8%
1992	62.4%	36.6%	99.0%	1.0%
1993	59.3%	42.6%	101.9%	-1.9%
1994	58.2%	40.5%	98.7%	1.3%
1995	58.1%	40.3%	98.4%	1.6%
1996	59.2%	38.8%	98.0%	2.0%
1997	59.0%	36.7%	95.7%	4.3%
1998	59.6%	36.2%	95.8%	4.2%
1999	61.1%	36.2%	97.3%	2.7%
2000	62.3%	35.3%	97.6%	2.4%

年 份	内部需求			外部需求
	最终消费率（消费率）	资本形成率（投资率）	国内需求占比（消费率＋投资率）	净出口占比
2001	61.4%	36.5%	97.9%	2.1%
2002	59.6%	37.8%	97.4%	2.6%
2003	56.9%	41.0%	97.8%	2.2%
2004	54.4%	43.0%	97.4%	2.6%
2005	53.0%	41.5%	94.6%	5.4%
2006	50.8%	41.7%	92.5%	7.5%
2007	49.6%	41.6%	91.2%	8.8%
2008	48.6%	43.8%	92.3%	7.7%
2009	48.5%	47.2%	95.7%	4.3%
2010	48.2%	48.1%	96.3%	3.7%
2011	49.1%	48.3%	97.4%	2.6%
2012	49.5%	47.8%	97.2%	2.8%
2013				

数据来源：《中国统计年鉴2013》，表2—18。

2. 从不同时期经济加速增长的动因看，内需和外需先后成为三次增速上行的推动力量

改革开放以来，中国经济保持了三十多年的快速发展，GDP 的年平均增长率为 9.9%。期间中国经济的快速增长呈现出周期性波动特征。根据 1978—2013 年统计数据，按 GDP 增长速度的"谷—谷"划分，中国经济增长可以划分成三个较大的周期（截止到 2013 年数据，第三个周期尚未完成）（见图 1）。三个周期的经济增速上行期分别为 1981—1984 年、1990—1992 年和 1999—2007 年，下行期分别为 1984—1990 年、1992—1999 年和 2007—2013 年，三个周期中经济增速上行的动因各不相同。

（增长率）

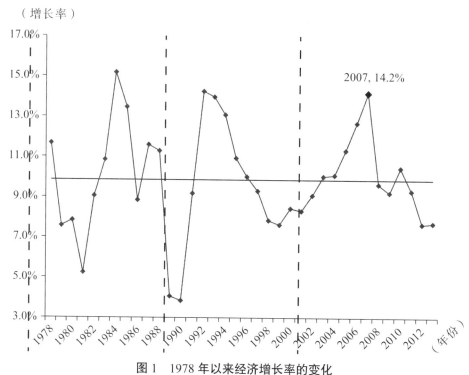

图1　1978年以来经济增长率的变化

数据来源：《中国统计年鉴2013》和《中国统计摘要2014》。

（1）1981—1990年，内外需格局基本合理，内需是推动经济加速增长的动力来源。

在第一个周期（1981—1990年）中，中国内需与GDP之比的均值为100.3%（见图2）。内部吸收中，最终消费率阶段性均值为65.1%，投资率阶段性均值为35.2%（见图3）。与内需相对应，外需占比为负，国际贸易略有逆差（见图2）。从一个快速增长的发展中国家的角度看，这一时期经济增长内外需格局基本合理。在这一轮周期中，经济增长率的峰值出现在1984和1985年，年增长率分别达到15.2%和13.5%，CPI分别为102.7和109.3。从内外均衡的角度看，这个周期中，推动经济过热的原因是内需的过快增长，1983—1985年内需增速（现价）分别为12.1%、19.4%和28.3%，对应的支出法GDP增速（现价）是11.2%、18.4%和23.3%，可见，内需增速愈来愈高于同期经济增速。

（2）1990—1999年，对外贸易基本均衡，内需过快增长导致经济过热和物价过快上涨。

在第二个周期（1990—1999年）中，中国内需均值与GDP之比为98%（见

图 2）。在内需中，最终消费率阶段性均值为 59.9%，投资率阶段性均值为 38.1%（见图 3）。这一时期的外部吸收为正，国际贸易有 2.0% 的顺差（见图 3）。从国际收支均衡的角度看，表现为基本均衡。此轮经济增长中，经济增速的峰值年是 1992、1993 和 1994 年，年增长率分别为 14.2%、14.0% 和 13.1%，CPI 连续三年以两位数的速度上涨，1992—1996 年的 CPI 分别为 106.4、114.7、124.1、117.1 和 108.3。从内外均衡的角度看，这个周期中，推动经济过热的主要原因是内需连续四年以 20% 以上的速度（名义）增长，1993 和 1994 年甚至超过了 30%（1992—1995 年内需名义增速分别是 24.3%、37.8%、31.8% 和 25.5%）。

（3）1999—2008 年，内需占比持续下降，对外贸易失衡，外需强劲增长是推动上行期经济加速增长的主导力量。

第三个周期（1999 年迄今）与前两个周期显著不同，中国的内需与 GDP 之比下降到 96.0%，2006—2008 年甚至只及 92.0%，从内外均衡的角度看，表现为严重失衡（见图 2）。在内部吸收中，最终消费率阶段性均值为 53.5%，近 5 年均值为 49.0%；投资率阶段性均值为 42.5%，近 5 年的均值为 47.8%（见图 3）。这一轮经济增长率的峰值年是 2006 和 2007 年，年增长率分别达到 12.7% 和 14.2%，2006—2008 年的 CPI 分别为 101.5、104.8 和 105.9。另外，2005—2007 年，外需名义增速分别为 141.0%、63.1% 和 40.6%，内需名义增速分别为 13.1%、16.3% 和 18.0%，对应的支出法 GDP 名义增速是 16.4%、18.8% 和 19.7%。上述可见，这个周期中，内需增速低于同期经济增速，推动经济高速增长的原因主要是外部吸收的强劲增长。

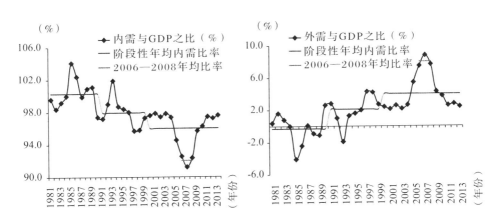

图 2　三个周期中的内需和外需与 GDP 之比率

数据来源：《中国统计年鉴 2013》和《中国统计摘要 2014》。

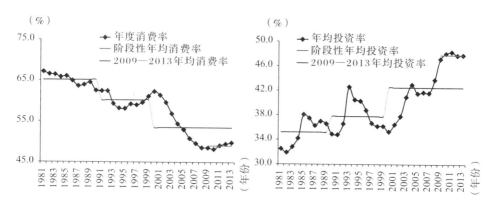

图3 三个周期中的消费率和投资率

数据来源：同表2。

3. 从内外需对经济增长的贡献看，内需的贡献始终为正，外需的贡献主要表现在1999—2007年

在供需格局研究中，我们更关注三个周期中经济增速上升期，因为上升期不同的上行动力恰恰孕育着下行原因。在第一个周期的上升期（1981—1984年）经济加速10个百分点，内部吸收增长构成主要动力，其中资本形成增长贡献了69.7%，消费增长贡献了53.6%。由于内部吸收增长超过GDP增长，外部需求的贡献为-23.3%。

在第二个周期的上升期（1990—1992年）经济加速了10.4个百分点，同样由内部吸收的快速增长所推动，其中消费增长贡献了87.7%，资本形成增长贡献了54.1%，内部吸收增长较之上一轮上升期更大幅度地超过了GDP增长，外部吸收的贡献为-41.9%。

在第三个周期的上升期（1999—2007年）中，与以往经济加速期相比的显著不同点是，外部吸收成为经济加速上升的主要推动力之一。1999—2007年GDP增速上升了5.4个百分点，净出口（外部吸收）贡献率高达27.6%，资本形成和消费的贡献率分别为46.7%和25.8%，表明投资、消费和净出口成为拉动经济加速增长的"三驾马车"。

我们认为：第三个周期增长经历有许多经验教训值得认真总结、回味，其上行期持续了8年。加入WTO（使我们进一步融入全球化进程）和国内房地产市场的形成和快速扩张，开启了该周期的上行之势；以美元低利率政策推动的全球周期性繁荣为我们提供了广阔的外部需求；与此同时，全球结构失衡助推、延续了这次国内上升期的高度与长度，使国内结构性矛盾变得更加尖锐，国民经济内外失衡、消费—储蓄失衡越加严重；最终以美国次贷危机爆发为契机，以金融危机引发全球经济衰退，外部需求锐减的形式，进入2008—2009年的"硬着陆"调整。

（二）投资率和消费率

从国内需求看，投资率较高、消费率较低是我国经济结构最突出的特征之一。

1.消费率总体呈下行态势，近期有小幅回升，但仍处于历史较低水平

改革开放以来，中国消费率下行态势明显，但近期有所改变。2010年中国消费率仅有48.2%，为历史最低水平，比改革开放初期的消费率水平低10个百分点以上。但自2011年以来，消费率出现小幅回升，2012年为49.5%，尽管仍处于历史较低水平，但比历史最低值回升了1.3个百分点。

从变化过程看，1978—2010年间，中国消费率出现了两次上升和两次下降的过程。但无论是持续时间，还是消费率变化幅度，上升期都明显偏弱，以至于至今中国消费率还处于历史低位。另外，从两次下降期看，1981—1995年，14年间消费率下降了9.0个百分点；2000—2010年，10年间消费率下降的幅度为14.1个百分点，可见，21世纪前10年，中国消费率在已有下降态势的基础上出现了加速下调情况（参见图4）。

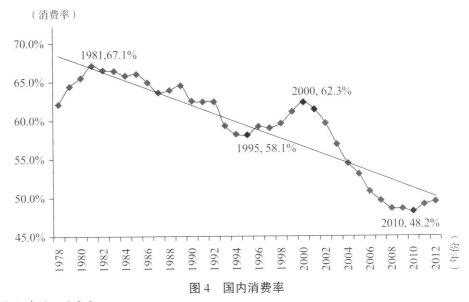

图4　国内消费率

数据来源：同表2。

2. 投资率振荡上行，近期有向下调整趋势，但仍处于历史高位

改革开放以来，中国投资率总体呈现振荡上升态势，其中，最小投资率出现在 1982 年，为 31.9%，最大投资率出现在 2011 年，为 48.3%，两者相差 16.4 个百分点。2012 年，我国投资率继续高位运行，为 47.8%，但较历史峰值 48.3% 下降了 0.5 个百分点。

从变化过程看，投资率上下振荡的情况主要出现在 2000 年之前，2000 年之后，主要是 2000—2011 年，投资率几乎呈持续上升态势，期间只在 2004—2007 年出现过 1.4 个百分点的小幅回落（参见图 5）。

2000 年以来投资率的持续上升，有力地推动了中国人均资本水平的提高，进而推动了国民经济的强劲增长。但是不容否认，这一时期，国民经济最终需求中的消费、投资和净出口三个部分之间出现了结构扭曲，消费率及其对增长的贡献率持续下降，投资率和净出口率持续上升。

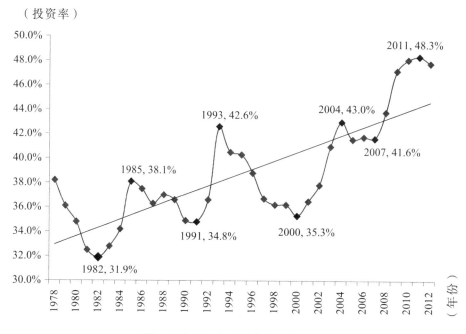

图 5　国内资本形成率（投资率）

数据来源：同表 2。

3. 过高的储蓄率和过分追求出口拉动倾向导致投资率过度上升

导致投资率过度上升的原因，主要可由两个因素解释[①]：一是过高的储蓄率；二是过分追求出口拉动的政策倾向，尤其是服务于它的低汇率安排[②]。

（1）理论上讲，高储蓄率必定导致高投资率，否则，将出现因需求不足而产生的通货紧缩情况。

开放经济国民收入恒等式（S=I+CA，S为储蓄；I为投资，CA为经常项目余额[③]）反映一段时间国民经济运行的结果，它所体现的总需求增长结构是经济生活中国民及政府一系列决策后果的集中表现。这些决策包括：国民及政府在既定市场制度环境下，基于可支配收入所作的"消费—储蓄决策"；各类投资者基于资金供给成本与项目预期收益所作的"投资决策"；政府为实现经济增长而制定的各类"政策激励决策"；微观主体在既定价格、利率、汇率水平约束下基于收益进行的"内部投资和外部投资决策"等等。这一系列相互影响的决策结果，最终体现为恒等式中三个组成部分的消长。

国民的消费—储蓄决策是国民经济运行中一项最具基础性的决策。该决策产生的高储蓄率，虽不直接体现于宏观经济恒等式中，却是隐于恒等式背后。这个决策的失衡必然造成中国经济增长结构失衡，导致"内需不足、高投资率、高顺差"，是造成中国投资率"居高不下、居高难下"最为关键的变量，对其他总量指标变化均有着重要的、制约性的影响。

从实证角度看，我们可以从储蓄率与投资率变动的数量关系中，直观地看到储蓄率的上升为投资率的上升提供了基础并推高投资率。储蓄率的提高，使投资资金供给更为充沛，资金成本（利率）下降，导致在微观主体（依据项目收益水平和资金成本进行）的投资决策中，使更多项目具有了可行性，进而决定了全社会投资规模的扩大和投资率的上升。可以明确判断的是，在其他条件不变的情况下，较高的储蓄率必定导致较高的投资率。

从结果看，中国同时存在着高投资率（尽管它远远不足以消化我们的储蓄）和高净出口率（它意味着对应比例的收入在国内市场找不到对应的实物产品，从而导致国内流动性过剩和通货膨胀），其根源显然在于、也只能在于

[①] 详见投资研究所课题组研究报告《促进消费、投资、出口协调拉动经济发展的思路和对策研究》（2008）。该报告分析了我国高储蓄形成的原因，也提出了相应的对策建议。

[②] 追求所谓"出口拉动"，显然不同于"鼓励贸易"。前者是追求净出口对经济增长的贡献，而后者是注重不同经济体之间比较优势交换带来的贸易利益。

[③] 保罗·克鲁格曼、茅瑞斯·奥伯法尔德：《国际经济学》（第五版），中国人民大学出版社2002年版，第294页。

我们过高的储蓄率[①]。

（2）持续的"低汇率安排"必然抑制消费率、推高投资率。

持续的"低汇率安排"，必然在压缩内部吸收的同时，抑制消费率、推高投资率；并扭曲资金配置机制，推动出口部门投资过大。在国民收入恒等式（S=I+CA）中，经常项目余额（CA）毫无疑义表现为储蓄和投资之间的差额。但只有在汇率水平反映国际市场供求关系，处于或接近于均衡水平时，CA才真正表现为一个"被动存在的差额"或"平衡项"。在经济运行中，如果把汇率当作经济调节工具，并服务于扩大出口、增加就业，CA将不是一个由储蓄投资缺口决定的被动变量，而是一个被主动追求的—拉动经济的马车—目标。

当汇率被人为地控制在低于均衡水平以下的时候，根据吸收理论，将会扭曲可贸易品与非贸易品之间的比价（实际汇率），相对于非贸易品，可贸易品将变得更为昂贵。生产者会选择放弃非贸易品生产，转向可贸易品的生产；而消费者则会相反地消费较少的可贸易品和更多的非贸易品；生产者和消费者选择的逆向变动，导致可贸易品生产量超过消费量，于是产生外部过剩（贸易盈余）。具体地将会产生以下三个宏观后果。[②]

第一，持续维持低汇率，导致出口盈余（CA）上升，会压缩总的内部吸收（消费＋投资），也就是压缩内需。

第二，持续维持低汇率，对内部吸收的两个组成部分——消费与投资——的压缩并不是均等的，主要压缩了消费。

第三，持续维持低汇率，从生产者的角度讲，将持续刺激贸易品部门（在我国集中表现为制造业部门）的投资增长，妨碍结构调整。

可见，人为的低汇率安排，是一个提高储蓄率和投资率、压低消费率的重要变量。在中国，这种安排激励了工业的产能过剩，抑制了消费，尤其是服务消费的增长。

人们关于储蓄与消费的决策，实际上是在"当期消费"与"未来消费"

[①] 中国高储蓄率产生的原因分析，详见投资所课题组《促进消费、投资、出口协调拉动经济发展的思路和对策研究》（2008）。

[②] 三个后果中，第一个后果是直观的，Y＝C＋I＋CA＝A＋CA，（Y为收入，C为消费，I为投资，CA为经常项目余额，A为内部吸收，A=C+I）净出口的增加，势必压缩内部吸收（A）。第三个后果是第二点的自然结果。因此第二点是关键环节且相对费解一些。更为详尽的解释见投资所课题组《促进消费、投资、出口协调拉动经济发展的思路和对策研究》（2008）。

之间进行的跨时抉择。而经常账户盈余的实质，就是在出口"当前的消费"，盈余的扩大就是储蓄的提高。因此，维持低汇率，追求出口盈余的政策，就是抑制消费、鼓励储蓄的政策。也就是说，持续多年的把扩大出口当作刺激经济增长的手段与我们多年来试图扩大内需、降低储蓄的努力方向背道而驰。

由于我们是从加入 WTO 后才开始更全面地融入全球经济，对于开放条件下宏观经济运行规律，以及相应地变得更为复杂的宏观变量间的关系，缺乏足够的了解和清晰的认识以及相应的宏观管理经验。宏观经济研究者也同样是随经济形势变化逐步加深对现实的理解和认识。在这种情况下，对于结构性失衡见势晚，形成的调控对策往往是缺乏系统性，"头疼医头、脚疼医脚"。

二、供给格局

利用 1952 年以来的统计数据，参考现有相关文献，我们对中国历年的资本存量进行了估算，拟合出了中国的 CD 生产函数，并以此为基础考察中国经济增长的供给格局。

（一）资本增长对中国经济增长的贡献最大，其次是技术进步，第三是劳动增长

利用拟合出的 CD 生产函数，估算改革开放以来生产要素和技术进步（TFP）对经济增长的贡献[1]。结果表明，1978—2012 年 GDP 年均增长 9.8%，其中，资本增加贡献 73%，平均每年拉动 GDP 增长 7.1 个百分点，劳动增加贡献 6%；平均每年拉动 GDP 增长 0.6 个百分点；技术进步的贡献率为 21%，平均每年拉动 GDP 增长 2.1 个百分点。

（二）技术进步对经济增长贡献先升后降的变化过程，年均贡献最大的时期是 1990—1999 年

从上述三个周期看，前两个周期，即 1978—1999 年技术进步贡献总体呈上升趋势，技术进步对经济增长的拉动由 1978—1989 年的平均每年 2.0 个百分点增加到 1990—1999 年的 3.3 个百分点；第三个周期技术进步对经济增长

---

[1] 生产函数估计方程：$y=1.263+0.689k$，式中 y，k 分别表示人均产出和人均资本存量。

贡献明显下降，2000—2012年技术进步平均每年拉动经济增长1.5个百分点（见图6）。

从年度间的变化看，技术进步对经济增长贡献有明显的上行期和下行期，上行期分别是1981—1984、1990—1992和2004—2007年，对经济增长贡献最大的年份分别是1984、1992和2007年，分别拉动经济增长8.08、7.96和5.11个百分点。在下行期，技术进步对经济增长贡献连续为负的情况只出现在1989—1990和2008年全球金融危机之后。

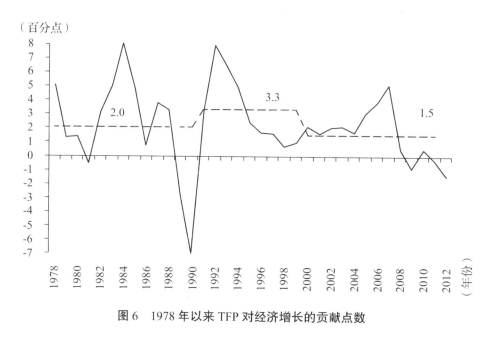

图6　1978年以来TFP对经济增长的贡献点数

（三）资本的经济增长贡献振荡上行，劳动对经济增长贡献的下行趋势明显

改革开放以来，资本对经济增长的贡献总体呈振荡上升趋势，1981—1989、1990—1999、2000—2012年资本对经济增长的拉动分别是6.15、6.88和8.34个百分点（见图7）。与资本贡献的变动趋势不同，劳动对经济增长贡献呈下行趋势，不仅如此，2000年以来劳动对经济增长贡献较前期进一步大幅下降。1981—1989、1990—1999、2000--2012年劳动对中国经济增长的拉动分别是0.94、0.83和0.17个百分点（见图8）。

（百分点）

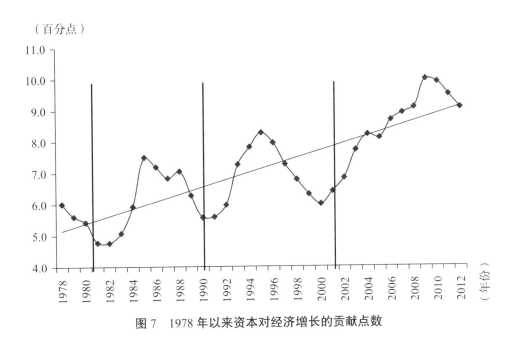

图7 1978年以来资本对经济增长的贡献点数

（百分点）

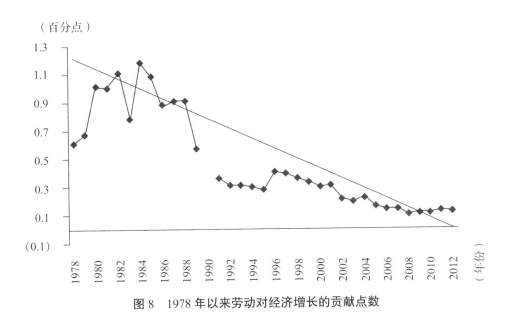

图8 1978年以来劳动对经济增长的贡献点数

三、供求结合的政策着力点（市场化色彩）

（一）"十三五"时期的经济增长格局

1. 经济增长由高速增长转向中高速增长

在经历了持续30多年的高速增长后，中国潜在增长率有所下降，经济增长进入中高速阶段。

首先，从经济高速增长理论看，推动经济高速发展的三大要素——充沛的高质量人力资源、运行有效的市场机制和处于经济发展的早期（即技术发展差距带来的很大的追赶空间），在中国正朝着中高速增长的方向变化。目前，中国上述三大要素的基本特征是，（1）劳动年龄人口（15—59岁）数量及其占总人口比重在2011年达到峰值，2012、2013年劳动年龄人口数量分别较上年减少345万和1773万人；（2）中国已经进入中高收入国家行列（按照世界银行划分标准），追赶空间相对于发展初期已经缩小；（3）发展中不平衡、不协调、不可持续问题突出，深化改革开放和转变经济发展方式任务艰巨。其次，从改革开放以来的发展经验看，中国潜在增长率水平已从10%左右降至8%左右。以小平南方谈话发表、东南亚金融危机爆发、全球金融危机爆发三大事件为线索，可以将改革开放以来的中国经济发展历程分为六个阶段（见表2），其中，只有1998—2001年、2012—2013年的年均经济增长率在8%左右，但它们所对应的

表2　中国经济增长的阶段性及主要特征

时期	GDP 年均增速	物价年均增速	
		CPI	GDP 平减指数
1978—1991 年	9.3%	6.1%	5.3%
1992—1997 年	10.4%	7.2%	10.9%
1998—2001 年	8.0%	-0.3%	0.5%
2002—2007 年	11.2%	2.1%	4.2%
2008—2011 年	9.6%	3.5%	5.4%
2012—2013 年	7.7%	2.6%	1.8%

数据来源：《2013年中国统计年鉴》、2013年国民经济和社会发展统计公报。

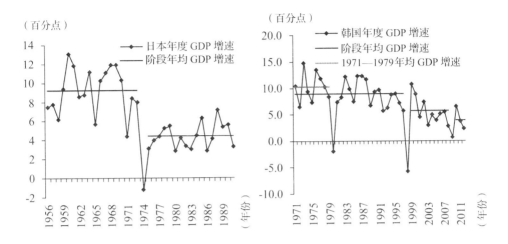

图 9　日本、韩国经济增长历程

数据来源：OECD 数据库。

物价形势很不相同。1998—2001 年，在经济增长率达到 8% 的同时，出现了通货紧缩趋势；2012—2013 年，经济增速在 8% 以下，对应的却是温和的通货膨胀。另外，在 2001 年之后，中国不仅走出了通货紧缩，而且实现了长达 6 年的高速增长，年均增速 11.2%。第三，从日本和韩国等后发国家的发展经验看，随着经济发展水平的提高，经济增长速度下移具有普遍性（参见图 9）。日本：1956—1973 年年均经济增速 9.2%，而 1975—1991 年经济年均增速 4.4%，两者相差 4.8 个百分点以上；韩国：1971—1997 年经济年均增速 8.9%，1999—2008 年经济年均增速 5.7%，两者相差 3.2 个百分点。特别地，当潜在经济增长率下降的同时，劳动年龄人口占比下降，GDP 增速下降的幅度更大，如日本。

2.经济增长主要取决于技术进步和投资增速

根据 CD 生产函数，2014—2020 年中国经济增长速度主要取决于资本存量的增速和技术进步两大因素。资本存量的增长主要取决于储蓄率和投资率的变动，而后者又决定于人口结构的变动。

统计数据显示，劳动人口比重在 2010 年达到峰值，随后劳动人口比重开始下降，人口总抚养比开始上升，中国老龄化的速度要比所有的预测发展都要快。我国人口年龄结构变动的拐点已经出现，今后一段时期高储蓄年龄人群比重将逐渐下降，负储蓄年龄群体将快速增加，这种人口结构的变动将推动国民总储蓄率趋于下降。进而投资率亦将趋于下降。根据日本经验，我们估计 2020 年中国投资率将从 2012 年的 48% 下降到 40% 左右。

未来技术进步对经济增长的贡献较难判断，它主要取决于改革的进展和经济转型的情况。为此我们做出三种情景分析。情景一：高方案，2014—2020年TFP对经济增长的贡献较高，保持2000—2012年的平均水平，每年拉动经济增长1.5个百分点；情景二：中方案，2014—2020年TFP每年拉动经济增长1个百分点；情景三：低方案，2014—2020年TFP每年拉动经济增长0.5个百分点。

根据CD生产函数，我们对上述三种情景，分别测算了2014—2020年的经济增长速度。结果见表3。

根据中央提出的2011—2020年GDP翻番的目标，可以推算出2014—2020年GDP年均增长6.8%，即可达到目标。因此，三种情景皆可达到GDP翻番的目标。但值得关注的是，2008年以来TFP对经济增长的贡献非常低，甚至出现了贡献率为负的情况，表明经济效益下滑明显，经济增速在潜在水平以下。因此，2014—2020年要实现TFP对经济增长贡献0.5个百分点以上，难度还是较大的。

表3 2014—2020年经济增长情景分析

	TFP 贡献百分点数	2014—2020 年 GDP 年均增速
情景一	1.5	8.4%
情景二	1.0	7.7%
情景三	0.5	7.1%

3. 经济增长将更多地依靠内需增长

与成功进入高收入国家的韩国和日本相比，中国高速增长时期需求格局的突出特点是正的外部吸收率和更高的投资率。日本在高速增长时期，现价外部吸收率年均0.6%，不变价外部吸收率为负（见图10），韩国高速增长期的外部吸收率始终为负（见图11）；日本投资率最高为1970年的38.8%，韩国最高为1996年的38.9%，我国最高投资率为2012年的47.8%。正是由于上述差异，当日本和韩国由高速增长转为中高速增长时，外需占比上升，而中国目前正经历与之相反的变化。因此，我国"十三五"时期的经济增长将更多地依靠内需的增长。

根据上述经济增长前景估计，并参考国际经验，我们对2014—2020年三大需求构成进行了估计。预计，到2020年，中国投资率会由目前的48%左右降至40%左右，消费率由目前的49%左右上升至60%左右，外需占GDP的比重将进一步下降，逐步实现国际收支平衡（参见表4）。

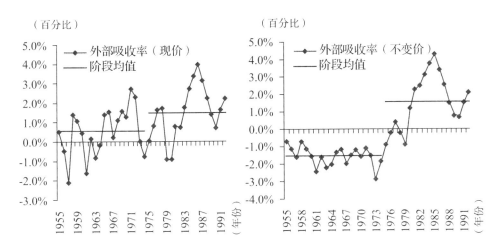

图 10　1955—1992 年日本外需占 GDP 比重

数据来源：OECD 数据库。

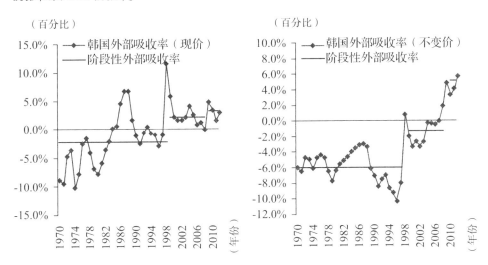

图 11　1970—2012 年韩国外需占 GDP 比重

数据来源：OECD 数据库。

表 4　2012—2020 年需求比率估计

	消费率	投资率	净出口率
2012	49.2%	48.1%	2.7%
2013	51.2%	47.0%	1.8%
2014	52.9%	45.9%	1.2%

续表

	消费率	投资率	净出口率
2015	54.4%	44.9%	0.8%
2016	55.7%	43.9%	0.5%
2017	56.8%	42.9%	0.3%
2018	57.9%	41.9%	0.2%
2019	58.9%	40.9%	0.1%
2020	60.0%	40.0%	0.0%

4. 经济增长将更多地依靠服务业的增长

中国工业增加值占 GDP 的比重在全球金融危机爆发前达到迄今为止的最大值，目前仍处于下降的过程中（见图 12）。尽管全球结构调整是造成我国工业产出比重向下调整的主要原因，但从发达国家的经验看，其中应包含了随经济发展水平提高而来的结构调整要求（见图 13 和 14，表 5）。因此，此轮调整结束后，"十三五"时期工业增加值比重将趋于稳定。由于制造业增速下降，服务业增速上升，"十三五"时期的经济增长将更多地依靠服务业的增长。

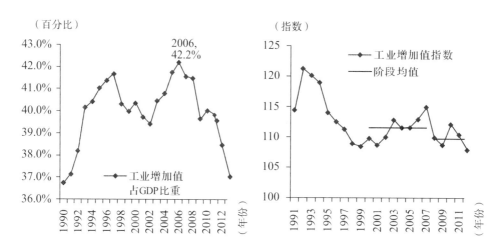

图 12　中国工业增加值指数及占 GDP 比重

数据来源：《中国统计年鉴 2013》，表 2—2 国内生产总值构成。

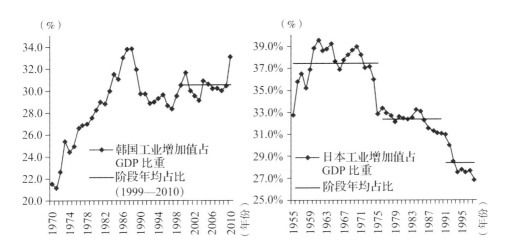

图 13　日本、韩国工业增加值占 GDP 比重

数据来源：OECD 数据库。

表 5　日本不同制造业部门实际增速的阶段性变化

	1956—1974	1975—1984	1985—1991	1992—2008
制造业	17	7.1	5.4	-1.7
轻工业（加工组装）	13.5	7.2	4.5	-1.9
食品饮料工业	10.4	10.4	2.6	-0.2
纺织业	12.2	1.1	-0.1	-7.5
其他	18	6.8	6.6	-2.8
轻工业（基础原料）	18.2	4.2	5	-1.9
纸浆、纸及纸制品业	18	3.9	5.7	-2
非金属矿物制品业	18.5	4.5	4.5	-1.9
重工业（基础原料）	18.4	6.2	5.3	-1.3
化学工业	16	7.5	4.8	-2.4
石油和煤制品业	15.9	26.7	3.8	2.8
金属冶炼及压延业	21.8	4.7	3.7	-1.3
金属制品业	21.6	3.4	10.2	-3.2
重工业（加工组装）	21.7	8.5	6.3	-1

续表

	1956—1974	1975—1984	1985—1991	1992—2008
机械工业	22.6	8.8	8	-1.3
电器机械及设备制造业	23.1	11.6	6.6	-1.7
交通设备制造业	21.2	5.8	3.9	1
精密仪器制造业	18.5	6.3	5.8	-1.4

数据来源：Japan's Financial Slump；Table 4.3.

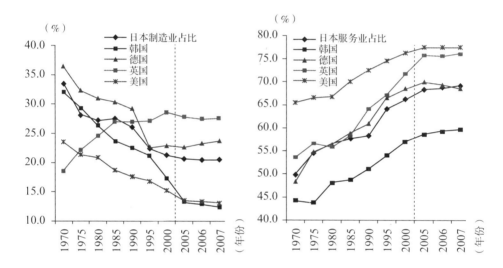

图14　发达国家制造业和服务业增加值占 GDP 比重
数据来源：OECD 数据库。

（二）供需结合的政策着力点

1. 坚持市场化改革方向，进一步减少政府对资源配置和价格形成的干预

坚持市场化改革方向，进一步减少政府对资源配置和价格形成的干预，逐步建立以市场定价为主的资源价格形成机制，防止旧体制复归；理顺资源产品价格关系，使其能够真实反映资源产品的价值和市场的供求状况；建立资源性产品税收制度，利用税收等经济杠杆，收回环境成本，完善资源的产权制度，一级市场上，将资源有偿使用制度落到实处；二级市场上，建立完善的产权交易制度，实现产权按照市场规则交易流转；加快资源垄断行业的体制改革，打

破市场垄断，逐步减少行业禁入的限制，对社会资本逐步开放。

2. 完善社会保障制度，提高消费对经济增长的拉动作用

加快社会保障制度的改革和完善进程，将会稳定居民收入预期，减少分散的"预防性储蓄"；社会保障资金的准时、足额给付，会促进当期居民消费。当前要加快社会保障制度规范化、统一化进程，逐步将目前游离于城镇现行社会保障之外的职工、城市个体工商户和个体经营者等逐步纳入现行社会保障体系；尽快建立和完善农村社会保障制度；加快社会保障立法进程，提高居民对现行社会保障制度的信任度、参与的积极性和强制性。

3. 调整国家、企业和个人的收入分配关系

坚持在国民收入初次分配领域以效率为中心，在再分配领域强调公平为核心的原则，调整政府与企业、政府与个人的收入分配关系。在政府和企业收入分配关系方面，政府应大幅度降低企业税费，为企业持续发展提供宽松环境。同时，要尽快建立国有企业向政府支付红利和政府红利收入主要用于社会保障体系建设的制度。在调整国家和个人收入分配关系方面，应对个人所得税的征收政策进行调整，逐步建立和完善各类扣除制度，降低中等收入人群的个人所得税税负水平。加快政府转型，加大政府在社保和教育等方面的支出，降低个人在教育、医疗、社会保障、社会福利方面分担比例。创造条件让更多群众拥有财产性收入，严格贯彻《物权法》，确保群众的财产权利和财富增值权不受侵犯；进一步完善财产性收入税收制度，减轻普通群众持有财产的税收负担；推进农村土地制度创新，在坚持农村基本经营制度前提下，健全土地承包经营权流转市场；积极探索以土地使用权入股取得分红、收取租金收入等流转形式；制定农村集体土地使用权和私人住宅所有权抵押的办法。

4. 通过资本市场的发展促进消费增长

"十三五"期间，一是应通过进一步发展资本市场，营造一个更加公开、公平、公正的投资市场环境，保护中小投资者利益，从而利用财富的积累产生消费的"财富效应"；二是通过消费信贷市场的发展，包括个人信用制度的建立，促进当期消费的增长。

5. 收缩国有资本经营领域，进一步发挥民营投资的作用

国有资本要适当收缩经营领域，为民营资本让出运作空间，降低准入门槛，扩大民间资本可进入的领域，同时加大财政资金在生态恢复、环境保护、教育、卫生、社会保障以及促进区域均衡的投入力度。在所有发展中国家都存

在大量"非正规部门"经济活动（中国也不例外），适当放宽限制会使城市及非城市人口就业状况获得很大改善。

杨　萍

专题六

新型城镇化的内涵、目标和发展路径

　　将《国家新型城镇化规划（2014—2020年）》中所明确的中国新型城镇化的重点任务和保障机制加以落实，是推进"十三五"时期城镇化健康发展的重要保障。"十三五"的重点任务在于分群分类分步推进农业转移人口市民化，优化城镇化布局与形态，构建互补、共促、协同的城乡一体化发展新格局，提高城市可持续发展能力和建设文化特色浓郁的人文城市。同时，需要构建城镇化健康发展的六大机制，即市民化公共成本分担机制、城镇化发展的激励机制、城镇建设多元融资机制、包容性城市治理机制、中西部地区城镇和产业发展扶持机制和城镇管理协调机制。

　　改革开放以来，中国城镇化的实践不断丰富，社会各界对城镇化的认识不断深化。党的十六大做出了走中国特色城镇化道路的重大决策，党的十八大提出了坚持走中国特色城镇化道路的战略部署，《国家新型城镇化规划（2014—2020年）》（以下简称《规划》）明确了全面建成小康社会背景下中国新型城镇化的方针和重点任务。本专题根据《规划》的精神，从细化和落实其重点任务及相关机制建设的角度加以研究，为完善"十三五"时期中国新型城镇化的路径提供支撑。

一、新型城镇化发展的背景分析

　　"十二五"时期中国城镇化保持了良好发展态势，但也存在人口城镇化不彻底等突出问题。"十三五"时期需要根据中国经济社会发展的新形势和新要求，切实推进新型城镇化进程。

（一）城镇化成就显著

1. "十二五"时期实现了人口以农业为主向以城镇为主的历史性转变，城镇化率接近世界平均水平

改革开放以来，随着农村改革的深化，农村劳动生产率大幅提高，相当数量的农民从农业中转移出来，进入城镇和非农产业，从而使中国城镇人口快速增加，城镇化率稳步上升。1978—2013 年间，城镇常住人口从 1.7 亿人增加到 7.3 亿人，净增 5.6 亿人，平均每年增加 1600 万人，是 1949—1978 年间城镇人口年均增量的 4.04 倍，其中 1996—2013 年，城镇人口更是以每年 2106 万人的规模递增，是 1949—1978 年城镇人口每年净增数量的 5.3 倍。随着城镇人口的迅速增加，中国城镇化率从 1978 年的 17.9% 提升到 2013 年的 53.7%，年均提高 1.02 个百分点。

"十二五"时期的前三年，全国城镇常住人口保持了每年 2000 余万（2016万）的增长幅度，城镇化率提高了 2.46 个百分点，年均提高 1.23 个百分点，略低于"十一五"时期城镇人口年均增加 2172 万、城镇化率年均提高 1.40 个百分点的幅度，但 2011 年中国城镇化率提高为 51.27%，城镇人口首次超过农村人口，初步实现了农业社会向市民社会的历史性转变。

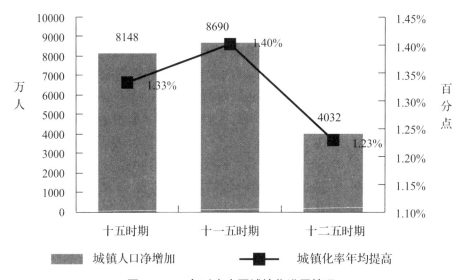

图 1　2000 年以来中国城镇化进展情况

数据来源：相应年份《中国统计年鉴》。

将中国城镇化放在全球背景下分析，2005年中国城镇化率追赶上了发展中国家的平均水平，2011年已高于发展中国家平均水平5.6个百分点。与世界平均水平的差距也在不断缩小，2011年只有0.8个百分点的差距（参见图2）。

城镇化率（%）

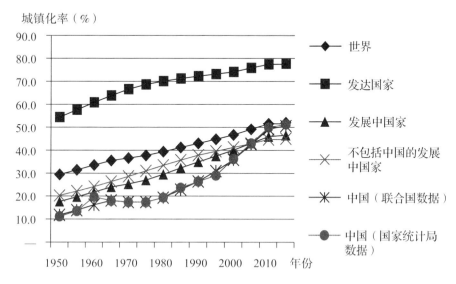

图2　中国城镇化水平与世界的对比

数据来源：World Urbanization Prospects, the 2011 Revision.

2.若干城市群初具雏形，日益成为经济发展的主要载体

中国已形成多个城市群，主要包括10大城市群，即长三角、珠三角、京津冀、辽中南、山东半岛、海峡西岸、长江中游、中原、川渝和关中城市群。10大城市群以不到10%的国土面积，承载中国36.1%的总人口，创造了超过60%的GDP总量，十大城市群在聚集人口、产业等经济要素方面发挥着越来越大的作用，已经成为中国经济社会发展的重要支柱，是中国城镇化战略中不可忽视的重要因素。

表1　中国10大城市群相关指标（2012年）

城市群	土地面积（平方公里）	GDP（亿元）	总人口数（万人）
长三角城市群	109895	90114	8562
珠三角城市群	54773	47780	3096
京津冀城市群	184538	52018	8649

续表

城市群	土地面积（平方公里）	GDP（亿元）	总人口数（万人）
辽中南城市群	83869	23025	2823
山东半岛城市群	74301	31648	4059
海西城市群	56118	16026	2693
长江中游城市群	147904	21773	6318
中原城市群	58858	17349	4594
川渝城市群	113901	22194	5427
关中城市群	75056	9165	2607
合计	959213	331092	48828
十大城市群所占比重	10.0%	63.7%	36.1%

数据来源：根据《中国经济与社会统计数据库》2012年相关数据整理。

注：长三角城市群包括上海、南京、无锡、常州、苏州、南通、扬州、镇江、泰州、杭州、宁波、嘉兴、湖州、绍兴、舟山、台州16市；珠三角城市群包括广州、深圳、珠海、佛山、江门、肇庆、惠州、东莞、中山9市；京津冀城市群包括北京、天津、石家庄、唐山、秦皇岛、保定、张家口、承德、沧州、廊坊等市；辽中南城市群包括沈阳、大连、鞍山、抚顺、本溪、丹东、营口、辽阳、盘锦等市；山东半岛城市群包括济南、青岛、淄博、东营、烟台、潍坊、威海、日照8市；海西城市群包括福州、厦门、莆田、泉州、漳州、宁德6市；长江中游城市群包括武汉、黄石、鄂州、黄冈、仙桃、孝感、潜江、咸宁、天门、随州、荆门、信阳、九江、岳阳14市；中原城市群包括郑州、洛阳、新乡、许昌、济源、开封、平顶山、焦作、漯河9市；川渝城市群包括重庆、遂宁、资阳、成都、内江5市；关中城市群包括西安、宝鸡、渭南、铜川、咸阳、商洛6市。

3. 城镇基础设施加快建设，城镇功能趋于完善

在城镇化进程中，城镇基础设施和服务设施建设日益加强，城市水、电、路、气、信息网络等基础设施条件显著改善，教育、医疗、文化体育、社会保障等公共服务水平明显提高。2012年城市用水普及率达到97.2%，燃气普及率达到93.2%，分别比2000年提升33.3%、48.6%；人均道路面积为14.4平方米，比2000年增加136.1%。在服务设施方面，2012年城市人均住宅建筑面积达到32.9平方米，比2000年增加62.1%；污水处理率为87.3%，比2000年提高54.0%；人均公园绿地面积12.3平方米，病床数273.3万张，都有大幅度的增加；普通中学17333所，就数量而言相比2000年略有下降。城镇基础设施

· 190 ·

和服务设施日益改善、质量不断提高，使得城镇作为行政、经济、文化中心的功能日渐完善。

表 2　城市基础设施和服务设施变化情况

类别	指标	1990 年	2000 年	2010 年	2011 年	2012 年
基础设施	用水普及率（%）	48.0	63.9	96.7	97.0	97.2
	燃气普及率（%）	19.1	44.6	92.0	92.4	93.2
	人均道路面积（平方米）	3.1	6.1	13.2	13.8	14.4
服务设施	人均住宅建筑面积（平方米）	13.7	20.3	31.6	32.7	32.9
	污水处理率（%）	—	34.3	82.3	83.6	87.3
	人均公共绿地面积（平方米）	1.8	3.7	11.2	11.8	12.3
	普通中学（所）	87631	77268	68881	67751	66752
	卫生机构床位数（万张）	292.5	317.7	478.7	516.0	572.5

数据来源：相应年份《中国统计年鉴》。

4. 改革步伐加快，城镇化健康发展的体制机制障碍开始突破

进入 21 世纪后，中国在户籍制度改革、提升基本公共服务、土地管理制度等方面进行了一系列变革，为城镇化发展奠定了制度基础。

第一，积极稳妥推进户籍制度改革。"十二五"的第一年国务院就出台了有关户籍改革的相关文件，即国务院办公厅《关于积极稳妥推进户籍管理制度改革的通知》（国办发〔2011〕9 号）。文件颁布后，发展改革委、人力资源社会保障部等相关部门出台配套政策，18 个省（区、市）出台了具体实施意见，14 个省（区、市）探索建立了城乡统一的户口登记制度，初步为农业人口落户城镇开辟了通道，据统计，2010—2012 年，全国农业人口落户城镇的数量为 2505 万人，平均每年达 835 万人。2014 年 7 月国务院发布《关于进一步推进户籍制度改革的意见》，就促进有能力在城镇稳定就业和生活的常住人口有序实现市民化和稳步推进城镇基本公共服务常住人口全覆盖等问题做出具体的部署。

第二，社会保障制度改革不断加快。2006年，国务院颁布了《关于解决农民工问题的若干意见》（国发〔2006〕5号）。提出要优先解决工伤保险和大病医疗保障问题，逐步解决养老保障问题的要求，并提出要适应农业转移劳动力流动性大的特点，使其保险关系和待遇能够转移接续。2010年开始实行《城镇企业职工基本养老保险关系转移接续暂行办法》明确将在城镇企业就业并建立劳动关系的农民工，按照国家统一规定纳入城镇企业职工基本养老保险制度，并加快实现异地转移接续。"十二五"规划中则明确了职工基本养老保险的基础养老金全国统筹的目标。2014年初，国家进一步提出将合并新型农村社会养老保险和城镇居民社会养老保险，建立全国统一的城乡居民基本养老保险制度，在城乡居民社会保障问题上首先消除了城乡区别。

第三，努力提高基本公共服务常住人口的覆盖面。国务院印发实施《国家基本公共服务"十二五"规划》，明确了提升基本公共服务水平的具体任务，2011—2012年，全国开工建设城镇保障性安居工程住房1824万套，比"十一五"期间开工总量还高12%左右；基本建成1033万套，相当于"十一五"期间建成总量；2012年，城镇基本养老保险、基本医疗保险常住人口覆盖率分别达到63.9%和75.5%；努力解决农民工最关心的随迁子女教育问题，以流入地为主、以公办学校为主的"两为主"原则，2012年农民工随迁子女进入公办学校就读的比例达到80.2%。国民经济和社会发展"十二五"规划纲要中提出，"十二五"期间，提高养老保障水平，实现城镇职工基础养老金全国统筹。实施国民健康行动计划，实现城乡居民具备健康素养的人数达到总人数的10%；完善重大疾病防控、计划生育、妇幼保健等专业公共卫生服务网络，提高对严重威胁人民健康的传染病、慢性病、地方病、职业病和出生缺陷等疾病的监测、预防和控制能力；完善卫生监督体系，建立食品安全标准及风险评估、监测预警、应急处置体系和饮用水卫生监督监测体系；将基本药物制度覆盖所有政府办基层医疗卫生机构和村卫生室，保障药品安全，使药品出厂检验合格率达到100%。

（二）农民工流动和就业呈现新特征

1.2010年以来农民工增速逐年下降

2009年以来中国农民工总量持续增长，年均增加约780万人，到2013年全国农民工总量达到26894万人，其中外出农民工，即在户籍所在乡镇地域以内从业的农民工为16610万人。但对比年度农民工数量的增长的速度可以看出，2010 年以来呈现逐年下降的态势。如表 3 所示，2010—2013 年，农民工总量的增长速度分别下降了 1.0、0.5 和 1.5 个百分点。进一步对比外出农民工和本地农民工可以看出，农民工总量增速下降主要是由于外出农民工增速下降所致，外出农民工数量的增速下降的幅度高于本地农民工，出现这一现象与前文提及的中国劳动年龄人口供给下降有关。

表 3　近年来中国农民工总量及增长速度

	2009 年	2010 年	2011 年	2012 年	2013 年
规模（万人）					
农民工总量	22978	24223	25278	26261	26894
其中：1. 外出农民工	14533	15335	15863	16336	16610
2. 本地农民工	8445	8888	9415	9925	10284
年度增长速度（%）					
农民工总量	1.93	5.42	4.36	3.89	2.41
其中：1. 外出农民工	3.50	5.52	3.44	2.98	1.68
2. 本地农民工	-0.66	5.25	5.93	5.42	3.62

资料来源：根据国家统计局发布的相应年份《全国农民工监测调查报告》中数据计算。

2. 外出农民工跨省流动者所占比重下降

在 2011 年前，中国外出农民工中跨省流动人口规模大于省内流动人口规模，但以 2011 年为分水岭这一状况发生了变化，2011 年外出农民工中省内流动人口首次超过了跨省流动人口，且两者之差逐年增加（参见图 3）。

由表 4 也可以看出，全国跨省流动农民工所占比重已由 2010 年的 50.3% 下降为 2013 年的 46.6%。表 4 还表明，跨省流动农民工所占比重有所下降，主要是由于中部地区跨省流动比重下降所致，2010—2013 年中部地区农民工跨省流动的比重下降了 6.6 个百分点，明显高于全国 3.7 个百分点的平均幅度。结合 P188 图 1 所显示的中部地区外出农民工在全国比重上升，可以看出中部地区离开本乡镇就业且在本省内就业者增加。近年来中部地区工业化及承接东部地区产业转移步伐加快应是这一现象背后的原因，表明中部地区自身非农产业的发展提高了本地区对于农业转移人口的吸引力和吸纳力。

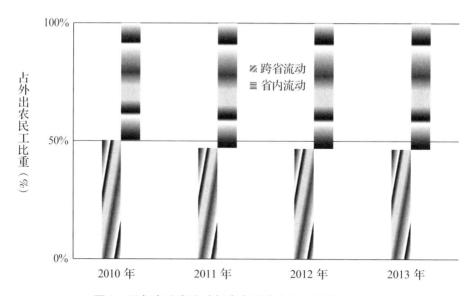

图3 近年来跨省流动与省内流动人口比重变化（%）
资料来源：根据国家统计局发布的相应年份《全国农民工监测调查报告》中数据计算。

表4 三大地区外出农民工跨省和省内流动结构（%）

年份	流动类型	东部地区	中部地区	西部地区	合计
2010 年	跨省流动	19.7	69.1	56.9	50.3
	省内流动	80.3	30.9	43.1	49.7
2011 年	跨省流动	16.6	67.2	57.0	47.1
	省内流动	83.4	32.8	43.0	52.9
2012 年	跨省流动	16.3	66.2	56.6	46.8
	省内流动	83.7	33.8	43.4	53.2
2013 年	跨省流动	17.9	62.5	54.1	46.6
	省内流动	82.1	37.5	45.9	53.4

资料来源：根据国家统计局发布的相应年份《全国农民工监测调查报告》中数据计算。

当然，中部和西部地区跨省流出农民工的数量虽然在减少，但仍在这两大地区外出农民工中分别占有 60% 和 50% 以上的比重，表明中西部地区外出农民工以跨省流动为主，且主要流向东部地区。2013 年全国农民工监测调查报告显示，中部地区跨省流出农民工为 4017 万人，89.9% 流向东部地区；西部地区跨省流出农民工 2840 万人，82.7% 流向东部地区。

3. 不同地区农民工从业结构有较大差异

近几年，外出农民工从事的行业大体为"三三分"的局面，即 1/3 多一些从事制造业，1/3 从事服务业，不到 1/3 从事建筑业及其他行业。从 2009—2013 年间的变化态势看，从事制造业农民工所占比重趋于下降，2013 年与 2009 年相比这一比重下降了 1.1 个百分点。从事服务业的比重在 2012 年之前变化不大，基本保持在 34% 左右，但 2013 年下降为 29.1%（参见表 5）。

表 5　外出农民工从业结构（%）

	2009 年	2010 年	2011 年	2012 年	2013 年
制造业	36.1	36.7	36.0	35.7	35.0
建筑业	15.2	16.1	17.7	18.4	23.5
交通运输、仓储和邮政业	6.8	6.9	6.6	6.6	4.6
批发零售业	10.0	10.0	10.1	9.8	8.1
住宿餐饮业	6.0	6.0	5.3	5.2	7.0
居民服务和其他服务业	12.7	12.7	12.2	12.2	9.4
其他行业	15.9	13.2	11.6	12.1	12.4

资料来源：根据国家统计局发布的相应年份《全国农民工监测调查报告》中数据计算。

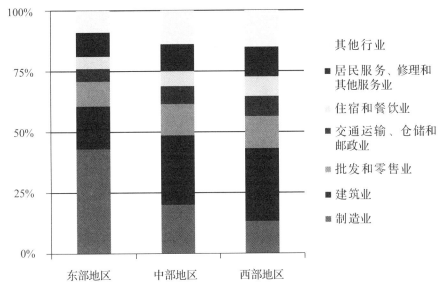

图 4　2013 年三大地区外出农民工从业结构对比（%）

资料来源：根据国家统计局发布的相应年份《全国农民工监测调查报告》中数据计算。

由图 4 则可看出，不同地区务工者的从业结构有较为明显的差异，2013 年东部地区在制造业务工的农民工占 43.1%，比中部和西部地区这一比重分别高 23.0 和 29.9 个百分点。中部和西部地区农民工建筑业从业比例明显较高，同时，服务业务工者比重分别为 37.5% 和 41.7%，明显高于东部地区 30.4% 的水平（参见图 4）。

（三）城镇化进程中仍存在突出问题

中国城镇化在取得重大成就的同时，也存在着不少问题，具体表现在农业转移人口市民化进程缓慢，城市规模结构不尽合理，城镇化区域差异严重，土地资源利用低效，城市管理服务水平不高，城镇化发展体制束缚较多。

1. 农业转移人口市民化进程缓慢

农民工已经成为中国诸多行业中产业工人的主体力量，但这些农民工未能在教育、就业、医疗、养老、保障性住房等方面享受城镇居民的基本公共服务，不能完全融入城市社会，产生城镇内部的二元矛盾。为了对全国农民工市民化程度做出判断，可根据农民工的就业情况和享受公共服务的情况，对农民工市民化程度进行测度。选取收入和消费、住房、社会保障及权益保护、子女教育、举家外迁、接受公共卫生服务、政治参与度等 10 个方面，一共 24 个指标，构成农民工市民化测度的指标体系。将 24 个指标转化成 0—1 之间的得分，将同一方面指标得分值按一定权重合成分类指数，最后由 10 个分类指数按照一定权重合成总指数，指数越趋于 1，表明市民化程度越高。计算结果如表 6 所示，2013 年全国平均的农民工市民化指数为 0.598，虽然与同样指标计算得到 2009 年 0.547 的指数相比，有了一定的提高，但农民工市民化的程度仍然较低（参见表 6）。

表 6　农民工市民化指数

合成指标	分类指标	单位	无量纲后得分值
收入支出情况	平均月收入	元	0.070
	食品支出占全部支出比例	元	0.054
社会保障指数	医疗保险	%	0.017
	养老保险	%	0.008
	失业保险	%	0.015
	工伤保险	%	0.011

续表

合成指标	分类指标	单位	无量纲后得分值
工作时间	受雇从业的外出农民工平均每个月工作	天	0.055
	雇佣农民工周雇用时间	小时	0.034
	超过劳动法规定的 44 小时	%	0.025
权益保护指数	拖欠工资	%	0.031
	高温下未采取任何防护措施	%	0.012
	工作岗位的安全防护措施	%	0.012
	与雇主或单位签订劳动合同的比例	%	0.016
住房指数	人均住宅面积	平方米	0.008
	租赁住房比例	%	0.011
	住工地或工棚比例	%	0.006
	拥有住房比例	%	0.003
家庭迁移	举家外出农民工占全部农民工比例	%	0.015
随迁子女教育	随迁子女在公办学校接受义务教育的比例	%	0.046
就业扶持指数	接受过就业技能培训的比例	%	0.024
	通过劳动保障部门获得就业信息的劳动者比例	%	0.029
接受公共卫生服务指数	已婚妇女在流入地接受计划生育服务的比例	%	0.028
	随迁儿童接受免疫接种的比例	%	0.032
政治参与度	参加所在城市选举比例	%	0.036
总指数			0.598

注：指标含义参见申兵等《我国农民工市民化问题研究》，中国计划出版社 2013 年版。

2. 城镇化区域差异明显

中国东部、中部、西部、东北地区城镇化发展水平存在显著的区域差异。

如图可以看到，2013 年，东部和东北地区的城镇化率均超过了 60%，分别为 62.8% 和 60.2%，中部和西部地区城镇化率相对较低，仍低于 50%，分别为 48.5% 和 46.0%。虽然与 2010 年相比，中部和西部与东部地区城镇化率的差异有所缩小，但这两大地带仍低于全国城镇化率平均水平，城镇化发展相对滞后（参见图 5）。

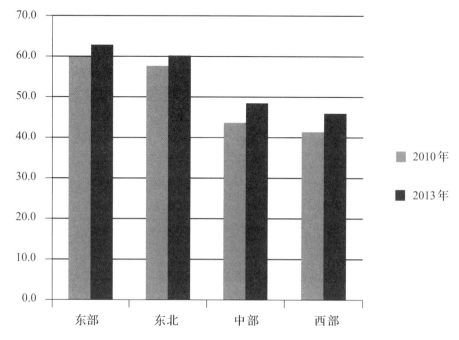

图 5　四大地带城镇化率对比（%）
资料来源：根据相应年份的中国统计年鉴数据计算。

3. 土地资源利用低效

1996—2012 年，全国建设用地年均增加 724 万亩，仅城镇建设用地年均增加 357 万亩；2010—2012 年，全国建设用地年均增加 953 万亩，其中城镇建设用地年均增加 515 万亩。在城市建设过程中，许多城市采取"摊大饼"式的发展方式，片面追求高楼大厦、宽马路大广场，新城新区、开发区和工业园区占地面积过大，城市用地和空间利用不合理、低效率的问题十分突出。农村地区也存在着极大的土地浪费现象，2012 年农村人口减少 1.3 亿人，农村居民点用地却增加了 3045 万亩，与此相对应，大量的"空心村"、土地撂荒现象突出。土地资源利用低效，加大了经济社会发展对土地资源的消耗，制约了土地利用方式和经济发展方式的转变。①

4. 城市建设管理水平不高

在城市发展方式上，往往重城市建设、轻管理服务，伴随着城市硬环境的大力发展，城市服务管理水平却未能跟上实际需要，使"城市病"问题日益突出。根据相关研究表明，城镇化率达到50%以上是"城市病"高发时期。目前，特别是特大城市、大城市交通拥堵问题异常严重，食品药品等公共安全事件频繁发生，城市污水和垃圾处理能力不足，大气、水、土壤等环境污染层出不穷，雾霾现象成为许多城市的噩梦。同时，城市人口规模的扩大，更是增加了城市管理的难度，社会治安形势严峻，公共服务供给能力稍显不足，城中村和城乡接合部等外来人口聚集区人居环境较差，成为诸多不稳定因素的重要来源。

表7 "十一五"以来主要城市生活垃圾无害化处理率（%）

	2006年	2007年	2008年	2009年	2010年	2011年	2012年
中国	52.2	62.0	66.8	71.4	77.9	79.7	84.8
北京市	92.5	95.7	97.7	98.2	97.0	98.2	99.1
天津市	85.0	93.3	93.5	94.3	100.0	100.0	99.8
上海市	57.9	79.2	74.4	78.8	81.9	61.0	83.6
广州市	85.1	82.4	81.1	80.2	92.0	81.4	—
深圳市	93.7	94.1	94.2	94.3	94.6	95.0	—

数据来源：中国经济与社会统计数据库。

5. 城镇化发展体制机制束缚较多

为了促进城镇化的顺利推进，中国在户籍制度、劳动就业制度、社会保障制度、教育制度等方面进行了系列变革，但阻碍城镇化发展的政策壁垒还没有完全打破，体制机制不健全，仍然阻碍着城镇化健康发展。

现行城乡分割的户籍管理制度，人为地将全体公民划分为农村户口和城市户口，形成了中国特有的城乡分割的二元经济结构，制约着农业转移人口市民化，不利于城乡统一要素市场的形成，无论是在资源分配上，还是在就业选择

---

① 该部分数据来源于《国家新型城镇化规划（2014－2020年）》。

上都严重地束缚了农民的发展空间，造成极大的不公平性。

城市和农村施行不同的土地管理政策，城市实行土地国有制度，可以自由流转；而农村实行家庭承包经营责任制，土地归集体所有，农民享有使用权和经营权，尽管农村土地自由流转日渐进入人们的视野，但实施进展缓慢，农民的土地权益无法得到有效保障，也从根本上减少了农民资产性收入。

社会保障制度方面，城镇人口已经可以充分享受到城镇居民基本医疗保险、城镇居民社会养老保险、城镇职工失业保险等；而农村居民的养老、医疗、失业等保障体系尚未完全建立，区域之间的社会保障账户尚未统一，农民工社会保障权益无法得到满足。

城市发展与行政级别挂钩的制度不利于形成健全的城市体系。在中国城市的发展过程中，往往伴随着行政色彩主导城市发展的现象。根据不同的功能中国城市可以划分为直辖市、副省级城市、计划单列市、地级市、县级市等不同等级，在城市运营过程中，不同等级的城市往往具有不同的管理权限，使得行政级别越高，城市聚集资源能力越强，城市发展越快，而其他城市则发展相对不足，从而不利于形成合理的城市等级体系。

（四）城镇化面临的新形势

1. 产业结构变化使得城镇化动力有所改变

2013 年中国三次产业结构比为 10 : 43.9 : 46.1，第三产业超过第二产业，成为国民经济的最大组成部分。据分析，2001—2012 年的 12 年间，第二产业的用人需求比重从 2001 年的 22.3% 持续上升，至 2012 年达到 30.3%，上升了 8 个百分点；第三产业的用人需求比重从 2001 年的 27.7% 上升至 2012 年的 36.1%，上升了 8.4 个百分点，第三产业对就业需求略高于第二产业，反映出产业结构与就业结构的内在联系[①]。由此，城镇化动力日益从工业化带动向服务业、信息业等高端行业带动转变，城镇化与服务业的互动发展日益成为城镇化发展的新特征，从而为城镇化的质量和效益提出了更高的要求。

2. 人口结构变化促使城镇化模式进行调整

随着经济发展水平的不断提高，中国人口总量和人口结构均在发生深刻变化。一是人口总量保持低速增长态势。随着人口自然增长率的不断走低，人口总数增长速度连续放缓。"十二五"时期，中国人口总量增加 1337 万人，年均

---

① 《2014年我国就业形势浅析》，中国投资咨询网，2014年4月21日。

增长 0.5%，比"十五"时期同比增幅下降 0.03 个百分点。二是人口结构趋于老龄化。2013 年末人口构成中，0—14 岁（含不满 15 周岁）人口占比为 16.4%，比上年末下降 0.1 个百分点；15—59 岁（含不满 60 周岁）劳动年龄人口占比为 68.7%，比上年末下降 0.5 个百分点；60 周岁及以上人口占比为 14.9%，比上年末提高 0.6 个百分点。总体而言 15—59 岁的劳动年龄人口都趋于下降，60 周岁以上的老年人口比重上升，表明中国已经逐渐步入老龄化社会。[1] 人口年龄结构变化表现在就业供给上，就是就业出现"拐点"。中国就业人口增速从 2005年开始快速放缓，近年来几乎保持零增长水平。局部地区甚至出现"民工荒"、"招工难"等现象，一定程度反映了中国劳动力供求关系。据预测 2011—2020年，中国就业年均增速将比前期下降 0.9 个百分点。[2] 劳动力减少和人口老龄化程度提高，使过去主要依靠劳动力廉价供给推动城镇化快速发展的模式已不可持续，同时，人口结构的变化也给城镇化率的提高提出了严峻挑战。

3. 区域发展战略的深化有助于推动城镇化空间格局的优化

一方面，随着中国深入实施西部大开发战略和促进中部崛起等区域总体战略的实施，中西部地区经济发展步伐加快，并成为中国经济新的增长动力。在此背景下，中国人口流动态势发生变化，外出农民工由跨省流动为主转为省内流动为主。国家统计局农民工监测报告显示，在 2011 年前，中国外出农民工中跨省流动人口规模大于省内流动人口规模，但以 2011 年为分水岭这一状况发生了变化，2011 年外出农民工中省内流动人口首次超过了跨省流动人口，之后几年间两者之差有所增加。这表明，区域发展协调性的增强促进了中西部地区自身对于农业转移人口的吸纳能力，从而有利于改变前面分析提及的中国城镇化区域差距明显的局面。另一方面，中国正在加快长江经济带建设，以此为依托构建中国经济增长新的支撑带。与此同时，正在推进的丝绸之路经济带、21 世纪海上丝绸之路，以及孟中印缅、中巴经济走廊建设，将进一步拓展国际经济基础合作新空间，形成全方位开放格局。这些重大轴线开发和经济廊带建设，将促进沿海、沿江、沿边地区城镇化进程，从而为"两横三纵"城镇化空间格局的加快形成奠定更为坚实的基础。

4. 资源环境约束加强促进城镇化方式转变

随着中国经济规模的扩大，资源环境的约束明显增加。城镇化对于资源环

---

① 数据来源于中华人民共和国2012、2013年《国民经济和社会发展统计公报》。
② 梁达：《人口结构变化对经济的影响》，《宏观经济管理》2014年第2期，第32—34页。

境的影响具有双重性。一方面，根据环保部环境规划院课题组测算显示城镇化率每增加 1 个百分点，平均需多消耗能源 4940 万吨标煤，钢材 645 万吨，水泥 2190 万吨。城镇人口与生活污水排放量相关系数高达 0.98，与工业废气排放量的相关系数则超过 1，并会导致生态环境质量综合指数下降约 0.0073。另一方面，城镇化过程也会带来规模经济和集约经济，促进资源使用效率的提高，并为污染集中治理、降低治理成本提供了可能。这就需要在城镇空间结构、用地模式、产业结构、交通组织方式以及城市治理方式上下功夫，发挥城镇化对缓解资源环境约束的正面效应，推动城镇化方式转型。

二、新型城镇化的内涵与目标

国家新型城镇化规划中对于新型城镇化基本内涵和目标做出了概述，总体来说就是要遵循世界城镇化的一般规律，结合中国人口多、资源相对短缺、生态环境比较脆弱、城乡区域发展不平衡的基本国情，以科学发展观为指导，实现以人为本、四化同步、布局优化、生态文明、文化传承的城镇化。

（一）人口的深度城镇化

人口的深度城镇化是中国新型城镇化的核心。其主旨是要坚持以人为本，合理引导人口流动，有序推进农业转移人口市民化，稳步推进城镇基本公共服务常住人口全覆盖，不断提高人口素质，在城镇化过程中促进人的全面发展和社会公平正义，使全体居民共享现代化建设成果。到 2020 年，全国常住人口城镇化率达到 60% 左右，户籍人口城镇化率达到 45% 左右，户籍人口城镇化率与常住人口城镇化率差距比 2012 年缩小 2 个百分点左右，努力实现 1 亿左右农业转移人口和其他常住人口在城镇落户。

（二）四化同步的城镇化

四化同步是中国城镇化的时代特色。重在推动信息化和工业化深度融合、工业化和城镇化良性互动、城镇化和农业现代化相互协调，促进城镇发展与产业支撑、就业转移和人口集聚相统一，促进城乡要素平等交换和公共资源均衡配置，形成以工促农、以城带乡、工农互惠、城乡一体的新型工农、城乡关系。到 2020 年，中国工业化、城镇化、信息化和农业现代化总体协调，年新创造就业岗位 1000 万个，为努力实现 1 亿左右农业转移人口和其他常住人口在城镇落户奠定基础。农业生产能力进一步提升，粮食安全总体保障，新农村建设取得进展，城乡基本公共服务更加均等，城乡发展一体化水平大幅提高。智慧城市建设试点取得成效，城镇智能化水平大幅提升。

（三）布局优化的城镇化

布局优化是中国新型城镇化的内在要求。中国人均耕地仅为世界平均水平的40%，宜居程度较高的地区只占陆地国土面积的19%，水资源、能源资源等人均水平低、空间分布不均，生态环境总体脆弱，这对城镇化空间布局提出了更高要求。优化布局的城镇化就是要根据资源环境承载能力构建科学合理的城镇化宏观布局，以综合交通网络和信息网络为依托，科学规划建设城市群，严格控制城镇建设用地规模，严格划定永久基本农田，合理控制城镇开发边界，优化城市内部空间结构，促进城市紧凑发展，提高国土空间利用效率。到2020年城镇化格局要更加优化，"两横三纵"为主体的城镇化战略格局基本形成，城市群集聚经济、人口能力明显增强。城市规模结构更加完善，中心城市辐射带动作用更加突出，中小城市数量增加，小城镇服务功能增强。

（四）资源利用高效的城镇化

资源高效利用的城镇化是中国城镇化发展方式的必然选择，是要把生态文明理念全面融入城镇化进程，着力推进绿色发展、循环发展、低碳发展，节约集约利用土地、水、能源等资源，促进资源高效利用，强化环境保护和生态修复，减少对自然的干扰和损害，推动形成绿色低碳的空间布局、产业结构、生产生活方式和城市建设运营管理模式。到2020年，城市人均建设用地严格控制在100平方米以内，土地集约利用水平明显提高，公交导向、功能混合、集约紧凑的开发模式成为主导，生态文明考核评价机制、国土空间开发保护制度、资源有偿使用制度和生态补偿制度、资源环境产权交易机制、区域间环境联防联控机制、生态环境保护责任追究制度和环境损害赔偿制度基本建立。绿色生产、绿色消费成为城市经济生活的主流，节能节水产品、再生利用产品和绿色建筑比例大幅提高。城乡生态环境质量明显提升，居住条件明显改善。

（五）人文传承的城镇化

人文传承这是中国新型城镇化的应有之义。当今世界正处于大发展大变革大调整时期，各种思想文化交流交融交锋更加频繁，文化在综合国力竞争中的地位和作用更加凸显。中华文化源远流长，是无比珍贵的财富，也是我们屹立世界民族之林的重要支撑。城市是文化融合的平台，是人们的精神家园，城镇化过程中要创造性地保护和传承好历史文化。人文传承的城镇化就是要根据不同地区的自然历史文化禀赋，体现区域差异性，提倡形态多样性，防止千城一面，发展有历史记忆、文化脉络、地域风貌、民族特点的美丽城镇，形成符合实际、各具特色的城镇化发展模式。

三、新型城镇化重点任务

针对城镇化进程中出现的矛盾和问题，适应当前经济社会发展形势的变化，当前和今后一段时期，推进中国城镇化发展的主要任务是，着力转变城镇化发展方式和提高城镇化质量，显著增强城镇可持续发展能力，以城镇化健康发展促进全面小康社会的全面建成。

（一）分群分类分步推进农业转移人口市民化

农业转移人口的市民化是新型城镇化的核心和切入点。要按照尊重意愿、自主选择，因地制宜、分步推进，存量优先、带动增量的原则，扎实推进"符合条件的农业转移人口落户城镇和农业转移人口享有城镇基本公共服务"并重发展，使农业转移人口真正实现市民化。

1.重点针对大中城市破除户籍制度藩篱，加快符合条件有意愿的农业转移人口落户城镇

新近印发的《国务院关于进一步推进户籍制度改革的意见》指出要进一步调整户口迁移政策，全面放开建制镇和小城市落户限制，有序放开中等城市落户限制，合理确定大城市落户条件，严格控制特大城市人口规模。由此可见破除户籍制度藩篱应聚焦于大城市及特大城市，需要在改革攻坚中逐步降低这些城市落户门槛。第一步，针对大城市和特大城市的容纳能力等约束性条件，设置户籍制度改革的过渡期，在过渡期限内允许大城市和特大城市延续"居住证"、"积分制"落户的方式控制城市人口数量与公共服务的质量，但必须简化条件、清除歧视，将目前的标准从个人的人力资本与投资能力转移至居住年限、就业状况、社会保障等方面。第二步，在过渡期之后，所有大城市及特大城市的户籍制度改革都必须突出产业对农业转移人口的依赖程度这个标准，这就是说只要是城市产业发展所需要的农业转移劳动力，政府均有义务提供均等化的基本公共服务。在这个过程中，如果人口规模开始超过城市人口容纳极限，大城市就需要通过劳动密集型产业向周边卫星城镇转移、加快区域公共服务均等化等方式，实现流动人口由城市向区域聚集的转换。在此基础上需要统筹全局、进行全国性统筹规划，对不同区域的同等级城市或同一区域的大中小城市的户籍改革同步推进，对改革力度统筹考虑，以化解户籍改革"先行者"困境。同时，在强化中央政府责任同时发挥地方政府积极性，探索建立"人地"挂钩机制、"人钱挂钩"机制。

2. 按照分群分类、循序渐进的原则，扎实推进城镇基本公共服务全面覆盖农业转移人口

需要区分农民工群体在城镇就业的稳定性及公共服务领域的性质，分群分类地实现基本公共服务全面常住人口全覆盖。对于可以在小城市（镇）转户的农民工则可以认为实现了市民化，对于在大中城市的农民工而言，需要将城镇公共服务同水平和差异化覆盖结合起来，即公共服务覆盖的程度因农民工就业稳定性和公共服务性质而异。具体而言，一是在公共卫生和计划生育、子女义务教育、就业扶持服务等领域以及权益维护方面，力争实现农民工群体与户籍市民同水平覆盖。原因首先是在于这些领域公品的性质更加突出，是政府职能发挥作用的领域；其次在于已成为主体的新生代农民工，相当部分在"十三五"时期或进入生育时期，或子女进入义务教育阶段，对于上述领域服务的需求比只身在城镇打工的传统农民工更加迫切。二是城镇最低生活保障和住房保障领域扩大对稳定就业群体的覆盖面。农民工收入水平较低，按城镇居民收入水平分组，可进入最低生活保障和住房保障的规模较大，完全纳入城镇最低生活保障和住房保障对地方政府压力较大，可考虑根据各城市条件将一定比例的稳定就业人群或符合其他条件的农民工纳入保障范围，并使这一比例逐年有所增加。三是需要对社会保险制度进行相应制度安排以适应农民工的需要。

主要任务包括：一要完善公共就业创业服务体系。加强农民工职业技能培训，提高就业创业能力和职业素质。整合职业教育和培训资源，全面提供政府补贴职业技能培训服务。强化企业开展农民工岗位技能培训责任，足额提取并合理使用职工教育培训经费。鼓励高等学校、各类职业院校和培训机构积极开展职业教育和技能培训，推进职业技能实训基地建设。鼓励农民工取得职业资格证书和专项职业能力证书，并按规定给予职业技能鉴定补贴。

二要扩大社会保障覆盖面。扩大参保缴费覆盖面，适时适当降低社会保险费率。完善职工基本养老保险制度，实现基础养老金全国统筹，鼓励农民工积极参保、连续参保。依法将农民工纳入城镇职工基本医疗保险，允许灵活就业农民工参加当地城镇居民基本医疗保险。完善社会保险关系转移接续政策，在农村参加的养老保险和医疗保险规范接入城镇社保体系，建立全国统一的城乡居民基本养老保险制度，整合城乡居民基本医疗保险制度。强化企业缴费责任，扩大农民工参加城镇职工工伤保险、失业保险、生育保险比例。

三要改善基本医疗卫生条件。根据常住人口配置城镇基本医疗卫生服务资源，将农民工及其随迁家属纳入社区卫生服务体系，免费提供健康教育、妇幼保健、预防接种、传染病防控、计划生育等公共卫生服务。加强农民工聚居地疾病监测、疫情处理和突发公共卫生事件应对。鼓励有条件的地方将符合条件的农民工及其随迁家属纳入当地医疗救助范围。

四要采取廉租住房、公共租赁住房、租赁补贴等多种方式改善农民工居住条件。完善商品房配建保障性住房政策，鼓励社会资本参与建设。农民工集中的开发区和产业园区可以建设单元型或宿舍型公共租赁住房，农民工数量较多的企业可以在符合规定标准的用地范围内建设农民工集体宿舍。把进城落户农民完全纳入城镇住房保障体系。

五要保障随迁子女平等享有受教育权利。建立健全全国中小学生学籍信息管理系统，为学生学籍转接提供便捷服务。将农民工随迁子女义务教育纳入各级政府教育发展规划和财政保障范畴，合理规划学校布局，科学核定教师编制，足额拨付教育经费，保障农民工随迁子女以公办学校为主接受义务教育。对未能在公办学校就学的，采取政府购买服务等方式，保障农民工随迁子女在普惠性民办学校接受义务教育的权利。逐步完善农民工随迁子女在流入地接受中等职业教育免学费和普惠性学前教育的政策，推动各地建立健全农民工随迁子女接受义务教育后在流入地参加升学考试的实施办法。

（二）构建互补、共促、协同的城乡一体化发展新格局

农业人口规模庞大是中国的基本国情，"十三五"期末全国城镇化率达到60%时，仍将有5.7亿人口生活在农村。"十三五"期间应坚持城市发展与农村进步双轮驱动，以新型城镇化为主线，增强城市承载力，提高"以城带乡"的水平，以城乡一体化发展为抓手，缩小城乡发展差距，打牢"以乡促城"的基础，形成互补、共促、协同的城乡发展新格局。

1. 推进城乡规划统筹

加强城市规划与周边乡村规划在产业布局、基础设施网络、公共服务设施、生态空间布局等方面的衔接协调。科学编制县域村镇体系和布局规划，合理安排乡镇建设、农田保护、产业聚集、村落分布、生态涵养等空间布局。按照发展中心村、保护特色村、整治空心村的要求，完善村庄布局，合理引导农村住宅和居民点建设。以中心村为重点推进农村社区建设，充分考虑农民作业的合理半径，在农民自愿基础上，推动村庄布局从零星分散向适度集聚转变。在提升自然村落功能基础上，保护发展特色村，强化乡村建设的地域文化特色。

2. 推进城乡统一要素市场建设

加快建立城乡统一的人力资源市场，落实城乡劳动者平等就业、同工同酬制度。以城郊为突破口和衔接点，按照"多元化、市场化、资本化"方向，调整和拓展土地产权关系，构建可以抵押、归政府所有的土地发展权，推进城镇化土地制度改革，逐步建立城乡统一的建设用地市场。建立健全有利于农业科技人员下乡、农业科技成果转化、先进农业技术推广的激励和利益分享机制。创新面向"三农"的金融服务，统筹发挥政策性金融、商业性金融和合作性金融的作用，支持具备条件的民间资本依法发起设立中小型银行等金融机构，保障金融机构农村存款主要用于农村农业。加快农业保险产品创新和经营组织形式创新，完善农业保险制度。鼓励社会资本投向农村建设，引导更多人才、技术、资金等要素投向农村。

3. 推进基础设施和公共服务统筹发展

扩大公共财政覆盖农村范围，探索多元可持续的投融资机制，提高农村基础设施和公共服务保障水平。加快基础设施向农村延伸，强化城乡基础设施连接，着力解决农村人口饮用水安全问题，实施新一轮农村电网改造升级工程，加强城乡清洁能源建设及相关技术服务，完善农村公路和客运网络，推动水电路气等基础设施城乡共建、城乡联网、城乡共享。深入开展农村环境综合整治，实施乡村清洁工程，开展村庄整治，推进农村垃圾、污水处理和土壤环境整治，加快农村河道、水环境整治，严禁城市和工业污染向农村扩散。加快公共服务向农村覆盖，推进公共就业服务网络向县以下延伸，全面建成覆盖城乡居民的社会保障体系，加快形成政府主导、覆盖城乡、可持续的基本公共服务体系。

4. 建设社会主义新农村

坚持遵循自然规律和城乡空间差异化发展原则，适应农村人口转移和村庄变化的新形势，科学编制县域村镇体系规划和镇、乡、村庄规划，建设各具特色的美丽乡村。按照发展中心村、保护特色村、整治空心村的要求，在尊重农民意愿的基础上，科学引导农村住宅和居民点建设，方便农民生产生活。在提升自然村落功能基础上，保持乡村风貌、民族文化和地域文化特色，保护有历史、艺术、科学价值的传统村落、少数民族特色村寨和民居。统筹安排农村道路、供水、燃气、信息、环境等基础设施建设，继续推进农村危房改造，加快国有林区（场）棚户区改造和垦区危房改造，实施游牧民定居工程。加快农村地区邮政、宽带网络建设。加快农村垃圾集中处理和污水处理。加强农村中小学寄宿制学校建设，提高农村义务教育质量和均衡发展水平，积极发展农村学前教育。优先建设发展县级医院，完善乡镇卫生院和村卫生室，向农民提供安全可及的基本医疗服务。加强农村公共文化和体育设施建设。完善农村就业服务网络。健全农村留守儿童、妇女、老人关爱服务体系。

（三）优化城镇化布局与形态

构建以陇海兰新通道、沿长江经济带通道为两条横轴，以沿海、京哈京广、包昆通道为三条纵轴，以轴线上城市群和节点城市为依托、其他城镇化地区为重要组成部分，大中小城市和小城镇协调发展的"两横三纵"城镇化战略格局。

1. 打造统筹东中西、协调南北方的国家城镇发展轴（带）

发展轴带是一个国家区域经济发展的主骨架与脊梁。目前，中国沿海经济带、长江经济带、京广京哈、丝绸之路已经成为中国城镇化空间开发的主轴线，与《全国主体功能区规划》中新增加的一条"包昆发展轴"，一起构成中国"两横三纵"城镇化空间格局。长江经济带应进一步发挥长江黄金水道的航运功能，合理规划布局沿江港口，大力加强基础设施建设，不断改善沿江地区的投资环境，大力增强沿江地区集聚人口和经济要素的能力，加快构建以长三角地区为龙头，以长江黄金水道为依托，以长江中游城市群、成渝经济区为支撑，连接东中西三大区域的黄金水道经济发展走廊，打造支撑全国经济发展的重要经济带。丝绸之路经济带要依托陇海、兰新陆桥大通道，发挥连云港东中西合作示范区的示范作用，加快建设以江苏沿海地区为桥头堡，以中原、关中—天水、兰（州）西（宁）格（尔木）、新疆天山北坡等经济区为支撑的经济带，打造沟通东中西、向西开放的重要战略通道和新的经济增长带，推动形成与中亚乃至整个欧亚大陆的区域大合作。沿海经济带已形成了整体优势，应建立有效的区域协调机制，加强沿海大通道和城际轨道交通建设，优化港口职能分工，解决水资源短缺和日益严重的生态环境问题，加快经济发展低谷地带的隆起，提升陆海统筹和创新开放水平，建设成为中国具有较强国际影响力的经济带，带动中国内陆腹地的发展崛起。京广京哈经济带纵贯南北，是承接中国区域经济重心由沿海向内陆推进、由南方向北方推移的发展带，要强化京哈线、京广线、京九线、同蒲线、焦枝线、枝柳线的交通联系和整体作用，发挥中国最为重要的南北陆路运输大通道作用，连接东北老工业基地和华北、中南地区，建设南北互动、东西交融的核心发展地带，打造中国区域经济南北协调发展的引领轴带。包昆发展带应以交通条件的改善为着力点，积极发展榆林市、延安市、泸州、内江、遵义、昭通、六盘水、毕节、曲靖等区域性中心城市，培育成为发展轴上新的增长点，建设成为中国西部地区最为重要的南北向开发轴带，成为连接华北、西北和西南腹地，打造密切西部地区联系、向西南开放的重要战略通道。

2. 因地制宜地推进国家"10 + 6"城市群建设

如前所述，目前中国已形成京津冀、长江三角洲、珠江三角洲、辽中南、山东半岛、海峡西岸、中原、长江中游、川渝、关中十大城市群。这十大城市群发展相对成型，今后政府调控的重点在发展，即以市场为导向，打破区域人为壁垒和行政界限壁垒，构建成熟的一体化市场，推进内部人才、资金、技术、信息等生产要素以及各种有形商品在区域内部的高效流动，构筑城市群内的产业集群，实现资源利用的效益最大化。与此同时，还要搞好区域空间的综合协调，协调与经济社会发展有关的城乡建设和基础设施建设的空间布局，协调开发建设空间与国土资源开发利用和生态环境保护整治，协调不同行政区域和城乡之间的关系，协调不同行政区域基础设施建设。

除上述十大城市群之外，以长珠潭为中心的湘东地区，以合肥为中心的江淮地区，以长春、吉林为中心的吉林中部地区，以哈尔滨为中心的黑龙江西南部地区，以南宁为中心的北部湾地区，以乌鲁木齐为中心的天山北坡地区等都有希望培育发展成为中国未来新的城市群。据不完全统计，2013 年，这六个城市群面积占全国的 6.08%，人口占 11.78%，市域 GDP 占 11.22%。今后这六个城市群重点是培育成长的基础要素，用行政的手段帮助欠发达地区克服市场劣势，培育市场自我发展能力，最终获得平等进行市场竞争的能力。通过政府在政策、资金等方面的倾斜，创造城市群成长的基础条件，缩小区域之间以及区域内部的收入差距、城乡差距和区域差距，促进区域共同发展。

3. 在城市群以外地区培育区域性中心城市

由于中国人口众多，虽然城市群能集聚大量的人口，但在城市群以外的地区依然将有相当规模甚至数亿之众的人口要生活在这里，这些地区的发展建设依然关系到国家长久的繁荣和稳定。城市群以外地区往往是人口相对稀疏、产业发展基础较差的地区，同时也是生态环境相对脆弱、不适宜大规模建设城市群的地区，选择承载力强的地方推进人口和经济的空间集中化布局已成为推动区域经济发展的根本要求。因此，对这些地区，要顺应空间集中化趋势，依托现有城市，加快培育发展区域性中心城市，提升中心城市功能，以中心城市在更大区域内功能的提升带动本区域的发展。

中国16大城市群占全国国土面积不到20%，尚有80%的国土面积在城市群之外。这些区域的城市数量少，规模小。没有中心城市的辐射和带动，经济很难发展起来，居民也很难富裕起来。为带动区域发展，必须根据因地制宜的原则和据点式开发模式，加快建设区域性中心城市，使之能辐射带动更大的区域范围，形成梯次性城市结构，构建比较合理的城市体系。应把城市群之外的地级城市的大多数发展成为区域性中心城市，一些城市数量少的地区，应将区位条件好，腹地比较大的县级市培育为区域性中心城市。据不完全统计，总数约有150多座。

建设区域性中心城市，必须完善其功能，增强其产业承载能力和人口吸纳能力，使其有一定的首位度。首先，根据中心城市政府有效履行经济社会管理职能的需要，将相应的许可权赋予中心城市行使。支持区域性中心城市加快户籍制度改革，鼓励符合条件、有意愿的农民工市民化。其次，完善区域中心城市功能。加快区域性中心城市对外交通建设，构建高效合理的交通网络体系，不断拓展区域性中心城市的腹地。以增强经济实力为基础，以提高效率为保证，以改革创新为动力，通过在技术、体制和文化等不同层面的改革，打破对现有生产力发展的束缚，重点从产业结构、区域功能、空间结构和环境风貌等方面入手，通过产业重组、环境重整、形象重塑提高区域性中心城市的发展水平。第三，提高区域性中心城市的文化品位。加大对教育的投入力度，不断提高人的综合素质，特别是文化、文明素质。抓住国家深化文化体制改革的契机，培育有区域性特色的文化产业，打造文化品牌，提高区域性中心城市在本区域内甚至是全国范围的影响力。第四，创新城市管理理念。确立适应社会主义市场经济要求的城市管理思想，建立符合市场经济和现代化建设规律的城市管理体制，着力提高管理水平。建立精干、权威、高效的政府管理系统，强化对城建工作依法管理的职能。第五，以中心城市为核心，构建区域城市体系，使区域城市结构更加合理。

4. 在边疆地区有选择地发展边贸城市

在经济全球化的背景下，国际区域合作大为加强，特别是以缔结自由贸易协定为主要形式的区域经济合作遍及全球。中国从长远发展战略出发，近年来也加强了与周边地区的合作。多种国际区域合作组织的建立改善了中国的周边环境，推动了中国陆路对外交通和能源进入口通道的建设。东北、西北、西南的陆路口岸城市正逐步从单纯的边境贸易站点向大规模、规范化、集约化的陆疆国际转口贸易流通中心、国际交通运输枢纽节点和外向型加工制造基地转变。中国与周边区域的多边合作组织的建立，要求积极构建面向两个市场、利用两种资源的国土空间开发结构，推进边疆地区城镇化建设。

中国陆地边界线北起辽宁的鸭绿江江口，南到广西北部湾的北仑河河口，全长 2.2 万公里，与朝鲜、俄罗斯、蒙古等 14 个国家[1] 接壤，共 136 个陆地边境县市区，分布有东兴、凭祥等 13 个沿边开放城市[2]，72 个边境口岸。加快边境地区的发展，不仅是富民固边的要求，也是进一步提升边境地区开发开放的要求，是促进区域协调发展和国家安全的重大战略举措。改革开放以来，通过设立边境经济合作区、保税区和跨境经济合作区等形式，促进了边境地区的发展，但由于多方面的原因，边境地区经济发展水平整体较为落后，应采取培育经济增长极的模式促进其加快发展。广西的东兴、云南的瑞丽、内蒙古的满洲里三市已被批准为沿边重点开发开放试验区。国家已经决定在新疆的喀什、霍尔果斯设立经济开发区，实行特殊的政策，加快其发展。边境地区的丹东、珲春、绥芬河、黑河、满洲里、塔城、伊宁、阿克苏、喀什、瑞丽、东兴等城市是前述沿边经济带上的重要节点，发展基础相对较好，建议有重点地选择若干城市，加快基础设施建设、壮大经济实力，扩大城市规模，带动边境地区经济发展。对边境口岸和靠近口岸的新疆霍尔果斯、广西龙州、黑龙江省靠近黑瞎子岛的乌苏镇、云南省西双版纳州的磨憨或打洛等给予重点支持，将其作为经济增长极进行培育，利用国际国内两大资源，开拓国际国内两大市场，逐步发展成为边境地区规模较大的城市。

---

[1] 包括朝鲜、俄罗斯、蒙古、哈萨克斯坦、吉尔吉斯斯坦、塔吉克斯坦、阿富汗、巴基斯坦、印度、尼泊尔、不丹、缅甸、老挝和越南等。
[2] 包括东兴、凭祥、河口、瑞丽、伊宁、博乐、塔城、二连浩特、满洲里、黑河、绥芬河、珲春、丹东等。

（四）提高城市可持续发展能力

加快转变城市发展方式，繁荣城市经济，完善服务功能，提高城市可持续发展能力，增强城市经济、基础设施、公共服务和资源环境对人口的承载能力。加快产业转型升级，强化城市产业支撑，营造良好创业环境，增强城市经济活力和竞争力。增强城市集聚要素、吸纳人口、引领创新、传承文化的能力。提高城市规划科学性，健全规划管理体制机制，提高城市规划管理水平和建筑质量。推进创新城市、绿色城市、智慧城市和人文城市建设，全面提升城市内在品质。完善城市治理结构，创新城市管理方式，提升城市社会治理水平。

1. 增强城市空间可持续发展能力

统筹中心城区改造和新城新区建设，提高城市空间利用效率，改善城市人居环境。合理疏散特大城市中心城区功能，完善中心城区功能分区。健全旧城改造、棚户区和城中村改造机制。严格新城新区设立条件，防止城市边界无序蔓延。确实需要规划建设的新城新区，要严格控制建设用地规模，促进生产、办公、生活、商业等功能区的合理分布及适度混合，促进紧凑集约、产城融合，集聚产业的同时有效集聚人口。提升城乡结合部规划建设管理水平，完善基础设施和公共服务设施，增强容纳外来人口能力，加强环境整治和社会管理综合治理，保护生态用地和农用地，建设改善城市生态环境质量的生态隔离带和缓冲带。加快推进开发区功能调整，实现向现代化新城区升级。依托快速铁路站点，加快新型城市组团建设。

2. 强化城市产业就业支撑能力

将促就业和调结构结合起来，充分发挥城市的规模效应和集聚效应，营造良好的企业发展环境，综合运用资本、知识、信息、文化、商业模式等新型要素，激发创业和创新活力，通过创新拉动就业。发挥实体经济作为国民经济稳定器的重要作用，培育发展符合本地资源禀赋和比较优势的产业，提高城市和产业竞争力，带动和扩大就业。加强城市服务业发展，围绕城市消费特征和消费趋势，进一步促进生活服务业专业化、标准化，加大对小微服务业企业、个体工商户的支持，充分挖掘服务业就业潜力。推动工业向园区集聚，有序推进旧城区退二进三，将一批产业基础、交通区位、发展条件较好的中小城市和小城镇发展为产业新城，赋予与人口和经济规模相应的管理权限。

3. 增强城市支撑功能

加强大城市和特大城市交通拥堵治理，实施公交优先战略，发展一批大容量公共交通设施，推进轨道交通、内城际铁路建设。完善城市路网结构，通过打通微循环道路、优化快速路布局等，提高城市路网通达性。加大城市停车设施建设力度，提高交通管理能力，开展交通拥堵费征收试点。积极发展智能交通，形成与公众出行信息相吻合的车辆运营调度系统。推行"城市地下管道综合走廊"模式，统筹地上地下市政公用设施建设，保障城市供水、用电、用气能力和稳定性。适度降低地表硬化比例，形成畅通的城市排水与暴雨内涝防治体系。根据城市人口规模和空间分布密度，优化各类学校、医院和社区卫生服务机构布局，针对城市人口老龄化趋势，突出做好养老设施建设，扩大各类养老服务供给能力和便利化程度。扩大城市公共活动空间，加强公共文化、体育设施建设。

4. 提高城镇管理能力

科学编制城市总体规划，合理划定城市"三区四线"，强化城市规划约束，推进城市规划管理精细化。加快形成市县层面"多规融合"。推动城市管理重心下移，以居民需求为导向，整合人口、就业、社保、民政、卫生、文化、信访等管理职能和服务资源，建设集行政管理、社会事务、便民服务于一体的社区服务网络。推动政府行政管理与基层群众自治良性互动。加强城乡结合部、城中村、流动人口聚居地等的社区居委会建设，鼓励社会力量积极参与社会管理综合治理。着眼抵御风暴、洪涝、冰雪、干旱、地震、山体滑坡等极端天气和自然灾害，完善灾害监测和预警体系，加强城市消防、防洪、抗震等设施和救援能力建设，健全应急管理机制，完善应急通信、交通运输、物资储备、医疗救助等保障体系建设，合理规划布局和建设应急避难场所。

5. 推进新型城市建设

增强城市个性魅力和内在品质，围绕创新、绿色、智慧、人文等推进新型城市建设试点。依托科技、教育和人才资源优势，增强创新要素有序外溢和流动，发挥城市创新载体作用，建设创新基地，培育壮大创新集群，推动文化创意、技术创新、商业模式创新和管理创新，建设创新城市。将绿色和生态文明理念融入城市规划和建设，推广绿色建筑标准、绿色建筑设计和绿色社区建设，优化步行和自行车道路系统，发展绿色交通，建设绿色城市。以提高城市发展质量、运行管理效率和综合服务水平为目的，将信息技术深度运用于城市规划、城市建设、城市管理、城市公共服务以及社区管理等各方面，建设智慧城市。注重传承历史文化，发掘城市文化资源，发展特色文化产业，把城市打造成文化底蕴厚重、文化特征鲜明的魅力空间，旧城改造要注重保护历史风貌，新城新区建设要注重融入地方传统文化元素，建设人文城市。

（五）建设文化特色浓郁的人文城市

根据不同城镇的自然历史文化禀赋，完善城市文化发展的制度建设，建立合适的城市文化规划体系，发展繁荣文化事业，发展有历史记忆、文化脉络、地域风貌、民族特点的美丽城镇，形成符合实际、各具特色的城镇化发展模式。

1. 完善文化遗产和自然遗产等城镇文化保护制度

优秀的文化遗产和自然遗产是中华民族卓越的资源，堪称世界及民族的瑰宝，必须根据当前城市化进程的新形势，建立行之有效的保护途径。一要采取切实措施制止对历史文化名城的进一步破坏。二要积极推进并开拓保护工作，研究符合实际的可操作的保护措施。三要重视重大工程中的文化资源保护，在大型工程项目立项时，必须有全面的文化环境影响调查评估。

2. 发掘城市文化资源，强化文化传承创新

城市文化是一个城市的"灵魂"，城市文化传承创新是城市永葆活力的根本。一要把城市建设成为历史底蕴厚重、时代特色鲜明的人文魅力空间；注重在旧城改造中保护历史文化遗产、民族文化风格和传统风貌，促进功能提升与文化文物保护相结合；注重在新城新区建设中融入传统文化元素，与原有城市自然人文特征相协调。二要加强历史文化名城名镇、历史文化街区、民族风情小镇文化资源挖掘和文化生态的整体保护，传承和弘扬优秀传统文化，推动地方特色文化发展，保存城市文化记忆。三要鼓励城市文化多样化发展，促进传统文化与现代文化、本土文化与外来文化交融，形成多元开放的现代城市文化。

3. 战略性地运用和管理文化资源，建立和完善适宜中国城市的文化规划体系

20世纪90年代以来，文化规划作为整体的、战略地运用城市文化资源的一条途径，在北美、澳大利亚和欧洲开始广泛兴起。20世纪90年代后期以来，中国也考虑运用文化资源推进城市文化建设和文化发展，然而目前的文化规划（包括文化事业规划、文化产业规划和综合性的文化发展规划）尚局限在文化部门管辖范围内，并未得到城市规划及相关领域真正的重视，文化资源对于城市发展的重要作用还未得到应有的认识。随着经济社会发展，中

国城市需要更为综合地战略性地运用和管理文化资源，建立和完善适于中国城市的文化规划体系。一要通过多部门合作和建立有效的实施和反馈机制，切实推行城市的文化建设。二要注重城市设计对城市文化特色塑造的重要作用，推动各方面对城市设计的重视，以满足大众需要的、具有文化特色的良好设计营造宜人的城市环境。

四、完善新型城镇化发展机制

《规划》中提出了改革完善城镇化发展体制机制的方向，"十三五"需要在实践中继续探索，并在试点的基础上加以总结和推广，真正构建起有利于城镇化健康发展的制度环境。

（一）完善市民化公共成本分担机制

农民工进入城市后，将原本只覆盖于城镇户籍居民的基本公共服务延伸于农民工并保障其特殊权益，需要额外的投入，这可以视为农民工市民化的公共成本。在中国当前公共服务供给的格局下，这一成本需要由地方政府、中央和省政府以及企业共同分担。具体而言：

在地方政府层面，主要应负责公共卫生和计划生育、子女义务教育、就业扶持、权益维护、社会保障中的社会救助等公共品性质更加突出领域的支出。同时，将满足一定条件的农民工纳入城镇居民住房保障体系，改善农民工住房条件也需要地方政府承担部分责任。

在中央和省政府层面，《规划》中提出中央政府要负责统筹推进农业转移人口市民化的制度安排和政策制定。根据目前农民工跨省流动的特点，除了上述职责外，建议中央政府应加大对于跨省流入农民工集中地区的支持力度，即中央政府重点支持跨省农民工集中流入的地区。在政策工具上应力争形成财政转移支付同农业转移人口市民化挂钩机制。在手段上可为专项转移支付。在方式可将目前在教育等领域的"以奖代补"改为"增量调整、奖补并用"，即从中央对地方转移支付专项补助的增加额中，将一定比例转移于农民工集中流入地区，专项用于对农民工集中地区的补助，并在此基础上，对成绩突出的城市进行一定的奖励。在补助内容上可考虑将已有的补助规模扩大，如农民工就业培训，同时，调整补助项目，如在教育领域从目前以补充公用经费为主调整为对公办学校新校舍建设的补助，并可新增对改善农民工住房条件的补助。省政府对本省农民工流入集中的城市可采取类似做法。

就企业而言，主要是承担就业培训、社会保障和住房条件改善的成本。在政府资助下加强企业对于农民工的培训更有利于农民工生产技能的提升。各种规模的企业按相关规定和政策，切实为所雇佣的农民工缴纳相应保险费用，可以为农民工在城镇长期生活奠定更好的基础。在改善住房条件方面，对于农民工雇佣企业而言，主要是通过为农民工提供租房补贴、建设农民工宿舍或公寓以及改善农民工居住社区环境等方式来改善农民工在城镇的住房条件。此外，在公租房建设中通过相关企业的参与，也可以发挥企业在促进农民工市民化中的积极作用。

（二）形成城镇化健康发展的激励机制

首先，建立地方财源合理增长机制。提高城市政府的公共服务能力与提高其财政能力紧密相关，为此需要建立中央和地方财权与事权相匹配的财税体制，加快有关建立地方税体系和地方稳定财源的财税体制改革。需要通过完善税制、增加直接税形成地方税收随人口增长的机制，构建激励吸纳外来人口、扩大就业和为全部常住人口提供公共服务的长效机制。

第二，规范推进城乡建设用地增减挂钩机制。城乡建设用地挂钩方式是工业化和城镇化加快发展时期，现行土地用途管制和建设用地管理体制内生的制度安排，而且有着调整地方政府积极性以及提高农民工在城镇生活社保和住房水平的正效益，因此，对其可加以规范和完善，加强对于挂钩方式的管理，充分听取当地农村基层组织和农民的意见，确保农民有效参与。同时加强对于挂钩收益的监管，使土地收益一部分用于农村基础设施建设和土地开发，一部分用于退出土地权益的进城农民或农民工的社保与城镇住房，且保证社保标准与城镇职工标准而非城镇居民标准看齐，一部分用于城镇基础设施建设，使得进城农民工及其家属成为建设用地挂钩的受益者。

第三，试点城镇建设用地与吸纳农业转移人口落户数量挂钩机制。对吸纳外来人员较多的城镇，在建设用地指标上应给予支持，并可先占后补，近占远补，跨年度平衡。同时，探索建立不同区域之间土地资源最优配置协调机制，探索建设用地指标可以随农民工带到流入地，实现劳动力和土地指标跨地区再配置。

第四，试点宅基地退出机制。在现行土地管理制度下，农村宅基地退出后形成的建设用地指标增加对于地方政府是重要激励因素。从各地宅基地退出的实践中，有政府主导型、政府主导农民参与、企业主导以及农民集体自主组织主导等多种模式，其效果也不尽相同。好的效果在于保障农民利益与保障政府用地需求以及节约用地三个目的同时达到，能否实现好的效果取决于政府组织能力、政府财力、农民自组织的管理能力、企业参与能力等多种因素，需要加强试点以及对各类试点经验的及时总结。

（三）建立城镇建设多元融资机制

为改变城镇建设发展所需的资金主要依靠财政投入、土地出让收入、银行贷款举债的局面，需要在目前已启动的地方政府自主发行债券试点的基础上，进一步建立多元融资机制。一是用好用活供水、排水、污水处理、垃圾处理和管线、燃气等公用事业项目的特许经营权，推动民间资金投资建设经营性基础设施。二是探索建立公益性基础设施和商业性基础设施开发相结合的"公商协同、以商补公"机制。三是总结广东等地区经验，探索彩票募集资金用于社会福利和养老保障资金的办法。四是支持探索并建立公共私营合作制模式的融资新机制（PPP），明确界定政府部门和私人部门在项目中需要承担的责任、义务和风险进行，认真研究合理 PPP 公共品定调价机制、微利 PPP 项目利益补偿机制、PPP 项目风险分担和控制机制和公共服务的监管及绩效评价体系，形成政府部门通过与私人部门建立伙伴关系提供公共产品或服务的新局面。五是探索农地金融和资产证券化，通过土地承包经营权抵押和土地流转收益等方式，让农民分享土地级差和长期增值收入，同时把具有稳定现金流经营性基础设施资产证券化，以分享固定资产稳定收益方式扩大融资渠道。

（四）探索包容性的城市治理机制

联合国人居署认为在快速城市化的当今世界中，城市可持续发展的关键不仅在于技术和资金投入，同样重要的是健全的城市治理。有效的城市治理是促进农民工融入城市社会、防止其阶层固化的重要手段。特别是在目前新生代农民工所占比重较高的情况下，将教育程度较高、参与意识较强的新生代纳入城市治理体系的任务更加迫切。治理模式可在多方面进行探索。

一是在有条件的城镇可以考虑降低农民工参加务工地选举的年限时间，以调动其参与选举的积极性，并逐步放宽被选举权的务工或居住年限限制。此外，在农民工流入集中的城镇，可逐步提高农民工特别是新生代农民工在各级党代会、人大和工会代表大会及企业职代会中的比例。二是参照工资集体协商机制，对于事关农民工在城镇生活的重大问题，建立政府与农民工的对话、沟通与协商机制。三是根据建立健全党委领导、政府负责、社会协同、公众参与社会管理格局的要求，在中国农民工市民化过程中应加快建立面向农民工的专业社会服务组织和专业社会工作队伍，提高公共服务的针对性，并鼓励各类社区组织建立由农民工代表加入的参与式管理模式，吸纳有能力的新生代农民工共同参与社区管理。四是促进农民工的自助管理，包括允许农民工成立公开的自助性组织，如维权组织、信息中介组织或法律服务组织等，政府加强对其的监管和引导，使其成为政府加强治安、消防、计生和环保管理的有效渠道。五是根据新生代农民工的特点和需求开展一些有针对性的服务，包括鼓励社会工作机构积极介入农民工的心理疏导，缓解其心理问题，并在农民工子女集中入学的学校建立社会工作机构，对农民工子女进行专业心理辅导等。

（五）构建中西部地区城镇和产业发展扶持机制

如前所述，中西部地区在省内务工者占外出农民工的比重逐步提高，这为实现1亿人在中西部地区实现城镇化的目标提供了基本条件。但前面的分析也表明，中西部地区，特别是西部地区外出务工农民工从事制造业的比例仍然较低，因此在促进中部崛起和西部大开发战略中加强对中西部地区城镇建设和产业发展的支持，将有助于进一步提升中西部地区城镇对于农村转移劳动力的吸纳能力。

在城镇发展方面可考虑一是重点加强对中西部地区中小城市和小城镇建设的支持，包括城市群中的中小城市（镇），也包括生态功能区中的中心城镇及沿边地区口岸城镇。除了国家财政加大对于这些城镇基础设施建设的投入力度外，还可考虑由国家开发银行在其对城镇化的贷款中设立专项贷款，专项加以支持。二是加强对于中西部地区就业的支持。特别应支持非正规就业或灵活就业。由于中国的小农经济与日本类似，农村劳动力转移过程中可能也会像日本一样出现大量兼业现象，从日本经验看非正规就业正是兼业者的重要就业渠道，为此需要建立非正规就业管理和服务体系，在场地、税收、人才培训等多方面给予相应扶持。

在产业发展方面的扶持可突出三方面重点，一是加强对中西部地区劳动密集型产业发展支持。由于中西部地区，特别是西部地区资源型开发及加工产业能够相对容易地吸引社会资金进入，而劳动力密集型加工业发展仍明显滞后于东部地区，可以考虑在投融资等政策方面体现对东部地区转移劳动密集型产业的支持。二是加强对于新兴产业发展的支持。在生产能力尚未饱和的新兴产业领域的一些重大制造业项目可优先在中西部地区布局，在生产能力达到饱和的领域，应通过调整区域结构防止总体规模扩张。还应适当提高西部地区重大装备制造业、高技术产业以及资源加工业的运费补贴，以提高这些产业的竞争力。三是加强对服务业发展支持。应重点支持中西部地区发展多种所有制形式的中小银行以及证券公司、期货公司、财务公司、融资租赁公司、基金管理公司等非银行金融机构，加强资本市场建设。同时，支持西部地区大型物流枢纽建设，发展全国性、区域性和沿边口岸物流中心，提高物流网络覆盖率，构建现代物流体系。

（六）健全城镇管理协调机制

为逐步改变按照中国目前以行政等级配置公共资源的局面，应逐步形成城镇管理权限与人口规模相适应的机制并形成城市群管理协调机制。一是扩大小城镇经济社会管理权限，探索对经济总量较大、吸纳人口较多的县城和小城镇，赋予其与经济总量和管辖人口规模相适应的经济社会管理权限。并对中心镇给予其对周边一般乡镇进行统筹管理的适度权限，强化其区域行政服务中心职能。二是将符合条件的县进行撤县设市。在一些农业人口规模较大的省区，县级市对于农业转移人口的承载能力明显强于一般县，将符合条件的县撤消并设立县级市，有利于推进农村人口就近就地转移。三是探索建立城市群决策协调机制和执行监督机制。支持和鼓励城市群地区通过设立日常办公机构、建立城市群合作资金、形成重大课题研究和重大问题协商制度、制定城市群规划实施条例等措施，构建城市群发展协调机制。

肖金成　申　兵　欧阳慧　刘保奎　李爱民

专题七

构建市场一体化区域发展新格局

未来一段时期，中国要把培育新的区域经济带和增长极作为推动国家经济发展提质增效的战略支撑。推进沿海、沿江率先发展，构建"三纵三横"经济支撑带。提升沿海三大城市群辐射影响力，培育中西部新的增长极。推进沿海内陆沿边多向开放，构建区域全方位开放新格局。支持特殊类型地区发展，保障落后地区全面实现小康目标。

经过几个五年规划的建设，中国区域发展格局发生了显著变化，在新的国内外发展背景条件下，谋划区域发展新格局，构建由东向西，由沿海向内地，沿大江、大河和陆路交通干线为骨架的经济轴带，培育新的经济增长极，深化多层次区域合作，推动区域协同联动发展，提高区域政策的精准性，加大对特殊类型地区的分类指导，对促进中国区域协调发展具有重要意义。

一、中国区域发展格局的基本特征

中国已经形成了各地区竞相发展，地区间发展差距有所缩小，沿重大交通走廊为依托的经济带和城市群作用突出，特殊类型区域得到较大支持，不同层次区域合作不断推进的区域发展总体格局。

（一）地区间发展差距扩大的势头得到遏制

"十五"以来，在区域协调发展战略指导下，中国各地区经济得到较快发展，支持了全国经济较快地增长，地区间发展差距扩大的势头得到遏制。一是省区市间的发展差距有所缩小。从 2003 年开始，地区间发展差距开始缩小，以省际人均 GDP 变异系数 ^① 计算可以看出（图1）。二是四大板块发展的相对差距不断缩小。2012 年东部地区人均 GDP 分别是中部、西部和东北地区的1.78、1.84 和 1.25 倍，比 2000 年分别降低了 0.53、0.75 和 0.08 倍（图2）。三是从占全国比重看，2012 年东部、中部、西部和东北地区 GDP 占全国的比重分别为 51.32、20.17、17.76 和 8.76，与 2000 年相比，东部和东北地区分别下降 2.22 和 1.16 个百分点，中部和西部地区分别上升 0.98 和 2.41 百分点（图3）。四是从发展速度看，从 2007 年开始，西部地区增速首次超过东部地区，2008 年开始，西部、中部和东北地区增速均超过东部地区，并一直保持

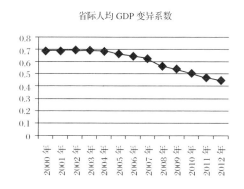
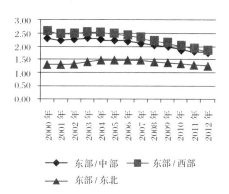

图1 省际人均地区生产总值变异系数　图2 四大板块人均 GDP 相对差距（倍）
数据来源：根据历年中国统计年鉴有关数据计算。

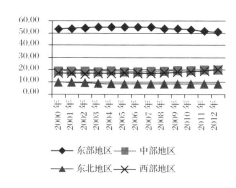
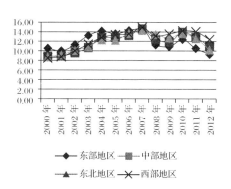

图3 四大板块 GDP 占全国比重变化（％）　图4 四大板块增长速度对比（％）
数据来源：根据历年中国统计年鉴有关数据计算。

---

① 变异系数是用来反映地区差距的指标，变异系数=标准差/平均值，其值越大，差距就越大。

至 2012 年，2013 年东部、中部、西部和东北地区生产总值分别增长 9.1%、9.7%、10.7% 和 8.4%（图 4）。

（二）经济带、城市群经济支撑力明显提高

依托重要交通干线形成的沿海、沿江等经济带和以交通节点特大城市为核心的城市群已经成为支撑中国区域经济增长的重心，对全国区域经济发展发挥了重要作用。沿海地区始终是中国经济增长的支撑区域，经济总量仍占据全国的半壁江山，长江沿岸省份 2012 年经济总量占据全国的 41%，京哈京广、陇海兰新轴带也集中了中国众多的城市密集区域和资源开发区。在纵横交错的交通节点上形成了若干以特大城市为核心、周边中小城市聚集、经济联系比较密切的城市群。2013 年，京津冀、长江三角洲、珠江三角洲三大城市群，以全国 2.8% 的国土面积集聚了 18% 的人口，创造了 36% 的国内生产总值，成为带动中国经济快速增长和参与国际经济合作与竞争的主要平台。山东半岛、辽中南、海峡西岸等城市群对区域的带动作用不断增强，成渝、长江中游、中原、哈长等城市群正在发育壮大，对周边区域的影响越来越重要。中西部省会城市在区域发展中的核心作用不断提升，都市区空间范围不断拓展，与周边区域的经济联系正在加强。以北京、上海、广州、深圳等为代表的特大城市在全球网络中的地位不断提升，成为引领城市群、全国经济发展以及提升我国在世界经济中地位的重要支撑力量（表 1）。

表 1　中国在世界城市网络中排名最前的 20 个城市

中国排名	世界排名	城市	全球网络联系度（%）	中国排名	世界排名	城市	全球网络联系度（%）
1	3	香港	73	11	262	杭州	12.5
2	7	上海	62.7	12	267	青岛	12.3
3	12	北京	58.4	13	275	大连	12
4	43	台北	41.7	14	291	澳门	10.9
5	67	广州	34.1	15	319	重庆	8.9
6	106	深圳	25.8	16	323	西安	8.7
7	188	天津	16.8	17	325	苏州	8.6
8	223	高雄	14.3	18	337	武汉	8

中国排名	世界排名	城市	全球网络联系度（%）	中国排名	世界排名	城市	全球网络联系度（%）
9	245	南京	13.5	19	346	厦门	7.5
10	252	成都	13.1	20	348	宁波	7.5

资料来源：P.J.Taylor 等，2010。

注："全球网络联系度"是 P.J.Taylor 等通过收集服务性企业网络数据，根据连锁网络模型测算获得。全球网络联系度的指标是相对于最高值（如伦敦）的比例。

（三）特殊类型问题地区得到较大支持

特殊类型问题区域主要包括革命老区、民族地区、边疆地区、贫困地区以及处于相对衰退中的老工业基地、亟待转型的资源枯竭城市以及财政包袱沉重的粮食主产区和生态保护区等。一是对贫困地区（老少边穷地区），重点加大了财政专项支持力度，用于集中改善这些地区的基础设施，发展特色优势产业，完善社会服务体系以及增强人口素质等。各级政府财政扶贫投入由 2001年的 127.5 亿元增加到 2010 年的 349.3 亿元人民币，年均增长 11.9%。2011 年和 2012 年中央综合扶贫投入达 5268 亿元，其中专项扶贫资金 604 亿元。在各级政府支持下，中国老少边穷地区脱贫步伐不断加快，基础设施条件和生产生活环境逐步改善（表 2）。2010 年与 2000 年相比，中国农村贫困人口由9422 万下降至 2688 万，贫困发生率从 10.2% 下降到了 2.8%。2010 年至 2012年，中国农村贫困人口[①]减少近 6700 万人，农村贫困发生率从 17.2% 下降到10.2%。二是对资源枯竭型城市和老工业基地，重点加大了体制机制创新步伐，推进加强技术改造和自主创新，完善社保体系，改造棚户区，推动建立资源开发补偿机制和衰退产业援助机制等。总体上看，资源枯竭型城市和老工业基地城乡面貌发生较大变化，经济社会重新焕发生机和活力。三是对粮食主产区采取了粮食直接补贴、农资综合直补、良种补贴和农机具购置补贴政策，国家财政对产粮大县实施奖励，建立产销区间的利益协调机制等。四是对生态功能区，国家设立了森林生态效益补偿基金，并开展了退耕还林（还草）等一系列工程，还在青海三江源、南水北调中线核心水源区、丹江口库区等开展了生态补偿试点。

---

① 由于农村贫困人口标准提高，两个阶段的贫困人口内涵不同。

表2   592个国家扶贫开发工作重点县经济和社会发展情况

指标	2001 年	2010 年	2012 年
人均地区生产总值（元）	2658	11170	
人均地方财政一般预算收入（元）	123	559	
农民人均纯收入（元）	1277	3273	4602
7 至 15 岁学龄儿童入学率（%）	—	97.7	97
青壮年文盲、半文盲率（%）	—	10.3	8.9
重点县自然村通路、通电、通电话的比例（%）	—	88.1/98.0/92.9	92.8/98.8/93.2
农村饮水安全农户比重(%)	—	60.9	70.2
农户人均住房面积(平方米)	—	24.9	27.8

资料来源:《中国农村扶贫开发监测报告》2011 和 2012 年。

（四）不同层次区域合作不断推进

经过多方共同努力，区域合作取得较好进展。一是区域合作空间尺度类型多样。不同空间尺度和类型的区域合作广泛开展，既有全国范围内东中西之间的区域合作，也有相邻地区间的合作，既有跨省城市之间的合作，也有省内城市之间的合作，既有国内区域的合作，也有与周边区域的次区域合作，既有双边合作，也有多边合作。二是区域合作领域和内容不断拓展。各地区通过共同编制区域规划，合作领域由传统的商品物质交流，到资源要素流动、市场体系建设，促进区域统一市场形成，从经济领域，到社会领域、环境领域，不同类型区域在产业共兴、基础设施共建、环境共保、服务共享、制度建设等领域不同层面开展，加快了区域一体化的步伐。三是合作治理机制不断丰富。不同类型区域根据自身发展所处阶段的需要，运用了丰富多彩的合作形式和手段，如通过高层领导论坛、专家学者研讨论坛、企业家联席会等各类合作平台，有利推动区域合作规划、协议的实施；完善区域合作治理的制度建设，探索区域合作发展基金、一体化考核、生态补偿等制度措施。四是对口支援和帮扶工作进一步开展，完善了对口援疆、援藏、青海藏区、三峡库区、汶川大地震、赣南原中央苏区、帮扶贵州、南水北调对口协作制度等。

二、中国区域协调发展存在的主要问题

受区域协调发展的体制机制不健全影响，中国区域协调发展仍存在要素跨地区自由流动存在障碍，人口经济与资源环境协调程度不高，板块利益格局固化，地区间发展差距仍然较大等问题。

（一）地区间发展差距依然较大

尽管地区间发展差距有缩小的趋势，但是各地区间的经济发展水平差距仍较大，以省份来看，2012 年人均 GDP 水平最高的江苏省是最低的贵州省的 3.5 倍，如果以县域间衡量，发达县与欠发达县之间的发展差距更大。从板块看，2012 年东部地区城镇居民收入和农村居民收入分别是西部地区的 1.49 和 2.01 倍，中部地区的 1.43 倍和 1.64 倍，东北地区的 1.45 和 1.36 倍（图 5）。同时，地区间基本公共服务水平仍存在较大差距，特别是在教育、医疗卫生、社会保障水平等方面与东部地区的差距较大，但四大板块表现的差距有所不同，以师生比为例，中部地区在教育方面的差距最大，西部地区则表现为初中和普通高中的差距（图 6）。从万人床位数和万人医生数看，中部地区最低，西部地区的万人医生数低于东部地区（图 6）。尽管最近几年中西部地区基本公共服务的硬件设施建设方面有了较大的发展，但软件方面，如教学水平、医疗水平等方面还与东部地区有较大的差距。

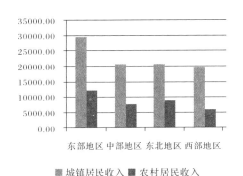
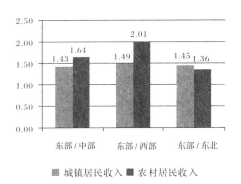

图 5 2012 年四大板块城镇居民收入和农民居民收入对比（元，倍）

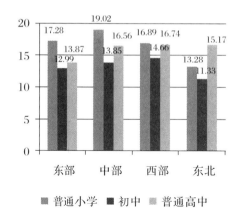 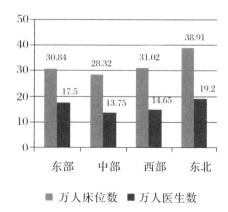

图6　2012年四大板块生师比和医疗水平对比

（二）人口经济与资源环境协调程度有待提高

从经济与人口分布匹配程度看，中国经济布局呈现向沿海地区集聚的态势，但经济集中与人口规模不相匹配。2013年，京津冀、长江三角洲和珠江三角洲三大城市群集中了全国GDP的38%，却只集中了18%的人口，人均GDP是全国平均水平的2倍。日本三大都市圈集中了全国76.3%的GDP，同时也集中了68.7%的人口，因此它的人均GDP仅为全国平均水平的1.08倍[①]。从人口经济与资源环境关系看，一些不适宜大规模工业化和城市化的地区，因为强调人口和产业集聚，加剧了水土流失、石漠化、荒漠化、草原退化等生态系统功能的退化；在一些资源环境承载能力较强的区域，由于过度开发，造成绿色空间锐减，资源短缺压力加大，生态环境遭到严重破坏，如在水资源严重匮乏的地区发展高耗水产业，在能源资源短缺的地区，却继续发展高耗能产业，结果不得不从外部远距离调运资源，增加了资源利用的调运成本，占用了更多的空间，加大了对当地环境的损害。

（三）板块利益格局日趋固化

四大板块战略主要通过实施差异化的区域政策，促进不同地区发挥比较优势，实现加快发展，从而缩小与东部沿海地区的差距，板块战略的重点是在区

---

① 《2009年世界发展报告：重塑世界经济地理》，清华大学出版社2009年版。

域内部，由此带来的问题是，一是由于区域内部同质化特征明显，造成区域分工与板块利益固化。中西部地区和东北地区多以资源、能源输出为主，产业结构单一，主导产业多处于产业链的上游，深加工能力相对薄弱，依赖资源加工虽然取得了经济增长，但长期处于资源和能源输出的地位，使得这些区域陷入"资源陷阱"，导致创新能力弱化、"去制造业化"以及制度弱化效应。二是板块之间的互动性不强。板块战略的实施，不利于东部沿海地区带动中西部地区发展，发达地区与欠发达地区没有形成互动互促发展格局。三是政策攀比竞争加剧，优惠政策实施缺乏针对性。不同板块之间区域政策的出台，加剧了板块之间的攀比，而且政策越来越呈现趋同特征，同时由于板块内部差异巨大，政策的精准性有待提高。

（四）要素跨地区自由流动存在障碍

在现行财税和政绩考核制度影响下，"行政区经济"成为主导区域经济活动的主要力量，各种可能造成行政区所在地 GDP、财税变动或影响政绩考核的经济活动都会受到各种行政力量的干预，表现为一些地方政府不顾地区发展条件和资源环境状况，盲目引进不符合地区长远发展利益的项目，导致地区间产业恶性竞争严重，地区可持续发展能力降低，生态环境恶化，水土资源保障程度迅速下降。在政府职能改革不到位的状况下，各级地方政府为了追求和保护自身利益，以行政区为依托，构筑贸易壁垒，实行市场封锁，阻碍了劳动力、人才、资本和技术在地区间的自由流动和要素资源配置效率的提高。大量农民工受户籍、社会保障制度地区分割和统筹层次低等因素影响，不能在教育、就业、医疗、养老、保障性住房等方面享受城镇居民的基本公共服务，制约了农民工及相关各类要素的自由流动和合理配置，损害了市场经济的公平环境。产权保护、市场体系、市场准入、信用体系、市场监管等制度不健全，阻碍了资本、技术等要素在区域间的自由流动。

（五）区域协调发展的体制机制不健全

区域管理体制机制不适应新形势的要求，表现在多个方面：一是中央与地方政府的职责和权限不清。现行法律对从中央到地方各级政府职责和权限的划分过于原则，缺乏规范、可操作性的具体规定和明确界定，因而在实际运行中既交叉重叠又出现真空。从目前看中央政府承担的公共服务责任过少，不利于推进以基本公共服务均等化为核心的区域协调发展。二是部门间协调机制未建立起来。中央对地方的资源配置以不同层级的政府部门间垂直流动为主要形式，分散于各部门的资金难以形成地区经济发展的合力，并造成重复投资和不必要的浪费。在规划制定方面，发展规划、土地利用规划、城市规划互不协调更是常态。三是区域合作利益机制尚不健全。目前协调地区间关系的主要手段是一些通知、决定、规划、指导意见等，但由于这些文件的法律约束性不强，使得许多设计很好的合作内容，在执行中面临很多具体操作上的障碍，使得地区间开展实质性合作的步伐仍较缓慢。四是财税体制还不完善。中央与地方事权和支出责任缺乏明晰的界定，地方承担了较多与财力不匹配的事权；均衡性转移支付与基本公共服务均等化要求仍存在较大差距，制约了欠发达地区的发展；税源与税收不对等，提供资源的地方没有得到相应的好处，不利于建立地区之间正常的市场竞争秩序。五是政绩考核缺乏针对性。目前的考核主要是对经济和财政状况的考核，对社会、生态等领域的考核比较弱，而且也缺乏针对性，不利于生态地区、落后地区的健康发展。

三、中国区域发展面临的新挑战和新要求

面临国际经济政治环境日益复杂、国内经济社会发展深层次矛盾和问题突出等严峻形势，中国区域发展面临的困难和不确定性增多，保持各地区经济稳定增长，提升我国在国际竞争中的地位，对各地区加快转型发展、全面协调可持续发展提出了更高的要求。

（一）全球产业结构加快调整，要求各地区要加快提升国际竞争力

金融危机后，主要发达国家加快了技术创新的步伐，积极发展新兴产业，以数字技术和制造业相融合推进再工业化，航天、计算机等技术密集行业继续保持快速增长；依托技术创新，促进了实体经济发展，正在扭转危机前经济持续收缩的态势；发展中国家积极利用外商直接投资和承接国际产业转移，正在推进跨越式发展。特别是美国页岩气开采技术的突破，使美国又将成为世界石油舞台中心，对增强其产业竞争力带来利好。目前，主要经济体要素禀赋和比较优势正在发生变化，市场成为最稀缺的资源，竞争关系进一步增强。中国劳动力、土地等要素成本进入集中上升期，制造业的传统竞争优势趋于弱化，部分劳动密集型产业特别是低端制造环节开始向低收入国家转移，在相关领域同发展中国家存在竞争。国际金融危机以来，发达国家调整负债消费模式，进口

需求明显减弱，对包括中国出口在内的全球贸易拉动较以往有所减弱，中国拓展外需面临较大挑战，依赖出口带动经济增长的发展模式已不可持续。面临全球新技术革命的到来，中国各地区，尤其是发达地区要更加积极地推进技术创新步伐，紧跟国际新技术前沿，加快推进产业结构转型和升级，提升参与国际竞争的能力，并带动中西部地区加快发展和转型。

（二）国际贸易规则变化的新动向，要求要树立区域全方位开放视野

后危机时期，世界发展环境异常复杂，全球化趋势弱化，贸易保护主义抬头。虽然发展中国家在国际货币基金组织和世界银行中的话语权有所提升，但仍有相当长的路要走。国际货币体系改革正在逐步推进，但以美元为核心的国际货币体系不会在短期内根本改变，国际经贸规则正在酝酿深刻变革，但多边贸易体制发展坎坷，多哈回合谈判因发达成员与发展中成员的利益需求分歧而难以取得实质性进展。美国主导的经贸"两洋战略"——跨太平洋战略经济伙伴协定（TPP）和跨大西洋贸易与投资伙伴关系（TTIP）正在积极推进，主要发达国家正致力于"服务贸易协定（TISA）"谈判，以提升20年前达成的《服务贸易总协定》（GATS）的标准，而这些谈判中，中国都没有参与其中。因此虽然"2T"出台尚需时日，但一旦达成协议，将重塑世界贸易规则，其更高的标准与规则将对经济全球化走向和多边贸易体系产生深远影响，显著抬高新兴经济体进入国际市场的门槛，对中国由于进入WTO而带来的全球化红利带来严峻挑战。面对新的国际贸易规则变化的新动向，中国必须通过加快改革步伐，实施全方位对外开放战略，以东部沿海地区向东为引领，以西部、东北地区向西、向北、向东北为纵深，积极参与到国际贸易规则的制定当中，以应对新的国际贸易规则可能对我国带来的不良影响。

（三）国际政治安全形势的复杂性，要求各地区要在稳定中壮大经济实力

国际安全形势虽总体趋缓，但危险因素依然存在。局部冲突与热点问题此起彼伏，增添了大国关系中的隐患和变数；各国国防开支逐年增长，国家之间有发生战争可能性；全球核武扩散问题依然严重。非传统安全构成的威胁或超过战争，恐怖主义袭击频率增加，范围及规模扩大，且反恐的双重标准导致国际反恐阵线有破裂倾向；环境安全问题严重，近年来，全球气候变暖导致气候

灾害频发；还有金融安全、能源安全、网络安全、公共卫生、跨国犯罪等，都对国际安全带来挑战。亚太及中国周边各国军费开支不断增长，特别是美国推进"重返亚洲战略"，着力经营亚太防御体系，谋取立脚点，强化日韩同盟与美印关系的基础上拓展与泰国、菲律宾等国的同盟关系，使双边同盟向三边和多边同盟延伸；美加入《东南亚友好合作条约》，介入中国南海问题，试图遏制中国，维持其在亚太地区的领导力。我国周边安全隐患不可小觑，我国邻邦多，地缘矛盾复杂，与日本、越南、菲律宾等存在领土或领海争端，历史与现实问题交错，又有国际势力介入，解决难度相当大。目前，"三股势力"恐怖活动是我国面临的最大安全隐患，对内政外交都造成消极影响，阻碍中国的对外开放进程，不利于相关区域的发展。在不确定的安全形势下，各地区尤其是西部地区更要加快发展，做强经济实力，稳定社会环境，唯有如此，才有可能与周边国家建立起更加广泛、深入的经贸合作关系，才有能进一步扩大开放的领域和空间，才更有利于促进西部地区与全国其他地区协同发展。

（四）中国进入结构调整关键期，要求各地区要处理好改革和发展的关系

今后一段时期，中国将进入由中高收入向高收入转换的关键阶段，但是由于支持经济增长的产业结构和要素投入结构正在发生改变并存在问题，中国经济进入到增长速度换档期、结构调整阵痛期、前期刺激政策消化期叠加的阶段，今后发展将面临着许多矛盾、风险与挑战。当前经济运行受到下行压力，增长速度减慢，消费需求增长动力偏弱，企业投资意愿不强，新的经济增长点有待培育壮大；部分行业产能严重过剩，结构调整滞缓；对外贸易低位徘徊，国际市场竞争力有所下降；就业结构性矛盾突出；财政、金融等领域存在隐患；住房、食品药品安全、医疗、养老、教育、收入分配、征地拆迁、安全生产等社会建设滞后，地区之间、城乡之间居民收入差距扩大。今后支撑中国经济发展的条件已发生深刻变化，要素成本上升、人口红利下降、环境保护压力加大，尤其是支撑中国经济持续增长的创新、人才等仍面临较大制约，如何跨越"中等收入陷阱"仍是我们迫切需要解决的问题。同时，改革与发展的任务同等重要，当前改革向纵深发展，发展中的问题和发展后的问题、一般矛盾和深层次矛盾、有待完成的任务和新提出的任务交织叠加、错综复杂，我们既要坚持深化改革开放，又要亟待解决现实发展中存在的突出矛盾和挑战。因此，各地区要正确处理好改革和发展的关系，先发地区要进一步通过改革释放经济

发展活力，带动落后地区及全国加快发展，为全国转型发展提供动力，后发地区既要加快发展也要在发展中推进改革。

四、构建区域发展新格局的重点任务

围绕促进区域协调发展这条主线，把培育新的区域经济带和增长极作为推动国家经济发展提质增效的战略支撑。继续深入实施区域发展总体战略，提升东部地区对全国转型升级的带动作用，着力拓展中西部地区发展空间，加快激活东北地区等老工业基地的发展潜力，巩固支持特殊类型区发展。推进实施主体功能区战略，以资源环境承载力为基础，立足地区比较优势，健全体制机制，充分发挥政府规划引导和政策指导作用，优化国土开发空间格局。积极谋划区域发展新棋局，以大江大河和陆路交通干线为纽带，按照内畅外通、梯度联动、协同发展的思路，构建覆盖全域国土纵横交错的经济支撑带，提升和培育一批新的经济增长极，以发挥市场在资源配置中的决定性作用为根本，以更高的国际视野、更广的区域维度，积极促进各类要素自由流动，加快形成市场一体化的区域发展新格局，实现全国东中西、南北方统筹协调发展。

（一）推进沿海、沿江率先发展，构建"三纵三横"经济支撑带

依托现有及今后规划建设的重大交通干线，突出轴带比较优势，构建"三横（长江经济带、陇海—兰新经济带、珠江—西江经济带）三纵（沿海经济带、京哈京广经济带、包昆经济带）"经济发展轴带，通过发挥纵横交错轴带横跨东中西、连接南北中的优势，统筹发达与欠发达地区协调发展，统领国内与国外联动，促进国土开发均衡布局，推进区域一体化，提升轴带在全国区域发展格局中的带动作用，把培育新的区域经济带作为推动国家发展的战略支撑。

加快沿海经济带率先发展。沿海经济带分布了中国众多的对外开放港口，集中了中国发展最快、综合实力较强的京津冀、长三角、珠三角、山东半岛、辽中南等城市群。经过改革开放30多年的发展，沿海地区为中国经济高速增长，进入中高收入发展阶段发挥了重要的作用，已经形成了比较雄厚的经济基础，基础设施相对完善，创新能力较强，对外开放水平较高。但自金融危机以后，面临全球化红利的消失和传统发展方式的制约，沿海地区正处在转型升级的关键阶段，如果在今后的改革开放中没有新的突破和进展，将对中国的现代

化进程带来影响，将对中国跨越"中等收入陷阱"产生严重制约。因此，在新的国内外发展背景下，沿海经济带要进一步发挥开发开放的综合优势，以全面创新为突破口，加快改革开放步伐，通过完善市场经济体制、创新发展模式，实现区域经济的新一轮飞跃，并引领全国经济发展方式转变，带动全国转型升级步伐的加快。沿海地区要以体制改革推动区域发展转型，正确处理政府与市场的关系，激发各类主体在市场经济体系中的活力，加快转变政府职能，着力清除市场壁垒，提高资源配置效率和公平性。积极应对新一轮科技革命和产业变革的浪潮，加快提高科技创新能力，在更高层次参与国际合作和竞争。着力培育产业动态竞争新优势，大幅提升产业层次，抢占全球产业链高端，引领全国产业结构优化升级。着力增强可持续发展能力，进一步提高能源、水、土地、海域等资源利用效率，加大环境污染治理力度，化解资源环境瓶颈制约。发挥好海岸线优势，全面实施海洋战略、大力发展海洋经济、推进陆海区域协同发展。统筹沿海经济带南北方协调发展，加快推进环渤海地区改革开放步伐，加快辽宁沿海的辽西地区、江苏沿海、广东的西南部沿海、广西沿海等区域的发展。

提高长江经济带综合效益。长江经济带产业基础雄厚，分布了一大批我国重要的基础产业和战略性产业基地，具有优越的发展条件和巨大的发展潜力，是世界上可开发规模最大、影响范围最广的内河经济带，但长期以来，由于沿江综合交通优势没有发挥出来，互通东西的作用有限，沿江上中下游发展差距较大。从区位看，长江经济带向西与正在建设的丝绸之路经济带相连，向东与海上丝绸之路相连，具有融通国内、国际两个市场，强化中国东中西部经济联系的重要纽带作用。今后要进一步发挥长江黄金水道的优势，以长江三角洲城市群为龙头，以长江中游城市群、成渝城市群为重要支撑，形成一条以长江为纽带的人口与产业发展轴线。充分发挥长江黄金水道的航运功能，率先建成综合交通运输体系，支撑经济带高效运转。依靠创新驱动产业转型升级，引导产业合理布局和有序转移，培育形成具有国际水平的产业集群，增强长江经济带产业竞争力。推进流域上中下游地区间加强生态建设和环境保护，建设绿色生态廊道，显著改善长江生态环境。要加快构建统一开放、有序竞争的全流域市场体系，把沿海发达地区积累的经济资本与中西部地区的发展空间相结合，使上下游地区形成各具特色、优势互补的经济态势。

优化提升京哈京广经济带。京哈京广经济带自北向南串联了哈长、辽中南、京津冀、冀中南、晋中部、中原、长江中游、珠三角等区域，连通了辽河、海河、黄河、长江、珠江5大水系，该经济带原材料工业、装备制造业、农副产品加工业比较发达，是中国承东启西、沟通南北的重要地带，对广大中部地区崛起和全国区域发展具有重要战略意义。今后应把京哈线、京广线、同蒲线、焦枝线、枝柳线通过的地区作为一个整体，畅通物流运输通道，提高市场一体化水平，共同打造京哈京广经济带，加快推进东北老工业基地振兴及新兴工业基地崛起，进一步提升经济带的发展潜力，重点建设好全国重要的粮食生产基地。

培育陇海—兰新经济带（陆上丝绸之路）。陇海—兰新经济带贯穿东中西部10个省区，共与11条南北向铁路交汇。该区域能源、石化、有色金属、电子信息、装备制造、轻纺等工业较为发达，已形成若干重要的区域性经济中心和一批工业城市。陇海—兰新沿线虽然开发历史悠久，但经济发展相对滞后，沿线城市辐射能力有限，城市间横向联系和分工协作还不密切。今后要充分发挥陇海、兰新陆桥大通道的作用，以中原、关中—天水、兰（州）西（宁）格（尔木）、天山北坡等区域为支撑，建设成为连接东中西、陆海联动、向西开放的重要经济带。以东中西联动为切入点，强化各城市间合作，在沿线积极培育壮大一批区域性中心城市，加快经济带上产业的聚集，为东部沿海地区的企业走向中亚市场提供良好的发展平台，积极应对全球市场竞争的挑战。加强沿线各地区间全方位的经济、社会、文化交流与合作，将东部沿海地区先进的资金、技术、人才优势与内陆地区丰富的劳动力、矿产、人文资源结合起来，充分挖掘不同地区市场需求，加强东西产业合作，尤其是促进旅游、文化、创意、现代农业和制造业的合作。促进沿线劳动力、人才、货物、资本的自由流动，推进贸易与投资便利化，降低物流成本。

打造珠江—西江经济带。该区域东起珠三角和香港、澳门，西至云南的瑞丽与孟中印缅经济走廊相连，中间是广西和贵州，覆盖三省三区，既有经济发达的珠三角和港澳地区，又有经济发展滞后的滇黔桂三省。打造珠江—西江经济带将使珠三角与滇黔桂的合作跃上新台阶，也促使中国与东南亚、南亚的国际次区域合作跃上新台阶。今后将重点依托沿江沿河资源优势和经济合作基础，以珠江三角洲地区为龙头，以滇中、黔中、南北钦防等区域为支撑，促进下游地区资金、技术、人才优势和中上游地区的能矿资源和劳动力等要素优化配置，深化推进流域联合开发与治理，积极开展产业合作，形成资源互补、产业配套、梯度发展的珠江—西江流域产业走廊，建设成为中国又一条连接东西向发展的经济带，形成发达地区带动落后地区加快发展的新格局，把珠江—西江经济带打造成为流域开发合作示范区和面向东盟的重要门户区。

培育包昆经济带。该区域通过纵贯西部南北地区的包西铁路、宝成铁路、成渝铁路、内昆铁路等铁路，连接了呼包鄂榆、宁夏沿黄、关中—天水、成渝、黔中、滇中等地区。区域资源丰富，开发具备一定基础，但目前经济实力相对较弱，城市和产业密集程度不高。作为中国西部南北向的经济轴线，该区域对在中国国土开发中具有重要意义，通过该轴线的开发，既可为西部地区的发展提供战略支撑地，又可为连接西部南北地区构建联系通道，有利于促进该区域的能矿资源开发和合理利用。今后要在加快建设沿线交通基础设施的基础上，合理开发能矿资源，提升对国家经济安全的保障能力。壮大成渝、关中两大城市群整体竞争力，提升省域核心城市的辐射带动作用，统筹协调城市与工矿区布局，积极培育新的增长点，加快建设一批区域性中心城市。

（二）提升沿海三大城市群辐射影响力，培育中西部新的增长极

以城市群为核心、支撑和引领，加快推进区域一体化发展，优化提升环渤海、长三角和珠三角三大经济区引擎辐射带动能力，加快在内陆地区培育形成一批新的增长极，推进成渝、长江中游、中原、关中等城市群加快发展，有效支撑中国经济持续快速健康发展，培育以省会城市为核心的广西北部湾地区、黔中、滇中、哈长、天山北坡等区域加快发展。环渤海、长三角和珠三角等经济区域，要重点推进区域市场一体化进程、加强基础设施一体化建设、促进区域基本公共服务均等化、促进资源合理利用和生态环境共保、优化区域城市间功能分工、以改革、创新为动力全面提升城市群的全球竞争力。同时，随着城市群综合竞争力的提高，其对周边区域的辐射带动作用日益增强，其空间影响范围不断扩大，将与周边地区形成在空间尺度上比原有城市群范围更大的综合经济区域，即环渤海、长三角和珠三角等经济区。对于成渝、长江中游、中原、关中等快速成长型的城市群，要加快推进区域性基础设施共建共享、优化城际产业空间分布、增强核心城市辐射带动作用、加强城市间联系与合作。

环渤海经济区。环渤海经济区以京津冀城市群为核心、以辽中南城市群和山东半岛城市群为两翼。该区域目前三个城市群间的联系还不强，随着京津冀城市群发展质量的提升，今后该区域将发展成为支撑我国北方地区重要的核心区域。要进一步加强跨地区基础设施的互联互通，加强生态环境的联防联控，突出首都经济圈的龙头带动作用，增强辽宁沿海、河北沿海、山东

半岛城市群等重点区域的支撑功能，建设成为北方地区对外开放的门户、中国参与经济全球化的主体区域、有全球影响力的先进制造业基地和现代服务业基地、全国科技创新与技术研发基地，全力打造成为中国经济增长和转型升级的新引擎。

长江三角洲经济区。长三角经济区以长三角城市群为核心，辐射周边皖北、苏北、浙南、赣东等地区。该区域整体发展水平较高，随着长三角综合实力的进一步提升，对周边区域的辐射带动作用更加突出，其辐射影响空间将进一步拓展，将成为中国参与全球竞争的重要支撑区域。要通过加快推进区域一体化步伐，将长三角经济区建设成为有全球影响力的先进制造业基地和现代服务业基地，全国经济发展的重要引擎，要在全国制度创新、科技进步、产业升级、绿色发展方面发挥示范带动作用，加快形成国际竞争新优势，在更高层次参与国际合作和竞争。

珠三角经济区。珠三角经济区以珠三角城市群为核心，包括香港、澳门，辐射周边粤东、粤西、广西、海南、江西、湖南等地区。该区域以大珠三角地区为引领，将充分调动各种积极因素，深化粤港澳合作，充分发挥广东世界制造业基地，香港国际金融、贸易、航运、物流、高增值服务中心，澳门世界旅游休闲中心的优势和作用，加快推进区域统一大市场建设，促进贸易、投资、人员和服务在区域内的自由流通，率先推进粤港澳三地融合发展。同时，随着大珠三角区域影响力的不断扩大，与广西、海南、江西、海南等地的经济联系不断加强，将与这些区域形成分层次、有梯度、有分工、有腹地、功能错位互补的区域一体化发展格局。通过区域一体化发展，将建设成为中国南方对外开放的门户和平台，中国参与经济全球化的主体区域，全国经济发展的重要引擎。

长江中游经济区。长江中游经济区包括武汉都市圈、长株潭城市群、环鄱阳湖生态经济区等区域。该区域交通区位十分优越，产业发展基础、要素支撑等方面具有综合优势，是全国重要的高新技术产业、先进制造业和现代服务业基地，全国重要的综合交通枢纽。但目前还存在交通体系网络化程度不高、产业结构不合理和同质竞争、中心城市经济实力不强、城镇体系不完善以及生态建设和环境保护压力增大等问题。今后要通过加强区域联合协作，加强基础设施、市场体系建设，提升并发挥核心城市的带动作用，完善城镇体系，优化提升产业结构，建设成为长江经济带中部核心地带的重要支点，培育成为全国新的经济增长极。

中原经济区。该区域以中原城市群为核心，辐射周边冀北、晋东南、鲁西南、皖北等地区。区域区位优势突出、人口众多、文化底蕴深厚、市场潜力巨大，但存在城镇化相对滞后、经济结构不合理、区域内部发展不协调等问题。今后要进一步壮大核心城市带动能力，加快推进区域互动联动发展，建设先进制造业、现代服务业基地，打造内陆开发开放高地、人力资源高地，建设成为与长江中游地区相呼应、带动中部地区崛起的核心地带，引领中西部地区经济发展的增长极。

关中—天水经济区。关中—天水地区地处亚欧大陆桥中心，是中国西部地区经济基础好、自然条件优越、人文历史深厚、发展潜力较大的地区。该区域市场发育滞后，产业集聚度不高、体制机制创新活力不足，城乡差距较大，生态建设和环境保护任务繁重。今后要着力提升产业实力，优化完善城镇体系结构，加强基础设施和生态环境共建共享，推进区域要素市场一体化建设，加快建设成为全国内陆型经济开发开放战略高地、全国先进制造业重要基地，培育形成支撑和带动西部地区加快发展新的重要增长极。

成渝经济区。该区域自然禀赋优良，产业基础较好，城镇分布密集，交通体系完善，是全国统筹城乡发展的示范区，全国重要的高新技术产业、先进制造业和现代服务业基地，西南地区科技创新基地，西部地区重要的人口和经济

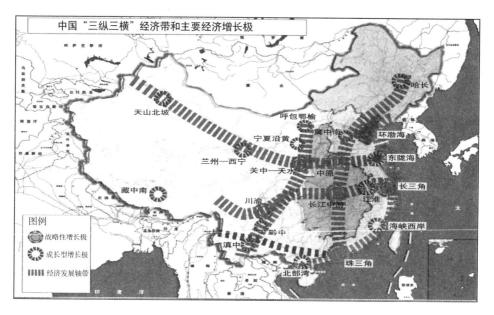

图 7　中国"三纵三横"经济带构架和主要增长极布局

密集区。今后要加快构建完善的交通运输体系，分工明确、布局合理的城镇体系，结构优化的产业体系，资源共享、要素充分流动的市场体系，把该区域建设成为引领西部地区加快发展、提升内陆开放水平、增长国家综合实力的重要支撑，培育成为西部地区新的重要增长极。

其他区域性增长极。根据区域主体功能定位，充分发挥区域优势，重点依托省会城市或重要区域性中心城市，完善基础设施网络，健全城镇空间体系，提高人口集聚能力；提高自主创新能力，集聚创新要素，增强产业聚集能力，积极承接国际国内产业转移，深化城市间分工协作和功能互补；保护生态环境、节约集约利用水土资源；加快对外开放，形成中国对外开放新的窗口和战略空间。积极培育哈长、东陇海、海峡西岸、北部湾、冀中南、呼包鄂榆、宁夏沿黄、黔中、滇中、兰州—西宁、天山北坡、藏中南等一批区域性成长型的经济增长极，引领和支持地区经济发展。

（三）推进沿海内陆沿边多向开放，构建区域全方位开放新格局

以更高的国际视野，实施更加主动的对外开放战略，以沿海、内陆、沿边合作开放为框架，加快形成全方位、多层次、宽领域的对外开放新格局。

深化推进次区域合作。以推进丝绸之路经济带和海上丝绸之路建设为重点，统筹推进国内区域合作与国际次区域合作；以国际大通道为依托，充分利用中国—东盟自由贸易区平台，通过珠江—西江经济带，深化珠三角与广西北部湾地区和云南地区的合作，共同参与澜沧江—湄公河国际次区域合作；长江上游地区与云南、贵州合作，共同建设孟中印缅经济走廊，将长江经济带与孟中印缅经济走廊连接起来；加强西北地区合作，共同建设丝绸之路经济带，加强中巴、中哈、中吉合作，并加快构建与欧洲的联系纽带；深化黑龙江、吉林、辽宁、内蒙古东部地区合作，加强与东北亚相邻地区的国际次区域合作，构建我国面向北部、东北亚开放的核心区和重要枢纽。

扩大沿边地区开放步伐。全面落实国务院《关于加快沿边地区开发开放的若干意见》、《黑龙江和内蒙古东北部地区沿边开发开放规划》、《支持云南省加快建设面向西南开放重要桥头堡的意见》等规划及政策文件。以国际大通道为依托，以沿边重要口岸、边境城镇为支撑，以边境（跨境）经济合作区和开发开放实验区为载体，通过建设东盟合作高地、西南开放桥头堡、向西开放门户、东北亚开放枢纽，构建沿边地区开发开放的新格局。加快沿边地区主要边境城市转型升级，促进要素和人口集聚，发挥内连外接的支撑和窗口作用，实

施更加积极主动的对外开放战略。支持一些水资源及其他发展条件较好的城市提高城镇规模和经济实力。允许沿边重点口岸、边境城市、经济合作区在人员往来、加工物流、旅游等方面实行特殊政策。

建设一批内陆开放型经济战略高地。以重点城市和城市群为重要载体积极开展对外经贸合作，开拓国际市场，扩大进出口贸易规模，积极引进外商投资优势产业，创新内陆加工贸易模式，推进整机生产、零部件、原材料配套和研发结算在内陆地区一体化集群发展，使内陆地区成为沿海加工贸易链条的承接地。支持符合条件的地区申请设立海关特殊监管区域，继续办好各类经贸洽谈会、国际博览会，充分发挥其对对外开放和区域合作平台的载体功能与带动辐射作用。支持内陆城市增开国际客货航线，发展江海、铁海、陆航等多式联运，形成横贯东中西、联结南北方的对外经济走廊。

推进海上丝绸之路建设。通过畅通海上通道，串联起中国、东盟、南亚、西亚、北非、欧洲等各大经济板块的市场，开展更高层次、更广范围、更多国家参与的经贸往来与合作。近期，要不断深化中国与东盟的合作，打造中国—东盟自贸区升级版，致力于率先加强中国同东盟国家海上通道的互联互通建设，积极参与沿线国家港口等重大基础设施建设，推进落实于沿线国家双边多边贸易投资协议，加快沿线地区自贸区建设，加强海洋经济合作，推动资源共同开发利用，打造命运共同体，实现共同发展与繁荣。

（四）支持特殊类型地区发展，保障落后地区全面实现小康目标

更加注重针对空间布局分散、共性问题突出的特殊类型区域的发展，如革命老区、民族地区、贫困地区、边疆地区，以及滞缓衰退型老工业城市和资源枯竭城市、农产品主产区、重点生态功能区等，进一步加大扶持力度，明确差别化政策，完善政策支持体系，着力解决特殊类型区域发展中面临的突出困难，推进与全国其他地区同步实现小康目标。

革命老区。加大对赣南、陕甘宁、大别山、左右江等革命老区的支持力度，着力解决革命老区基础设施薄弱、产业结构单一、生态环境脆弱等制约当地经济社会发展的突出问题。加快完善基础设施，提高基本公共服务水平，切实改善老区群众的生产生活条件。推进农村危旧房改造，解决农村饮水安全问题，加强农村电网改造和农村道路建设，提高特殊困难群众生活水平，提高在乡退伍红军老战士、失散红军等人员遗孀定期生活补助政策，帮助残疾人改善生活条件。支持革命老区因地制宜发展壮大特色产业，加大革命旧居旧址保护

和修缮力度，发挥旧居旧址在爱国主义教育中的重要作用，支持红色旅游基础设施建设，促进红色文化旅游业大发展。继续加大对革命老区在财政、税收等方面的政策支持力度。

民族地区。落实国家民族政策，加大对西部少数民族地区的支持力度。支持湖南湘西、湖北恩施、吉林延边、海南等少数民族比重较大地区享受西部民族地区政策。改革民族政策，将对少数民族的优惠政策区域化，发挥财政转移支付在促进民族地区发展中的主体性作用，继续加大一般性转移支付规模。以教育为重点，提升少数民族地区基本公共服务水平，普及汉语教学，改善少数民族地区教学条件和教师待遇，增加教学设施投资，定期选派教师到条件较好的地区进修，支持大学毕业生投身西部少数民族地区教育事业。以农、林、果木管理、家庭蓄养等为重点，加强对少数民族地区的职业技术教育。大力支持新疆、西藏及四省藏区发展，按照经济发展与社会建设并重的原则，加强和创新少数民族地区社会管理模式，构建生产发展、生活富裕、社会和谐的良好格局。

贫困地区。以六盘山区、秦巴山区、武陵山区、乌蒙山区、滇桂黔石漠化区、滇西边境山区、大兴安岭南麓山区、燕山—太行山区、吕梁山区、大别山区、罗霄山区等集中连片特困地区和西藏、四省藏区、新疆南疆四地州为主战场，探索扶贫新模式，以农村为重点，以扶贫对象为目标，把稳定解决扶贫对象温饱、尽快实现脱贫致富作为首要任务，坚持政府主导，统筹发展，注重增强扶贫对象自我发展能力，注重促进基本公共服务均等化，注重解决制约发展的突出问题。集中实施一批教育、卫生、文化、就业、社会保障等民生工程，大力改善生产生活条件，培育壮大一批特色优势产业，加快区域性重要基础设施建设步伐，加强生态建设和环境保护，从根本上改变连片特困地区面貌。积极开展并统筹推进异地搬迁扶贫、整村扶贫、以工代赈、产业扶贫、人才科技扶贫等专项扶贫措施。

边境地区。全面落实《兴边富民行动规划（2011—2015年）》。加强边境地区基础设施建设，推进公路、农牧业、农村邮政、电信和互联网、生态环境保护等设施建设。切实改善和保障民生，优先支持边境贫困地区脱贫，帮助边境群众增收致富，加强边民职业技能和创业培训，大力推进边境地区社会保障体系建设和农村综合服务设施建设，提高教育、卫生等公共服务的保障水平。促进民族团结和边防稳固，提高维稳控边能力。促进特色优势产业发展，扶持特色农牧产品加工、特色民族文化产品、边境旅游等产业发展。

滞缓衰退型城市和资源枯竭型城市。巩固老工业基地振兴、资源型城市转型等工作成果，解决国企改革遗留问题，研究中央企业与地方协同发展的政策，推动老工业基地加快发展混合所有制经济。结合金融体制改革，探讨金融支持老工业基地调整改造新途径。加快推进国有林区和垦区改革。以创新驱动产业转型升级，深入开展老工业基地振兴科技引领行动计划。研究支持老工业基地发展现代服务业、文化产业大的政策措施。继续大力支持资源型城市和独立工矿区可持续发展。扎实推进独立工矿区改造搬迁工程试点，支持滞缓衰退型城市和资源枯竭型城市棚户区改造，改善居民和职工居住条件。

农产品主产区。从确保国家粮食安全和食物安全的大局出发，充分发挥各地区比较优势，进一步促进"七区二十三带"为主体的农业主产区发展。要限制工业开发，切实保护耕地红线，确保谷物基本自给、口粮绝对安全。稳定提高东北平原、黄淮海平原、长江流域、汾渭平原、河套灌区、华南地区、甘肃新疆地区等农产品产能。积极支持西南和东北的小麦、西南和东南的玉米、南方的高蛋白及菜用大豆等其他农业地区和其他优势特色农产品的发展，根据农产品的不同品种，国家给予必要的政策引导和支持。增强农业主产区政策与区域规划政策的衔接配套。优化大中城市"菜篮子"布局，改善农产品生产流通环境，降低物流成本。大力开展高标准农田建设，积极稳妥推进农业规模经营，创新农业生产组织方式，大力提高粮食生产的科技水平和机械化水平，通过提高劳动生产效率，增加粮食生产者的收入。

重点生态功能区。构建以青藏高原生态屏障、黄土高原—川滇生态屏障、东北森林带、北方防沙带和南方丘陵山地带以及大江大河重要水系为骨架，以其他国家重点生态功能区为重要支撑的生态安全格局。青藏高原生态屏障，要重点保护好多样、独特的生态系统，发挥涵养大江大河水源和调节气候的作用；黄土高原—川滇生态屏障，要重点加强水土流失防治和天然植被保护，发挥保障长江、黄河中下游地区生态安全的作用；东北森林带，要重点保护好森林资源和生物多样性，发挥东北平原生态安全屏障的作用；北方防沙带，要重点加强防护林建设、草原保护和防风固沙，对暂不具备治理条件的沙化土地实行封禁保护，发挥"三北"地区生态安全屏障的作用；南方丘陵山地带，要重点加强植被修复和水土流失防治，发挥华南和西南地区生态安全屏障的作用。

五、完善构建区域发展新格局的长效机制

构建市场一体化的区域发展新格局，必须建立健全区域协调发展的体制机

制，加快推进各项改革，发挥市场在资源配置中的决定性作用，积极推进全国统一大市场建设，提高区域政策精准性，推进区域合作、互助、利益协调等机制建设。

（一）加快推进全国统一大市场建设

发展各类区域性生产要素市场。进一步消除行政壁垒，积极推进区域资本、技术、人力资源和土地要素市场建设，建设区域性产权交易平台、技术和人力资源市场，积极推进土地资产市场一体化，促进土地使用权有效流转和优化配置。推进区域市场信用体系建设，制订和完善信用法规和标准，共同打造信用信息大平台，推进信用服务市场建设，共建市场信用监管体系。加快改革户籍制度，逐步取消依附在户籍上的福利特权和针对非户籍人口的歧视性规定，提高社会保障统筹层次，加快完善各类社会保险跨地区转移接续机制，加快推进基础养老金全国统筹，进一步完善财政转移支付体系，更多考虑常住人口基本公共服务支出的需求，不断完善要素跨区域自由流动、平等交换的体制机制。

打破地方保护主义和部门保护主义。大力整顿规范市场秩序，全面清理各种地区封锁的规定，促进商品和各种生产要素在全国范围内自由流动和充分竞争，消除企业跨行业、跨区域、跨所有制兼并重组的阻力。清理规范涉及行政许可和强制准入的垄断性经营服务收费。推动建立跨地区跨部门执法协作机制。

消除地区间不合理的政策差异。积极破除地区间、城市间、城乡间不平等的制度和政策，整合各类产业、环保、公共服务、土地、招商等政策和法规，建立有利于企业和城市开展公平竞争的环境。加大对已制定的各类政策进行梳理，对于不符合构建统一大市场要求，不利于企业开展有序竞争的政策措施加紧清理和消除，对具有普遍意义，但目前还只是在少数地区进行试点试验的政策措施，要加紧推广，扩大政策实施范围，以创造更为统一的市场竞争环境。确实需要对某些重点领域和特殊地区实施差别化政策的，要进一步建立完善政策对象确定、政策体系设计、政策效果监督评价等制度，促使区域政策效果最大化。

（二）完善"综合经济区"与"特殊类型区"区域政策体系

改进以四大板块为主的区域政策体系，建立"综合经济区＋特殊类型区"双维度的区域政策体系。进一步缩小政策单元，提高区域政策精准性，既要重视解决中西部地区加快发展、转型发展中面临的两难问题，确保与全国同步全面建成小康；也要重视提升沿海地区国际竞争力，支撑带动全国经济发展的问题。

综合经济区以规划引导为主。更好地发挥政府在规划编制、基础设施建设、公共服务提供、生态环境保护等领域的作用，重点对跨行政区、次区域进行规划引导。启动若干重大区域规划编制工作，针对一定时期确定的重点战略性板块，开展区域规划编制工作，推进孟中印缅等国际大通道与经济走廊规划建设。加快编制以跨省市城市群为主的城市群规划，制定省域内部城市群规划编制的指导意见，更好地指导各省（区市）相关部门编制列入国家规划的本省（区市）内的城市群规划。加强流域合作，加快编制南水北调中线工程区域发展与合作规划，加快启动黄河中上游、黄河下游流域发展与合作规划编制，开展淮河、松花江、辽河、汉江等流域发展与合作规划编制。继续完善以创新引领为目标的区域创新体系建设，支持沿海以及综合实力强的城市群在创新发展方面加快改革试验步伐，提升创新支撑能力。

加大对特殊类型地区的分类指导和支持力度。更加注重针对空间布局分散、共性问题突出的特殊类型区域，进一步明确政策支持单元，完善差别化政策支持体系，进一步加大扶持力度，加强基础设施建设，强化生态保护和修复，提高公共服务水平，逐步缓解问题区域的突出矛盾，切实改善老少边穷地区生产生活条件。对革命老区、民族地区、边境地区、贫困地区等地区应进一步明确扶持对象，将扶持贫困地区与扶持贫困人口相结合，将义务教育、医疗卫生和社会保障等基本公共服务政策，直接针对于贫困人口，提高扶持资金的使用效率，保障贫困人口获得基本的生存权和发展权，提高贫困地区人口的自我发展能力。对滞缓衰退型城市和资源枯竭型城市，按照《全国老工业基地调整改造规划（2013—2022年）》、《全国资源型城市可持续发展规划（2013—2020年）》的要求，落实好相关政策和措施。对农产品主产区，要切实保护耕地红线，确保谷物基本自给、口粮绝对安全，加强农业主产区政策与区域规划政策的衔接配套。对重点生态功能区，要加大均衡性转移支付力度，建立生态补偿机制和奖惩机制，探索建立地区间横向援助机制，逐步加大政府投资用于生态环境保护方面的比例。

（三）加快建立国土空间开发保护制度

理顺空间开发管理体制。长期以来，中国涉及国土空间规划内容的相关部门较多，由于"部门权力规划化"，造成由不同部门负责的空间规划谁也不愿意成为其他规划的附属，争着在空间规划中充当主导和统领地位，结果没有一个规划能够真正成为约束空间开发的纲领。加强国土空间开发保护，必须理顺各部门在空间规划与管理中的职责和分工，协调好经济社会发展规划与土地利用总体规划、城乡规划、生态功能区划等规划的关系，明确各部门在空间规划实施中的具体保护和建设任务。建立空间规划体系，坚定不移实施主体功能区制度，划定生态保护红线，严格按照主体功能区定位推动发展，加快完善城镇化地区、农产品主产区、重点生态功能区空间开发管控制度，建立资源环境承载能力监测预警机制。

制定《区域规划管理办法》。进一步明确区域规划的性质、定位、内容、时限，规划编制的程序，规划的审批和实施等内容，明确不同层级、不同类型规划之间的关系。围绕区域发展中重大跨界基础设施建设，生态环境保护治理、资源合作开发利用、产业分工协作、基本公共服务对接等重点领域，开展共同协商、共同规划、共同建设。增强区域规划中空间管制的内容，合理划定生产、生活、生态空间开发管制界限，落实用途管制，加强生态保护红线和城市增长边界管制。建立区域规划的后评估和滚动编修制度，明确规划实施监督机制，建立政府公共信息平台，鼓励公众参与和加强监督。

（四）健全区域合作互动机制

建立完善自上而下与自下而上相结合的区域治理模式。发挥各级政府、社会组织和企业等多元主体的作用，构建多层次、多形式、多领域的区域合作网络。鼓励和支持各地区开展多种形式的区域经济协作和技术、人才合作，创新区域合作方式，探索建立制度化的区域合作机制，形成以东带西、南北协调、发达带欠发达的合作发展格局。进一步打破条块分割体制，鼓励成立各类区域性社会组织，逐步完善区域性社会组织的法律地位，对区域性社会组织的产生、职责、权限、运行机制等予以规范和指导。积极构建推进区域合作的组织保障、规划衔接、利益协调、激励约束、资金分担、信息共享、政策协调和争议解决等机制。支持社会组织和企业参与区域性公共产品生产和服务的供给。

进一步健全互助机制。完善发达地区对欠发达地区的对口支援制度和措施。鼓励发达地区采取多种方式帮扶欠发达地区，鼓励社会力量参与支持欠发达地区发展。要坚持以人为本，以增强欠发达地区自我发展能力为核心，支持欠发达地区在社会事业发展、扶贫开发、特色优势产业培育、生态环境保护方面取得新进展。坚持优势互补、互惠互利，充分发挥支援方与受援方各自优势，促进对口支援合作从单方受益为主向双方受益进一步深化，构建良性互动的发展格局。实施好对口支援新疆、西藏、青海、贵州、赣南等原中央苏区及南水北调对口协作规划计划等，全面启动实施对口支援川、甘、滇三省藏区工作，积极开展"十三五"对口支援规划前期研究，进一步完善对口支援体制机制，在既有以财政实力、支援任务为基础对口的基础上，提高支援方对口支援的经济效益。在前一轮以基础设施、产业项目等为重点的"硬"对口支援基础上，延伸拓展以人才、科技、文化、教育等为重点对"软"对口支援，增强受援方内生发展能力。

（五）建立完善区际利益协调机制

建立资源开发利用利益分配与补偿机制。鼓励资源产区与资源需求区之间建立资源供应、综合利用、生态环境保护等利益协调机制。建立完善生态补偿机制，完善对重点生态功能区的补偿，建立中央与地方相互配合的制度体系；坚持补偿模式多样化，改变现行的以政府财政转移支付为主的单一模式，辅以一次性补偿、对口支援、专项资金资助和税负减免等；对于受益主体不明确的地区，适宜由政府出资建立生态补偿基金进行补偿；对于受益主体比较明确的地区，按照生态有价的理念，探索由受益地区向生态保护地区进行市场化、协商式的补偿；推进以对口支援为主的横向生态补偿机制，建立流域上下游生态补偿机制。

建立粮食主产区补偿机制。探索建立粮食主销区或粮食调入区补偿粮食主产区和调出区的利益补偿机制，粮食调入或生态环境受益地区采取资金补助、定向援助、对口支援等多种形式，对重点粮食主产区因加强粮食生产和流通及生态环境保护的投入以及造成的利益损失进行补偿。

探索实行"三挂钩"的探索。完善城乡建设用地增减挂钩政策，探索城乡之间人口增长与用地增长、区域人口增长与用地增长之间的土地挂钩政策，探索劳动力流动和土地指标跨地区再配置机制。

（六）完善差别化的政绩考核机制

要根据不同类型区的功能定位和不同层级领导班子和领导干部的职责要求，设置各有侧重、各有特色的考核指标，把有质量、有效益、可持续的经济发展和民生改善、社会和谐进步、文化建设、生态文明建设、党的建设等作为考核评价的重要内容。强化约束性指标考核，加大资源消耗、环境保护、消化产能过剩、安全生产等指标的权重。更加重视科技创新、教育文化、劳动就业、居民收入、社会保障、人民健康状况的考核。针对不同类型区建立长期与短期相结合，经济与社会、资源与生态环境保护相结合，静态的年终考核与跟踪式、阶段式的动态考核相结合，措施性与监测性相结合等指标体系。健全相关激励与处罚制度，把不同区域主要目标的完成情况纳入对地方党政领导班子和领导干部的综合考核评价结果，作为地方党政领导班子调整和领导干部选拔任用、培训教育、奖励惩戒的重要依据。要建立问责制，对主要领导干部在国土空间开发中出现的各种不当行为及其所造成的损失要进行责任追究。

汪阳红　贾若祥　袁　朱　张　燕

专题八

以提高生活质量为目标的
新型社会体系

　　"十三五"是中国全面建成小康社会的关键时期，提高生活质量将越来越成为经济社会政策的核心。本文分析了新型社会体系的特征，通过国际比较的方式对中国居民生活质量进行了评价，并指出当前社会体系中与提高居民生活质量这一目标相符合及不相符合的部分，最终提出了以提高生活质量为目标的新型社会体系的总体方向和政策设计。

　　"社会发展的最终目的是改善和提高全体居民的生活质量"，这是1995年哥本哈根世界社会发展首脑会议达成的广泛共识。生活质量既是对一个社会中人们总体生活水平的综合描述，也是衡量一个社会整体发展水平的重要指标，提高生活质量是各项经济社会发展的政策预期目标。

　　当前，中国正处在增长速度换档期和结构调整阵痛期，同时面临着人口老龄化加速、城乡分化严峻和贫富差距较大的挑战，社会矛盾凸显，不稳定风险加大。提高生活质量，不仅有助于推进经济结构调整和经济发展方式转变，为经济发展提供强动力；而且有助于促进社会公平正义和增进社会和谐稳定，为社会进步注入新活力。"十三五"是全面建成小康社会的关键时期，也是中国全面深化改革的攻坚期，提高生活质量将越来越成为经济社会政策的核心，从而更加注重人的全面发展。

一、新型社会体系的内涵与特征

（一）什么是社会体系

社会体系是指一个社会运行的方方面面，涵盖社会领域的法律、制度、政策及其实施的过程与效果。从宽口径来看，社会体系包括社会结构、社会运行和管理以及一个社会与其他社会的边界与融合等，社会体系是社会运行所形成的一切社会面貌。从窄口径来看，社会体系是通过一系列政策体系、制度体系来约束和规范社会运行发展的结果。虽然社会运行有着自身的逻辑和轨迹，但社会政策和制度在很大程度上影响着社会运行轨迹，所以社会政策体系是因，社会运行轨迹是果。建设新型社会体系，就是要在社会体系的前置影响因子上下功夫，亦即靠社会政策体系的创新来带动社会运行轨迹的完善。

社会运行以及社会政策的实施，其目标是多重的，提高人的生活质量是其中关键之一。以提高生活质量为目标的社会体系，需要从人的基本需求出发，在社会资源配置和公共服务供给等方面基本满足人们在各个年龄阶段、各个社会层次上不断变化和提升的社会需求，并能够向人们提供向上流动的空间和机会，最终实现在人的生命周期内不断递进的需求满足、向上流动以及代际传递。

社会心理学家马斯洛提出的需求层次理论认为，人的价值体系存在两类不同的需求：一类是沿生物谱系上升方面逐步变弱的本能或冲动，属于低级需要或生理需要；一类是随生物进化逐渐显现的潜能或需要，属于高级需要。人都暗藏着这五种不同层次的需要，不同时期表现出来的各种需要的迫切程度不同。最迫切需要是激励人行动的主要原因或动力，人的需要是从外部得到的满足逐渐向内在得到的满足转化。根据马斯洛需求层次理论，以提高生活质量为目标的社会体系就是，能够清楚地认识到并基本满足社会各阶层人群的不同层次需求，为社会成员提供满足上一层需求的途径，最终使社会成员实现需求的递进式满足，也就是"各得其所"。

（二）新型社会体系的时代特征

新型社会体系与传统社会体系相对应，与当前所处的发展新阶段和新形势相适应。改革开放使中国从计划经济体制转向社会主义市场经济体制，并逐步实现了从传统社会向现代社会、从农业社会向工业社会、从封闭社会向开放社会的变迁。与传统社会体系相比，新型社会体系呈现出鲜明的时代特征。

1. 发展阶段：依附于经济发展向经济社会互促共进转变

传统社会体系下，社会发展以经济建设为中心，各项工作均为经济建设服务，近年来通过不断改革和调整，这种格局有所完善，但仍未完全摆脱对经济发展的依附地位。当前，中国经济总量已经跃居世界第二，并有望升至世界第一，但社会发展却相对滞后，经济社会"一条腿长、一条腿短"的问题还没有解决。与此同时，社会发展自身又面临着社会需求升级、社会结构转型、分配关系失衡等突出挑战，迫切需要加强社会建设和推进社会转型发展。经济发展不会自动带来全面的社会发展，也无法自动推动社会转型，而转变经济发展方式很大程度上依赖于新型社会体系的建立与完善。实现经济转型与社会转型的良性互动，具有重大的现实意义。

经济转型传导并推动社会转型。以发展市场经济为取向的改革，从根本上改变了传统的经济增长方式和经济运行机制，经济总量迅速扩张，经济转型带来诸多社会问题，就业、医疗、教育、住房、收入分配等领域问题不断涌现，已严重威胁到经济社会的全面可持续发展。与此同时，由经济转型带动的社会结构转变、社会运行机制转轨、社会利益调整、社会观念变化等从多个方面对社会发展本身产生影响。社会发展滞后带来的问题不断积累，迫切要求推动社会转型。社会转型是对经济转型的直接回应，经济转型是社会转型的最基本动因。

经济转型的成败有赖于社会转型。经济转型需要进行三个层面的战略性结构调整：一是需求结构，经济增长由主要依靠投资、出口拉动向依靠消费、投资、出口协调拉动转变；二是供给结构，经济增长由主要依靠第二产业带动向依靠第一、第二、第三产业协同带动转变；三是要素驱动结构，经济增长由主要依靠增加物质资源消耗向主要依靠科技进步、劳动者素质提高、管理创新转变。三大战略结构调整与社会发展密切相关，都有赖于社会转型发展。需求结构调整有赖于激发教育、医疗保健、文化娱乐等公共服务消费，同时基本公共服务制度的完善将为扩大内需提供基础保障。供给结构调整有赖于逐步放开服务业市场准入，大力发展社会服务产业。要素驱动结构调整有赖于教育、科技等社会事业加速培育和积累的人力资本，夯实创新驱动的智力基础。

2. 发展目标：满足生活需要向提高生活质量转变

新中国成立以后很长一段时期内，面对生产力低下和物资匮乏的现实，中国提出社会主义初级阶段的主要矛盾是，人民日益增长的物质文化需要同落后的社会生产之间的矛盾，这也决定了传统社会体系的首要目标是满足城乡居民的基本生活需要。

随着国民生产总值和城乡居民收入的迅速增长，城乡居民的生活消费结构将加速升级，食品、服装、电器等实物消费的比重持续减少，教育、医疗保健、文化娱乐及旅游等服务消费的比重显著增加。消费结构升级将拉动对社会公共服务的需求持续增长，而需求得以满足并转化为消费后，又将带动产品和产业结构的进一步升级调整。在基本的物质消费需求得到满足后，城乡居民对精神文化、健康安全、生活质量的认识和标准将逐步提高，相关需求也会日益增长。全社会不仅将继续保持对教育、医疗卫生、公共文化体育等基本公共服务的旺盛需求，同时对个性化、专业化、潮流化的非基本服务也会提出更高要求，从而形成多层次、多样化的社会服务需求格局。由此，新型社会体系的政策目标转变为提高城乡居民的生活质量。

3. 实施主体：政府主导向多元参与转变

新型社会体系的目标是要达到善治，必须从威权式向协同式转变。政府不仅要主动从社会事务的单一主体变革为主导主体，还要通过发展民间资本和社会组织等社会力量来推动政府职能转变，从而可以从大量具体而微观的社会事务中解脱出来，并集中精力做好经济和社会发展中长期规划的研究与制定，加强宏观管理，提高决策质量和社会治理效率。社会组织发挥政府与民众之间的桥梁纽带作用，各类社会组织协调各层次、不同群体间的利益冲突，通过广泛联系群众、了解民意、集中民情，把众多不同群体的意见和利益诉求反馈给政府，为政府决策提供咨询。各类社会组织、行业协会和中介组织具有协同政府进行社会治理的功能，实现社会发展资源的整合优化。公民不再是被动接受管理和服务的消极参与者，而是积极主动的参与者，具有参与社会公共事务管理的动力和能力。

二、中国居民生活质量评价

（一）生活质量的内涵

对生活质量的概念，国内外不同的专家有着不同的理解，加尔布雷思提出"生活质量是人们对生活水平的全面评价"，社会学家坎贝尔将生活质量定义为

"生活幸福的总体感觉"，罗斯托又把生活质量归纳为"不仅意味着社会向人们提供生活的舒服、安逸和享受，而且意味着社会所创造的一种稳定、和谐的国内政治环境，意味着人们在精神上建立新的价值标准"。中国学者林南把生活质量界定为"对生活各方面的评价和总结"。

在经过更广泛的讨论后，大家普遍认为生活质量是一个评价居民生活优劣的概念，它既要反映居民经济和社会生活的现实状况，同时又要体现居民现实经济和社会生活中的心理满足程度。因此，生活质量评价应从经济学、社会学和心理学三个层面展开，生活质量评价体系通常包括经济学、社会学和心理学三个层面的评价指标。经济学评价指标主要反映一个国家或地区的经济发展成就，侧重于经济层面上的生活质量评价，如人均国民收入、人均可支配收入、人均消费支出、恩格尔系数、基尼系数、价格水平等经济学指标。社会学评价指标主要是反映经济发展给社会带来的影响，侧重于社会进步层面上的生活质量评价，如教育、健康、文化休闲、社会保障等社会学指标。心理学评价指标则主要是反映社会成员对经济发展和社会进步的主观感受，侧重于认知和情感层面的生活质量评价，如收入满意度、消费满意度和教育满意度等心理学指标。

虽然各国专家学者为生活质量下的定义有一定差异，但实际上其内涵应该是一致的，既包括人们物质生活质量和精神生活质量两个方面，又涵盖客观领域的生活质量和主观领域的生活质量；既包括个体的感觉，也涉及社会环境和自然环境的综合影响。具体地讲，我们应该从收入、消费情况、就业状态、健康状况、教育环境、自然环境、城市化率等多个层面对居民生活质量进行评价。

（二）国际生活质量评价回顾

1. 欧洲生活质量评价

欧洲生活质量研究建立在福利被界定为"个人对资源（包括收入、资产、教育、知识、社会关系和社会网络等）的支配"基础之上。这种以资源为中心的福利观主要关注人们满足需求的能力，相应的评价指标也是围绕着客观的生活条件来确定。未来学家丁·福雷斯特 1972 年提出了一套生活质量的客观指标模式，包括生活水平、人口密集度、环境污染程度。世界银行在《1989 年世界发展报告》中将生活质量指标归纳为四项，即平均多少人有一名医生、平均每日摄取热量、通货膨胀率、人均能源消费量。Ludimia 根据国际通行的贫困型、小康型、宽裕型、富裕型标准列出了按贫富区分的社会指标体系（国际标准），其中生活质量指标有9个：平均多少人有一名医生、平均每日摄取热量、恩格尔系数、人均居住面积、农村饮用清洁水人口比例、年劳动工时、人均能源消费量、通胀率、贫富差距。这些客观的评价指标体系，简单明了，又有很强的实用性，而且被许多国家所使用。然而，由于指标数量太少，不能全面反映人们的生活质量，尤其对人们的主观感觉基本上没有反映。

2. 美国生活质量评价

美国式生活质量评价是从需求满足的角度来界定福利的，即福利最终需要靠个人自己来予以评价。据此，生活质量的评价就依靠主观的社会指标来体现。用"满意度"或"幸福感"来衡量人们的生活质量，影响人们对生活的主观感觉的因素包括人际关系、社会声望、才能发挥、身体健康、生活环境、业余文化生活等许多方面。美国伊萨卡大学经济学家 Eliakacapyr 在美国统计学杂志上发表了幸福感指数的文章，他从工作、健康、家庭生活、环境、收入、休息时间、住房、政府管理等多方面对生活质量进行了全面的评价，由此开创了主观评价居民生活质量的先河。

3. 英国居民生活质量评价

英国政府生活质量指标体系构建的主要特点是，地方层面的生活质量指标体系的构建开始较早，国家层面的构建较慢。目前已经形成了多层次的评价系统。自英国政府上个世纪90年代提出可持续发展战略后，各级地方政府就开始构建本地区的生活质量指标体系，用于监测民众生活质量状况。英国西部港口城市布里斯托尔早在1996年就发布了第一版的生活质量指数，以后每年定期发布调查报告。这些生活质量指数往往通过大量的社会访谈和民意调查获取数据和资料，其内容为本地区居民最关心的地区社会、经济和环境问题。通过定期的生活质量指数报告形式，居民可以很清晰地查看政府行政的优势及不足并给予反馈。国家层面的生活质量指标则很大程度上建立在这些地区层面生活质量调查所包含的指标和数据的基础上，为的是能够进行地区之间的比较，从而进一步推动整个国家的社会发展和人民生活质量水平的提高。总体上说，英国政府层面的生活质量指标体系，虽然各自的构建框架有所不同，但都是遵循可持续发展的理念，从经济、社会和自然环境三个方面进行指标的选取。在指标形式上，既有客观条件的描述性指标，也有主观认知的评价性指标。

4. 亚洲生活质量评价

1989 年亚洲发展银行出版的《亚洲银行 90 年代发展报告》,运用客观生活质量指标来评价亚太地区的生活质量,并将生活质量理解为经济、社会、文化和政治四个层面,所有这些方面的评价主要集中在教育、健康、住房、公共安全、就业、收入和社会福利等方面,具体包括家庭、工作状况、社会生活、娱乐、个人健康、健康保险、物质财富、自我发展、休闲生活、精神生活、政府等,对亚太地区的生活质量评价指标主要包括人均国民收入、预期寿命、婴儿和儿童死亡率、卡路里摄入量、安全水和卫生设施的状况、入学率等 90 多个指标。然而,这些指标体系过于繁杂,从数据的搜集和整理到评价结论的得出,都需要较大的工作量,所以该指标体系并不适合中国的国情。

5. 中国生活质量评价

从 20 世纪 80 年代中后期起,中国学者也开始了对生活质量的研究。任俊俏认为:"生活质量反映居民生活需要的满足程度。它既反映人们的物质生活状况,又反映社会和心理特征,包括经济条件、物质生活、生活环境、精神生活和居民素质,其最基本的特点是综合性。"郑宗生等在《世界 120 个国家的生活质量比较》中将生活质量定义为:社会对个人生活的保障程度及个人对社会生活的满意程度。普遍认为,研究生活质量的通常做法是选取一定数量的指标构成一个生活质量指数体系,利用不同的数学模型和数据处理方法,得到一个综合指数,利用这个综合指数来衡量研究对象的生活质量。1993 年,国家统计局提出了《我国小康生活标准统计指标体系试行方案》。这种方法完全通过客观因素来反映生活质量,对人们精神生活的评估相对较弱(蒋青,2004)。参考国内外相关研究经验,中国城市生活质量报告通过建立"中国城市生活质量指数",并运用主成分分析法加以计算,最终形成一个指数,但未给出明确的具体的计算方法和模型。

(三)中国居民生活质量评价指标体系

居民生活质量评价指标体系是科学地评价居民生活水平、分析社会经济发展趋势的基础,是由若干相互联系、相互补充的指标有机结合形成的多层次、多因素的综合体系。根据对国内外各种生活质量评价指标体系的比较分析,我们认为中国居民生活质量的评价应该从物质生活和精神生活两个方面考虑。根据维度完整、逻辑清楚、特征明确、数据可得和度量可行的角度,我们选取了 64 个指标,在经过隶属度分析、相关分析和鉴别力分析后,构成了我们以下的指标体系，该系统由评价目标、评价因素、评价指标三个层面6个子体系，共36个评价指标构成（其中29个为客观评价指标，7个为主观评价指标）。该系统的评价指标涵盖面广，内在逻辑性强，数量繁简适中，具有较强的可操作性，可以用来评价中国居民生活质量的优劣。

1. 物质生活质量指标

（1）人均GDP（元）。人均GDP指标是最具可比性的国家间经济实力和生活质量对比的评价指标，它在国家不同年份之间进行对比是必选指标。

（2）城镇化率（%）。随着工业的发展、小城镇的建设，农村发展的方向就是向城市化发展，城市户籍的占比应该是逐年上升的，该指标应该能充分反映城镇化的发展情况。

（3）平均受教育年限。居民生活水平的提高与其受教育程度呈一定的正相关关系，受教育程度越高，其获取收入的能力越强，生活质量就越高，因此我们把平均受教育年限作为第三个客观生活质量评价指标。

（4）人口自然增长率。中国现有的人口自然增长率是在政府严格的计划生育政策下实现的，不是真正意义上的自然增长，计划生育搞得好的是城市，城市生活水平相对也较高。农村中由于种种原因，人们对后代的期望值较高，对计划生育抵触情绪较大，因此选取人口自然增长率这一指标使我们的评价体系更完善，更具说服力。

（5）农村每万人拥有医生数。医疗水平和医疗条件直接影响到人们的身体健康和生活质量，拥有足量的医生，才能为广大居民提供较好的医疗服务，提高人们的生活质量。

（6）恩格尔系数。多年来恩格尔系数一直作为衡量人们生活质量的最重要的指标之一，在衡量社会公平及居民满意度方面占据主要位置。

（7）第三产业占GDP的比重。提高人们的生活质量必须首先发展第三产业，发达国家第三产业增加值在GDP中所占比重一般都在60%以上，有的占到70%。

（8）万人电脑普及率。过去采用的电视机拥有量指标已经不能完全反映人们的生活水平了，万人电脑普及率这一指标是具有发展性的一个指标，居民生活质量的发展和人们获取信息能力的提高很大程度上取决于计算机数量和网络发展水平。

（9）其他指标。除了上述客观指标外，我们还选取了其他指标，如使用国内游客频次来衡量居民闲暇时间的生活质量等，具体如表1所示。

表 1   居民生活质量评价指标体系

	评价目标	评价因素	评价指标
物质生活指标	经济发展和收入、消费水平	经济发展	人均生产总值
			第三产业增加值比重
		收入水平	人均可支配收入
			在职职工年平均工资
		消费水平	人均消费性支出
		消费结构	恩格尔系数
		消费质量	居民消费价格指数
	文化教育	文化设施	公共图书馆人均藏书册数
		教育水平	每万人拥有高等学校学生数
			适龄儿童入学率
	居住与生活条件	生活居住条件	人均居住使用面积
			人均能源消费量
			每千户拥有计算机数
			每千户移动电话用户数
			人均生活用电量
		基本设施	用气普及率
			人均拥有道路面积
			每万人拥有公共汽车数
			人口密度
	健康情况	医疗资源	每万人医生数
			每万人卫生机构床位数
	就业、社会保障与公平	就业状况	登记失业率
			就业人数
		社会保障	参加养老保险比率
			人口预期寿命
		社会公平	基尼系数

续表

	评价目标	评价因素	评价指标
	资源环境	水环境	生活污水集中处理率
			人口用水普及率
		绿化状况	人均公用绿地面积
精神生活指标	政府政策		对政府政策的满意度
	地方官员		对地方政府官员的满意度
	社会安全		对社会安全的满意程度
	生活环境		对生活环境的满意度
	生活条件		居民对个人生活条件的满意度
	家庭和谐		对个人婚姻家庭生活的满意度
	业余娱乐		对业余娱乐生活的满意度

2. 精神生活质量指标

精神生活质量指标数据一般不能从统计年鉴或其他资料中获得，只能通过调查问卷获得，为了将获得的调查资料进行量化，可把不同指标设为很满意、满意、较满意、一般、不太满意、不满意六个水平，分别赋值为1—6进行量化，具体指标选取如下。

（1）对政府政策的满意度。从社会角度来评价居民对国家实施政策的接受程度，这是个人与社会相结合评价人们生活质量的指标。

（2）对地方政府官员的满意度。这是一个反映人们民主生活权利是否受到尊重，对个人精神生活影响的一个综合性指标，能充分而正式地反映人们的政治生活质量。

（3）对社会安全的满意程度。这是一个全面反映社会发展与个性发展协调性的指标，如果满意度高，人们的心理安全，生活质量相对就高。

（4）对生活环境的满意度。这是一个反映人类和自然协调发展的指标，如果满意度高，人们的生活质量就高。

（5）居民对个人生活条件的满意度。随着人们生活水平的不断提高，生活质量的不断提升，对个人现有生活条件的满意程度在不断改变。

（6）居民对个人婚姻家庭生活的满意度。家庭是社会的细胞，每一个人都生活在不同的家庭中，对个人家庭生活的满意度，会直接影响到人们的生活质量。

· 255 ·

（7）对业余娱乐生活的满意度。居民业余生活的内容和形式直接反映其生活质量，把他们对业余娱乐生活的满意度指标作为评价其精神生活质量的指标是比较合理的。

通过分析比较，我们一共选取 29 个物质生活质量指标和 7 个精神生活质量指标作为中国居民生活质量的基本评价指标体系。

（四）中国居民生活质量评价

1. 数据说明

在本文中，我们的客观数据全部来自于国家统计局公布的《中国统计年鉴》。由于数据可获得性和可比性问题，我们只使用了 1978 年以来国家统计局公布的宏观数据，因此时间序列的跨度在 1978 年至 2012 年间。

另外，关于主观数据，我们使用了中国社科院城市竞争力研究中心的主观满意度调查数据，它涵盖了关于政府、社会、政策和社区等所有的精神生活质量指标数据。本文在这些数据的基础上，对中国居民生活质量进行评价。

2. 多指标综合评价方法

当应用多指标评价法对若干个备选方案进行经济效果评价和方案择优时，如果其中一个方案的所有指标都优于其他方案，当然这一方案是最优方案。但是，这种情况在实际中极为少见。经常是各方案中，有一部分指标较优，一部分指标较差。这样，就给各方案择优带来了不少困难。这需要将多项指标的信息加以汇集，从而得到一个综合指标，以此来从整体上反映被评价事物的整体情况，这就是多指标综合评价方法。总体上说，多指标综合评价法是用单一的指标作为综合评价标准，为方案在总体上做出评价提供依据。同时，也解决了多指标评价法在实际应用中出现的一些具体困难问题，特别是对于缺乏同度量因子、存在异常纲情况的社会经济现象适用性更强。常用的多指标综合评价方法，包括模糊学方法、多元统计法、限差阀值法、数据包络 DEA 和神经网络法等，考虑到指标的可行性和客观性，我们选择了限差阀值法。

3. 中国居民生活质量的贡献指数测算

（1）居民生活质量实际测算思路

首先，本文需要确定影响生活质量的主要影响因素，得到统一的生活质量评价指标体系，并得到相应的因子，再综合环境、经济、社会因子对其综合，得出居民生活质量的统一指标。

其次，对于这种多指标的复杂体系，计算生活质量综合指数的第二步就是选择适当的权重，一般在面临这种决策问题时，要考虑到权重大小问题。但是，它们都涉及到经济、社会、环境等因素，在作比较、判断、评价、决策时，这些因素的重要性和影响力，或者优先程度往往难以量化，人的主观选择（当然要根据客观实际）会起到相当重要的作用。本文采用了一种能有效处理这一类问题的实用方法，即层次分析法（Analytic Hierarchy Process，简称AHP）。这是一种定性和定量相结合的、系统化、层次化的分析方法，此方法对比时采用相对尺度，尽可能地减少性质相同的诸因素相互比较的困难，以此提高准确度。

再次，为了深入研究全国居民生活质量的动态特征，本文在确定指标权重的基础上，以1978年为基点，从而进一步计算后续年份的居民生活质量指数，并总结概括居民生活质量及其影响因素在时间纵向上的发展特点及变化趋势。

（2）对单个指标数值的无量纲化处理

因为各原始指标的量纲、级差、趋向不尽相同，必须对其进行规范化和同趋化处理。根据本文的研究目的，选用极差正规化法对原始指标数据进行无量纲化处理，将所有指标实际值进一步归一化到［0，1］的单位区间来。指标原始数据无量纲化处理的计算分为两种情形：

正向指标（越大越好）：$Yij=[Xij-minXij]/[maxXij-minXij]$

逆向指标（越小越好）：$Yij=[maxXij-Xij]/[maxXij-minXij]$

式中：Yij 是经过无量纲化处理后的指标标准化值；Xij 是第 i 年第 j 个指标原始值。在经过无量纲化处理后，新的指标仍然能合理地反映原始的数据结构和特点；同时，每一个指标值的范围都在［0，1］区间内。

（3）指标体系的无量纲化处理

总体上，我们采用加权逐级合成方法，即将不同的指标赋予一定的权重，然后再按各个指标所占权重加权，形成层面指数，再加权形成子系统指数，最后加权形成总指数。为了体现均衡、协调、可持续发展的理念，在给各评价指标进行赋权时，我们采用子系统、层面以及各评价指标赋予同等比例的权重。这样，我们就能将每一领域中各单项指数相加得到各领域指数，再将各领域指数相加即得中国居民生活质量总指数。

4. 中国居民生活质量评价结果

在对单个指标和指标体系的无量纲化处理后，我们加总得到中国居民生活质量评价的结果，具体如图1所示。

（指数）

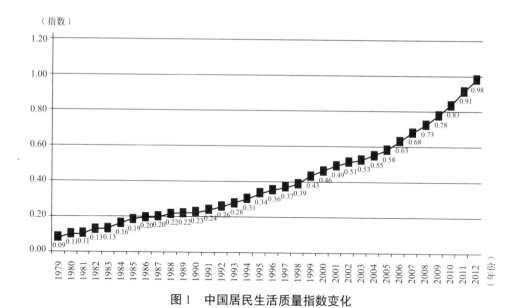

图 1　中国居民生活质量指数变化

总体来看，中国居民生活质量呈现一个稳步上升态势，这从侧面可以反映我国居民生活质量的稳定提高过程。而且值得注意的是，近年来中国居民生活质量指数的增长强劲，呈现一个加速递增的态势。

5. 居民生活质量相关度分析

前面在总体上对全国居民生活质量进行了评价，但对居民生活质量的内涵和结构性影响因素并未涉及。下面我们采用相关分析法对全国居民客观生活质量进行评价，并且对居民主观生活质量进行分析，从而识别出影响居民生活质量的关键因素。

表 2　客观评价指标与居民生活质量的相关度

评价指标	皮尔森相关度	评价指标	皮尔森相关度
第三产业贡献率（%）	0.9137（0.000）	初中升学率（%）	0.9567（0.000）
人均国内生产总值（元）	0.9750（0.000）	人均教育经费（元）	0.9270（0.000）
人口自然增长率（‰）	-0.8913（0.000）	每万人卫生人员数（个）	0.4579（0.000）
城镇化率（%）	0.9904（0.000）	每千人口社会服务床位数（张）	0.9284（0.000）
居民家庭人均可支配收入（元）	0.9816（0.000）	参加失业保险率（%）	0.9894（0.000）

评价指标	皮尔森相关度	评价指标	皮尔森相关度
居民家庭人均食品消费支出（元）	0.9849（0.000）	每万人公共图书馆数量（个）	0.4152（0.000）
居民家庭人均纯收入指数（1978=100）	0.9911（0.000）	每万人私人汽车拥有量（个）	0.8970（0.000）
居民家庭恩格尔系数（%）	-0.9519（0.000）	人均旅游次数（次）	0.9318（0.000）
学龄儿童净入学率（%）	0.8055（0.000）	国内旅游人均花费（元）	0.9538（0.000）

注：本表只保留了与居民生活质量相关度超过0.4的评价指标来作说明，括号内为标准误。

表3 主观评价指标与居民生活质量的相关度

评价指标	皮尔森相关度	评价指标	皮尔森相关度
对政府政策的满意度	0.3683（0.000）	居民对个人生活条件的满意度	0.9921（0.000）
对地方政府官员的满意度	0.5651（0.000）	对个人婚姻家庭生活的满意度	0.9890（0.000）
对社会安全的满意程度	0.4512（0.000）	对业余娱乐生活的满意度	0.4569（0.000）
对生活环境的满意度	0.5781（0.000）		

注：满意度指标的取值范围在0—1间，括号内为标准误。

根据表2的结果，我们发现"经济收入"依然是影响全国居民客观生活质量的重要因素。另外，教育公平因素、社会保障因素等也能显著影响居民的生活质量。

从表3来看，大部分主观评价指标与居民生活质量的相关性并不强，尤其是对与个体因素没有直接联系的社会因素。而且，居民对宏观层次社会指标的满意度偏低，而居民对政府政策和地方官员的满意度和生活质量的相关性则最低。

总体看来，大多数居民对生活现状基本满意，但从相关度来说，居民对微观环境的感受的重要性要远高于宏观社会指标满意度的重要性。居民对个人生活总体现状与生活质量指数的相关性为0.9921，居民对个人生活条件和婚姻家庭生活的满意度能强烈影响居民个体的生活质量。而从宏观层次即以社会制度为核心的指标来看，它们与生活质量指数的相关性都比较低，这些指标的相关性实际上都不超过 0.6。所以说，居民对微观环境满意度的重要性远远高于宏观社会指标，这就提出了加快家庭制度改革以提供生活质量的要求和任务。

三、当前社会体系与提高生活质量目标的一致性分析

（一）满足提高生活质量目标的社会体系

社会政策是政府实现公共服务和社会治理职能的依托，公共服务政策是满足绝大多数人群基本社会需求的依托。中国大多数社会政策是基于保障和改善民生的出发点，先保障、后改善的意涵就是首先满足城乡居民基本服务需求，实现基本公共服务均等化，再逐步提高服务标准和服务水平，不断提高城乡居民日益提高的服务需求，并不断改善和提升生活质量。反过来讲，意在提高生活质量的社会体系，必然是以保障和加强基本公共服务均等化为基础的。

1. 保障所有居民基本公共服务的政策

《国家基本公共服务体系规划（2011—2015 年）》，确定了这一时期所有城

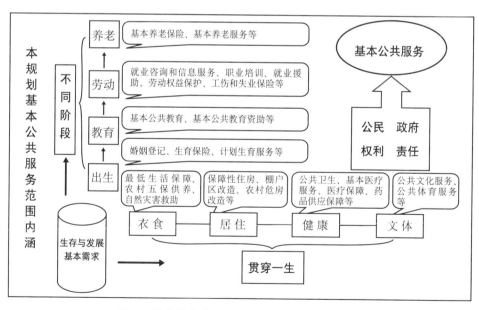

图 2　国家基本共公共服务体系规划范围内容

乡居民享有的基本公共服务内容、水平和标准。规划的制定以人的生命周期不同阶段的需求为纵线，以贯穿一生的基本需求为横线，串起基本公共教育、就业公共服务、社会保险、基本社会服务、基本医疗卫生、人口和计划生育、基本住房保障、公共文化体育、残疾人基本公共服务等内容，见图2所示。规划明确的是服务范围和标准，各地的具体服务内容、提供水平以及资金配套标准等，由各地的基本公共服务体系规划或者相关政策来明确。

2. 保障弱势群体基本生活水平的政策

除了基本公共服务体系规划以外，各部门对于各项公共服务的提供、基本公共服务以外的准公共服务和产品提供、市场培育等，也都提供不同程度的政策保障。对于社会相对弱势群体的基本需求，难以通过统一的政策体系来满足，就通过不断完善社会救助政策来实现。比如，自2014年5月1日起施行《社会救助暂行办法》加大了临时救助的力度，对于"因火灾、交通事故等意外事件，家庭成员突发重大疾病等原因，导致基本生活暂时出现严重困难的家庭，或者因生活必需支出突然增加超出家庭承受能力，导致基本生活暂时出现严重困难的最低生活保障家庭，以及遭遇其他特殊困难的家庭"，给予临时救助。各地也在此基础上，细化临时救助的人群范围和救助标准，目的是为了在低保救助、医疗救助、教育救助、住房救助、就业救助等明确的救助项目以外，为难以明确归属的突发急难事件提供救助渠道，不让任何一位社会成员因个人急难而陷入困境。这样在传统政策体系的基础上为社会保障的网底进行了加密，是对社会政策体系的整体提升。

3. 提供社会成员向上流动空间的政策

在中国城镇化过程中，大量农村劳动力进入城市寻求生产和生活机会，传统农村地区需要新的发展机遇。受大规模社会流动的影响，城乡社会结构不同程度地出现了变化，不论是进城务工人员还是农村留守人员，都需要在变化中寻求基本社会需求的满足。在此形势下，推进城乡一体化的各项政策和实现进城务工人员市民化的政策，是顺应社会发展趋势并能够满足社会成员向上流动需要的政策。比如上海、浙江宁波、广东中山等地最早实施的积分入户办法，全国多地不断推广，进城务工人员依托这一政策可以实现个人身份由"外地农民工"向"本地居民"的过渡，给进城务工人员提供了向上流动的渠道和方法。

4. 推动社会服务多元化提供的政策

在社会经济发展过程中，政府逐步意识到公共服务和社会治理不只是政府的责任，也需要发挥社会各界的力量共同参与。国务院 2005 年、2010 年分别发文，鼓励和引导民间投资，除投向经济领域以外，对于社会力量投入社会领域的各项公共服务和社会产业发展都进行了不同程度地推动。2013 年，国务院办公厅出台《关于政府向社会力量购买服务的指导意见》，在各项服务提供层面加大推动社会力量的参与。这类政策创新了社会服务的供给方式，为社会服务的多元化、多层次、多样化提供创造了政策空间，既能够提升社会公共服务的供给效率，也能够拓宽社会服务满足社会差异化需求的能力，实际上为提升社会大众的生活质量奠定了政策基础。

（二）与提高生活质量目标不相符合的社会体系

前面提到，中国大多数社会政策的出发点是保障和改善民生，也就是说政策目标与提高生活质量是一致的。但是，仍然存在政策制定和实施的路径并不能完全体现政策目标的问题。总的来看，作为一套社会政策体系，偏离政策目标的情况会体现在以下几方面。

1. 制定政策的立足点：缺乏对社会需求的摸底

目前，中国绝大多数社会政策兼具经济政策的功能，既要起到转变经济发展方式、调整产业结构、推动产业升级的作用，又要带动 GDP 增长、拉动就业等。所以，在制定政策之初，政策制定部门往往要建立社会政策与经济增长之间的联系，而不是以社会政策能否并在多大程度上满足了人的需求为立足点。事实上，推动经济发展不应该是社会政策的根本诉求。社会政策就是以社会公共服务和社会治理为主要内容，应当围绕人的全面发展和提高这一根本诉求。如果要以提高生活质量为导向性的政策目标，在制定政策之初就要明确地将诸如推动经济发展、拉动就业等其他目标和诉求往后排，将不同部门的利益协调一致，同时充分摸清各地居民群众的真实诉求，在基本服务需求满足基础上制定出不同程度地提高生活质量的标准，并有针对性地制定能够达成标准的政策。这是需要对政策制定环节进行根本性改进的，要强化政策制定的立足点"不是政府利益、部门利益，而是群众需求"这一基本共识。

2. 户籍政策和现有财税政策：限制了社会流动和公共服务均等化

传统计划经济条件下，中央政府具有高度集中的财权，各地政府依托户籍制度形成了户籍人口与公共财政、公共资源之间的高度匹配。现有的分税制财税体制，以及各地以户籍为主的公共资源调配机制，仍然是计划经济的延续，这种政策的出发点是便于政府管理，而不是便于居民的社会流动和提升居民的生活质量。事实上，目前我国2.7亿流动人口已经客观形成了对户籍制度改革的倒逼机制：如果依靠户籍辨识的方式来分配公共资源，是置流动人口于何地？如果难以满足流动人口的公共资源需求导致劳动力流失，是置经济发展的劳动力支撑于何地？所以对于流动人口流入地而言，明智的选择是将公共资源均等化地普惠至流动人口。但是，现有财税政策下，地方政府并没有获得由中央政府转移支付来的、流动人口身上所应当附着的公共财政资源，所以，公共服务均等化成为久拖不决的一项拉锯战，拖而不决的关键即在于公共财政的分配机制没有理顺。如果实现普天之下人人均等，每个人将自己身上附着的公共财政和资源自由地带到任何地方，那么合理引导社会流动、公共服务均等化等政策都有了切实可行的抓手。

3.公共资源配置政策：造成社会资源的过度集中和短缺并存

目前中国各级政府之间的职责划分不清，各级政府间事权层层下放，而财权和财力却层层上收。目前基本公共服务的事权，主要包括教育、公共卫生和社会保障等方面的投入，主要由县乡基层来承担。而在许多国家，这些基本公共服务大多由中央和省级财政负担。从财权和财力来看，基层政府没有税收立法权、举债权，也没有独立的主体税种，收入主要依靠共享税，其所能掌控的收入极其有限，而转移支付又不到位。可见，财力与事权的严重不匹配是基层财政困难的根本原因，也是基本公共服务供给能力不足的关键。当前在公共财政预算执行过程中，经常出现未经法定程序随意调整预算支出，支出预算追加频繁，擅自扩大开支范围、提高支出标准、改变支出用途等情况。而这种公共财政预算支出中的随意性与长官意志太大、预算约束软化的情况，使得财力薄弱地区的基本公共服务供给不足，对于提高居民生活质量更是无从谈起。

4.政策实施的效果评估：对实施和评估环节不够重视

中国正处于经济快速发展、社会加速转型阶段，中央政府和地方政府的政策制定和实施面临许多新情况、新问题，需要进行良好的衔接。中央政府研究制定社会治理相关政策往往具有一定的周期，有些部门的政策随情况变化而变更频繁，所以为更好地贯彻和实施相关政策，应加大基层政府的执行能力建设。但是，目前中国基层政府执行政策缺乏相应的准备周期及必要的培训，往往一项政策出台后，基层政府执行部门与广大群众同时面临新旧政策的调整。比如拆迁方案、社保政策都是极易不断调整的，尤其需要基层政府不断跟进、了解、熟悉政策。政策"有制定周期、无执行周期"的情况，极易形成由于基层政策执行部门和人员对政策的认知和执行能力不足而导致政策执行不到位，引发群众不满，甚至与基层政府形成对抗，酿成公共安全事件。此外，中国的政策制定和实施都缺乏评估，不管制定的初衷和实施效果是否一致，也不管实施中存在哪些问题，对于一项政策难以解决的问题往往是通过另一项政策来更新和调整，政策的接续和更替缺乏严格的评估考核和变更流程，往往过于随意。

（三）原因分析

事实上，在中国这样的大国体制下，制定合理的社会政策的复杂程度非常高。首先，社会政策的制定意图除了要满足人的基本社会需求外，还要推动社会经济发展、促进产业转型升级、带动劳动就业等等，所以社会政策制定之初就具有多样化诉求，而提升生活质量只是目标之一。其次，社会政策是由多个不同社会部门分头制定的，各个部门在各自的出发点和立场上，不可能完全做到客观中立并兼顾大局，所以单个政策总是有与其他政策难以衔接或难以顺利纳入社会政策体系的问题。再次，即便是单一部门所制定的单一政策，要兼顾中国不同地区、城乡、人群之间发展不均衡的现状，要兼顾短期目标和中长期目标之间的协调，要兼顾不同的人在政策着力点上的不同认识，都是难度非常大的。在这种情况下，很容易出现政策朝令夕改、相互不衔接不配套、多头诉求等问题。最后，新型社会体系是建立在传统社会体系之上的，新老之间的衔接必然是逐步过渡、实现承接的过程，而不是一蹴而就、仓促新建的过程。这种更替需要一个长期的发展过程，过程中会出现各种不尽人意的政策错位、缺位、越位。所以，在现有基础上，如何明确政策体系的根本诉求，逐渐引入新的社会政策理念思路，不断调整政策框架体系，最终跟踪评估政策体系的社会效应，并实现上述这些环节的相互咬合、递进发展，是推进新型社会政策体系所必须要做的。

四、对策建议

新型社会体系具有自身质的规定性和基本特征，不同于传统社会体系，每个社会成员都能公平享受到社会权利，平等参与各项社会事务。新型社会体系就是使社会活动遵循利益协调要求，通过利益平衡和协商对话的功能，把社会资源配置到最需要的环节中去，提升社会福利，实现社会公平正义，促进全社会的共融共生。

（一）总体方向和阶段性目标

1. 总体方向

（1）坚持以人为本的社会发展理念。坚持以人为本就是要以实现人的全面发展为目标，从人民群众的根本利益出发谋发展、促发展，不断满足人民群众日益增长的物质文化需要，做到发展为了人民、发展依靠人民、发展成果由人民共享。新型社会体系的出发点和落脚点应当是保障和增进每一位社会成员的生存权和发展权等社会权利，为每个人的自由全面发展创造条件、提供机会、消除障碍。坚持"以人为本"理念的重点应当放在改善弱势人群、困难群体和边缘人群的基本生活、维护他们的基本权利，激发他们的权能感，减少和消除社会歧视和社会排斥，使人人都能体面地、有尊严地生活。对当前处于战略机遇期和矛盾凸显期的我国来说，以人为本有着更深层次的内涵和要求，必须切实从"以 GDP 为本"转变到以人为本上来，必须将以人为本贯彻落实到执政理念和政策实践中去，必须使各级政府在行政决策和政策行为中恪守以人为本的基本原则，必须将以人为本从口号转变到实际行动上来。

（2）城乡居民公平享受基本公共服务。政府有责任将基本公共服务制度作为公共产品向全民提供，优先保障基本公共教育、劳动就业服务、社会保险、基本社会服务、基本医疗卫生、人口和计划生育、基本住房保障、公共文化体育等服务的提供。基本公共服务与社会主义初级阶段的基本国情相适应，随着经济社会发展逐步扩大范围和提高标准。基本公共服务具有公益性质，明确政府的主体责任。基本公共服务制度覆盖全民，实现城乡基本公共服务制度一体化。基本公共服务体系建设包括，促进城乡、区域基本公共服务均等化，加强城乡基本公共服务规划一体化，推进城乡基本公共服务制度衔接，加大农村基本公共服务支持力度，加快建立农民工等流动人口基本公共服务制度，推进落实主体功能区基本公共服务政策，加大困难地区基本公共服务支持力度，建立健全区域基本公共服务均等化协调机制。基本公共服务均等化必然是个长期的、循序渐进的过程，既不能滞后，也不能超前，必须在财力允许的范围内，分层次、分步骤、分阶段推进。按照均等化实现程度，可以分三个层次推进基本公共服务均等化：首先是财政投入和硬件设施的标准化，这是最容易实现的，也是目前最迫切的；其次是基本公共服务制度的统一化，这是实现机会均等的必要条件，应尽快进行顶层设计；最后是基本公共服务质量或效果的均等化，这是较长远的目标，但需要提前进行制度安排。

（3）加强政府与社会力量的分工与合作。政社分开基础上政府与社会力量的分工与合作，这是新型社会体系的核心。政社分开是指政府部门与社会力量之间的职责分工，解决好二者之间的功能重叠。需要说明的是，政社分开是前提，分工合作与参与治理是结果，关键在于政府社会职能的转变。现代政府的社会职能是公共服务与社会治理，但并不意味着所有的服务和管理都由政府直接来提供，也不意味着政府是这些服务和管理的唯一主体。公共服务和社会治理的主体多元化，以及政府与社会力量的分工合作和公共治理，是社会发展的客观趋势。一方面，政府要将不该由政府承担的服务和管理职能，即政府不该管或者管不了也管不好的职能和事务剥离出去，通过政府购买服务或者委托管理的方式转交给社会力量，彻底解决政府在社会服务和管理事务上的越位问题；另一方面，政府也要针对社会发展进程中的新情况、新问题，及时解决政府在社会服务和管理事务上的缺位问题。制定积极的社会政策和公共财政政策，大力推动社会力量特别是社会组织的发展。

（4）实现德治和法治相结合的善治格局。善治指的是一种国家社会治理状况，也是理想的政治状态，体现出国家权力向社会的回归。善治以公民社会为基础，要求国家与社会、政府与公民之间形成良好的合作关系，公民拥有足够的政治权利参与选举、决策、管理和监督，以形成公共权威和公共秩序。法治和德治是实现善治的两种基本治理方式，法治强调法律法规的硬约束，德治强调道德力量的软约束，二者不可替代，有法治无德治、有德治无法治的社会都是不可想象的。国家层面上需要强调法治，充分体现以法治国的执政思想。但在社会建设领域，法治和德治必须同时并存，法治约束不到的领域和地方都需要德治发挥作用。新型社会体系就是要将社会建设的法治和德治结合起来，以法治规范德治，以德治完善法治，逐步形成更高水平的善治格局。

（5）公共服务和社会治理是宏观调控的两大手段。社会治理与公共服务休戚相关，二者相互促进、相得益彰。公共服务的制度体系越健全、服务水平越高，社会公众的生活质量就越高、社会认同感就越强，那么社会就更加公平、公正与和谐，社会矛盾与社会冲突自然减少，社会治理面临的挑战就越小、任务就越轻。反之，社会治理能够集中反映公共服务的短板和问题，帮助公共服务发现并解决重点问题，以提高公共服务的瞄准度。

2. 阶段性目标

中国在20世纪50年代开始建立以计划经济为特征的社会体系，20世纪80年代开始借鉴发达国家经验对传统的社会体系进行改革，因此当前社会体系既带有计划经济时代的特征，又带有发达国家的一些特征。到2020年，新型社会体系初步建立，基本公共服务体系比较健全，社会治理体系初具雏形。到2030年，有中国特色社会主义社会治理体系已经建立，基本公共服务均等化全面实现，更加公平可及，社会治理体制机制健全完善，社会组织有序发展，公民意识显著增强，有中国特色的社会主义公民社会基本建立，社会公平正义和共融共生全面实现。

表4 社会体制改革的阶段性目标

	2020	2025	2030
总体判断	新型社会体系 初步建立	新型社会体系 不断深化	新型社会体系 全面形成
基本公共服务	基本公共服务体系比较健全 城乡区域间基本公服务差距明显缩小 争取基本实现基本共服务均等化	基本公共服务差距进一步缩小 基本公共服务均等化普遍实现	基本公共服务均等化全面实现
社会治理	社会治理体系初具雏形 社会治理体制不断创新 社会组织快速发展 公民意识初步形成	社会治理体系基本建立 社会治理体制相对成熟 社会组织体系健全 公民意识合理引导	社会治理体系全面建立 社会治理体制健全完善 社会组织有序发展 公民意识显著增强

（二）新型社会体系的政策设计

1. 坚持教育公平，从教育大国向教育强国迈进

中国国民教育已进入大众教育的新阶段，国民素质显著提高。然而，中国还不是人力资源强国，国民教育还处于大众化较低水平阶段，高技能人才短缺，与发达国家相比还存在较大差距。教育担负着促使中国从人力资源大国向人力资源强国迈进的历史使命。教育事业的发展必须适应转变经济发展方式和提高自主创新能力的要求，以着力提升人力资本为中心任务，为经济社会发展提供人力资源和创新精神的战略支撑。

从社会转型的要求出发，中国加快教育体制改革的重点任务：一是提高均等化义务教育资源的整体质量，逐步由市场提供高端优质教育服务。坚持教育公平原则的指导下，政府主要负责提供"均等化"的基本公共教育，不实行重

点学校教育资源优先配置政策。鼓励发展民办教育，提供多样化的高端优质教育服务。改变现行城市部分公办教育资源不断优质化，而城市流动人口子女教育却得不到有效保障的状况。二是推动教育管办分离，公办与民办学校平等竞争、共同发展。加快学校去行政化改革，探索建立学校自治管理体制，切实维护学校的法人地位。推动高等教育办学主体多元化和高等教育部分产业化。鼓励有实力的企业、学校、银行联手，组建教育发展集团，以参股、合资等方式投资教育，并在税收、贷款、土地征用方面给予一定的优惠政策。三是构建合理的教育结构，缩小各级教育投入之间的过大差距。合理的教育结构是教育健康发展的基础。教育资源应更多投入义务教育、学前教育，增加对普通中小学的教育经费和学校建设资金投入，强化基础教育。大力加强面向农村、面向市场的职业教育。四是适应时代发展要求，创新教学方式，大力推进素质教育。现阶段，中国各类教育进入注重内涵建设、着力提高质量的新阶段。人们对教育目标的认识更加深刻，正在从求学向求职转变、从生存需求向发展需求转变、从"单一化"向"多元化"转变。要顺应时代对人才的综合要求，改革教学方式，从规范教育体系、改进课程设置、改进教学管理、创新人才培养模式等方面着手，变灌输式、封闭式、应试式的教学方式为开放式、启发式、互动式的教学方式。

2. 实现充分就业，从 GDP 优先转向就业优先

落实就业优先战略，实施积极就业政策，建立统一、开放、竞争有序、城乡统筹的劳动力市场，健全就业服务体系，不断完善适应社会主义市场经济要求的就业体制。就业矛盾正在从数量主导型向结构主导型转变，不仅农民工易遭遇周期性失业的冲击，城镇就业困难人员也易暴露在结构性、摩擦性自然失业的风险中。此外，大学毕业生虽不是劳动力市场上的脆弱群体，但也经常受到结构性失业的威胁。这些就业群体对于劳动力市场制度需求和社会保护政策需求，也以分化的方式显现出来。

在社会从温饱型向全面小康转变阶段，就业不仅是一种谋生手段，更是人们得到尊重和自我实现的重要渠道。政府的职责不仅是解决就业岗位不足，保障充分就业，更要从制度上保护劳动者获得合理的收入、享受公平的社会保障、就业服务等。新的发展阶段需要在促进充分就业的同时，保障体面就业。一是把就业优先作为经济社会发展的长期指导方针。实行就业优先的经济投资计划，促进能够充分吸收就业的产业发展，扭转就业弹性下降的趋势，并通过改善收入分配状况，提高劳动者的收入。二是把实现充分就业作为全面建设小康社会的民生之本。保障全社会劳动者享有平等的就业机会；统筹城乡就业，让农民工尽快成为历史；完善公共就业服务体系，强化政府促进就业的责任；坚持双向选择自主就业，发挥市场配置资源的作用。三是把实现体面就业作为构建和谐社会的重大发展战略。加大人力资源开发力度，转变低成本劳动力竞争格局；严格落实劳动法律法规，切实维护劳动者的合法权益；完善集体协商制度，建立工会与雇主组织自协调机制。

3. 缩小收入差距，从马太效应转向共同富裕

收入分配差距使得大部分城乡居民消费长期不足，成为导致中国消费与投资长期失衡的重要原因之一。缩小收入分配差距不仅关乎社会公平、百姓利益，在很大程度上还关乎经济发展方式转变、中等收入陷阱跨越的成败。在中国正经历重大经济社会转型时期，推动收入分配改革，缩小收入差距，实现从马太效应到共同富裕的转变已成为社会转型的重要环节。

坚持以初次分配为重点，再分配调整为补充。通常情况下，初次分配是以市场为主，再分配以政府为主，三次分配以社会为主，然而，在中国市场经济体制仍不完善，不合理的行政性垄断仍存在的情况下，对收入分配的调节需要从初次分配入手，深化体制改革，打破行政垄断，破除伪市场机制；建立健全城乡统一的人力资源市场；加大人力资本投资，发挥国家基本公共服务制度在调节分配中的作用等。破除城乡二元体制，积极推动农民工市民化，缩小城乡差距。同时，健全有利于调节收入差距的财税制度，增强社会保障制度的收入再分配功能，促进社会慈善公益事业发展。

坚持加大综合改革力度，统筹协调，有所突破。政府相关部门和相关社会组织，应从建设社会主义和谐社会和转变经济增长方式的高度，把中央提出的加大对国民收入分配调整的方针变为推进收入分配制度改革的举措。如发展改革部门要加强宏观调控，协调推进收入分配制度改革；人力资源和社会保障部门要负责合理提高最低工资水平，加强劳动者权益保障，完善社会保障体系；财政部门要增加对民生的支出来提高城乡居民的转移性收入水平；税务部门要通过减少广大群众的税收负担来提高居民的可支配收入；民政部门要通过完善有关城乡保障制度提高相关救助与福利待遇；其他有关部门如农业、住房和城乡建设部等都要结合各自职能促进优化收入分配格局。工会组织和雇主组织要负责通过工资集体协商保持职工工资水平的合理增长。

4. 完善社会保障，从扩大覆盖面转向基本保障均等化

中国已初步形成了由社会保险、社会救助、社会福利和住房保障构成的社会保障体系框架。社会保障制度覆盖面不断扩大，保障水平大幅度提高，制度公平性日益增强。然而，中国社会保障体系仍存在制度盲点较多、衔接不畅、待遇水平差距较大等问题，还面临着人口老龄化、基金保值增值、城乡制度统筹等方面的挑战，社会保障制度的公平性及其调节收入分配的功能仍需进一步充分发挥。未来中国社会保障制度的完善要推动从制度全覆盖向服务均等化的转型，立足于为全体公民提供基本社会保障。逐步推动养老保险、医疗保险、最低生活保障和住房保障在不同人群和城乡间的制度整合。在继续扩大社会保障覆盖面，逐步提高制度待遇水平的同时，以逐步缩小城镇职工之间、城乡居民之间的社会保障待遇为重点，统一基本社会保障待遇的计发办法。分项目、分阶段、分层级地提高社会保障制度统筹层次，尽快实现基本社会保障关系在全国范围内的自由流动。

5. 扎实推进医改，从有病难医到病有所医

2009 年，《中共中央国务院关于深化医药卫生体制改革的意见》出台，标志着中国开始启动新一轮医改。医改两年多的成绩显著。中国已提前实现基本药物制度基层全覆盖，国家基本药物制度初步建立，基本公共卫生服务项目增多，使城乡居民看病就医的公平性、可及性、便利性得到改善。围绕医改总体实施意见，未来一段时期推动医药卫生体制改革，实现从"有病难医"到"病有所医"的转变，需要全面加强公共卫生服务体系建设，重构"预防为主"的公共卫生服务体系的组织和制度基础；进一步完善医疗服务体系，合理定位和调整三级医疗卫生服务体系，联合乡与县级医疗机构，乡镇卫生院主要负责提供公共卫生服务，常见病、多发病的诊疗，医疗咨询和健康管理等综合服务；大力推进公立医院改革，探索管办分离、政事分开的管理体制；积极鼓励和引导社会资本发展医疗卫生事业，满足人们多层次医疗服务需求，带动医疗消费增长；改革完善医疗保障制度，加快城乡统筹发展，优先实现城镇居民医疗保险和新农合的制度并轨和管理整合。

6. 创新社会治理，从社会稳定到社会共融共生

社会稳定是人民群众的共同心愿，是改革发展的重要前提。把加强和创新社会治理摆在社会建设突出重要的位置，是中国发展阶段性特征的必然要求，是顺应民心、实现科学发展、构建和谐社会的本质要求。在社会利益日益分化的时代，社会治理需要尊重人们合理的利益诉求，建立正规化和制度化的表达机制。继续完善原有的人大代表制度、政治协商制度、政党合作制度、基层民主自治制度、人民信访制度等利益诉求渠道，更加重视新兴的利

益诉求手段。第一，社会治理要建立在社会个人和社会组织自律自治管理基础上。加强和创新社会治理，不能忽视社会自治。国家导向的官办社会组织并不能代表或协调所有社会群体的利益，而各级政府自上而下靠行政指令的管控型、简单化的社会治理手段，并不能使社会矛盾得到有效疏导。社会矛盾的解决需要依靠更广泛、更灵活、更和谐的社会协调机制。大量社会矛盾要通过各自组织的对话协商等自律机制去解决，否则政府社会治理成本是巨大的，甚至造成越维稳、群发事件越多的困境。第二，社会组织的改革要优先于政府职能转变和事业单位改革，否则政府职能和事业单位职能将无法转移出去，陷入"一管就死，一放就乱"的困局。只有加强社会组织改革，才能使政府从无所不包的经济和社会治理事务中解脱出来，真正做到把那些不该管、管不了、管不好的事交由企业、社会组织、社会中介机构去管。这就要求全面加强社会治理的法律、体制和能力建设，制定社会组织基本法，努力实现从传统行政管理模式向行政管理与社会自我调节、居民自治良性互动，社区管理与单位管理有机结合，多种手段综合运用，管理与服务融合，有序与活力统一的多元共建共享的新模式转变，推动社会走向共融共生。

邢　伟　李　璐　万海远

专题九

从人力资源依赖到人力资本贡献

中国经济增长正由人力资源依赖转向更加重视人力资本贡献，这是中国经济发展方式转变的必然选择，也是人口结构转变的客观趋势，更是促进人的全面发展的内在要求。目前，中国人力资本投资不断增加，人力资本存量不断增厚，为提升人力资本的贡献奠定了基础。同时，我们也面临着人力资本投资依然偏低、人力资本结构不合理、人力资本形成机制还不健全等问题。"十三五"时期，提升人力资本贡献的总体目标是：促进人的全面发展，提高劳动生产率，助推经济有效增长。重点应健全体系——形成"国家—企业—个人"全域人力资本投资体系；优化结构——积极储备和合理配置一般型、专业型和创新型人力资本；完善要素——补足教育资本、技能资本和健康资本的投资短板。为此，需要以创新能力培养为重点，全面提升教育人力资本；加强职业教育和就业培训，增厚技能人力资本；完善统一的劳动力市场，实施地区间人力资本帮联计划；以潜能开发为重点，积极提升健康人力资本。

改革开放以来，中国经济发展取得了举世瞩目的成就，但主要是依赖于"三高三低"（高投入、高消耗、高资本、低产出、低效益、劳动力的低成本）的经济发展方式取得的。其中，廉价的非熟练农村劳动力大量向城市工业、服务业转移，构成了中国经济增长的一个主要推动因素。随着劳动力数量增长趋缓、平均教育程度上升、工资和社保成本上升而产业部门对非熟练劳动力需求下降、对专业技术工人需求则上升，低素质劳动力在经济中的重要性下降，人力资本的重要性逐步上升。大量事实也表明，中国已进入必须依靠人力资本价值提升推动经济发展的历史阶段，提升人力资本贡献已成为我国经济社会发展的战略需要。

一、人力资源和人力资本

（一）基本概念

1.人力资源

人力资源是指一定时期内组织中的人所拥有的能够被企业所用，且对价值创造起贡献作用的教育、能力、技能、经验、体力等的总称。虽然人们常把人力资源作为生产活动中最活跃的因素，是一切经济资源中最重要的资源，并因其特殊重要性而被称为第一资源，但人们对它的理解并非完全一致。在关于人力资源量的规定性上实际涉及的是人力资源的统计范围和口径问题，它是对质的规定性在数量上的表达。其大的口径包括了无正常能力者以外的全部人口，而小的口径则只包括社会经济活动中的就业人口虽不包括自己的家务劳动，但雇请的家政服务却计算在内。通常的统计口径是采用中度口径的劳动力资源人口，这与传统的劳动力统计口径是一致的。这三种口径各有用途，在说明不同问题时经常交替使用。人力资源与人口和劳动力以及就业等概念是密切相关的，只是分别对应于不同的社会经济事务。人力资源常常与经济增长和财富生产等相联系，劳动力常常与就业、劳资关系和社会负担相联系，而人口则常常与消费和福利相连接。在实际应用中既需要把握它们在质的规定性上的差别，也要明确其在量上的可转换性。

2.人力资本

人力资本是指劳动者受到教育、培训、实践经验、迁移、保健等方面的投资而获得的知识和技能的积人力资本价格模型累，亦称"非物力资本"。由于这种知识与技能可以为其所有者带来工资等收益，因而形成了一种特定的资本即人力资本。最早的人力资本思想可以追溯到古希腊思想家柏拉图的著作。他在著名的《理想国》中论述了教育和训练的经济价值。亚里士多德也认识到教育的经济作用以及一个国家维持教育以确保公共福利的重要性。但在他们眼中教育仍是消费品，其经济作用也是间接的人力资本概念的"出身"与人力资源不同，它不是来自管理学而是来自经济学。随着人力资本概念的不断引入，国内先后产生了各种形式的定义，无论何种定义和解释，都承认教育是人力资本的核心组成部分，这关键是因为教育与人力资本形成中的知识积累和技能掌握有着密切关系。所以人力资本比物质、货币等硬资本具有更大的增值空间，特别是在当今后工业时期和知识经济初期，人力资本将有着更大的增值潜力。因为作为"活资本"的人力资本，具有创新性、创造性，具有有效配置资源、调整企业发展战略等市场应变能力。

综上所述，资源是自然形成、未经开发的，而资本却经过精心的开发和筹划，成为企业产生利润的基础。其次，资源和资本在使用上考虑的角度完全不同，如果要资源，人人都想要最好的，钱越多越好，技术越先进越好，人越能干越好，但作为资本，人们就会更多地考虑投入与产出的关系，会在乎成本，会考虑利润。提到资源人们多考虑寻求与拥有，而提到资本人们会更多地考虑如何使其增值生利，资源是未经开发的资本，资本是开发利用了的资源。

（二）构成要素

在要素构成上，人力资源和人力资本具有一定的共性。首先，两者的构成要素相同，都包括人、知识、经验、技能、能力、健康等。其次，两者都是数量和质量的统一体。第三，由于人力资源以"人"为核心要素，人力资本以"人"为基本要素，所以，人力资源和人力资本都具有很强的能动性。第四，两者都有质量含义，人力资源的质量有高低，人力资本的含量有多寡，因而都具有层次性。

人力资源与人力资本又有显著的不同。首先，两者核心要素不同，人力资源以"人"为核心要素，知识、经验、技能、能力、健康等是人力资源的质量指标；人力资本的核心要素是能力，"人"是人力资本的基础要素，知识、经验、技能、健康等是能力发挥的保障；可以说，人力资源以"人"为本，人力资本以"能力"为本。其次，两者本质特征不同。由于人力资源和人力资本的核心要素不同，其本质特征也就不同；人力资源的本质特征为社会属性，人力资本则以经济属性为本质。

综上所述，人力资源和人力资本都是数量和质量的统一，都具有宏观和微观的涵义，人力资源和人力资本的共同要素都是"人"。人力资源以"人"为核心要素，反映了对社会的有用性；人力资本以"能力"为核心要素，反映的是人的价值创造能力、价直增值能力；人力资本更多地体现人力资源内在的质量价值要素，人力资源则是人力资本的载体，人力资源的社会人属性往往需要通过人力资本的增值过程才能实现向经济人的转化。

（三）经济效应

西奥多·W·舒尔茨首次提出了人力资本是促进经济飞速增长、社会不断进步的决定性因素。一国人力资本的存量越大，质量越高，那么其劳动生产率就越高。同时，人力资本与物力资本一样，并非是免费获得的，而是需要投资才能得来的。其后，社会上出现了大量的学者开始进行人力资本的研究。其中最具代表性的要数卢卡斯、罗迈尔提出的"新增长理论"了。他们在古典的生产函数模型中加入了人力资本，从而确认了人力资本这个因素在国民经济增长中的重要地位，并且他们还不断使人力资本内在化。国外人力资本理论不断发展的同时，国内经济学家也在不断研究人力资本。国内学术界在西方人力资本理论研究成果的基础上，加深了对人力资本内涵以及人力资本产权等方面的研究。人力资本对经济增长的贡献，突出表现在教育、培训、健康、人员流动等方面。

1. 普通教育对经济增长的作用

高等教育投资是人力资本投资非常重要的类型。教育不仅能够产生较高的私人收益率，还能带来较高的社会收益或外部收益，主要表现在以下几个方面。第一，教育投资增加首先会导致国民素质的整体提高，而国民素质的整体提高必然会促进社会道德水平的提高，并在个人收入水平提高的同时，社会财富持续增加，从而带来经济增长。第二，教育投资有助于经济增长，经济增长了就会扩大就业、降低失业率，从而减少失业福利支出，同时起到预防和减少诱发青少年犯罪的种种不良因素（教育水平的高低会影响个人犯罪被捕之后的机会成本），减少了执行法律的支出。第三，增加教育投资会使处于决策层的人员通过学习掌握世界上先进的管理技术，结合本国、本地区、本行业的实际情况做出高质量的决策。第四，父母接受更多的教育，就会做好身教和示范，进而影响子女受教育及健康的状况。而个体家庭素质的提高会带动整个社会道德水平及信用水平的全面提高。

2. 在职培训对经济增长的作用

在职培训是许多经济学家所强调的除正规教育以外的另一种重要的人力资本投资形式。事实上，劳动者具有的许多有用的劳动技能都不是在学校里获得的，而是得之于在职培训。即使是在有组织的培训学习较少的情况下，工人仍然能够学习技能，使自己对企业而言更富有生产力、更有价值。而经验较少的工人往往通过"边学边干"来取得技能，比如先观察有技术的工人如何工作，当技术工人请假时顶岗操作来熟悉技术。此外，通过有经验的技术工人与未受过训练的工人之间的信息和技能的不断传递，也可以提高新工人的技术。因此对于工人的技能学习来说，在职培训是最普遍、最主要的形式。

由于教育投资能给个人、家庭以及企业带来直接的内部效应，同时通过内部效应也可以为整个社会带来间接的外部效应，因此应适当增加教育投资、加大企业教育培训的投资力度，使劳动者基础知识全面更新，以适应科技发展要求，从而促进经济增长。

3. 增进健康对经济增长的作用

在 2000 年联合国所确定的千年发展目标中，提出健康既是经济发展的目标之一，同时也是实现减贫目标的手段。目前，健康问题越来越引起全社会的关注，健康不仅决定着个人能够在市场活动和非市场活动所花费的全部时间，而且对健康进行投资可以改善人们现在的生活质量，还有利于提高下一代的生活质量。人们为了获得更好的健康而消费的衣物、食物、体育锻炼和医疗服务等资源就是对健康的投入。从这个意义上讲，人们既是消费者又是投资者，而健康正是最好的投资结果。

在现代社会经济中，医疗卫生保健体系已发展成为一个庞大的国民经济支柱。其基本功能是：维护人类生理健康，防治各类人体疾病。它包括医疗卫生费用和劳动者卫生、安全保护费用两部分。通过对健康的关注，可以获得以下效益：首先，健康使人们可以获得更长的寿命，从而使劳动年限也随之增加，取得的收入也大幅度提高，个体有更多的资金去投入教育及健康。其次，健康的体魄可以减少患病的可能，并在减少公共医疗及个人医疗费用支出的同时还能适当增加劳动者的工作时间，提高了劳动收入。另外，对健康人力资本的投资还会影响到下一代。健康的改善通常会促使父母更加关注孩子的生活质量，通过增加营养等多种手段来提高子女的体力和智力，间接影响未来的劳动生产率。

无论是社会还是个人对健康人力资本的投资，不仅能够增强劳动者的工作技能，减少贫困，而且还能带来人力资源的普遍发展，从而带动经济增长。在目前全球化的经济趋势中，一个国家劳动者所具有的良好的健康状况及高水平的素质，可以促使外部资金大量流入，并在满足本国经济增长需要的同时进一步提高本国的国际市场竞争能力。

4. 人员流动对经济增长的作用

从管理角度讲，适度的人员流动可以促进职工之间的竞争，增强企业活力。但流动率过高对企业也有消极的影响。在目前人事管理方式和会计核算模式下，高流动率仅反映员工对企业的低满意度和职工的低士气，而不能使人事主管们看到频繁的人员流动的经济性质和结果。所以，应当通过各种人力资源管理实践把流动率控制在一个合理的水平上，在满足本单位对各类人才需求的基础上，尽量减少员工流出，尤其是受过特殊培训、掌握特殊技能人员的流出。保持企业在人力资源方面的优势，提高企业的核心竞争力。因为无论从个人、组织，还是从整个社会来看，市场竞争机制更能发挥人力资源这一稀缺资源的效益，实现人的社会价值和个人价值的统一。

此外，农村劳动力迁移是人员流动的一个重要组成部分。一方面，农村劳动力向城市和发达地区迁移，为这些地区提供了急需的劳动力要素，加快了流入地区的经济发展。另一方面，通过农村劳动力在发达地区的具体实践，提高了劳动技能、增加了劳动收入。中国是一个农业大国，农业人口多，经济发达地区与贫困落后地区经济发展差别较大。而农村剩余劳动力的大规模流动，不仅有利于打破落后地区贫困的恶性循环，进一步缩小与发达地区的收入差距，同时对于推动经济增长、建设小康社会具有重大意义。

总之，随着中国社会经济的发展，企业改革的不断深化，为保持经济持续增长，应加大对人力资本的投资力度，建立健全相应的法律法规及其保障体系，保证投资的落实到位，加快人力资本形成，充分发挥投资收益法则的杠杆作用，促进人力资本发展，为中国的经济增长做出贡献。

二、环境和要求

（一）需求层面：经济发展方式转变的迫切要求

现代人力资本理论认为人力资源开发，特别是形成人力资本的教育、培训等，是推动经济发展的主要动力之一。最近 50 年西方发达国家和新兴工业国家的经济发展历程，已经从理论上和实证两方面证明了，人力资源开发方面的投资和积累对经济增长的重要贡献。人力资本对中国经济增长的贡献也逐步提高。1978—1995 年，劳动力数量增长对于中国经济增长的贡献略低于劳动力质量提高的贡献。但是到 20 世纪末，这种情况发生重大转变，人力资本继续保持较高增长率，而劳动力数量增长率显著下降，由 1978—1995 年的 2.4% 急剧下降到1.0%。预计未来 20 年劳动力增长率还将继续下降。相比之下，人力资本增长率虽有所下降，但是依旧保持较高的增长率，并且成为劳动力贡献于经济增长的主要方式。

（二）供给层面：人口结构转变的必然要求

20 世纪 80 年代以来，随着计划生育政策的实施，人口过快增长的势头得到了有效控制，到 90 年代人口转变初步完成，总和生育率下降到更替水平 2.1 以下。2012 年，人口出生率进一步下降到 12.1‰，死亡率为 7.15‰，人口自然增长率为 4.95‰，总和生育率降至 1.5—1.6 的水平，我国已经进入世界低生育率国家的行列。从长期来看，未来影响生育率变动的因素，将主要促使生育率继续下降，回升因素的作用较为有限，生育率存在进一步下降的趋势。人口快速老龄化将是中国人口变动的基本特征，老年人口比重不断上升，少儿人口和劳动年龄人口比重不断下降。从劳动力市场供求来看，数量型人口红利趋于减弱。

专栏：中国数量型人口红利区域衰减

印度比较可以发现（见图 1），中国人口总抚养比自 1975 年起低于印度，而且这种比较优势将延续到 2020 年。此后，由于中国老龄化问题突出，总抚养比开始高于印度。也就是说，10 年以后，印度的人口年龄结构优势将超过中国。为此，中国必须充分利用当前人口负担仍然处于低位的缓冲期，加快完成从劳动力资源优势向人口质量优势的转变，即加大劳动力教育和健康投资，提高劳动生产率，积极储备人口"新红利"，为经济增长提供持久动力。

事实上，在中国人口达到峰值以前，劳动年龄人口已先行达到峰值水平。2012 年中国 15—59 岁人口第一次出现绝对减少，比上年下降 345 万人。在劳动年龄人口中，青壮年劳动力减少的趋势更加明显。在现行政策不变的情况下，劳动年龄人口将持续减少，2030 年后下降和老化的趋势会进一步加速。与此同时，中国人口抚养比也在 2012 年触底至 33%，此后将逐步回升，预计到 2035 年上升到 50% 以上，2050 年将达到 65% 左右。虽然中国"人口红利期"仍将持续到 2030 年左右，但与此前劳动年龄人口不断增长而形成的人口红利相比，劳动力数量和成本优势将逐步减弱。增加人力资本投资，以劳动力质量替代劳动力数量，形成"人口新红利"，以提高劳动生产率和整个社会的抚养能力，是应对快速人口老龄化的根本选择。

（抚养比）

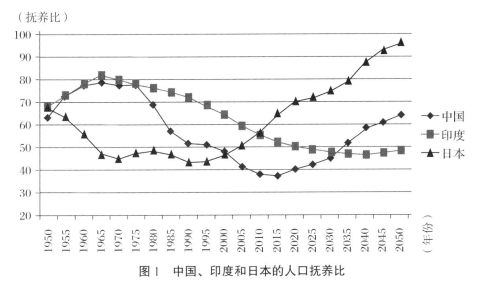

图1　中国、印度和日本的人口抚养比
资料来源：UN DESA（2011）．World Population Prospects：The 2010 Revision．

（三）微观层面：人的全面发展的内在要求

人的全面发展包括共性发展与个性发展。共性发展是指人的体力和智力以及人的活动能力与道德品质的多方面的发展，个性发展是指基于个性差异基础上的个人的兴趣、特长的形成与发展。共性发展与个性发展是相互促进的关系：共性发展是社会进步对人的发展要求的统一性，个性发展是社会发展对人的发展要求的多样性；共性发展是个性发展的前提，个性发展是实现全面发展的途径。人的共性发展与个性发展的有机结合是社会高度发达的产物，也是人力资本投资的最高目标。

提升人力资本的过程，就是根据社会的要求与个人的条件，为每个人提供获得知识、提高技能的机会。陶冶情操、增进健康、做出成就、实现自我的各种可能和机会的过程，就是不断地使人发现自己的潜能，发挥自己的创造性的过程。人的发展与社会发展是辩证统一的关系，不可偏废任何一个方面。提升人力资本，应立足于促进人的发展来推动社会的全面进步，其目标取向不仅仅是为了培养单纯的"经济人"或"技术人"，不能以牺牲人的发展为代价，来满足单纯的经济发展或政治稳定的需要。

三、基础和问题

（一）发展基础

1.人力资本投资不断增加

教育和卫生是与人力资本最为直接相关的领域，其投入可以反映人力资本投资变动的基本情况。根据国家统计局的数据，中国教育经费和卫生经费都保持了持续增长趋势。

——教育经费由 2005 年的 8419 亿元，增长到 2012 年的 27696 亿元，年均增长 18.5%；其中财政性教育经费大幅度提高，年均增长 23.2%，占 GDP 的比重由 2005 年的 2.51%，上升到 2012 年的 4.28%。

——卫生总费用由 2005 年的 8660 亿元，增长到 2012 年的 27847 亿元，年均增长 18.2%，其中政府支出年均增长 27.2%；人均卫生费用由 2005 年的 662 元增长到 2012 年的 2057 元，年均增长 17.6%。

表 1　中国教育投入和卫生投入

		2005	2012	年均增长（%）
教育投入	教育经费（亿元）	8419	27696	18.5
	财政性（亿元）	5161	22236	23.2
	占 GDP 比重（%）	2.79	4.28	—
卫生投入	卫生总费用（亿元）	8660	27847	18.2
	政府支出（亿元）	1553	8366	27.2
	人均费用（元）	662	2057	17.6

资料来源：国家统计局国家数据。

2.人力资本存量不断增厚

随着人力资本投资的不断增加，中国人力资本存量也不断增厚，突出表现在国民受教育水平和健康水平不断提高。

——国民受教育水平显著提高。15 岁及以上成人识字率由 2005 年的 90.48% 上升到 2010 年的 93.18%，高等教育毛入学率由 15.69% 上升到 22.29%，15 岁以上人口平均受教育年限由 8.5 年提高到 9.5 年。

——国民健康水平显著提高。婴儿死亡率由 2005 年的 19.0‰下降到 2010 年的 13.1‰；预期寿命由 2005 年的 73.0 岁提高到 2010 年的 74.8 岁。

表 2　中国国民受教育水平和健康水平

		2005 年	2010 年
受教育水平	成人识字率（%）	90.28	93.18
	初等教育毛入学率（%）	98.66	106.22
	中等教育毛入学率（%）	77.09	77.22
	高等教育毛入学率（%）	15.69	22.29
	平均受教育水平（年）	8.5	9.5
健康水平	婴儿死亡率（‰）	19	13.1
	平均预期寿命（岁）	73	74.8

资料来源：《2013 中国卫生统计年鉴》。

（二）主要问题

1. 人力资本投入依然偏低

长期以来，中国教育投入一直被有关方面广泛关注和评议。与国际指标同期相比，2010 年，中国教育支出占国家财政支出总额比重为 14.0%，高于美、英、法、德、日等发达国家，但低于巴西、印尼、南非等发展中国家。2008 年，公共教育经费占国内生产总值比重，世界平均水平为 4.45%，高收入国家平均水平为 5.37%，中等收入国家平均水平为 4.34%。[①]2012 年，中国教育支出占国内生产总值比重达到 4.2%，接近世界平均水平，但仍低于在世界上处于较低水平。

与国际指标同期相比，目前，中国医疗支出占国内生产总值比重比低收入国家平均水平低 0.56 个百分点，而人均医疗支出接近中等收入国家平均水平。中国卫生费用占国内生产总值比重、人均卫生费用以及人均政府卫生支出等重要指标，目前处在世界较低水平。从国际趋势看，总体而言，随着国家经济发展水平的提高，卫生总费用占国内生产总值比重也在不断加大。2010 年，卫生总费用占国内生产总值的平均比重，低收入国家为 6.2%，高收入国家为 8.1%，

[①] 国家统计局：《国际统计年鉴2012》。

金砖国家中巴西和印度分别为 9% 和 8.9%。2011 年，中国卫生费用占国内生产总值比重为 5.1%，表明中国此项指标存在较大的增长空间。

2. 人力资本结构不合理

专业型人力资本和创新型人力资本不足。在舒尔茨看来，人力资本是人的知识、技能与体力的总称。进一步的研究发现，与物质资本相比，人力资本具有"异能性"，即由人的知识、技能、体力等决定的人力资本能力的差异性。根据这种异能性，我们可以划分出三种典型的人力资本类型：（1）一般型人力资本，指社会平均的知识存量和一般的分析力、计算力、学习能力和适应能力；（2）专业型人力资本，指接受过特殊专业知识的正规教育或在职培训后所具有的某项特殊专业知识、专业技能；（3）创新型人力资本，指人力资源所具有的各种创新能力的集合。

人力资本分布不平衡。劳动力市场存在着地区性分割，人力资本短缺与闲置浪费现象并存。中国人力资本市场存在着非常严重的"极化效应"，受"人往高处走，水往低处流"传统观念的影响，人力资源大多数流向了高度发达的大城市，造成了人力资源的浪费，而较不发达的中小型城市则面临人力资源短缺的尴尬局面。这种现状直接造成了发达地区的人力资本投资的发达程度远远高于不发达地区，在人才就是宝藏的知识经济时代，这种状况显然对经济的地域性均衡发展造成了严重的不利影响。

3. 人力资本形成机制不健全

教育体制不合理，缺乏多元化的教育方式。在中国，一方面教育投资不够，另一方面又因配置不合理而存在着浪费和失衡的现象，有限的财政性教育投资大多向高校倾斜，对初等和中等教育投资不足，严重影响了中等和初等教育的发展。并且，由于高校进入门槛较高，而中国缺乏相应的职业教育，一方面影响了人力资本的形成；另一方面阻碍了人力资本充值的途径。

人力资本投资方向的滞后性严重，缺乏与时俱进的精神。中国的财政性教育投资大部分都流入高校，但是，作为人力资本投资和充值最重要的场所，高校并没有很好地发挥作用。主要体现在课程设置和教育方式上：一方面，课程的设置跟不上社会发展的潮流，学习的内容根本不是社会所需，教材具有严重的滞后性；另一方面，高校多是填鸭式的理论教育方式，不注重实践，造成了人力资本投资的效率降低。

企业对于人力资本投资重视不够，人力资本的贬值影响企业的发展。据测算，经过培训后，一般平均工资增长 5%—15%，增长培训费用为企业带来的回报率高达 20%—35%。由于人力资本投资的风险性和对人力资本投资的不关注，中国的企业对于员工的培训重视度不够，造成了人力资本贬值严重，影响了企业的创新能力，进而降低了企业的市场竞争力。

四、目标和任务

（一）总体目标

国家作为人力资源开发的最大主体，其目标隶属于国民经济和社会发展的长期、中期、短期规划。"十三五"提升人力资本贡献的总体目标是：
> 促进人的全面发展，提高劳动生产率，助推经济有效增长。

（二）具体目标

"十三五"期间，提升人力资本贡献的具体目标主要包括：
> 健全体系：形成"国家—企业—个人"全域人力资本投资体系。
> 优化结构：积极储备和合理配置一般型、专业型和创新型人力资本。
> 完善要素：补足教育资本、技能资本和健康资本的投资短板。

（三）主要任务

"十三五"期间，提升人力资本贡献的主要任务可以概括为：
> 健全统一的劳动力市场，大力发展公共就业服务，努力实现充分就业。
> 完善各级各类教育，努力提高全民教育水平；大力发展职业教育和成人教育，提高人力资源的技能；提高人力资源的能力及综合素质，使之与劳动力市场、用人单位的需求相适应。
> 加快医药卫生改革，提高人力资源体能和健康水平；加强人力资源生理和心理开发，充分挖掘和发挥人力资源潜能。

五、政策措施

（一）以创新能力培养为重点，全面提升教育人力资本

加大教育投资的力度。教育投资是人力资本投资最重要的方式，在人才

就是第一生产力的现代工业社会，一个国家人力资本投资的力度在很大程度上决定了一个国家的生产力水平和竞争能力的高低。中国是一个人口大国，但不是一个人口强国，原因就在于中国的人力资源的数量和质量远远比不上发达国家，作为人力资本投资最主要和最为重要的方式，必须加大教育投资的力度。

改革教育开发方式。教育作为人力资本投资与开发的基本手段，其最主要的功能是进行劳动力生产和再生产，高等教育作为学校教育的顶层，承担着为经济发展提供最前沿技术和人才的责任，因此，高等教育必须根据劳动力市场的需要来进行投资和生产。在教育市场上，高等教育在很大程度上决定了人力资源在各个专业的分布状况，因此，高等教育要注重劳动力市场的需求及价格信号。作为一国的教育部门，必须改变关起门来办教育的传统观念，在特定的劳动力市场环境下，积极地寻求教育管理制度的改革与创新，与其他相关部门合作完善劳动力市场。从另一方面来说，高校应与相关企业形成紧密的合作关系，就如同顾客订购产品一样，企业与高校签订相关的合同，在学校里培养企业需要的人才，毕业后学生到该企业内上班。这样，不仅解决了就业问题，而且对于人力资本的投资也没有任何的浪费。

强化创新型人力资本。人力资源创新能力实质上是人力资本的一个重要部分。对应起来看，潜在的创新能力相当于创新型人力资本的存量——凝聚在人身上的创新型人力资本的结晶，而现实的创新能力则相当于创新型人力资本的价值——即人力资本存量在最理想的运营情况下所能产生的最大收益的现值，因为创新往往是寻求最大价值的活动，是财富的源泉，所以人力资源创新能力也常常是人力资本价值的最优体现。人力资源创新能力开发应从两方面入手：一是做好人力资源创新条件建设，即为人力资源潜在创新能力向现实创新能力的飞跃提供优越的外部条件；二是人力资源创新能力的运营，即从人才的角度出发，研究如何更好地充分开发、激励、配置人力资源的创新能力。硬件是指支持创新活动的道路、通信、电力等基础设施以及在创新活动中所必需的资金、设备、仪器、实验室等各种条件，其中最重要的便是资金的投入。而资金的投入来源是多方面的，其中国家财政科技投入是一个重要部分。国家财政对创新的干预是国家对整个国民经济发挥宏观调控职能的一部分，是这种职能在科技创新领域的延伸，其投入支持的主要对象是"公有技术"或"一般知识"。此外，创新是一种高风险的事业，对于高投入、高风险的科技创新事业，同时又是高产出、高收益的事业，需要相应的资本运作机制来支撑，其中科技人员凭借资本市场上的风险资本直接创业，通过创业将其所拥有的科技成果转化为现实生产力，已成为促进高科技成果转化越来越重要的方式。

（二）加强职业教育和就业培训，增厚技能人力资本

重点发展职业教育，大力培养技能型人才。产业结构的调整必须要有合适的人才队伍。通过大力发展职业教育，为产业优化升级配置新增劳动力，逐步实现以职业院校招生代替招工，替换低技能劳动力，实现劳动力结构和就业结构升级。

建立企业、劳动者和服务机构三方合作机制，提供面向劳动者需要和用人单位需求的就业培训服务。研究制定并实施以初高中毕业生等城乡新生劳动力为主要对象的劳动预备制培训项目、以城乡失业人员为主要对象的转岗技能培训和创业培训项目、以农村劳动力为主要对象的技能提升和转移就业培训项目。

发挥行业协会作用，鼓励关联度高的企业加强人才开发和协作。企业之间在人才竞争的同时，也面临着共同的人才需求。行业协会应该在人才开发方面发挥更大的作用。建议推行行业培训，整合区域内同行业企业的培训资源，提高人才开发的规模效应。特别是加强企业与行业协会的合作，密切跟踪行业人才需求变化，加强行业协会与教育培训机构的合作，建立教育培训与就业岗位需求之间的纽带。

（三）以职业开发和组织开发为重点，保持人力资本的有效性

加强人力资源职业开发。人力资本就如同物质资本的磨损和折旧一样，也会发生贬值，保持人力资本的有效性，就必须进行人力资本充值。学校教育结束后，很多人就没有机会进行再教育，随着社会和经济的发展，人力资本不断地贬值，最终将不能满足岗位的需要，对员工进行在职培训不仅能够进行人力资本充值，而且对于企业来说也是一项长久的战略投资。在职培训包括很多种方式：第一，组织员工定期听取讲座，了解当前本行业的最新发展情况，即时改进；第二，抽取一定数量的员工进入教育和培训机构，进行系统的学习和专业知识的补充，尤其是对管理层员工的培训，能够对基层员工产生重大的影响；第三，与高校等科研机构合作开展研究项目，充分参与项目，间接地接受了人力资本充值。

目前，中国在职培训工作还不太完善，培训创新能力不足，针对、时效性

不强，需要在培训流程、培训内容、培训方式、培训教材体系建设、培训师资队伍和培训管理者队伍建设等方面，进一步加强完善。

专栏：在职培训的人力资本投资回报率

在职培训是人力资本投资的有效形式，并能产生显著的投资收益。据日本有关资料统计，员工文化水平每提高一个等级，技术革新者的人数增加6%，员工提出革新建议一般能降低成本10—15%，而受过良好教育和培训的管理人员，因创造和运用现代管理技术，则有可能降低成本30%。美国企业调查统计分析认为，对员工培训每投入1美元，能得到50美元的经济手艺。我国苏州市的一项调查显示，经过培训的员工比未经培训的员工相比，完成产量高出10.8%，产品合格率高出6%，工具损耗率低40%，创造净产值高90%。

——李宝慧：《基于人力资本理论谈在职培训的重要性》，《中国统计》2011年第5期。

重视人力资源组织开发能力建设。组织开发是提高组织能力的一项技术措施，其基本目标是改变组织氛围、组织环境和组织文化，从而帮助每一位员工发挥才干，改善员工个人之间、群体之间的工作关系，最终提高组织整体人力资源开发的效能。如同我们生活在自然界的气候中一样，我们在人的行为和组织环境的"氛围"中工作。这种"氛围"也许会给我们提供动力、刺激和激励作用，促进人力资源的开发；也许会给人们带来压制、障碍、挫折，阻止人力资源的开发。组织环境的"氛围"是无形的，人们可以感觉到，但看不到、摸不着，它影响着组织内每一个人的情绪和表现。组织氛围包括许多因素，如领导者的管理方式、领导作风、组织的管理办法、领导者的价值观以及对整个组织的影响。正规的组织管理方法包括规章制度、政策、组织机构体制、工资奖金报酬制度等，非正规的组织管理方法包括行为规范、信念、价值观、态度等。此外，还有交流沟通系统以及所有其他管理系统。

（四）完善统一的劳动力市场，实施地区间人力资本帮联计划

完善人力资源市场，促进充分就业。当前中国就业形势总体依然紧张，劳动力总体供过于求的矛盾依然存在，企业"招工难"与劳动者"就业难"并存的结构性矛盾日益凸显，并逐步上升为主要矛盾；同时，在加快转变经济发展方式过程中，产业结构调整、经济增速放缓、紧缩性政策持续等，都可能在短期内对就业带来一定的影响。实现就业是发挥人力资本贡献的前提。为此，需要加快形成统一规范灵活的人力资源市场，消除就业歧视，提高公共就业服务

的质量和成效，完善公平就业机制，以帮助农村转移劳动力实现社会权利为突破口，实现劳动者不分城乡、户籍平等就业。实施就业优先战略，构建政府宏观决策的就业评估机制，强化"促进就业"在经济社会发展的优先位置。运用财政、银行信贷等政策手段引导和鼓励微型企业创业，采用研发补贴、人员培训、技术指导、新技术推广等措施推动中小企业技术升级，创造更多、更高质量的就业岗位。

实施区域间人力资本帮联计划。人力资本投资直接影响着人力资本的形成和人力资本的充值，而人力资源又直接与经济发展相关。如果一个城市的经济发展状况优于另一个城市，人力资源将向经济发展状况较好的城市流动，形成人力资源的"极化效应"。相对的，较不发达城市由于人力资源的流失和人力资本的贬值，经济的发展状况将进一步恶化。消除这种恶性循环的最好办法就是建立城市间的帮联计划，由一个发达城市与周围的较不发达城市建立合作关系，将一部分核心企业外迁或建立新的发展计划，吸引人力资源。这样做的结果就使得已有的人力资源不会外移，新的人力资源内迁，不仅有效地促进了经济的发展，而且也会形成新的培训和教育机构，加大人力资本投资、拓宽人力资本充值的途径。这种变"极化效应"为"淋下效应"的好处还在于减少了人力资本投资的浪费，对人力资源形成了合理配置，减轻了经济发达城市的人口和环境压力。

（五）以潜能开发为重点，积极提升健康人力资本

提高人民健康水平，夯实提升人力资本的基础。健康是促进人的全面发展的必然要求。"十三五"时期，应全面落实"十八大报告"提出的医药卫生改革部署，坚持为人民健康服务的方向，坚持预防为主、以农村为重点、中西医并重，按照保基本、强基层、建机制要求，重点推进医疗保障、医疗服务、公共卫生、药品供应、监管体制综合改革，完善国民健康政策，为群众提供安全有效方便价廉的公共卫生和基本医疗服务。开展爱国卫生运动，促进人民身心健康。坚持计划生育的基本国策，提高出生人口素质，逐步完善政策，促进人口长期均衡发展。

重点开发并有效运用人的潜能，作为提升人力资本的突破口。人的潜能包括生理潜能和心理潜能。生理潜能又包括体力潜能和智力潜能两个方面；心理潜能包括性格、气质、能力、知识、兴趣、毅力、品质、价值观、道德水准等多方面。两者相比，人的生理潜能是有限的，而人的心理潜能却是无比巨大的。

——努力开发生理潜能，保护劳动者在劳动过程中的人身安全和身心健康。为此，需要研究人体在各种劳动条件下生理反应的规律；研究人们在劳动过程中运动系统、神经统、循环系统、呼吸系统和感觉器官的变化规律；研究营养、代谢与体温调节、环境与人体健康，以及劳动过程中人体机能状态的变化规律。通过运用科学的原理和方法，一方面有效地进行劳动，另一方面有效地消除疲劳。管理者要研究劳动者产生疲劳的生理机制和原因，以及消除疲劳的方法和途径。根据人体生物钟的原理，掌握和运用工作节律，科学地安排工作日程，充分利用"高效期"，避开"低潮期"，也是减少疲劳、提高效率的有效措施。为了提高工效，还应该研究劳动者的姿势体位的生理影响。一方面要让劳动者掌握姿势体位的生理影响，学会用正确的姿势体位从事劳动，以便尽可能减少无效的能量消耗；另一方面要重视并不断改进工具设备，按照劳动者的需要进行作业位置的设计，改善劳动环境与条件。

——更加重视人力资源的心理开发，运用心理学和行为科学发展的成果，来研究劳动者的动力源泉、动力结构、动力机制以及其他一些影响劳动者动力的因素，并运用其研究结果，指导和影响人力资源开发活动。作为劳动主体的人，有思想、情感和理智，是生产力诸因素中最积极、最活跃的因素。无论是科学技术的进步，还是社会财富的创造，都离不开人的积极性的调动。调动人的积极性主要有四个途径：一是需要激励，即通过引导正确的需要、满足合理的需要来调动人的积极性；二是目标激励，即通过设立合理的组织目标来引导和激励组织成员；三是行为激励，即通过组织活动来调动组织成员的积极性；四是综合激励，即通过激励者和被激励者的双边协同活动来调动组织成员的积极性。

张本波

专题十

市场起决定性作用与政府职能转变
——"十三五"时期经济体制改革重点思路研究

　　"十三五"是中国经济社会发展承前启后的重要阶段，是落实全面深化改革并在重要领域和关键环节取得决定性成果的决胜阶段。"十三五"时期推进改革的总体思路是以市场化高标准改革推进现代政府高水平治理，加快推进市场起决定性作用和全面正确履行政府职责的角色转换与协调统一，通过更多让市场起决定性作用来促进政府职能转变，从政府职能越位、错位、缺位等老"三位"问题，向现代政府职能新"四位"转变，即合理让位、回位、到位和补位。围绕经济社会体制改革的主要任务，从完善基本经济制度、建设现代市场体系、推动行政体制改革、深化财税体制改革、健全城乡一体化体制机制、加快社会体制改革和生态文明制度建设等方面，深入分析各领域发挥市场决定作用和全面正确履行政府职能的改革思路及主要任务，提出全面深化经济社会体制改革的政策建议。

一、"十三五"时期经济体制改革形势及阶段性新要求

（一）"十三五"时期经济体制改革阶段性要求

　　"十三五"是完成全面建成小康社会目标的最后五年、是落实十八届三中全会部署全面深化改革的决定性五年，是实现"两个一百年"奋斗目标中第一个一百年目标的重要五年。改革的两大战略任务——完善社会主义市场经济的制度性改革和促进转型发展的结构性改革相互交织，资源配置的两种方式——市场决定和政府决定将发生重要角色转换并在各自边界内发挥作用。随着经济发展迈上新台阶、社会治理进入新格局、体制改革确定了新思路，政府治理也

要随之发生适应性的重大转变。总体上看，"十三五"时期经济体制改革的阶段性要求主要体现在。

1. 推进迈向高收入阶段的政府治理现代化

2013 年，中国人均 GDP 约 6700 美元，到"十二五"规划结束，人均 GDP 可能上升到 7500 美元左右，预计"十三五"期内人均 GDP 就将超过 1 万美元[①]。同时中国区域差距较大，京沪穗等发达城市和广大东部沿海地区人均 GDP 已超过 1 万美元。在全面建成小康社会基础上，国民经济整体上由中高收入向高收入阶段迈进，需要考虑新阶段的政府治理现代化问题。

2. 攻坚决战完善社会主义市场经济体制的制度性改革

《中共中央关于全面深化改革若干重大问题的决定》提出了到 2020 年改革路线图、时间表，"十三五"是决定性的五年，留给这个阶段的都是啃硬骨头的任务。要通过"十三五"的改革攻坚，基本实现各方面制度更加完善更加定型的改革战略目标。

3. 推动市场决定资源配置为核心的深度市场化改革

让市场在资源配置中起决定性作用，"十三五"要有突破性、决定性进展，在市场资源配置的各主要领域，要取得显著成果。市场决定资源配置，就对"十三五"时期政府配置资源和政府职能转变提出了根本性要求。

4. 深化助推发展方式转型的结构性改革

"十三五"期间的一个重大任务是继续推动多个五年规划尚未完成的经济转型升级。未来一段时期，中国仍将是大有作为的重要战略机遇期。但与"十一五"、"十二五"等战略机遇期不同，新的战略机遇期内涵和条件都发生了重要变化，经济增速将进一步趋势性放缓。在这样的背景下，必须推进结构性改革，培育形成新的经济增长动力，从根本上推动发展方式转型。

5. 建立跨越中等收入陷阱的制度保障和风险防范机制

比照国际社会相应发展阶段的判断标准，"十三五"时期正是中国跨越所谓中等收入陷阱的关键阶段。破解这一世界性难题，实现中华民族伟大复兴的中国梦，要通过深化改革建立健全整套制度性安排，以更加有效的政府治理驾

[①] 2013年3月23日，国务院发展研究中心刘世锦在"中国高层发展论坛2013"预计，按照届时的现价汇率法计算，2020年中国的GDP将达到21万亿美元，相当接近美国届时23万亿美元的水平。以这一预测结果为基础，结合中国人口增长预测，预计2020年中国人均GDP将达到1.5万美元，接近届时高收入国家门槛水平的1.6万美元，大致相当于美国的23%，英、法、德、日平均水平的26%。

驭全局。在这个阶段，各种风险加大，不仅有金融风险、资产泡沫、政府债务、增长和收入放缓等经济风险，还有日渐突出的利益冲突、腐败频发、社会分化，以及暴力恐怖等社会风险，更有来自周边区域、国际社会的外部风险。多种风险交织，既增加了发展的难度，也增加了改革的难度。做好风险管控是新阶段深化改革和政府治理的新要求。

（二）"十三五"时期深化经济体制改革的重要基础条件

"十二五"以来，特别是党的十八大和十八届三中全会以来，中国经济体制改革取得一系列新的重大突破和进展，为"十三五"推进经济体制改革打下了坚实基础。

1. 加强改革顶层设计和全面深化改革统筹协调机制建设

党的十八届三中全会绘制了以经济体制改革为重点、全面深化改革的系统蓝图，提出了系统、整体、协同推进改革的总体要求。中央和地方都成立了全面深化改革领导小组，建立了工作机制，部门间强化了改革的综合协调，注重发挥整体合力。改革的重大任务基本明确，"十三五"时期的经济体制改革主要是对路线图的落实，这是推进"十三五"时期改革的最主要基础。

2. 大力推进简政放权为先手棋的系列改革

新一届政府施政以来，以简政放权改革为先手棋，为改进政府与市场关系打下良好开局。以行政审批制度改革为突破口，大幅取消和下放行政审批事项，加强事中事后监管。坚持权力和责任同步下放，调控和监管同步强化。十八大以来，中央政府先后分批次取消和下放行政审批事项468项。清理非行政许可审批事项，减少工商登记前置审批。清理各种不合理规章制度和法律法规。这些都极大促进了各种市场主体活力释放，为各类经济发展创造更加公平竞争环境。在政府决定资源配置的领域，也不断创新和改进资源配置方式，通过转移支付、政府购买服务、公私合作、委托授权等，使之更加科学合理，逐步向更加适应市场经济发展和现代政府履职要求转变。

3. 加快现代市场体系建设步伐

清理妨碍全国统一市场建设和公平竞争的规定，加快推进社会信用体系建设。加快推进土地、金融、技术等要素市场化改革。进一步放开商品和服务由市场决定价格的范围，减少政府定价项目，放开具备竞争条件的商品和服务价格。2014年以来，陆续放开、下放了电信业务资费、铁路货运、非公立医疗机构医疗服务价格等商品和服务价格。改进低价药品管理机制。健全资源性产品价格形成机制。重点推进成品油、水电气热等价格形成机制进一步完善，加快推进阶梯价格制度建设,探索建立农产品目标价格制度。所有这些,都为市场在资源配置中起决定性作用奠定了良好开端。

4. 进一步释放市场主体活力

大力培育发展各类市场主体,落实企业投资自主权,释放市场主体活力。全方位放宽市场准入,为经济发展松绑减负。营业税改增值税扩面迅速,大力推进结构性减税,出台多项支持小微企业、非公经济发展和创业就业税收优惠政策,减轻企业和居民负担,增强经济发展后劲。加快推进投资体制改革。修订并发布实施《政府核准的投资项目目录》,截 2005 年上半年,需报中央管理层面核准的企业投资项目减少 60%。优化民间投资环境。出台对民间投资"36"条及 42 项实施细则等措施,发布鼓励社会资本投资的项目,研究制定基础设施和公用事业特许经营法律法规。深化铁路投融资体制改革,设立铁路发展基金。推动上海自贸试验区建设,探索负面清单管理模式。

5. 加强保障和改善民生的制度性建设

教育、医疗、养老等社会关切的民生领域改革重大举措陆续推出,加快基本养老保险和基本医疗保险城乡统筹,推进现代职业教育体制改革等,一系列惠民生的举措为赢得更加广泛的改革共识创造了良好条件。

(三)当前市场配置资源和发挥政府作用亟待解决的突出问题

目前,市场决定资源配置还远没有到位,与完善社会主义市场经济体制要求尚有较大距离,政府较大程度上直接或间接影响资源配置的问题还没有得到根本性解决。这些突出问题主要体现在以下几个方面:一是政府直接配置资源或对资源配置干预依然偏多。二是市场体系还不完善,难以真正形成公平竞争的市场环境。部分商品和服务市场竞争不充分,特别是电信、电力、交通、金融、能源资源领域还存在不充分竞争。三是生产要素由市场配置资源的程度不够,区域和城乡要素分割依然比较突出,全国统一市场建设还存在不少行政壁垒和人为障碍。对非公有制经济公平发展和平等竞争依然存在玻璃门、弹簧门。四是教育医疗服务等公共服务领域市场配置资源错位。五是城乡区域资源配置失衡。从现实情况看,中国的城乡二元结构,在制度层面把城镇居民和农村居民,分为两个截然不同的社会群体,农村得到的公共资源和农民享有的基本公共服务,明显滞后于城镇和城镇居民,农民不能共同分享现代化成果。六是保障市场配置资源的监管体系跟不上发展需求。特别是今后推行负面清单管理,政府习惯于前置审批,改为事中、事后监管及过程管理后，对政府监管能力和监管方式提出了重大挑战。

二、让市场起决定性作用与转变政府职能的基本思路

"十三五"时期经济改革的总体目标是按照党的十八大、十八届三中全会《决定》做出的部署，完善社会主义市场经济体制，推进国家治理体系和治理能力现代化。遵循这一总目标、总方向，结合未来五年我国经济社会发展阶段特点，总体思路是以市场化高标准改革推进现代政府高水平治理，加快推进市场起决定性作用和政府起决定性作用的角色转换与协调统一，通过更多让市场起决定性作用来促进政府职能转变，从政府职能越位、错位、缺位等老"三位"问题，向现代政府职能新"四位"转变，即合理让位、回位、到位和补位。

（一）总体改革的两大方向

"十三五"时期推进经济体制改革，要以全面深化改革的路线图为遵循，重点围绕两大方向推进改革，一是推进市场决定的高标准改革，二是推进政府决定的高水平治理。

1. 推进市场起决定性作用的高标准改革

让市场决定资源配置是市场经济的基本规律，是深化经济体制改革的基本方向。从党的十四大到十八大，对市场在资源配置中的认识不断深化和成熟，市场配置资源的作用也逐步得以提升。到党的十八届三中全会，进一步将基础性作用上升为决定性作用，是经济体制改革的重大理论突破。"十三五"时期，主要是要将市场决定资源配置的机制全方位加以推进。资源配置由市场决定是一条新的标准，也是比过去任何时候都更高的标准。要按照这条标准，推进各方面的高标准改革。能由市场决定的领域，都交给市场。这其中，重点要推进要素市场化改革，使土地、资金、技术、劳动力和管理等要素真实反映市场供需关系，推进包括资源性产品在内的市场决定的价格改革，促进生产要素在城乡之间按照市场规律合理流动，将生态环境的成本科学合理反映到生产和生活消费中，用市场的办法解决生产方式和生活方式的理性选择问题。

2. 推进政府起决定性作用的高水平治理

在发挥市场决定性作用的同时，也要注重如何更好发挥政府作用。中国

是一个政府管理范围较宽、政府作用程度较深的国家，这是长期以来的现实国情。不可否认，改革开放以来，政府在保持宏观经济长期持续稳定较快发展上起到了特殊作用，这也是三十多年来积累起的宝贵经验。"十三五"时期，要在继承基础上对合理发挥政府作用有创新和发展。要遵循推进现代政府治理体系和治理能力现代化的新要求，着力推进宏观调控体系和手段现代化，着力建设现代财税体制，推进完善基本公共服务均等化的体制机制，加强社会治理现代化和生态文明制度建设，把政府该管的地方管好管到位。

（二）政府职能四大转变路径

发挥市场配置资源的决定性作用和更好发挥政府作用，两者是相辅相成的，当前主要是要发挥市场的作用，但关键环节在政府，政府职能转变到位，市场的决定性作用才能真正得以发挥。为此，在"十三五"时期，重点实现政府职能的四大转变。

1. 以放权为路径促进政府职能由越位向让位转变

全方位推进市场决定资源配置，把错装在政府的手换成市场的手。比如明确以管资本为主的国有资产管理体制后，经营性国有资本的投向和退出，完全可以由市场来决定，也让国有资本和民营资本平等竞争。

2. 以收权为路径促进政府职能由失位向归位转变

合理收缩和确定政府管理的边界。长期以来，政府管理的边界不确定，管理的范围和影响程度伸缩性很大，有一些职能已经越过了政府本身的范围，抢占了市场机制作用的范围，这样的职能越位要坚决撤回来，回到政府本身的作用边界。

3. 以做实为路径促进政府职能由失位向立位转变

将尚未有效发挥实际职能的机构和职能充实。目前政府组织体系依然比较庞大，机构和人员依然存在臃肿问题，特别是一些机构和人员长期有名无实，不发挥应有的作用，既影响了市场决定性作用的发挥，也影响了政府应有职能的发挥。要将这些没有履行到位的职能管到位。

4. 以弥补市场失灵为主促进政府职能由缺位向补位转变

将市场经济下市场不管、市场失灵的领域由政府切实管好。补位是政府职能转变的重要方向，不同阶段政府职能补位的重点和要求有所不同。中国经济发展的各个阶段，政府及时合理补位都发挥的极其重要的作用，也是中国政府职能的特殊方面之一。今后，坚持市场决定资源配置为主，必然会出现一些领域市场失灵，政府必须在这些领域及时补位。

三、基本经济制度领域发挥市场的决定性作用与政府职能转变

（一）基本经济制度领域"十三五"改革基本思路

"十三五"期间，坚持和完善基本经济制度的改革，必须要按照十八届三中全会《决定》的要求，从经济社会发展全局和公有制经济与非公有制经济长远协调可持续发展的战略高度，加快转变政府职能，完善宏观调控和政府监管体制机制，减少对微观市场主体的直接行政干预，充分发挥市场在资源配置中的决定性作用，加快推进国企和国资管理体制、垄断行业、非公有制经济等重点领域改革。

（二）"十三五"基本经济制度改革重点

1.完善国有资产监管体制

完善国资监管机构和职能。进一步明确各类国有资产责任主体，明晰产权关系，落实监管责任。规范各级国资监管机构作为政府直属特设机构的性质定位和职能边界，依法保障其专门性和独立性。

推进经营性国有资产集中统一监管。适应国有资产管理体制改革的新要求，以管资本为主加强国有资产监管，改革国有资本授权经营体制，组建若干国有资本运营公司，有条件的国有企业改组为国有资本投资公司。明确出资主体，落实保值增值责任，建立考核与薪酬挂钩的激励约束机制，提高国有资产的监管效能。

2.深入推进垄断行业改革

建立兼顾规模经济和竞争效率的有效竞争市场格局。区分垄断性业务和竞争性业务，分类推进垄断业务和非垄断业务改革。对于自然垄断性业务，要结合规模经济和监管的需要，进一步将"大垄断"变为"小垄断"，树立行业标杆，建立标杆竞争机制。对于竞争性业务领域，要公平开放市场，实现充分竞争，通过公平的市场竞争优胜劣汰，提高产业竞争力。

建立健全垄断行业监管体制。建立和完善相对独立的垄断行业监管机构，逐步实现政监分开。积极运用价格上限等激励性监管手段，促进垄断行业提高

运营效率。加强垄断行业法律法规和制度体系建设，促进依法依规经营和监管，以此引导和促进垄断行业加快发展改革进程。

3. 为非公经济创造公平竞争的市场环境

确保准入标准公开公平。市场准入标准对各类形式和各种所有制企业要一律平等，消除行业所有制歧视。拓宽民间资本投融资渠道，降低各类金融机构的市场准入门槛，允许民营资本创办各类金融机构。加快推进要素市场化改革进程，加大资金、土地、资源、信息、技术、人才的市场化配置力度，逐步消除要素市场竞争中的所有制差别，创造公开、公平的要素市场竞争环境。

完善支持非公经济发展的制度体系。继续修订完善非公有制经济发展相关的法律法规，消除非公经济发展的体制性障碍。不断完善非公经济在市场主体地位、产权、财政、税收、融资等方面的法律法规，切实保护民间投资的合法权益，为非公有制企业营造一个公平竞争的法制环境。

（三）推进改革的建议

坚持和完善基本经济制度领域的改革内容多、范围广，涉及重大利益关系调整。"十三五"期间，要根据重要性、可行性、关联性等因素，将相关改革事项进行分类，有重点、有步骤，积极稳妥地推进相关领域改革。

1. 可以立行立改及加快推进的改革

划转国有资本充实社保基金、产权保护、支持非公经济健康发展等改革事项，已经进行了很多有益的尝试，经验成熟，要率先取得突破。健全现代产权制度、加快推进垄断行业改革、合理确定国企工资水平、消除非公经济各种隐性壁垒、鼓励非公有制企业参与国企改革等，需要加快推进。

2. 需要制定总体方案、有序推进的改革

完善国有资产管理体制、明确国有资本投向、完善国有资本经营预算制度、深化国有企业改革等改革事项牵涉利益群体比较多，利益关系更加多元复杂，需要在国有经济总体改革方案指引下，有重点、分步骤有序推进。

3. 需要先行先试、逐步推开的改革

积极发展混合所有制经济、国有资本投资项目允许非国有资本参股、完善国有企业人事管理体制等改革事项都还没有形成一套完善的管理体制和管理办法，没有可以大规模复制和推广的成熟模式，需要加快试点、逐步推开。

四、现代市场体系建设领域市场起决定性作用与政府职能转变

（一）"十三五"时期建设和完善现代市场体系的基本思路

贯彻落实党的十八届三中全会精神，以真正使市场在资源配置中起决定性作用为目的，加快政府职能转变，大幅度减少政府对资源的直接配置，建立公平开放透明的市场规则，完善主要由市场决定价格的机制，推进金融、土地等要素市场建设和市场化改革，逐步建立统一开放、竞争有序的市场体系。

（二）"十三五"时期建设和完善现代市场体系的重点任务

1. 建立公平开放透明的市场规则

建立公平开放透明的市场规则要求"十三五"期间政府应进一步转变职能，"把该管的事务管好，把该放的权力放掉"，在市场准入、监管、退出、市场环境等领域划分好市场和政府的边界。

一是实行统一的负面清单准入管理制度。在制定负面清单基础上，各类市场主体可依法平等进入清单之外领域。二是实行统一的市场监管，清理和废除妨碍全国统一市场和公平竞争的各种规定和做法。推进市场监管体系改革，改革分段式监管模式，形成全程监管合力。清理包括地方保护、分割市场、限制公平竞争的"土政策"和"潜规则"。三是健全优胜劣汰的市场化退出机制，完善企业破产程序。发挥市场在优胜劣汰中不可替代的积极作用，通过市场竞争作出选择，政府应把主要精力放在为企业退出和重整创造不可缺少的外部条件上。四是加强社会信用体系建设，完善信用法制建设。

2. 完善主要由市场决定价格的机制

"十三五"期间政府要在定价行为"减"、"放"、"改"，同时找准若干重要产品价格形成链条上的主要制约环节，分类型推进相应改革。

一是减少政府对价格机制的直接干预，弥补在价格行为上的"缺位"。把政府定价限定在必要范围内，要"减"、"放"、"改"。政府要加强价格监测和预警，丰富价格调控手段，防范和应对市场价格异常波动，加强民生价格管理。二是明确各资源性产品价格改革重点环节，完善市场化价格形成机制。实施好新的成品油价格调整机制，逐步向最终放开价格、完全由市场决定过渡。

落实和完善天然气价格与可替代能源价格挂钩的动态调整机制。天然气气源价格应完全放开，政府只监管具有自然垄断性质的管道运输价格和配气价格。逐步建立起发电售电价格主要由市场决定的机制。建立合理反映成本、有利于节约用水的价格体系。三是以扩大市场准入为重点，推进交通运输价格改革。

3. 推进金融土地等重要要素市场建设

推动金融要素的市场化改革。一是继续完善人民币利率和汇率市场化形成机制，促进资金要素价格由市场决定。完善市场利率体系和利率传导机制，三年内基本完成利率市场化进程。继续增强人民币汇率双向浮动弹性和灵活性，扩大波动区间。二是允许具备条件的民间资本依法发起设立中小银行等金融机构，促进不同市场主体的自由平等竞争，构建更具包容性的金融服务业。三是以显著提高直接融资比重为目标，以满足经济转型升级和服务城镇化建设为重点，有针对性地完善金融市场体系。四是有序提高跨境资本和金融交易可兑换程度，五年内基本实现人民币资本项目可兑换，十年内使人民币成为主要的国际结算和投资计价货币，在局部市场成为国际储备货币。五是落实金融监管改革措施和稳健标准，建立健全金融机构的整合并购机制和退出机制。

以扩大权能为核心逐步改革农村集体经营性建设用地制度。"十三五"期间应把扩大农民土地权能、严格用途管制和用地规划管理作为"先手棋"，同时推进相关法律法规修改和完善，逐步将"建立城乡统一的建设用地市场"放到整个建立开放有序市场的大篇章中。一是在完善城乡规划体系、合理确定城市发展边界的基础上严格用途管制和用地规划管理。二是扩大农村集体经营性建设用地权能和农民宅基地权能。加快建立农村集体经营性建设用地流转制度，将农村集体经营性建设用地交易纳入已有国有建设用地市场等交易平台。扩大宅基地用益物权实现渠道，试点地区应根据实际情况赋予农民对住房部分收益权和部分处分权，允许有条件的住房财产权转让，探索建立宅基地有偿退出和有偿收回制度。三是抓紧修改物权法、土地管理法、担保法、城市房地产管理法等法律法规。

五、围绕国家治理现代化全面深化行政体制改革

（一）"十三五"时期行政体制改革的总体方向

"十三五"期间，行政体制改革的总体思路是：围绕国家治理现代化目标，

充分发挥市场决定作用，切实转变政府职能，着力健全宏观调控体系，创新行政服务模式，完善行政运行机制，优化政府组织结构，推动国家治理体系制度化、科学化、规范化、程序化，努力在管理理念、管理手段、权力配置等方面实现根本性转变，将政府建设成为与现代治理结构相衔接、与市场经济体制要求相匹配的、职能优化、行为规范、运转协调、公正透明、廉洁高效的服务型政府和最重要的国家治理主体。

（二）"十三五"期间行政体制改革的重点任务

1. 健全宏观调控体系

健全以发展战略和规划为导向、以财政政策和货币政策为主要手段的宏观调控体系，完善宏观调控目标制定和政策手段运用的体制机制，加强财政政策、货币政策与产业、价格等政策手段协调配合，增强宏观调控前瞻性、针对性、协同性。形成参与国际宏观经济政策协调的机制，推动完善国际经济治理结构。加强发展战略、规划、政策、标准等制定和实施，强化市场监管、公共服务、社会管理、环境保护等职责。

2. 创新行政服务模式

继续深化行政审批制度改革，全面清理行政许可事项，简化和规范许可程序。企业投资项目由企业依法依规自主决策，一律取消政府审批。直接面向基层、量大面广、由地方管理更方便有效的经济社会事项，一律下放地方和基层管理。继续深化政务公开，推进政府服务的技术创新，加强电子政务建设。推广政府购买服务，凡属事务性管理服务，原则上都要引入竞争机制，通过合同、委托等方式向社会购买。

3. 完善行政运行机制

建立全面评价政府和干部绩效的指标体系，考核政府和政府官员政绩不仅要看 GDP 及其增速，还要考察资源利用效率、生态环境保护、社会保障水平等指标。建立决策、执行、监督既相互协调又适度分离的运行机制，建立与决策职能相对独立的行政执法体制。健全政府责任体系，完善行政监督机制，推行以行政首长为重点的行政问责制。加快建立国家统一的经济核算制度，编制全国和地方资产负债表，建立全社会房产、信用等基础数据统一平台，推进部门信息共享。

4. 优化政府组织结构

精简政府机构，探索实行职能有机统一的"大部门"制，减少行政层级，优化工作流程，完善政务沟通协调体系，健全部门间协调配合机制等。严格控制机构编制，严格按规定职数配备领导干部，减少机构数量和领导职数。优化行政区划设置，根据实际情况选择一些地方探索推进省直接管理县（市）体制改革。分类推进事业单位改革，规范和发挥非政府组织作用，建立健全决策咨询体制。

六、财政支持市场发挥决定性作用与政府职能转变

（一）财政支持市场发挥决定性作用与政府职能转变的基本思路

"十三五"期间，从市场发挥决定性作用与政府职能转变的要求出发，大幅度减少财政对资源的直接配置，主要借用财政贴息、信用担保以及政府购买公共服务等市场化手段，以财政杠杆撬动市场机制，推动资源配置依据市场规则、市场价格、市场竞争实现效益最大化和效率最优化。

从市场发挥决定性作用与政府职能转变的要求出发，必须把财政工作重点放到营造统一公平市场环境上来，为企业创造权利、机会、规则和准入平等。继续收缩财政的生产建设职能，强化财政的引导优化资源配置、稳定市场预期、改善公共服务等职能。对于应由市场主体发挥作用的领域，财政必须坚决退出。中央政府有限介入、地方政府逐步退出一般竞争性领域投资，基本理清政府间"投资权"。以财政收支的民主化、法治化规范和约束政府行为，促进政府职能转变。继续实施以低收入端、小微企业端、实体经济端等为重点的结构性减税，对冲不良市场预期，提升经济景气。

（二）财政支持市场发挥决定性作用与政府职能转变的重点

1. 按照公共财政要求继续收缩财政的生产建设职能

各级政府和财政逐步从一般竞争性领域投资退出，最终从省到市县，都退出生产经营的投资权。中央政府可有限介入竞争性领域，即一些长周期、跨地区、特大型的对于生产力布局优化、产业结构升级和长远发展有战略性意义的重大项目。

2. 建立有利于市场统一和公平竞争的税制

加快清理和废除妨碍全国统一市场和公平竞争的各种财税措施和做法，清理规范税收优惠政策，为企业创造权利、机会、规则和准入平等。推进增值税

改革，继续实施结构性减税。逐步建立综合与分类相结合的个人所得税制，加快房地产税立法并适时推进改革，改革消费税，完善资源税和环境税制。加强会计监管。

3. 创新财政资金投入方式

利用股权投资、特许经营、信用担保等市场化方式促进国家创投引导资金、产业基金与其他社会资金混合参与投资，建立收益共享和风险共担机制，支持发展高新技术产业和战略性新兴产业。利用财政贴息、信用担保、期权税收优惠等政策手段，引导企业释放科技创新和成果转化活力。深化财政资金竞争性分配改革。推广以 PPP 为主的公共产品供给方式。

4. 建立完整、规范、透明、高效的现代政府预算管理制度

硬化支出预算约束，完善和规范政府性基金、社保和国有资本经营预算，规范编制国家资产负债表。"十三五"期间，审核预算的重点应由平衡状态、赤字规模向支出预算和政策拓展，清理规范重点支出挂钩，建立跨年度预算平衡机制，完善一般性转移支付增长机制，清理规范专项转移支付项目，建立规范合理的中央和地方政府债务管理及风险预警机制，倒逼政府职能转变。

七、健全城乡发展一体化体制机制与政府职能转变

（一）"十三五"时期城乡发展一体化体制机制改革的基本思路

"十三五"时期，健全中国城乡发展一体化体制机制，推进城乡发展一体化，既要发挥市场机制"看不见的手"决定性作用，也要用好政府这只"看得见的手"。要以产业发展为依托，以加快推进新型城镇化为核心任务，引导人口合理有序迁移，优化城乡布局，创新城乡管理，更加注重以人为本和改善民生，更加注重资源节约和环境友好，促进城乡协调发展、公共资源均衡配置、生产要素自由流动，致力构建新型的城乡关系、工农关系、经济与社会关系，努力转变经济发展方式、农民生活方式和社会管理方式，形成城乡互动共进发展机制和协调融合的发展格局。

（二）"十三五"时期城乡发展一体化体制机制改革的主要任务

1. 深化农村综合改革

稳定农村土地承包关系并保持长久不变，全面完成农村土地确权登记颁证

工作。改革完善宅基地制度，保障农民宅基地用益物权，稳妥推进农民住房财产权抵押、担保、转让试点。加快建立农村集体产权制度，创新农村集体资产经营管理方式。建立农村产权流转交易市场，推动产权流转交易公开、公正、规范运行。大力培育新型农业经营市场主体，构建以农户家庭经营为基础、合作与联合为纽带、社会化服务为支撑的现代农业经营体系。构建现代农业支持保护体系，落实粮食主产区利益补偿政策。建立产销全覆盖、全过程可追溯的标准化农产品质量安全监管体系和动态化监管机制。

2. 推进城乡要素平等交换和公共资源均衡配置

建立城乡统一的劳动力市场，依法保障农民工同工同酬和同等福利待遇。要进一步深化土地制度改革，加快建立城乡统一的土地要素市场特别是建设用地市场，在符合规划和用途管制前提下，实行与国有土地同等入市、同权同价。要进一步深化农村金融体制改革，保障金融机构农村存款主要用于农业农村，支持农民发展多种形式的新型合作金融。以城乡基本公共服务均等化为目标，统筹城乡基础设施建设和社区建设，全面提高农村教育、医疗、卫生、科技和社会福利事业的建设水平和农民享受公共服务的水平。

3. 推进城乡建设管理制度改革

优化城市空间布局和管理格局，推动大中小城市和小城镇协调发展、产业和城镇融合发展，构建城镇化和新农村建设双轮驱动、协调推进的体制机制。建立节约集约利用土地机制，盘活存量土地资源，提高城市土地利用率。推进城市建设管理创新，建立透明规范的城市建设投融资机制，允许地方政府通过发债等多种方式拓宽城市建设融资渠道，允许社会资本通过特许经营等方式参与城市基础设施投资和运营。要积极稳妥地推进县改市的改革和镇管理体制改革，建立和完善跨区域城市发展协调机制。

4. 加快推动农业转移人口市民化

积极推进户籍制度改革，建立城乡统一的户口登记制度，促进有能力在城镇合法稳定就业和生活的常住人口有序实现市民化。要促进大中小城市和小城镇合理布局、功能互补，搞好基本公共服务，还要维护好农民的土地承包经营权、宅基地使用权、集体收益分配权。要稳步推进城镇基本公共服务常住人口全覆盖，全面实行流动人口居住证制度，逐步推进居住证持有人享有与居住地居民相同的基本公共服务。把进城落户农民完全纳入城镇住房和社会保障体系，在农村参加的养老保险和医疗保险规范接入城镇社保体系。建立财政转移支付同农业转移人口市民化挂钩机制。

八、公共服务领域合理发挥市场的决定性作用和政府职能转变

（一）"十三五"时期公共服务领域改革的基本思路

强化政府提供基本公共服务的职责，建立健全国家基本公共服务体系。放开市场准入，打破以政府为主导的公共服务供给机制，按照"非禁即入"的原则，凡是市场能办好的原则上都交给市场承担，打造独立、多元的市场供给主体。以市场规律引导需求与供给匹配，将更多的选择权交给供需双方。强化政府在制度建设、规划和政策制定及监管等方面的职责，消除制约社会资本兴办公共服务机构的观念、制度和政策障碍，保障各类投资主体在举办公共服务时，依法平等使用生产要素，公平参与市场竞争。

（二）公共服务领域"十三五"改革重点

1. 着力提高政府的基本公共服务供给水平和监管服务能力

政府由投资公立机构转换到购买和分配公共服务上来，着力提高基本公共服务保障水平和社会公平性。探索在教育、养老等领域以消费券等形式补贴需方，将选择权放归给消费者。提高政府监管能力，规范公共服务服务市场行为。提高政府在人才培养、保险、金融、贷款担保、税费优惠等方面的配套服务能力。

2. 新增公共服务供给机构主要由市场力量兴办

原则上"十三五"期间新增公共服务供给机构由市场主体兴办，政府大步退出公共服务领域，凡社会能办好的，尽可能交给社会力量承担。一是界定明晰产权，民办公共服务机构自主经营、独立核算、自负盈亏、自担风险；二是打通资源共享和交流的渠道，公共服务从业人员在不同的机构流动时，不影响职称评定、工龄累积、科研经费等与从业人员息息相关的利益；三是鼓励支持民营机构向"专、精、优"方向发展，提供特色服务，满足不同需求。

3. 扩大政府购买公共服务

政府主要通过购买公共服务的方式，借力市场，减少对市场主体的直接干预，提高基本公共服务供给效率。尽快将政府购买公共服务纳入政府采购体系。按照公开、公平、公正原则，构建承接主体评价机制。建立公开透明、规

范高效的公共服务购买流程。建立严格的监督评估体系。

4. 积极推动存量公办公共服务兴办机构管办分开、政事分离

推动存量公办公共服务机构成为完整意义上的独立法人，建立和完善事业单位法人治理结构。政府机关向事业单位下放决策权和管理权，逐步退出对事业单位的微观管理。鼓励和支持有条件的事业单位逐步转企，参与市场竞争。

5. 以PPP等多种形式建立政府与社会资本的合作关系

通过公办民营、委托管理、民办公助、PPP等模式推动公办机构转型、政府退出微观管理、构建政府和社会资本合作关系。加快建立PPP发展所需要的法律法规体系、预算机制、融资机制和评价制度。

九、就业与分配领域发挥市场的决定性作用和政府职能转变

（一）基本思路

把就业优先作为经济社会发展的长期指导方针，把实现体面就业和形成有序分配格局作为构建和谐社会的重大发展战略，深化促进机会均等的市场化改革，强化政府促进就业和调节收入分配的责任，以就业公平推动收入分配公平，以保护劳动就业权为基础推动实现保护劳动所得，同时，健全资本、知识、技术、管理等由要素市场决定的报酬机制，加大再分配调节力度，保证一定社会共识基础上的社会公平。

（二）健全促进就业创业体制机制

1. 将充分就业作为政府宏观调控的优先目标

坚持市场导向的劳动就业体制改革，推动实现"充分的、生产性的、自由选择的"就业。建立重大项目就业影响评估制度，针对经济转型的失业风险建立预警机制。改革形成有利于就业的政府管理体制。降低中小企业税负，减少行政审批，深化工商登记改革，加大金融、财税改革力度，推动增加企业数量，改变劳动力供求大格局。

2. 打破行政分割健全劳动力市场管理

彻底改变目前不同劳动者由于地域、身份、行业、部门的原因造成的劳动力市场行政分割状态，在就业权益保护、就业服务体系、就业管理等方面实行

统一的政策体系。改革人事档案制度，明确所有社会组织都具有建立和保管本单位人事档案的权利和责任，将附属在人事档案管理功能之外的政审功能、证明功能等与人事档案管理区分开。

3. 建立面向全体劳动者的职业培训制度

积极推行全国通用"培训券"制度，资金可由财政补贴、企业提取的部分培训经费共同支撑，有就业意愿的劳动者可自由选择培训课程。通过政府购买和对培训实施补贴等形式，引入竞争机制，提高培训效率。扩大创业培训范围，鼓励有创业要求和培训愿望的各类劳动者参加创业培训，并给予培训补贴。依托企业、贴近需求，建设和加强职业教育实训基地，打造具有鲜明职教特点、教练型的师资队伍。促进职业教育与其他类型教育有机衔接，畅通人才多元化成长渠道。

4. 严格落实劳动法律法规推动体面就业

尽快制定工资、劳务派遣、集体合同、职工民主管理和劳动用工备案以及保障企业用工合法权益等方面的专门法规和政策措施。进一步完善劳动争议处理的机构和程序。推广绿色工作理念，发展绿色经济、绿色产品和绿色的生产工艺，通过推进绿色工作促进绿色经济转型。增强企业社会责任，维护劳动者合法权益。

（三）形成合理有序的收入分配格局

1. 确立以工资为主的收入形成机制

健全最低工资标准评价和调整机制。建立统一规范的企业薪酬调查制度，定期发布不同职业的工资指导线，将不同职业间的劳动报酬差距控制在合理水平。规范津贴补贴制度，确实提高特殊和艰苦工作环境人员的津贴水平。积极稳妥推行工资集体协商和行业性、区域性工资集体协商，形成"产业重谈判，企业重协商"的格局。

2. 建立公共资源出让收益合理共享机制

考虑将主权基金部分收益用于社会保障制度。分年度落实国有资本收益上缴公共财政比例。逐步建立完善的公共资源权益归属清晰的产权保障机制。加快推进资源税改革步伐。将公共资源行业的国有企业确定为公益性国有企业，设定公共资源行业平均利润率区间。

3. 多渠道增加居民财产性收入

推动上市公司全面实施员工持股计划，鼓励非上市企业探索推行员工持股计划。研究出台公司全员持股的操作办法，对员工持股形式、比例和收益分配等做出具体规范。建立对上市公司税后利润未按规定分红的追索机制。

4. 增强收入再分配调节效应

健全有利于调节收入差距的财税制度。将个人所得税和现行分类税制模式改为综合税制模式或者综合与分类相结合的模式。建立健全财产税和消费税，开征遗产税与赠与税。推动国家基本公共服务体系由"保基本"向"保公平、提水平"转变。建立基本公共服务预算制度，整合不同资金流，取消在部门预算中的细分项目专用款，建立基于人均基本公共服务费用支出的预算。严格控制基本公共服务供给的水平差距。

十、科技创新领域发挥市场的决定性作用和政府职能转变

（一）科技创新领域"十三五"改革的基本思路

以提高自主创新能力为核心，以促进科技与经济社会发展紧密结合为重点，加快顶层设计，深化科技体制机制改革，不断完善政府创新激励政策，营造有利于创新的制度和政策环境。充分发挥市场在研发方向、资源配置和经费使用、项目评审以及成果评价和应用等环节的决定性作用。

（二）科技创新领域"十三五"改革重点

1. 加快转变政府科技管理职能

一是制定目标导向的产业技术 R&D 计划，加强创新链条上各环节政府科技计划的协调，增加对成果转化环节和产业化示范项目的支持力度。二是突出公共科技资源的社会效益，重点支持市场机制不能有效解决的基础研究、公益性研究、重大关键共性技术研究。在竞争性领域减少点对点的支持，加强创新平台建设，特别是加强对中小企业的创新服务。三是改进科研项目管理流程，完善劳务费、间接费用、结余资金和单位预算的管理，强化法人责任，完善信用管理制度，建立倒查机制。

2. 进一步完善科技投入机制

一是建立健全财政性科技投入稳定增长机制，充分发挥政府投入的引导作用，完善财政资助、贴息和税收减免政策；二是创新投入的方式，实行研发

费用后补助，财政配套资金补助，科研资金与金融、资本市场结合，加大对企业技术创新的资金支持；三是鼓励和支持企业增加研发投入，在对企业研发经费加计扣除、研发设备折旧计算、经营绩效考核等方面建立完善激励措施；四是引导金融机构综合运用买方信贷、卖方信贷、融资租赁等方式，加大对企业技术创新的信贷支持；五是开展知识产权和专利技术等无形资产的质押贷款试点，积极探索股权投资、发行企业债券等投融资创新途径，努力构建多渠道、多层次、多元化的科技投资体系。

3. 形成有利于科技创新的公平竞争的市场环境

一是进一步完善知识产权管理体系和服务体系，加强对知识产权取得、使用及维权等方面的执法力度，提高侵权成本和降低维权成本。二是培育和完善资本、人才、技术等重要的创新要素市场，完善激励机制，调动全社会的创新积极性。三是努力消除实际存在的行业垄断和市场分割，构建更加公平公正、开放统一的市场环境。

4. 加强产学研协同创新

一是构建以创新链为基础的产学研协同创新模式，促进科学技术的研发、创业孵化、金融服务、产业发展等创新链各环节的协同发展。二是着力构建以企业为主体、市场为导向、产学研相结合的技术创新体系，加强产业技术创新战略联盟建设。三是强化全社会协同创新，充分发挥社会组织和团体参与创新、支持创新的重要作用，形成全社会协同创新的新格局。

5. 加强创新型人才团队建设

一是进一步完善用人机制，改进科研管理和组织方式，鼓励人才的自由流动和组合。探索扩大实施股权激励、科技成果处置权收益权等政策。二是努力为广大科技人员和各类创新主体营造有利于创新的条件，用改革红利、人才红利、创新红利推动经济社会持续健康发展。三是优化教育结构，改进教育模式，为创新链条各环节提供创新人才。

十一、生态文明建设中的市场起决定性作用和政府职能转变

（一）生态文明领域"十三五"改革的基本思路

注重发挥市场机制在自然资源管理和生态环境保护中的作用，推进自然资

源资产化管理，实行资源有偿使用制度和生态补偿制度，使资源能源、排放许可、生态服务等要素得到更高效率的配置和利用，借助市场的力量，增强生态文明体制改革的活力与动力。按照所有者和管理者分开和一件事由一个部门管理的原则，坚持大部制的改革方向，形成以自然资源管理体制、生态环境保护管理体制为核心的生态文明管理体制，在生态文明领域构建起现代化的政府治理体系。

（二）生态文明领域"十三五"改革重点

1.健全自然资源资产产权制度

自然资源资产产权制度是发挥市场对资源配置决定性作用的基础性和前提性制度。"十三五"期间，应建立完整的自然资源资产调查、评价和核算制度，以推进不动产统一登记制度为抓手，启动并基本完成水流、森林、山岭、草原、荒地、滩涂等自然生态空间的统一确权登记工作，初步形成归属清晰、权责明确、监管有效的自然资源资产产权制度。在确权登记的基础上，规范并推动自然资源产权市场建设，构建完整的自然资源产权流转体系。

2.实行资源有偿使用制度

加快自然资源及其产品价格改革，建立能够全面反映市场供求、资源稀缺程度、生态环境损害成本和修复效益的资源性产品价格形成机制。坚持使用资源付费和谁污染环境谁破坏生态谁付费原则，逐步将资源税扩展到占用各种自然生态空间。推进现行资源税从量计征改为从价计征。适时开征环境保护税。适度调高水资源费、矿产资源补偿费、耕地征占补偿费的标准。建立有效调节工业用地和居住用地合理比价机制，提高工业用地价格。

3.以市场化为导向完善生态补偿制度

坚持谁受益谁补偿原则，完善对重点生态功能区的生态补偿机制，推动地区间建立横向生态补偿制度。推动开发与保护地区之间、上下游地区之间、生态受益与生态保护地区之间实行生态补偿，加快形成生态损害者赔偿、受益者付费、建设和保护者得到合理补偿的运行机制。出台针对生态红线区的生态补偿办法，开展相应试点。

4.实行最严格的生态环境损害赔偿制度

研究建立环境损害鉴定评估机制，合理鉴定、测算生态环境损害范围和程度，为落实环境责任提供有力支撑。完善环境损害赔偿的社会化制度，开展环境污染责任保险和环境污染损害赔偿基金试点。探索实行领导干部生态环境损害责任终身追究制。

5. 深化生态环保投融资体制改革

研究制定节能量、碳排放权、排污权、水权交易管理办法，建立排放指标有偿使用初始价格形成机制，开展交易试点。建立吸引社会资本投入生态环境保护的市场化机制，鼓励和引导社会资本投向生态环境保护项目。改革和完善环保事业的特许经营制度，完善公私合作伙伴关系。大力扶持和推动环保市场发展，推行环境污染第三方治理。

6. 健全自然资源资产和生态环境保护管理体制

研究整合自然资源资产管理职能，设立统一的国家自然资源资产管理机构，统一行使全民所有自然资源资产所有者职责。完善自然资源监管体制，统一行使所有国土空间用途管制职责。推进环境保护大部制改革，建立统一监管所有污染物排放的环境保护管理制度，独立进行环境监管和行政执法。探索推行绿色 GDP 为导向的考核评价体系。探索编制自然资源资产负债表，对领导干部实行自然资源资产离任审计。

体管所课题组

专题十一

"十三五"时期全面提升对外开放
质量的重点和举措

当前，中国对外开放的内外部环境正在发生重大变化：一方面，中国比较优势由中低端向中高端升级，国际地位不断上升，并出现了兼具发达国家和发展中国家的新经济特征；另一方面，中国出口受到来自发达国家和发展中国家的"双重挤压"，国际产业分工格局正在发生变化，国际经贸规则体系也面临重大调整，国际社会对我国期望和要求也越来越大。受此影响，中国传统对外开放模式越来越不可持续，迫切要求提高对外开放质量，转变对外经济发展方式。"十三五"时期，中国提升对外开放质量的总体思路是：顺应中国比较优势变化要求，通过调整对外开放战略、体制和政策，以提升中国在全球价值链位置、促进中国在国际分工地位由中低端向中高端升级为核心，以积极向发展中国家扩大投资、构建全球生产制造网络为引领，创新对外贸易、利用外资、"走出去"发展模式，在全球范围内进行生产布局，着手构建以我为主的全球产业分工体系，培育发挥我国参与国际竞争合作的新比较优势和竞争优势，为今后实现由对外开放大国向对外开放强国转变打下基础。

一、中国对外开放格局出现重大阶段性变化

（一）对外开放战略和政策应适应发展阶段的新要求

在开放经济条件下，一国要素禀赋决定了该国比较优势，而比较优势又是决定该国国际分工地位的基础。发展中国家比较优势主要体现为劳动力、资源密集型产品和服务，发达国家比较优势主要体现为资本、技术、知识密集型产品和服务，后者由于要长期积累才能形成、进入门槛较高、相对稀缺，容易

获得一定的垄断地位。因此，发达国家通常处于全球价值链的中高端，在国际分工中处于支配和控制地位，不但主导全球产业分工、位于国际生产体系的核心，而且在全球经贸规则制定上有很强的影响力，并在国际生产交换过程中可以获得较高的附加值。与此相反，发展中国家通常处于全球价值链的低端，在国际分工中处于被支配和被控制的地位，在国际生产交换过程中只能获得较低附加值。

开放经济条件下，一国对外开放战略以及制度、政策等，只有在符合本国发展阶段和国际环境等的要求下，才能顺利将其要素禀赋转化成为参与国际分工合作的比较优势，并获得开放条件下的各种利益。一国对外开放战略既不应超前也不应滞后于发展阶段的要求。对发展中国家而言，在发展阶段尤其是要素禀赋发生阶段性变化后，对外开放战略也应及时进行调整，否则不但将制约新的比较优势发挥，而且也不利于提升全球价值链的位置。

改革开放以来，中国传统对外开放战略可概括为，利用劳动力、资源、土地等相对充裕低端要素所形成的比较优势，抓住全球产业分工机遇，实施外向型经济发展战略，一方面引入发达国家资金、技术、管理、品牌、渠道等相对稀缺的中高端要素，另一方面积极扩大中国产品出口、拓展国际市场。这种模式使中国迅速融入全球生产体系，并发展成为全球最重要的制造基地，对外开放取得了巨大成就。但也要看到，传统对外开放模式是凭借低端要素参与国际竞争合作的，主要体现为低成本制造环节优势，在发达国家主导的国际产业分工体系中处于"被分工"和从属的位置，位于全球价值链的中低端，这是一种符合较低发展阶段要求、与较低要素相适应的低水平、较低质量的对外开放模式。随着国内发展阶段和国际环境的变化，中国传统对外开放模式越来越不可持续，迫切要求提高对外开放质量，转变对外经济发展方式。

（二）中国对外开放的内部条件和外部环境正在发生变化

1. 国内因素

中国比较优势发生改革开放以来最大的阶段性变化。一方面，中国劳动力工资水平持续攀升，资源、土地、环境约束和压力不断增大，传统劳动密集型比较优势逐步弱化，以扩大"低端"要素投入规模为特征的粗放式对外经济发展方式遇到瓶颈制约；另一方面，中国人力资本、资金供给、科技创新、制造基础、基础设施、发展模式等方面能力持续增强，资本技术乃至知识密集型的比较优势正在形成和强化，具备了培育和利用新比较优势在更高层次上参与国际竞争合作的坚实基础。因此，对外经济发展方式应及时转移到推动"中高端"要素投入参与国际合作，也就是提高对外开放质量上来。

中国经济出现位于发达国家和发展中国家中间的一些特征。长期以来，中国作为发展中国家，与发达国家存在明显的互补关系，对外经济合作侧重于发达经济体，先进要素来源和主要出口市场都以发达国家为主。目前中国人均 GDP 超过 7000 美元，已进入全球中上等收入国家行列，从发展阶段、人才素质、技术水平、国际影响力等方面考察，中国经济具备了一些位于典型发达国家和发展中国家的新特征，与发达国家和发展中国家都存在竞争互补关系。这既为中国对外开放提供了更大空间，也迫切要求中国创新对外开放合作方式，形成与发达国家和发展中国家两种不同的合作模式，在提升与发达国家合作深度的同时，更要拓展与发展中国家合作广度。例如，一方面中国与发达国家在创新能力、中高端产业发展等方面仍存在不小差距，需要继续引入发达国家先进要素、技术、产业等，另一方面中国相对于发展中国家尤其是低收入国家，在技术、管理、产业等方面相对先进，具备向发展中国家产业转移的有利条件。

中国在全球经济中的重要性不断提升。中国已成为全球第二大经济体，是出口第一大国、进口第二大国，吸引外资第二大国、对外投资第三大国，也是外汇储备最多的国家，在全球经济的重要性和影响力显著上升。运用好对外开放大国优势和机遇，主动谋划新的对外开放战略布局，可以为未来中国提升对外开放质量营造有利的发展环境。例如，在全球需求低迷的大背景下，中国广阔的市场有利于实施更灵活的进口战略，中国既可对国内具备创新能力的中高端产业，如大飞机等转为实施进口替代，也可充分利用进口需求，在应对经贸摩擦、推进人民币国际化、参与自贸区谈判乃至制定国际经贸规则中谋求更大的利益。又如，随着我国经济实力上升，中国参与国际经济事务的能力也明显增强，如扩大对外援助的规模、范围和方式，对遭受经济危机国家提供及时救援，增大在国际组织的表决权和话语权等，这些都有利于提高我国对全球经济的影响力和控制力。

国内经济社会发展客观上要求提高对外开放质量。中国正进入全面建设小康社会、转变经济发展方式的关键时期，也必然要求提高对外开放质量。例如，创新发展、培育中国自主技术是转变经济发展方式的核心内容，中国既要争取通过扩大开放引入国外更为先进的要素，同时也要防范对外开放对自主创新可能带来的制约。又如，加快内陆地区发展是破解中国发展不平衡的重要环节，这就要求提高内陆地区开放水平、创新开放模式，形成由沿海和沿边开放带动内陆地区发展的新格局。再如，中国改革进入了攻坚期和深水区，通过适度引入发达国家先进的、与更高发展阶段相适应的制度、规则等，有利于加快中国改革进程，实现以开放促改革、促发展。

2. 国际因素

中国产业受到发达和发展中经济体的双重"挤压"。一方面，中国传统劳动密集型出口面临来自低收入国家的竞争，原有出口优势逐渐削弱；另一方面，中国资本、技术密集型出口升级过程受到来自发达国家的竞争和挤压，特别是由于中国在研发、品牌、销售等价值链中高端环节缺乏竞争优势，对全球价值链控制力不强，容易被"固化"在中低端环节。为摆脱以上双重"挤压"，促进新的比较优势升级转化为竞争优势，迫使需要中国提高对外开放质量。

国际产业分工格局发生新变化。金融危机后，发达国家为促进实体经济发展普遍实行再工业化战略，除一些中高端制造业相继回流外，更侧重于发展新兴制造业。同时，发达国家主导的向发展中国家大规模转移制造业过程基本结束。未来发展中国家将出现分化，发展中国家之间的产业转移增加，一些低收入国家相对于中国的成本优势凸显，全球中低端制造业加速向这些国家转移。此外，小批量、分散化的全球生产新模式也开始出现，有可能在一定程度上取代传统的大规模、定制化生产模式。这些变化为中国提升国际分工地位带来挑战和机遇。一方面，中国作为全球产业转移主要承接地的地位受到挑战，不但劳动密集型产业向中国转移过程基本结束，而且部分劳动力密集产业也加快从中国对外转移。但另一方面，中国要素禀赋变化后，部分中高端产业和环节对发达国家的投资吸引力上升，近年来跨国公司向中国转移研发环节越来越多、研发层次也不断上升，这有利于中国继续引进更高端的国外要素，提高创新能力和促进产业结构升级；同时，中国到其他国家投资机会增加，其中既包括利用中国资金、技术、管理等相对优势向发展中国家的投资，也包括向发达国家以获取研发、技术、品牌等高端要素为目的的投资，这将有助于中国构建以中国为核心的全球分工体系。

全球经贸规则体系酝酿重大调整。近年来，美国主导推动 TPP、TTIP 谈判，目的在于建立高标准、连接两洋的超大规模的自贸区，并试图以此为标杆形成高标准的国际经贸新规则体系。高标准的国际经贸规则也成为美国等对中国进行遏制的战略手段：若接受高标准经贸规则，在传统对外开放模式下，将削弱中国出口竞争力和全球市场份额；若不接受，则可能在未来新的国际经贸体系中被边缘化。但亦需看到，由于高标准国际经贸规则超越了大多数发展中国家发展阶段，因此未来在较长时期内，全球可能形成与WTO并存的两套经贸规则体系。这就要求中国根据对外开放的实际需要，既要适应和参与未来国际经贸规则的高标准化，也要继续支持和利用好较低标准的WTO规则体系。

国际社会对中国的期待和要求越来越大。随着未来中国进口和对外投资的快速增长，对全球贸易、投资、金融、产业规则的影响力将持续扩大。一方面，国际社会对我国的期待越来越多，如很多发展中国家乃至部分发达国家希望通过深化与中国经济合作，利用好中国的市场、资金、技术等，更多分享中国发展和改革带来的机遇。但另一方面，一些国家特别是发达国家在经济再平衡、开放市场、知识产权保护、气候变化等方面也对我提出了新要求，对中国立场越来越关注。总体来看，中国应利用好国际地位提升的机遇，坚持在对外开放中以经济建设为中心作为前提，主动承担与发展阶段相适应的国际义务和责任，以扩大进口、对外投资等为手段，照顾多数国家关切，实现互利共赢，改善、提升中国国际形象，主动营造相对宽松的、有利于提高对外开放质量的外部发展环境。

二、"十三五"期间提升对外开放质量的总体思路

"十三五"期间提升对外开放质量的总体思路可概括为：顺应中国比较优势变化要求，通过调整对外开放战略、体制和政策，以提升中国在全球价值链位置、促进中国在国际分工地位由中低端向中高端升级为核心，以积极向发展中国家扩大投资、构建全球生产制造网络为引领，创新对外贸易、利用外资、"走出去"发展模式，在全球范围内进行生产布局，着手构建以中国为主的全球产业分工体系，培育发挥中国参与国际竞争合作的新比较优势和竞争优势，形成全方位对外开放新格局，增强中国对全球经济的影响力、带动力，使对外开放在推动中国经济社会发展、实现小康目标中发挥更重要的作用，为今后实现由对外开放大国向对外开放强国转变打下基础。

第一，以提升中国国际产业分工地位作为提高对外开放质量的核心。提升中国国际产业分工地位，也就是由原来在国际分工中的被动、受支配的低端地位，转为主动的、具有一定支配作用的中高端地位。现阶段中国具备了迈向全球价值链中高端、提升国际分工地位的基础和条件，如有能力生产制造具有中

高端技术的产品，有望在自主研发、品牌等价值链高端环节取得突破，也有能力在全球主动配置资源等。中国国际产业分工地位提升后，对国际价格、渠道等控制力增强，对配置全球资源有较大的决定权，对国际经贸规则也会产生较大的影响，在参与国际经济合作时能获得带来更大的好处，在国际分工中也由边缘位置开始进入中心位置。2014年中国政府工作报告中提出，将"国际产业分工中低端向中高端提升"作为中国经济"提质增效升级"和一个重要内容，因此提升中国国际产业分工地位应成为提高对外开放质量的核心。

第二，提高对外开放质量要实现全方位开放。进入新的发展阶段后，中国既有提高开放水平、实现全方位开放、进一步发挥高水平开放利益的要求，也具备承担和应对更大开放风险的能力。实现全方位开放，从开放内容看，是由低层次的货物开放转向较高层次的资金开放、服务开放，继而转向更高层次的人才开放、制度开放，提高开放能级；从开放地域看，由沿海开放转向沿边、内陆地区开放，创新沿边内陆开放模式，形成基于不同地区要素禀赋的梯次开放结构；从开放对象看，由侧重面向发达国家开放转向发达国家、发展中国家开放并重，发展中国家不但在中国出口市场份额上升，而且也将成为中国对外转移的主要承接地。

第三，提高对外开放质量必须在更广的全球范围内主动配置资源。中国传统对外开放基本是一种为发达国家"代工"的生产模式，是一种较低层次、要素单向流动、在中国境内配置全球资源的形式。在垂直专业化分工继续成为全球主流生产方式的背景下，提升我国国际产业分工地位必然要求较高层次、要素双向流动、在境外更广的范围内配置资源的新形式。一方面，要求中国继续通过进口、利用外资、境外投资等方式引进国际更高端的产业、技术、人才等要素，以推动中国经济结构升级和创新发展；另一方面，中国具有一定优势的技术、管理、品牌等要素资源要通过"走出去"，在境外与当地要素相结合进行生产制造，并形成对整个价值链的控制力，形成其他国家为中国"代工"的生产模式，在此基础上，培育中国为主导或有较大影响力的国际分工体系和生产网络。从东亚成功的日本和"四小龙"看，当要素禀赋变化、尤其是劳动力等成本增加后，都出现过主动对外转移制造环节的过程。

第四，提高对外开放质量的关键在于调整对外开放战略。中国过去对外开放取得巨大成功的关键，是正确制定了与当时发展阶段和国际环境相适应的对外开放战略以及相应的体制、政策。当前在中国要素禀赋发生变化情况下，过去那种侧重于发挥劳动密集优势的对外开放战略已不能适应新的发展阶段需要，而需要进行较大调整。例如，在中国向外转移劳动密集型产业要求日益增加的情况下，对外开放战略应主动引导和鼓励这种转移，对外贸易、"走出去"、自贸区等具体政策也应及时调整。再如，需要引进的全球高端产业、要素等，将更关注中国国内的制度环境，因此不能再沿用过去以优惠政策吸引外资的措施，而应该依靠与国际高标准规则接轨的制度环境提升利用外资的层级。

三、扩大境外投资，构建以中国为主的
国际产业分工体系

境外投资是中国在全球范围内整合配置资源的重要手段，具有引领中国提升全球价值链的重要作用。未来中国境外投资目的、产业、国别、方式都将发生深刻变化，一方面利用我国在资金、技术、管理等方面的优势扩大对发展中国家投资、转移部分不具比较优势的制造产品和生产环节，另一方面通过对资源富集国家和发达国家投资弥补我国短缺的能源资源和高端要素，以增强中国对全球价值链条的营运力和控制力，提高中国在国际分工体系中的层级，最终构筑以中国为核心或主导的区域或国际化生产体系。同时，境外投资因其具有与东道国广泛密切的联系，有助于扩大中国国际影响力、宣传中国发展经验和成就、展示中国负责任大国形象、消除中国威胁论，可以成为中国和平崛起战略的重要组成部分。

第一，大力推动对发展中国家的成本型境外投资。目前中国境外投资大致可分为四种，一是为中国贸易服务的商贸类投资，如在境外设立贸易代表处，二是面向资源富集国家的能矿类投资，三是面向发达国家以获取技术、研发、人才、品牌等高端要素为目的的投资，四是纺织业等转移国内过剩产能的投资，其中后两种类型近年来增长较快。未来这四种类型的境外投资仍会保持较快发展。随着中国比较优势变化，未来发展潜力最大的类型是成本型产业转移投资，即凭借中国资金、技术、管理、品牌等相对优势，面向低收入发展中国家，利用当地劳动力、原材料等资源，以降低生产成本为主要目的的境外投资。这也是发达国家向发展中国家投资最多的类型。这种境外投资，在将中国不具比较优势的产业向外转移的同时，仍会保持中国对转移产业的控制力，实现由其他国家为中国的"代工"生产，其中也包括由境外企业生产、面向第三国销售的离岸出口，从而提升中国国际产业分工地位，是构建以我为主全球分

工体系的组成部分。

第二，做好针对重点区域的境外投资。未来中国境外投资的区域应与投资目的相适应。以获取能源资源的境外投资，投资区域主要分布在中东、俄罗斯、中亚、非洲、拉美、澳洲等能源资源富集地区。以获取高端要素的对外投资，投资区域主要分布在美欧日等发达经济体。而最重要的低成本产业转移投资，主要投资区域是可承接中国产业转移的地区，即处于工业化初期或中期，人均GDP略低于中国（如3000—5000美元），政局稳定，发展意愿强烈，对外资持欢迎态度，交通位置相对便利的国家。中国应针对以上不同类型、不同区域的境外投资，应采取不同的政策。

第三，政府在境外投资时发挥先导性作用。目前，国际上相对较好的投资机会多被发达国家所占有，未来中国境外投资、尤其是产业转移投资的区域普遍投资环境不佳，例如基础设施缺乏、市场化程度不高、金融市场不发达等。在这种情况下，对于刚刚开始境外投资的我国企业而言，无疑会带来过高风险。为此中国政府应发挥积极作用，尤其是和东道国政府一道改善当地的投资软硬环境，形成有特色、可推广的中国向发展中国家产业转移投资模式。例如"以境外基础设施建设为先导，以境外跨境合作区为主要载体，以境外金融服务为支撑"，引领中国企业对外投资。再如，在自贸区谈判时，更多地关注中国对外投资的诉求，如争取扩大投资开放和便利化等。

第四，在基础设施境外投资领域取得突破。交通、能源、通讯、水利等基础设施不足一直是很多发展中国家经济发展面临的重要瓶颈，很多国家开放甚至鼓励外商对基础设施投资。近十多年来，中国国内进行了大规模的基础设施投资和运营，积累了丰富的经验，日益成为中国在国际上的比较优势，目前中国在境外有很多以工程承包、劳务输出方式参与基础设施建设项目，未来应升级为中国可参与投资权益分配的境外投资方式。基础设施是东道国投资硬环境建设的重要组成部分，不但对中国境外投资尤其是制造业投资有先导性作用，而且还可以提升中国在东道国形象。更为重要的是，一些境外基础设施投资对我国全球战略布局也有重要作用，如对港口、机场、公路、铁路等投资，可以搭建新的中国对外运输通道。在一段时间内，国有企业仍是境外基础设施投资的主体。一般而言，中方境外投资基础设施应优先争取按商业化原则进行的权益投资，如BT、BOT、PPP等形式，同时大力培养中国企业基础设施投资的运营和盈利能力，也可以借鉴国内对基础设施的运营管理模式；但也由一些对中国有重要意义的战略性基础设施投资，如周边发展中国家的和中国跨境交通，可能无法获得完全的商业回报，国家可通过援外项目或贴息等财政金融政策支持。

第五，优先在发展中国家推广境外经济贸易合作区模式。改革开放以来，中国在开放型园区建设和管理方面积累了大量经验。境外合作区基本运行模式是，在积极争取双方国家层面的支持下，由中国经营较好园区内的投资开发公司或大型企业担任开发主体，发起设立境外合作区并负责进行基础设施建设等前期工作，再着手通过以商招商等方式，引导国内园区内企业、大型企业的配套和关联企业向境外合作区投资，并在境外合作区内复制、推广中国园区的开发和管理模式，从而形成以中国企业为主、兼顾当地企业的集聚区。境外合作区便于中国企业集中力量与东道国政府和各类组织打交道，也可为境外投资企业提供金融、法律、咨询、招聘等专业服务，特别有助于中国中小企业"抱团出海"、降低经营风险，它将成为中国境外投资重要载体，是在境外集中展示中国企业、产品、发展模式的窗口。近年来，中国境外合作区建设取得明显进展，一些区域在带动当地经济、吸引中国产业转移等方面效果显著，未来在中国境外投资重点区域应继续大力推广这种模式。

第六，引导企业实施融生产制造、品牌、渠道等于一体的对外投资战略。建立自主品牌、自主营销渠道是中国贸易转型发展的方向，但目前国际品牌和渠道多为跨国公司把持，中国作为后发者取得突破难度较大，是未来中国提升国际产业分工地位的重要内容。在国外建设自主品牌、自主营销渠道，除通过贸易出口渠道如举办展会、广告宣传外，境外投资在也可发挥积极作用。中国一些在国内已形成知名品牌的大企业，开始进入大规模境外投资阶段，在向境外转移产业的同时，不但会在带动东道国经济发展、扩大就业、增加税收、推动当地配套产业、兴办工业园区等，而且在东道国办厂运营的过程中，会树立起管理规范、技术先进、产品服务优质、关心员工、积极承担社会责任的现代企业形象，有助于进一步提升中国品牌在当地的影响。同时，由于在东道国生产的产品通常被视为是本地化的产品，也容易在当地市场建立销售渠道。

第七，着力培育中国的跨国公司。伴随着企业境外投资和部分产业对外转移，培育中国跨国公司的时机已经成熟。中国应结合境外投资进程，支持一批规模实力较强、经营规范、跨国经营需求强烈、有境外投资经验、在境内外有一定知名度的本土企业，以制造优势为基础，制定和实施技术、品牌、资本、市场、人才等国际化战略，在研发、生产、物流、销售等价值链中高端环节开展跨国经营，在全球范围内优化整合各类资源，打造完整的、有支配作用的跨国价值链，增强中国跨国公司的国际影响力和市场竞争力。

四、创新利用外资制度，吸引国际先进要素流入

现阶段，中国已具备由全球价值链中低端位置向上升级的基本条件，实现这种转变的关键是进入和掌握中高端制造业以及价值链的中高端服务环节。与发达国家相比，中国在中高端领域的技术、管理、服务等方面仍有不小差距，因此中国需要提升利用外资质量，由原来侧重于引入低中端的制造技术和管理等，转为引入中高端产业发展所需的技术、管理、服务、人才等中高端要素，乃至有利于高端产业发展的制度。在此基础上，通过开放条件下的自主创新，既要扩大外资带来的外溢效应，也要防范外资风险尤其是产业和技术被控制的风险，推动国内产业价值链升级、提升国际分工地位。

第一，提升中国利用外资的产业层级。未来中国利用外资的重点领域应转为：一是技术含量较高的中高端制造产业；二是研发、设计、品牌、销售、贸易等价值链的中高端服务业；三是为以上两类产业以及人才等高端要素提供基础性支撑服务的金融、物流、电子商务、专业服务等服务业。在制造业领域，推动跨国公司将中高端产品和制造环节，如重要零部件等中间产品生产顺次转移到中国，改变以加工组装承接制造业转移的传统模式。现代生产性服务业是未来中国利用外资增长最快的领域，其中既包括为中国产业链升级服务、属于市场型的服务业投资，如为中国产品提供研发设计、品牌推广、营销网络设计等服务，扩大中国设计、中国品牌的国际影响；也包括利用中国要素优势为跨国公司服务、属于成本型的服务业投资，如承接跨国公司全球研发、设计、财务、培训的部分环节，甚至可能成为跨国公司总部或功能性中心。为此，应继续扩大产业开放范围，尤其是扩大以上有助于中国产业结构升级和自主创新的服务业开放。

第二，扩大外资对中国的溢出效应。当前提高利用外资层级的主要目的，是短时间缩短与先进水平的差距，将要素禀赋带来的变化转变为新的比较优势，实现开放条件下的自主创新，最终提升自我发展能力。为达此目的，关键要发挥好利用外资的溢出效应，实现知识、技术等由外资企业向本土企业转移。一是通过外资企业间的竞争鼓励采用较高技术，如使用核心技术、生产关键零部件、进行基础性研发等，提高外溢效应的基数。二是提高中国企业对先进技术等的承接能力，如鼓励中国企业增加对高端环节的投入，大力发展教

育、提高人力资本素质，为企业家创造公平竞争的环境，提高企业开放创新的动力等。三是促进关键要素尤其是人才在内外资企业间的流动，人才是技术、知识的载体和创新的基本动力，发展价值链中高端对人才依赖越来越高，因此要积极促进外资企业人才向国内企业流动，如鼓励外资企业与国内科研院所的联系，引导国内企业利用网络化创新平台利用全球人才联合开发等。

第三，以制度创新推动外资提升层级。中国过去利用外资集中在中低端制造业，对投资环境要求相对简单，中国主要是通过改善投资软硬环境包括优惠政策来吸引外资的。但未来吸引外资的条件有很大变化，中高端制造业、服务业、人才、技术等是发达国家主导全球产业分工体系的关键，对中国投资相对慎重，而且对东道国要求较高。如高端国际化人才对出入境便利、个人金融账户开放、互联网开放等方面，全球高端服务业对金融开放、法律制度、政府管治等方面，一般希望东道国达到或接近发达国家通行的商业规则。因此，未来中国主要将通过创新、营造符合国际惯例的规则和制度体系，以及国际化的营商和生活环境，来提升利用外资层级。同时，这些制度创新也有助于"倒逼"国内改革，为国内产业升级、创新发展提供支撑。一方面，从外资准入管理体制改革入手，采用"准入前国民待遇"加"负面清单"这种国际通行模式；另一方面，从中长期看，要深化行政体制改革，逐步统一内外法律制度、准入制度、市场监管等，使内外资企业获得公平竞争的环境，增强外商长期投资的信心。

第四，防范利用外资的风险。传统利用外资的风险主要体现为突然撤资的影响和产业安全的冲击等。利用外资层级提高后的风险主要来自产业被控制，即外资在中高端产业中占有很大比重、形成垄断，并吸引国内人才等优质资源，反而限制和阻碍了竞争力不强的中国企业产业升级和自主创新，被长期固化在价值链中低端。防范这种风险的主要对策，一是将有很大可能出现产业控制的行业，列入外资准入的"负面清单"，包括限制外资的股比；二是风险较大的开放措施可率先在一些特殊区域先行先试，将风险控制在一定范围内，根据先行先试结果决定在更广范围内复制推广、取消措施或只在特定区域内实施措施；三是扩大创新来源，在利用外资开放创新的同时，鼓励中国企业自主创新，通过内外竞争减少被外资控制的可能；四是扩大外资的溢出效应。

第五，引导外资发挥促进区域经济平衡的积极作用。中国东部地区具有沿海区位优势，加之过去在沿海优先发展战略影响下，东部地区享有包括利用外资在内的很多优惠政策，因此超过九成的外资集中在东部地区，中西部地区劳动力通过跨区转移方式参与外资生产。近年来,中西部地区要素成本优势逐渐突出,部分外资企业主要是电子信息产品制造企业内迁,带动了当地外向型经济发展水平,也有助于促进地区经济平衡。中国东中西部经济发展和要素禀赋差距较大,可依据不同区域的比较优势,形成集研发设计、中间产品制造、最终产品组装在内的较完整产业链和生产网络。中西部地区为吸引外资,仍可在一定时期内实行以税收为核心的优惠政策,引导外资劳动密集型加工组装等制造业环节向内陆地区集群式梯度转移。

五、促进出口转型升级,发展新型贸易方式

随着技术特别是信息技术的不断发展,国际分工合作的形式也在不断变化。一是从全球价值链的视角看,控制整条价值链的大型跨国公司所获得的实际收益,除依靠一些高附加值的中间产品贸易外,更多是通过其在先进技术、研发设计、营销渠道、品牌等方面的垄断,通过投资收益、专利使用费等多种非商品贸易的渠道获取,一国国际产业分工层级的提高意味着获得以上能力。二是在产品内分工成为重要分工方式的背景下,单纯依靠出口商品类型来判断商品结构是否优化存在巨大的局限性。跨国公司往往将高技术产品中低附加值加工组装环节放在发展中国家进行,在传统的贸易统计方法下,这种出口均算作发展中国家的出口。但目前 WTO 已经开始尝试采用新的贸易统计方法进行统计,以真正反映发展中国家出口所带来本国附加值的真实情况。三是很多新的国际合作形式所产生的商品和服务出口规模很小,甚至不会产生传统贸易统计上的出口,但却代表了在更高位置参与价值链的新方式。如目前跨国微观主体之间的研发和设计合作发展得非常迅速,各国的研发人员包括普通人均可以通过互联网共同进行研发,并从中获取收益。在统计口径上,这种收益既不属于商品出口,也不属于服务出口,但这却是参与全球价值链的高端环节——创新链的重要组成部分。

在国际分工合作模式发生变化,以及中国具备提升国际产业分工地位的条件下,中国出口主要思路应调整为,进入全球价值链中高端,并以此在全球范围内的配置出口资源,创新出口贸易模式。

第一,推动中国出口结构的转型升级。中国国际产业分工地位提高,在出口方面,既体现为出口产品升级,也体现为出口产品转型。出口产品升级,是由以劳动密集型出口为主,向资本、技术密集型出口为主升级,如由最终产品

简单的组装生产向技术含量相对较高的中间产品升级。这是在制造环节由中低端向中高端升级的过程，由于中国已成为制造大国，这种升级通过提高劳动力技能、购买先进设备等即可实现。出口产品转型，是由产业价值链"微笑"曲线中低端、低附加值环节向中高端、高附加值环节升级，也就是由制造环节向研发设计、品牌、营销网络等环节升级，实现中国创造、中国品牌、中国营销。出口转型意义更为重大，它可对价值链中低端环节如制造环节形成控制力，是形成全球生产网络的基础。出口转型可以体现为本国出口产品单位价值的提升，也可体现为专利等服务贸易出口，甚至体现为不列入传统贸易统计的收益。中国实现出口转型，意味着进入原来涉及不多、以中高端服务为支撑的领域，升级过程比较复杂，需要国内制定诸如鼓励创新、知识产权保护、人才培养等一系列政策。在东亚地区，日本、韩国出口升级和转型并举，而台湾地区则主要采取出口制造升级，从长期看，前者有助于提高国际分工范围，以此未来中国应采用日韩模式。

第二，大力构建以中国自有品牌企业为核心的全球价值链。从中长期看，中国想要真正实现从全球价值链的低端跃升到中高端环节，必须具备一批质量过硬、技术先进、理念独到的自有品牌企业。这些自有品牌企业处于某一条价值链的领导者地位，在和价值链各个环节企业的合作中均处主导地位，可以在全球范围内主导配置生产制造、销售、研发等多个环节，且能够带动多个配套产业的价值链条发展，是未来中国提高出口质量的重要方向。但随着中国要素禀赋变化，失去比较优势的劳动密集型产业对外投资增加，构建以中国自有品牌企业为核心的全球价值链，出口的重心可能从商品转为服务，甚至是标准、人才等无法用贸易统计方法衡量的一些要素，并不一定能推动传统意义的出口规模增长。但这种转型扩大了由中国控制的全球贸易，并凭此获取最大收益，这也是欧美日等发达国家在最高层次参与国际分工的基本模式。

第三，立足于出口的国内附加值来推动出口商品结构优化。受产品内分工影响，简单地按照商品类型来分析出口商品结构是否优化并不科学。采用新型贸易统计核算方法的结果表明，中国出口的劳动密集型产品，由于中间产品也多数在国内生产，加之具有一定的品牌价值，其所创造的国内附加值和真实利益要明显高于以加工贸易为主要出口形式的 IT 产品。因此，未来也应按照出口单位商品所创造的真实附加值作为优化出口商品结构的判断标准。在这一新的评价体系下，传统的基于商品类型的倾斜型产业政策的效果将会大打折扣，而针对企业研发、提升产品质量等行为的创新政策、产业政策和贸易政策将更能发挥作用。

第四，大力发展以个性化定制为代表的新型贸易方式。目前虽然以 3D 打印为代表的个性化定制技术能否全面取代传统的大规模定制化生产方式尚存疑问，但随着很多商品领域个性化定制的成本已经明显降低，业界已经普遍承认个性化定制有着广阔的发展前景。与传统基于大规模生产基地的"线状"贸易方式不同，个性化定制的贸易方式是网格状的，每一个人都有可能成为个性化定制的生产者，也有可能成为个性化产品的消费者。这种微观主体之间的贸易方式未必能够创造大量的贸易规模，但却能够有效提升微观主体的人力资本，也有利于微观主体凭借自身的技术和能力获得足够的福利。发展这种新型贸易方式所需要的条件和传统的贸易方式也有明显差异。对于传统贸易方式而言，所需要的是大规模集中的厂房、资本、生产设备等生产要素，产品采取大规模的集中运输方式。而这种方式的业务则往往是通过互联网上的电子商务等新兴业态来完成，其产品的生产是分散化的，所产生的物流也是不确定的，因此必然对各种跨国资金、人员、货物等流通的畅通有较高的要求，而也需要更为灵活、容错性更高的物流方式来从事这类贸易。

第五，支持各个微观主体参与全球创新链、创意链的合作。目前，创新、设计等产业价值链高端环节也成为新型跨国合作的主体。目前由各国研发人员，乃至消费者和普通群众共同参与初始研发以及后续的改进的产品研发活动不胜枚举，小米手机、网络游戏、开放式操作系统等基于互联网的产品和服务是创新链合作的重点领域。这种合作恰恰是参与全球价值链更高位势的重要组成部分，也是迅速消化吸收先进技术、先进设计、先进理念，从而培育高端创造性人才的必由之路。政府应在充分认识这一重要意义的基础上，切实解决信息流动、人员出境等可能严重制约这一合作的问题，并充分发挥市场在这一过程中的主导作用，大力发展这种无法用传统方法进行统计的新型贸易合作方式。

六、发挥进口导向作用，推动自主创新

随着要素禀赋和其他环境发生变化，现阶段中国自主创新能力大大提升，已经具备在部分领域和环节取得突破、掌握核心技术的条件，创新驱动发展也已经上升为国家战略，未来中国产业升级、中长期经济增长以及国际竞争力增强都会更多依靠技术创新支撑。因此，包括对外开放在内的中国经济战略和政策设计，应该转向支持自主创新，将创新的潜力转化为自主创新的行为和成果，其中，进口政策也是关系中国自主创新中的重要政策。

改革开放以来，中国一直采取鼓励进口国外先进设备、零部件、技术等的政策，这些政策不但在提升中国技术水平、缩小与国际先进水平差距、促进产业尤其是制造业发展方面发挥了重要作用，而且还通过外溢效应，提高了中国技术创新能力。但随着中国进入国际产业分工中高端，一方面发达国家将出于防范中国竞争的需要，对中国出口先进技术将越来越慎重，特别是不会向中国出口核心和关键技术，另一方面，中国对进口先进技术也可能形成过度依赖，不能使国内资金、人才等创新要素及时投入到国内研发活动，从而阻碍了自主研发和创新能力提升。因此，若长期采取过去不断进口先进技术的政策，则可能陷入技术"追随者"陷阱，不能使中国抓住要素禀赋变化所带来的机遇，在较长时间内被固化在全球价值链的中低端，延缓中国产业升级过程。为此，需要调整进口政策。

第一，扩大进口"中性"政策范围。过去在与国际先进水平差别很大的条件下，中国对尚不具备竞争力、但已具备自主创新能力的产业采取进口贴息、调低进口税率，甚至减免增值税等鼓励进口的政策。现阶段，在中国具备创新要素、有能力通过自主研发取得技术突破，并生产制造出具有自主知识产权产品的情况下，若继续采取鼓励进口政策，则不利于后发进入市场的中国产品与进口品公平竞争，不能营造出一个利用国内广阔市场优势、引导国内自主研发的环境。因此，有必要在中国具备自主创新能力的产业中，即使尚不能做到与进口品同等竞争力，也应及时退出鼓励进口产品和技术目录，并取消进口贴息等鼓励进口政策。但需要注意，转为"中性"进口政策的必须是中国有创新能力的产业，若该产业与国际先进水平仍有较大差距，则仍应维持进口鼓励政策。

第二，制定面向企业的"引进消化吸收再创新"政策。引进消化吸收再创新是实现中国自主创新的重要来源。长期以来，在进口鼓励政策下，我国前端引进较多，但后端消化吸收不足，再创新更少，其关键原因在于对企业消化吸收再创新缺乏合理的机理机制。在进口技术设备成本较低、而再创新成本和风险较高的作用下，企业更愿意选择不断进口先进技术设备。为此，可参照日本的成功经验，在企业层面将鼓励进口和再创新环节的政策结合起来：一方面对企业进口先进技术设备给予财政补贴，另一方面对企业引进消化吸收再创新成果进行考核，对未能在一定时间内达到创新要求的企业进行惩罚，如缴纳相当于数倍进口补贴金额的罚款。这种政策设计只鼓励那些有创新能力和意愿的企业申请进口补贴，并有积极动力从事再创新活动，而同时会将那些缺乏创新能力和意愿的企业排除在优惠政策之外。这需要对现有进口鼓励政策进行较大调整，将面向产业层面的鼓励转为面向企业层面的鼓励。

第三，采取其他贸易政策推动自主创新。目前，在集成电路、大飞机制造、装备制造等技术知识密集型产业中，中国与国际先进水平有较大差距，但它们属于体现综合实力和竞争力、带动作用较强、与国家安全有关的战略产业。在中国技术能力提升后，它们应成为中国自主创新的重要产业，为此需要对这些产业进行一定程度的保护，以减少进口，为国内创新提供较大的需求空间。但由于中国入世时普遍将中高端设备、零部件列为低关税进口产品，因此很难通过关税手段限制进口，只能采取另外的政策手段。例如，利用政府采购政策。政府、国有企业等是政府采购的主体，可以贯彻政府战略意图，政府在一些战略产业采购中占有很大比重。目前中国正在进行加入 WTO 政府采购协议（GPA）谈判，在谈判协议未达成前，中国政府可继续采购优先采购国产品。在 GPA 谈判中，要争取较长的保护期，在谈判中争取减少列入清单的采购主体，尤其是争取将国有企业排除在外等，这将有利于中国大飞机等产业发展。再如，利用安全技术壁垒。安全技术壁垒是发达国家限制进口的重要手段，中国有必要加强安全技术壁垒建设，如在计算机、通讯等既关系到国家安全、又是自主创新的重点产业中，以维护国家安全为由限制发达国家进口。

第四，扩大有利于自主创新的服务贸易进口。虽然中国具有向产业价值链高附加值两端转型所需的资金、人才等条件，但这种转型主要依靠中高端的现代服务业，中国过去制造业"代工"模式并不具备这方面的经验，因此实现这种转型比较复杂、难度较大。为推动实现这种转型，需要以发达国家为重点，扩大有利于自主创新的研发设计、检测认证、管理咨询、广告宣传、品牌推广、销售渠道等服务贸易进口，进口形式既包括扩大中国服务业开放，也包括引入先进服务业人才、将部分环节外包等。服务贸易进口可以使我国积极引入短缺的高端要素，通过外溢效应，逐步自主学习掌握价值链两端的技术、管理、模式，以及相应的政策，最终实现价值链升级。需要注意，在信息技术快速发展的背景下，互联网可将分散于全球的服务业提供者进行整合，服务贸易提供者的垄断性和控制力大大低于货物进口，因此，进口服务被控制的风险小、外溢效应大。

七、营造有利外部环境，为对外开放提供必要支撑

现阶段，中国经济面临的外部发展环境更趋复杂。随着中国经济快速崛起，不但发展中国家对中国期待不断上升，发达国家更是出于战略考虑，对中国提出了越来越高的要求，希望通过构建国际经贸新规则等方式，对中国崛起进程加以限制甚至遏制。但也要看到，随着中国国际位势的提高，对国际经贸规则、全球治理体系等的影响力也空前提高，应对来自外部挑战的手段也更加丰富。因此，中国应趋利避害，营造一个于我有利的外部发展环境，为提升对外开放质量提供必要支撑。

第一，以"一带一路"建设为契机谋划对外开放布局。丝绸之路经济带和海上丝绸之路（即"一带一路"）建设是应对美国为首推动的国际经贸新规则和区域经济战略的重要选择，是中国全方位对外开放新格局的重要组成部分，不但对加快沿边和内陆开放意义重大，而且也有助于打造以我为主的国际分工体系。"一带一路"沿线所经过的东南亚、南亚、中东、北非、东非、中亚、俄罗斯、东欧等板块是全球发展潜力较大的地区，与中国经济互补性强，双方合作意愿强烈，应成为中国与发展中国家加强合作的重点地区。中国应以"一带一路"建设为契机，以交通基础设施建设为先导，减少双方合作的体制障碍，扩大对沿线国家的境外投资、转移部分产业，加强与这些国家的货物和人员往来，打造中国有重要影响力的国际经济大走廊。

第二，制定差异化的自贸区战略。目前，自贸区建设成为经济全球化的主要驱动力，但中国自贸区建设相对滞后，不能满足提高对外开放质量的要求。自贸区建设具有对象可选、内容可商、进程可控的优点，不但密切成员方的经济联系，而且通过局部带整体的方式，对国际经贸规则施加影响。中国应根据对外开放的实际需要，采取差异化的自贸区战略，一方面要加入发达国家主导、以 TPP 为代表的有关自贸区谈判，这不但可深化与发达国家合作在更高层次的合作，防止在新的国际经贸规则中被边缘化，而且也可适应高标准的国际经贸规则，并且通过高标准规则和制度倒逼国内改革；另一方面也要结合对外投资战略调整，与发展中国家建立以 WTO 规则体系为基准，略高于现有 WTO 标准、但明显低于发达国家主导的高标准自贸区，以吸引更多的发展中国家根据自身条件加入自贸区进程，并发挥中国在这类自贸区建设的主导作用。

第三，积极参与全球经济治理改革。中国应积极参与全球治理改革进程，

联合广大发展中国家，支持全球治理结构向多极化方向发展，推动国际秩序更加公正、合理。用好二十国集团、上海合作组织、金砖国家合作机制等多边平台，在多边事务中发挥更大作用，努力维护和实现中国的发展利益；提高在国际货币基金组织、世界银行等投票权和影响力，积极支持金砖国家开放银行、亚洲基础设施银行建设，扩大人民币在国际货币体系中的地位；在全球经济平衡、应对气候变化、粮食安全、市场开放、宏观政策协调等全球重大议题中，适当增加中国的国际责任，进一步提升中国负责任的国际大国形象。

陈长缨　郝　洁　李大伟

専題十二

绿色发展战略和实施路径

面对国际、国内资源和生态环境形势发生的深刻变化，中国必须抓住难得的转型升级发展机遇期，坚定不移地实施以提高资源生产力水平为核心，以高效、环保、低碳、安全为特征的绿色发展战略。"十三五"时期，要继续设定较高的节能目标引导经济社会发展加快转型，大幅度提高化石能源清洁利用水平，切实解决清洁低碳能源发展面临的政策障碍，及时调整能源基地建设规模和布局，理顺市场信号，强化能源企业的市场主体地位，促进能源、环境与经济社会协调发展，增强可持续发展能力。

当前，国际、国内资源和生态环境形势发生了深刻变化，资源生产力水平日益成为影响各主要经济体核心竞争力的关键因素，移动互联网、储能技术、云计算、3D打印、纳米新材料等一批可能颠覆传统生产和消费模式，并进而产生显著经济影响的先进技术初见端倪，新技术产业革命呼之欲出。

"十三五"时期，必须抓住难得的战略机遇期，实施以高效、环保、低碳、安全为时代特征的绿色发展战略，提高经济增长质量，改善能源安全，促进能源、环境与经济社会协调发展，增强可持续发展能力。

一、国际能源格局正在发生深刻变化，发达国家绿色化进程加快，使得发展中国家的能源环境矛盾更加凸显

（一）世界传统化石能源的消费增长主要来自发展中国家

发达国家能源消费量基本饱和，中国等新兴发展中国家成为能源消费增长

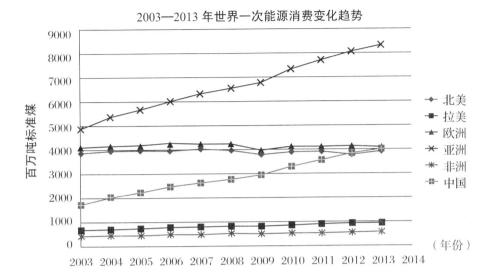

图 1　世界一次能源消费变化趋势

数据来源：根据 2014 年 BP Statistical Review of World Energy 统计数据整理。

注：澳大利亚和新西兰数据计入"亚洲"。

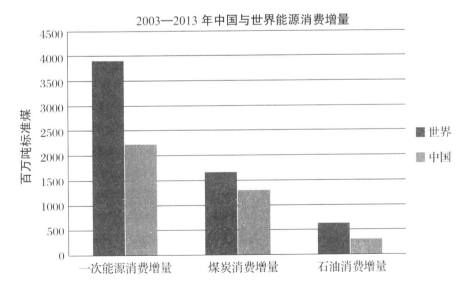

图 2　中国与世界一次能源消费增量比较

数据来源：根据 2014 年 BP Statistical Review of World Energy 统计数据整理。

主体。2003 到 2013 年，OECD 国家的能源消费总量基本没有增长，欧盟和北美地区还整体下降。亚洲、拉美和非洲成为世界能源消费增长的主要地区。特别是中国，在全球能源消费增长中居主导地位。这一时期，全球能源消费增长了 28%，共 39 亿吨标煤；同期中国新增一次能源消费 22.5 亿吨标煤，占全球能源消费总增长量的 57.7%，其中石油消费增量约占全球石油消费增量的 51.3%，煤炭消费增量约占全球煤炭消费增量的 87.0%（图 2）。

（二）清洁低碳能源加快发展，发达国家能源结构进一步优化

为应对气候变化，改善能源安全，世界各国积极推动能源体系向清洁、低碳、多元方向发展。近年来，欧盟整体温室气体排放下降趋势明显，目前排放已显著低于 1990 年水平，美国等主要发达国家排放增速也大大趋缓，而中国则呈现快速增长态势（如表 1 所示）。欧盟可再生能源利用比例不断提高，德国等国已经步入电力供给模式转变阶段，即从原有的以大规模集中发电为中心的电力调度模式，转向更为分散的分布式电力管理模式。美国页岩气技术和商业化开发取得突破，推动世界天然气开发利用提速，印度等发展中国家核电发展明显加快。发展清洁低碳能源已经成为促进经济复苏、争夺新的国际竞争优势的重要内容。欧盟国家低碳建设的相关制度和市场体系建设取得重大进展。建筑、交通等领域高效低碳化技术取得长足进展，市场改革和科技创新加快。中国能源发展（包括能源及其利用技术发展）整体而言，仍然集中于传统化石能源领域，能源开发和利用技术、相关机制创新等方面与发达国家的差距有进一步拉大的风险。

表 1　部分国家能源活动 CO_2 排放

	1990 年		2000 年		2011 年		2012 年（估计数据）	
	总量	人均	总量	人均	总量	人均	总量	人均
	亿吨 CO_2	吨 CO_2	亿吨 CO_2	吨 CO_2	亿吨 CO_2	吨 CO_2	亿吨 CO_2	吨 CO_2
美国	49.12	19.68	57.77	20.47	54.53	17.50	52.46	16.71
日本	10.68	8.65	11.80	9.31	11.87	9.31		
欧盟	41.09	8.68	38.42	7.92	35.07	6.98	34.73	6.88
其中: 英国	5.73	9.98	5.40	9.13	4.54	7.24		
德国	9.79	12.33	8.30	10.10	7.43	9.12		

	1990 年		2000 年		2011 年		2012 年（估计数据）
法国	3.71	6.37	3.91	6.38	3.43	5.25	
中国	22.78	1.98	33.50	2.65	80.00	5.98	

数据来源：发达国家数据来自 UNFCCC，人口数据来自美国人口普查数据库；2012 年数据为预估数据；中国数据来自 IEA。

（三）油气价格可能长期保持高位，能源经济和金融安全风险不容忽视

世界能源供应方控制产能维持国际油气价格，油气市场金融化程度加深的趋势进一步强化。维持较高市场价格已经成为主要油气供应国的基本目标，也是国际能源金融资本的共同利益。即使 2008 年全球金融危机后油价一度出现暴跌，但很快恢复到高位水平，今后也缺乏大幅降价的因素条件。未来一段时期，中国油气进口数量还将维持上升态势，还不具备通过调整进口数量以影响油气价格的条件，对国际油气价格仍将处于被动接受的状态。面临的大量能源进口的外汇、经济和安全代价，以及金融安全风险不容忽视。

二、国内传统能源发展模式面临生态红线硬约束，呼唤能源新政和市场规制推动能源系统优化和结构调整

（一）以煤为主、规模扩张的传统能源发展方式面临生态红线的硬约束

中国各种主要污染物排放总量过高，已经远远超过环境容量。全国大面积、常态化的严重雾霾污染，直接威胁到多数人口的生存条件，成为最紧迫的民生问题。水资源短缺、过度开发利用，水环境破坏和污染，也已经远超水生态环境的最大承载能力。土地负荷过重，优质耕地数量和土地肥力显著下降，耕地重污染面积超过 10%。中国生态环境已经整体超过合理负载能力，没有进一步容纳扩大负荷的空间。能否尽快治理，已经成为影响中国社会稳定、考验执政能力、关系国际责任的重大挑战。"十三五"期间，中国现有发展方式面

临极其严峻的生态环境制约红线。一方面，传统工业化和城镇化仍然在增加环境负荷，包括污染物的排放继续增加，对环境资源的扩大继续占用，即使加强末端治理也还在减少环境恢复和自净的空间。另一方面，为防止生态环境进一步恶化，改善环境质量的压力十分迫切，需要立刻大幅度减少对环境资源的人为占用和显著减少负荷，要大幅度减少污染物排放总量。中国以往制定能源发展规划，对生态环境约束的严重程度、对环境问题集中爆发的不利后果，普遍估计不足和重视不够。"十三五"时期，在能源需求总量仍然可能持续增长情况下，如何应对国内生态环境和全球气候变化等硬约束，成为中国能源政策必须考虑的最重要问题。

必须大幅度限制化石能源生产利用过程的生态环境影响。中国煤矿每年新增采空区超过4万公顷，累计已达100万公顷左右，70%的大型矿区均是土地塌陷严重区；煤炭开发已造成大量水土流失，加剧了当地生态环境脆弱、水资源严重匮乏局面。例如，山西20世纪90年代开展研究的结论是6亿吨的煤炭年产量，已经带来了巨大的生态环境损害，超过环境负载能力。但现在产能达到10亿吨以上，完全忽视了科学的研究结论。

在西部生态脆弱、少数民族聚居地区大规模能源开发，特别是煤炭的开发和就地转换，将带来严重的水资源破坏和其他环境污染问题。以新疆为例，新疆总体缺水，多数人居地方生态环境脆弱，承载力差。如果环境特别是水环境受到破坏，将直接影响人民的生存条件。有可能成为影响民族团结的重大问题。同样的问题在宁夏、内蒙古等地区都不同程度存在。

改善生态环境质量，要求有效限制化石能源总量增加，大幅减少煤炭消费量。当前，雾霾问题已波及到全国25个省份，受影响人口达6亿，不仅京津冀、长三角、珠三角地区污染严重，许多中西部地区城市也不容乐观，期望产业转移、西电东送等减缓局地污染的空间十分有限。要尽快制止大气雾霾继续恶化，并在2017年有明显好转，各种污染物的排放总量都必须明显下降。中国二氧化硫、氮氧化物、烟（粉）尘以及可吸入颗粒物超过80%来自化石能源燃烧，特别是煤炭燃烧。多数城市超过70%的可吸入颗粒物和细颗粒物排放源于煤炭、石油燃烧，煤炭消费密度过高是形成严重雾霾的最重要原因。2012年，中国单位国土面积煤炭消费量为367吨/平方千米，是美国的4倍左右，其中京津冀、长三角地区分别达美国的19倍和25倍。要进一步达到新的空气质量标准，全国主要大气污染物排放总量要削减70—80%。光靠终端治理难以达到要求，必须从源头大幅减少煤炭消费总量。虽然大气雾霾形成机理复杂，受多种污染物、地理气候条件等综合作用影响，还没有得出实现2017大气污染状态明显好转和今后实现35微克空气质量标准，所需要的煤炭和其他化石能源消费总量控制准确目标。但已有初步研究认为，中国煤炭消费总量需要在目前水平下降10亿吨以上。如果对比欧美等国大气环境质量与煤炭消费强度的关系，假设单位国土面积煤炭消费量达到现在美国和欧盟水平，中国京津冀等地区煤炭消费总量需要削减90%以上。

改善生态环境质量，要求极大提高化石能源特别是煤炭的清洁利用程度。迄今为止，中国能源消费主要依靠煤炭，占能源消费总量的三分之二；每年煤炭消费增量在亿吨以上，相当于目前日本、德国等发达国家的煤炭消费总量；火电装机占发电装机70%以上，每年新增规模巨大；石油、天然气等化石能源快速增长，相关污染物排放增加也很明显。"十三五"时期，如何大幅提升煤炭等化石能源清洁利用程度，从源头扭转主要污染物排放增长的趋势，是确保实现中国大气、水等生态环境改善目标的关键，也是转变传统粗放能源发展方式的首要任务。

应对气候变化进入攻坚阶段，对能源生产消费的长远影响不断具体化。2020年前，全球温室气体排放能否达到峰值并逐步下降，对实现中长期2度温升控制目标至关重要。当前，全球气候谈判正在聚焦达成新的减排框架协议，对包括中国在内的主要经济体提出强制性减排目标。中国作为世界第一温室气体排放大国，排放总量很快接近美国及欧盟排放总和，人均排放量将明显超过部分欧盟国家人均排放水平，并且还将持续增加。由于中国在全球排放增量中占主导地位，对中国控制温室气体排放、承担更大国际责任的要求不断上升。中国必须考虑力争在2025年左右实现温室气体排放峰值，煤炭要尽快限制峰值。天然气和石油的消费增加，必须建立在煤炭总量减少的前提之下，而且以后还必须整体下降。"十三五"时期，部分发达地区和城市必须率先实现温室气体排放峰值，这对转变中国粗放能源发展方式、经济增长模式提出了更高、更迫切的要求。

（二）能源供需形势放缓进一步加剧中国传统能源生产能力过剩的矛盾

中国经济发展进入深度转型和调整阶段，能源需求增速将明显放缓。经过三十多年的快速发展，推动中国经济增长的内部和外部条件发生重大变化，传统依靠投资和出口拉动经济增长的发展模式难以为继，产能过剩问题日益严重。"十三五"期间中国的潜在经济增速将进一步下降。主要高耗能产品（钢铁、有色、基本建材、基础化工产品等）已经开始并将整体进入需求饱和或下降阶段，能源消费增长将明显低于过去的水平。近两年，尽管各级政府仍然在加大投资保增速，但能源消费年增速已经降至 3.9%，较前 10 年平均增速下降近 5 个百分点。这一趋势将继续加强。

依靠增加出口或投资刺激经济，已经难以拉动能源需求继续高速增长。金融危机以来，发达国家需求出现明显收缩型调整，中国作为世界第一出口大国，继续扩大外需的市场空间明显不足。"十二五"前三年，中国出口年均增长仅 8.6%，远低于"十五"时期 24.9% 的年均增速。随着主要发达国家加快绿色低碳转型、实施再工业化战略，中国建立在高资源环境投入、低劳动力成本、低附加值基础上的出口竞争优势难以持续，出口对经济增长、能源需求的拉动作用将明显下降。

中国固定资产投资集中的制造业、房地产业、基础设施领域，普遍面临生产能力过剩、发展空间不足、债务和泡沫危机积聚等问题，实现经济增长软着陆已是中国最好出路。目前，中国主要工业制成品产量占全球绝对主导地位，伴随新的投资能力不断形成，产能过剩由传统行业向新兴行业不断蔓延。2012年中国房屋建筑竣工面积高达 35.9 亿平方米，即使现有建设规模不再扩大，中国 2020 年人均建筑面积将达 50 平方米，达到许多欧洲国家发展水平。许多地方房地产空置、产业园区空闲，资产泡沫积聚问题突出。中国基础设施建设规模已经超过峰值，部分地区出现过度超前和过剩现象。目前，中国港口吞吐能力平均过剩 30—40%，全国有 80% 的机场存在亏损，许多地区高速公路利用效率低下。由于中国能源消费的 70% 集中在工业，工业能源消费的 70% 来自高耗能行业，在工业产能普遍过剩、高耗能行业整体进入饱和和下降情况下，中国能源需求将整体进入低速增长期。

中国煤炭、发电能力产能过剩矛盾将进一步突出。目前，中国煤炭行业已经严重产能过剩，发电能力、煤化工、石油石化等行业产能过剩问题也日益凸显。"十三五"时期，在能源供需形势整体放缓背景下，随着大量新建产能不断投产，中国传统能源产能过剩的问题将进一步加剧，煤炭价格低迷、火力发电小时数下降等矛盾更加突出。

（三）清洁低碳能源发展不足与传统能源产能过剩并存

改革开放以来中国能源总体上处于需求高速增加，能源产能全面高速扩张阶段。各种能源齐头并进，互不干扰，竞相发展。煤炭独大，其他能源也在想法扩张，相互替代极其有限。这种传统粗放发展方式面临重大转变。

今后在煤炭产能总体过剩，煤炭寻求下游市场，发电能力总体富裕，负荷率低的条件下，能源之间的可替代空间将大大增加。环境治理和进一步城市化对清洁能源的需要仍然旺盛，包括对传统煤炭消费方式的大规模替代。各种能源将激烈竞争清洁能源负荷空间，包括发电、工业锅炉窑炉、供热，以及气体液体燃料（煤制气、甲醇、二甲醚等等），还将竞争有机化工产品市场。产能过剩很可能将无序竞争扩大到整个能源领域。如果各个能源行业仍然按照原来高增长预测方案，继续各行其是，将面临更大的市场风险。

"十三五"能源管理需要更有力的统一规划，统一协调。要有效防止各个行业无序抢占有限市场空间，形成恶性竞争，造成巨大的投资和资源浪费，导致错误的技术路线选择和锁定。

（四）清洁能源发展面临更严峻的市场竞争环境

煤炭、火电行业产能过剩将对清洁低碳能源发展形成新的制约。中国核能、可再生能源在一次能源供应中的比重仍然过低，发展潜力很大。在能源需求增长放缓、煤炭供应能力过剩背景下，加快发展各类非化石能源都不可避免要挤占煤炭的市场份额。清洁低碳能源与煤炭在终端利用、加工转换等方面的直接竞争不断凸显，面临市场需求不足、成本优势不够等问题更加突出，能源行业非理性竞争进一步加剧。个别地区为推进风能、太阳能等可再生能源基地建设，还要求相应配套发展一定规模煤电，进一步恶化了能源行业不合理竞争。

能源系统优化和结构调整亟待新的政策和市场规制保障。"十三五"时期，仅依靠现有市场信号和政策框架，已经难以实现清洁低碳能源替代煤炭的发展目标，必须出台新的政策和市场规制保障，促进能源结构向绿色低碳加快优化。

（五）能源行业的粗放扩张存在区域性、行业性的经济和金融风险因素

能源行业扩张性投资风险大幅度上升，许多投资项目可能出现大面积亏损。以往能源和电力发展规划，大多建立在较高能源需求预测基础上，包括煤炭基地、煤化工、发电能力、输电工程建设等领域，许多投资项目对下游需求

前景比较乐观。"十三五"时期,随着能源供需形势整体放缓,各个地区对能源开发利用的生态环境约束不断加强,以及进口优质能源的供给冲击,中国大批传统能源投资项目面临严峻的市场风险。

能源资源密集行业和地区首当其冲,金融风险不断加剧。为追求 GDP 快速增长,许多地区把能源领域作为重点,不断扩大投资规模,2012 年内蒙古、广西、云南、青海、宁夏等地区投资率甚至超过 80%。个别地区以改善能源安全为名,不顾市场需求、经济效益和生态环境约束条件,大力发展煤制油、煤制天然气、煤制烯烃等煤化工项目,低水平重复建设问题突出。在普遍产能过剩和能源需求增速放缓情况下,盲目扩大能源相关领域投资,不仅造成资本产出效率不断下降,而且带来地方政府和企业债务规模持续上升,进一步加剧部分地区系统性金融风险。山西、内蒙古等地过度依靠煤炭能源开发引发的困难已经凸显。

三、"十三五"时期推进绿色发展的主要路径

(一)坚持较高的节能目标引导经济社会发展加快转型

在传统能源供应过剩条件下,继续强调节能优先,不仅是从源头上减少污染物排放、改善生态环境质量的前提基础,更是加快转变发展方式、提升经济竞争力的重要途径和抓手。目前,中国能源利用效率整体仍然偏低,单位 GDP 能耗是美国、日本、欧盟的 4—6 倍,工业、建筑、交通、电力等领域节能潜力巨大,在高效发电、绿色建筑、煤炭清洁利用等方面,还有许多典型节能案例经验尚未普遍推广,在改造存量、提升增量效率等方面大有可为。从"十一五"经验看,通过强化目标责任,创新中国特色的政绩考核、财政奖励政策,充分调动地方政府和企业积极性,能够确保节能目标任务完成和经济增长质量效益显著提升。

"十三五"时期,节能仍然是能源供需平衡的首要前提,更是促进经济增速合理化、控制投资过热、调整投资方向和内容的有效抓手。在确保完成"十二五"节能目标基础上,"十三五"仍应保持节能降耗高压态势,制定较高的节能降耗目标(不低于 15%),明确全社会发展目标和市场信号调整方向,从宏观层面上引导投资总量和方向有效调整,转变片面追求 GDP 增长的趋势,为结构调整、转变方式创造稳定的市场预期。同时,完善激励约束机制,推动重

大节能工程、重点节能技术推广有效落实，不断提升长效节能水平和基础能力。

（二）大幅度提高化石能源清洁利用水平

推动煤炭高效清洁利用对中国具有长期战略意义。煤炭高效清洁利用事关中国绿色低碳发展大局。煤炭发展政策要转向清洁高效利用为中心，通过全面提高煤炭开发利用全过程能效标准、污染物排放标准，营造有利于先进技术普及推广的政策环境。要从供应、转换和终端利用全系统进行优化，改变中国煤炭以原煤直接燃烧为主的粗放利用模式，从全生命周期和全产业链角度提高煤炭利用效率、降低各类环境影响。要以煤炭分级高效利用，以外高桥三厂为代表的高效燃煤发电技术、新型工业锅炉洁净燃烧技术等为重点，大幅度提高煤炭利用的能效标准、水耗标准及排放标准，建立标准定期更新制度。要妥善解决民用散烧用煤的清洁化问题，首先实现低硫化、无烟型煤化。能否实现煤炭清洁利用，对中国的能源管理和社会管理能力将是一个巨大的考验。

（三）切实解决清洁低碳能源发展面临的政策障碍

通过政策努力，推动清洁低碳能源尽快成为中国增量能源供应主体，不断替代煤炭等化石能源消费。进一步明确水电、核电、可再生能源等战略目标和方向，完善有利于加快发展的相关政策体系。要尽快凝聚共识，通过建立合理的水电价格形成机制，理顺环保、移民、地区利益分配等相关问题，加快水电资源开发。克服核电发展的政策和管理能力障碍，下放核电技术选型权限，加快推进内陆核电建设。加快天然气价格改革，调整天然气利用政策，引导非常规天然气和煤层气加快利用，推动天然气在民用领域、电力调峰方面发挥重要作用。开拓分布式可再生能源投资经营新机制，加快负荷中心周边的风电和太阳能发展，在用户侧形成千家万户发展分布式光伏的局面。继续推进电力体制改革和电价改革，建立适应可再生能源大规模融入电力系统的新型电力运行机制、电价机制以及促进区域微电网应用的协调机制，不断扩大可再生能源的市场消纳能力。

（四）调整能源基地建设规模和布局

从严控制煤炭相关基地建设规模。严格水资源、土地资源及生态环境等红线约束，科学确定煤炭基地产能上限规模，合理安排矿井开发时序。"十三五"期间原则上不新批煤炭项目，拟在建项目应暂缓建设，新增高效的煤炭项目须采取"等量或减量替代"原则建设。综合考虑各地煤炭资源、水资源、生态环境、目标市场、技术成熟度等因素，统筹布局现代煤化工产业，防止各能源基地搞重复建设、雷同建设。

着眼于长远，科学确定西电东送规模。"十三五"应合理控制大型煤炭基地煤电外送规模。以特高压作为外输手段建设边远大型风电基地应十分慎重。交流特高压和特高压网架的建设，需要对其必要性进行进一步论证，防止盲目性。严格控制煤化工项目产能建设，严防各能源基地以延长产业链条、提升多元化水平为由将过剩煤炭产能不断向下游产品传导。坚决纠正地方政府主导的市场分割以及追求大而全的"捆绑式"招标建设做法。

优化炼油加工基地布局，重点提升现有炼厂质量效益水平。随着公路大宗商品运输增速的快速下降，中国油品消费增速也将有明显下降。"十三五"期间炼油行业也要以提高质量，讲求效益为主，防止重复建设，加重产能过剩。

统筹综合能源基地开发建设。在煤炭产能明显过剩，煤炭总消费量不升反降的条件下，凡是采煤和采气（包括煤层气和天然气）采油存在矿区重叠或资源共用情况，均可以按照采气采油优先的原则。高瓦斯煤田应尽快转为单纯煤层气资源。

（五）理顺市场信号体系，在能源领域发挥市场的资源配置作用

市场在资源配置方面发挥决定性作用，必须有两个前提：一是要有明确的经济社会发展的引导方向和具体目标，要为市场确定正确的信号系统和监管系统；二是要让市场主体能够根据市场信号，可以做出必要的反应，有效地发挥自己的主体作用。

"十三五"期间，能源领域的主要任务，一是要解决在生态环境硬约束下如何通过绿色低碳发展，满足社会经济发展的合理能源需求；二是要提高能源系统的经济效益，使社会经济建设的能源总成本最小化，促进中国经济结构调整和发展方式转变。让市场发挥更大的作用，就要有能够向这个方向引导的信号系统，包括法律法规系统，也要进一步增强中国能源企业活力，提高能源企业的经济效益，提升能源系统的绿色低碳创新能力。

中国能源价格水平仍然普遍偏低。现行能源价格管理体制的基本政策取向仍然是控制价格水平上涨。价格调整仍然停留在传统的成本定价理论上，对用能方利益的顾虑过多，许多能源价格还不能达到成本附加合理收益的水平。天然气价格矛盾突出，进口气价倒挂数量巨大，严重制约天然气供应能力的发

展，也不利于天然气高效合理利用。天然气价格面临的问题，很像中国原油价格和国际并轨的初期，早晚要并轨，宜早不宜迟。成品油价格目前基本解决了供应成本问题，应尽快从政府定价推向企业直接定价，政府加强价格监管即可。电力价格改革的技术难度和社会操作难度较高，但应继续推动。中国电力企业的资本受益率普遍极低，数以几万亿的电力资产增产，年利润收益仅仅几百亿元，甚至还有大面积亏损的情况。电价水平和保持电力供应的资本投入不匹配，电价水平总体偏低。其中水电还停留在计划经济时代的成本定价模式，和市场经济模式相差甚远，应该首先调整。此外，居民供热也普遍存在价格补贴，一方面助长了房屋建设追求大户型，没有考虑长期的能源成本，另一方面也不支持建筑节能，造成中国目前建筑节能标准远低于发达国家的水平，也给各地政府带来沉重财政负担。因此，调整能源价格水平，取消普遍性能源价格补贴，应该作为价格改革的第一步。

同时，从中国生态环境建设和低碳发展的长期需求看，能源价格不仅要反映合理成本，还应该像多数重视能源安全、鼓励节能的国家一样，通过提高能源总体价格水平，引导节能和环境保护。进一步提高资源税、环境税、能源消费税，包括碳税也应该在价格改革中逐步得到体现。

理顺价格不但是促进能源产业健康发展，推动市场方式转变的重要条件，也是促使能源企业改善经营，重视经济效率的重要条件。由于中国成品油、电力、天然气、热力等多数能源价格仍然是政府定价，能源企业的经济效益主要受到价格的影响。许多能源企业经济效益的好坏，已经难以判断。当前中国电力行业资金利润率普遍偏低、许多时候面临亏损，天然气行业整体亏损，热力行业不少依靠政策补贴，炼油行业仅仅是保本微利，投资效果和经营好坏已经被价格管制的影响所掩盖。价格是市场的基本信号系统，如果价格不能反映生产成本的动态变化，不能反映市场供需的实际情况，就难以引导投资的优化和促进经营的提升。

（六）加强能源企业的市场主体地位，提高能源管理政策法制化水平

"十三五"期间，需要从两方面提高能源管理水平。一是加强能源战略和规划的科学性，促使能源系统最优化，绿色低碳化；二是给以国企为主体的能源企业解套松绑，增强企业的经济活力。

要加强制定中长期能源发展战略方面的科学性、系统性和协调性。国家的

能源规划不是企业的市场决策，应该把重点放在方向性引导上来。规划的重点不应该是确定哪种能源要发展到什么具体数量，而是需要鼓励能源向什么方向如何发展，要限制哪些不合理的发展方向，可以采用哪些手段引导这些发展方向和政策目标的实现。"十三五"能源发展将从传统保供为中心，转变为如何在治理环境特别是雾霾条件下实现绿色低碳发展。以煤炭为例，规划重点应放在对煤炭的清洁低碳生产和清洁低碳转换提出具体的要求，包括终端用煤技术的高标准排放控制目标，而不是笼统地提煤炭总量限制或需要多少煤炭产能。要分清哪些是政府的政策包括公共财政可以管理的部分，哪些是要放到市场由企业自己决策的部分。

各种能源政策要加强对经济后果的研究和分析，并作为规划制定的重要内容。例如，过去提出村村通电，以及城乡同网同价的政策目标，但缺乏对实行这种目标的经济分析。电网建设为此投入几千亿，企业的经济效益受到很大影响，相当于把企业作为事业单位对待。把能源价格管理作为宏观物价调控的手段，把民用能源价格作为亲民政策的一种体现，也忽视了对能源企业的经济影响。福岛事故后暂停核电新项目、"十二五"不发展内陆核电等决策都没有恰当的决策程序，也没有分析相应的经济代价，使相关核电制造和开发企业承受了巨大的经济损失。

要减少对国有能源企业在投资内容、规模和布局上的不合理政策干预。2008 年以来，中国用加大投资规模换取经济增长速度，能源国企成为加大投资力度的执行者。改革开放以来能源企业改革曾经走上过注重经济效益，讲求投资效果的正确方向，被高投资要求所取代。企业投资出现较大的盲目性，出现了不求投资效果只求投资数量的趋势。不但中央政府推动，地方政府更要求能源企业为地方投资和增长做贡献，以就地转换为条件控制矿产资源的配置，造成大量项目重复建设，技术路线盲目性大，市场风险高，难以充分发挥效益。国资委对大型国企的引导也有偏差，片面强调企业产值目标，造成能源国企盲目追求规模扩张，这也是许多国企经济效益下降的原因。

如何让市场在资源配置方面起决定性作用，还有不少问题需要进一步厘清。资源配置是否覆盖所有生产要素？市场如何在土地、矿产、水和其他自然资源，包括环境资源中决定配置问题？人力资源的配置，不但涉及一般劳动力就业，还有干部资源，还有各种教育文化资源、卫生医疗资源以及知识产权等等。资本资源的配置，不但涉及商业资本，还必须考虑公共资金（例如财政资金）如何配置的问题。市场在配置资源中起决定性作用，并不是让资本本身任意推动市场的发展。资本在能源市场中追求利润最大化，其结果难以保障各个社会目标的协调实现，也不一定达到系统优化。中国目前多种经济所有制共存，非公经济占的比例较大，强调市场的资源配置作用目的应该是提高整体经济效益方面，但也还要解决如何控制国民收入分配过多倾向资本收入，劳动收入偏低的问题。这方面的理论说明还不清晰，还需要进一步研究分析以及实践检验。

（七）关注传统领域与非传统领域安全问题，改善国家能源安全

中国能源供应能力迅速扩大，能源供需平衡基本得到保障，但传统的能源安全问题仍然突出。

改革开放以来，能源领域的体制改革不断深入，有效解决了能源发展的投资瓶颈，能源供应能力不断增加。特别是21世纪以来，能源消费年增8%左右，一年增加1.8亿吨标煤。中国目前已经成为世界上最大的能源消费国，电力装机也超过了美国。能源供应能力，特别是煤炭大幅度增加，总体满足了需求的增长。目前，中国煤炭供应能力明显过剩，发电能力已有所富裕。能源技术大幅度提高。

但是，中国优质能源国内供应能力明显不足，石油的对外依存度已接近60%，而且还将进一步提高。天然气对外依存度也达到30%以上，2020年前很可能要超过40%。中国已经成为世界上最大的能源进口国，而且将取代美国成为世界上最大的石油和天然气进口国。

世界各国都高度重视能源安全。油气资源开发是高风险高回报的行业，也是世界高利润的行业，历来是国际资本必争的领域，也是地缘政治斗争和矛盾集中的领域。随着中国进口油气的不断增加，中国不可避免地受到各个区域的地缘政治斗争的影响。近期发生的乌克兰事件，又一次将俄罗斯和欧洲的能源供应问题推到前台。欧洲国家，特别是东欧国家对能源可作为政治工具的担忧进一步上升。也说明了地缘政治和能源的密切联系。

中国石油进口已经达到3亿吨/年，主要进口方向是中东和非洲。这些石油输出国家大多存在各种不安定因素，中国对中东和非洲国家的地区安全问题影响力弱。利比亚、伊拉克基本被西方地缘政治力量所控制。苏丹、安哥拉、尼日利亚等国受到各种势力影响不断出现动荡，影响中国投资安全，中国缺乏干预力量，也没有整体的战略和行动规划。伊朗的政治局势动荡和西方的禁运政策，也制约了中国的能源投资和采购自由。此外，石油运输通

道的安全保障过去主要依靠原有国际秩序，近年来通过对阿曼湾地区的护航，使中国开始对运输通道有所影响，但中国的深海远海护航和影响力仍然十分有限。

中国和周边国家的岛屿领土和领海之争的最重要经济因素是油气之争。与日本在东海领域的争议范围内，有估计认为油气资源量超过 30 亿吨。与越南和菲律宾的岛屿和领海之争，就更是直接和争议区内的油气资源相关。有分析认为，九段线内的油气资源量高达 300 亿吨。相关国家在争议区域内的油气产量已经高达 8000 万吨，是越南等国的重要经济来源。因此东海、南海领土领海之争，牵涉各方核心利益。我们尽管实力比越、菲等国强大得多，但在这种实际利益的驱使下，越、菲也必将极力争夺。军事威慑加上一定程度的油气利益共享（例如我们长期主张但没有实现的共同开发），可能是从根本上解决问题的正确途径。

与俄罗斯以及中亚国家的能源合作是中国和这些国家发展经济来往的最重要领域。这个地区也是目前没有受到美国等西方国家直接控制或实际影响的能源供应地。中国可以把对俄、对中亚以及向西延伸到伊朗等西亚国家的能源和经济合作，作为支持世界多极化发展的重要一环。不但形成对中国进口油气的陆地通道，而且也不会受到美欧等国的直接干扰，可以大大加强中国能源进口的多元化结构，增强中国能源总体安全态势。当然，发展这方面的战略性合作，必然引起美国等的不满。特别是在俄罗斯和西方在乌克兰和北约东扩问题上的长期矛盾下，在伊朗和叙利亚问题的矛盾，以后可能还有伊拉克问题上美欧和当地国家的矛盾进一步发展，我们不可能完全不介入，或保持中立。能源问题必然成为中国和相关地区的地缘政治取向的重要利益考量。

目前中国能源和投资企业大量进入非洲等国家，已经形成了重要的经济互赢合作关系。当前非洲国家整体经济落后，能源消费水平很低，一些国家依靠资源出口来发展经济。但随着非洲经济的发展，非洲也将面临如何解决其不断增加的能源需求问题。我们不能像过去的殖民国家一样，只管利用当地能源出口，还要考虑当地发展问题。能源开发可以作为起始，但也需要我们有更长远的相关区域的整体发展合作的战略和相关的投资合作规划。

因此在传统供需保障和经济有效的范围内，我们的能源安全战略，必须既包括本国的能源安全保障战略，也要考虑包括重点地区性的整体能源安全保障问题（东亚、东南亚、亚洲、非洲、其他相关区域），还要考虑包括全球性的能源安全战略问题。

石油和天然气的战略储备是提高能源安全保障的一种技术措施，可以适量建设。但这种储备主要能够应对的是国际能源供应出现大幅度突发性短期下降。并不具备应对战争，或平抑国际油价波动的功能。储备成本较大，可应用范围有限，应该量力而行，不是越多越好。

在非传统领域，生态环境风险是近期最突出的能源安全问题。

生态环境问题已经成为重大能源安全因素。现在中国能源和其他经济活动对环境造成的破坏性影响，已经大幅度超过了环境的总体承载力。空气，水资源和水环境，土地，以及其他自然生态环境都处于过度使用、过度污染状态。环境的自净能力远远不能解决大量污染物的排放净化。然而中国还没有完成工业化和城市化进程，对能源、水、土地、空气等资源的利用强度还在提高，污染排放还在增加，环境自净能力还在被挤压。环境问题已经成为中国传统经济发展模式的刚性制约。

生态环境条件不断恶化已经直接影响了人民的生活基础，我们面对的是呼吸不到清洁空气，吃水用水困难和干净水保障困难，食品受到土地污染的直接威胁，生活空间被高度压缩，生活质量受到直接影响。环境污染问题已经成为社会安定问题。近年环境污染问题已经引起了众多的群体抗议。对一些本来没有较大环境影响的建设项目，例如 PX 项目，以及本来还可以起到积极环境改善作用的项目，例如垃圾焚烧项目，核材料处理厂和内陆核电项目，也引起了社会群体事件不断。人们对环境问题的不满已经成为对政府对现在的社会经济发展状态不满的集中点之一。

环境制约，使中国的能源安全问题直接受到影响。煤炭资源显然相对丰富，产能也有富裕，但已经没有扩大使用的环境空间。还不得不大幅度减少煤炭使用总量。石油天然气等化石能源也受到环境容量的重大制约。在今后一段时间内，很可能将出现化石能源市场需求继续增加，因而污染排放和对水、土地破坏继续扩大，而环境总体质量难以改善的局面。环境生态问题的改善，很可能会出现反复，当前的环保措施，不足以抵消各种建设投资带来的新增的环境负担。环境安全也是重大的能源安全和社会安全问题。

全球性环境问题，特别是气候变化问题，也是中国面临的重大能源安全问题。从长远角度看更是一个根本性的能源安全保障问题。中国已经成为全球最大温室气体排放国，排放量占世界总量接近 30%，占增量 60% 左右。防止全球气候过快过高变暖，要求中国进口达到排放峰值，而且要求尽快总量下降。对中国以煤为主的能源结构和能源消费继续增加都形成硬约束。如何在应对气候变化的条件下提高能源安全，是一个更为艰巨的任务。必须充分考虑环境生态治理压力下的能源安全保障问题，进一步加强节能，发展清洁能源，抑制非清洁能源的使用，要下大力气解决化石能源清洁生产和清洁利用问题。

在现代社会，电力和天然气供应稳定已经是重要的社会安定问题。现代城市一旦断电，断气，就会造成巨大的社会生活混乱。所以对关键能源设施的安全保护，包括重大天然气供应设施，大电流输电设施，必须考虑反恐问题。

韩文科　杨宏伟　田智宇

专题十三

构建交通现代化体系和重大举措

"十二五"期间，按照"适度超前"等原则，中国交通运输发展取得了显著成就，网络设施配套衔接、技术装备先进适用、运输服务安全高效的综合交通运输体系初具形态，但交通运输对经济社会发展的引导与支撑作用仍有待加强，发展所面临的资源环境等约束也日益加剧。"十三五"时期是全面建成小康社会的攻坚期，也是实现中华民族伟大复兴中国梦的战略机遇期，应进一步深化交通运输领域改革，促进交通运输健康可持续发展，根据经济社会发展和全方位开发开放对交通运输的要求，统筹兼顾、重点突出地构建交通现代化体系。重点规划建设互联互通项目、重要经济带和城镇化地区支撑项目、民生改善优先项目以及影响路网效率发挥的瓶颈项目；弥补短板领域，加快城市公共交通、综合交通枢纽、农村客运、边防公路等薄弱环节建设。为全面建成小康社会奠定交通保障基础，为争取国家利益和拓展国际发展空间提供交通战略支撑。

一、发展成就与存在的问题

交通运输业是支撑经济社会运行的基础产业。构建网络设施配套衔接、技术装备先进适用、运输服务安全高效的现代化综合交通运输体系，实现交通运输业转型升级，是适应新时期全方位开放开发、深入推进城镇化、顺应打造中国经济升级版的客观要求。

"十二五"期间，交通运输行业秉持"九五"以来"优先发展"的战略思想，明确交通基础设施"适度超前"的发展理念，加强客货运输服务体系配套建设，注重交通运输技术装备领域创新和应用的政策激励，强化交通运输安全保障和节能环保制度约束，持续推进交通行业管理体制改革，综合交通运输发展取得了新的成就。

（一）发展成就

1. 基础设施持续快速发展，网络规模不断扩大，结构等级大幅提升，总体能力显著增强

初步形成以"五纵五横"综合运输大通道为主骨架，铁路、高速公路为骨干，普通公路、水路、民航等为补充的综合交通网络系统。诸多交通领域基础设施规模水平位居世界前列，成为享誉世界的"交通大国"，为国民经济和社会发展提供了有力支撑。截至 2013 年末，全国铁路营业里程 10.3 万公里，其中，高速铁路新线里程 1.1 万公里，分居世界第二位和第一位。公路通车里程 435.6 万公里，其中，高速公路通车里程 10.4 万公里（含国家高速公路 7.1 万公里），分居世界第二位和第一位。内河通航里程 12.6 万公里，位居世界第一位，高等级航道 1.2 万公里；港口生产用码头泊位 3.2 万个，其中，沿海港口万吨级及以上泊位 1980 个；货物吞吐量超过亿吨的港口超过 30 个，集装箱吞吐量超过 100 万 TEU 的港口超过 22 个，全球货物吞吐量和集装箱吞吐量前 10 位的港口中，中国分别占据 8 席和 6 席[①]，其中，宁波—舟山港货物吞吐量、上海港集装箱吞吐量均位居世界第一位。民用运输机场 183 个，其中，北京首都国际机场旅客吞吐量位居世界第二位，上海浦东国际机场货邮吞吐量位居世界第三位。油气管道里程达到 9.9 万公里。共有 19 个城市开通城市轨道交通线路，运营里程 2746 公里（含高速磁浮和现代有轨电车）。2013 年中国部分交通基础设施规模情况如表 1 所示。

表 1　2013 年中国部分交通基础设施规模情况

类别		单位	水平	世界排名
路网设施	铁路运营里程	万公里	10.3	2
	高速铁路运营里程	万公里	1.1	1
	公路通车里程	万公里	435.6	2
	高速公路通车里程	万公里	10.4	1
	内河航道通航里程	万公里	12.6	1

---

① 中国的6个集装箱港中不包括香港。

续表

类别	单位	水平	世界排名
全球港口货物吞吐量排名 前10位的中国港口（8个）	宁波—舟山港（第1位）、上海港、天津港、广州港、苏州港、青岛港、唐山港、大连港		
全球港口集装箱吞吐量排名 前10位的中国港口（6个）	上海港（第1位）、深圳港、宁波—舟山港、青岛港、广州港、天津港		
全球机场旅客吞吐量 前10位的中国机场（1个）	北京首都国际机场（第2位）		
全球机场货邮吞吐量 前10位的中国机场（1个）	上海浦东国际机场（第3位）		

2. 客货运输能力持续增长，运输结构持续优化，服务水平明显改善

（1）旅客运输。"十二五"以来，客运规模继续保持较快增长，2013年，客运量与周转量分别达到401.9亿人和36034.4亿人公里，年均增长7.1%和8.9%。旅客平均运距达到89.7公里，比2010年增加4.3公里。全国年人均出行29.5次，出行距离2648.2公里，分别比2010年增加了5.2次和567.9公里。

随着综合交通网络不断完善，各种运输方式能够进行更加合理的分工，运输结构日趋优化，其中，铁路大规模建设有效缓解了运力紧张状况，扭转了客运运量份额下滑趋势；民航服务人群与范围扩大，份额大幅提升。区域协调发展战略继续推进，中西部地区依托资源与政策优势加快发展步伐，交通基础设施不断完善，产业吸引力增强，人员流动加速，旅客运输需求日益旺盛，运输量与周转量年均增速超过全国平均水平，各地趋向均衡发展。

各领域服务水平不断改善，铁路依托现代技术手段完善了客票销售、信息查询与车站服务，大幅降低退票费等费收标准；高速公路联网收费区域不断增加，实行了重大节假日免收小型客车通行费；以农村客运、支线航空等为重点，运输普遍服务深度、广度及品质显著提升；随着城市轨道、公交设施不断完善和运输组织水平提高，大城市公共交通出行分担率逐步提高；依托综合客运枢纽强化衔接与换乘服务，加强信息共享与运输组织协调，旅客出行效率大幅提高；围绕重要区域性中心城市的快速交通圈正在形成，客运服务时效性、舒适性、便捷性等显著提升。

（2）货物运输。"十二五"以来，货物运输规模不断扩大，2013年，完成全社会货物运输量410.25亿吨，比2010年增长86.07亿吨，年均增长率为 8.2%；完成全社会货物周转量 141987 亿吨公里，比 2010 年增长 26328 亿吨公里，年均增长率为 5.8%。运输规模增大的同时，货运量增速逐渐放缓。"十二五"以来全社会货运量年均增长率比"十一五"时期减少 3.5 个百分点，全社会货物周转量年均增长率比"十一五"时期减少 6.3 个百分点。

随着各种运输方式能力紧张状况的缓解，货物运输结构不断优化，与 2010 年相比，2013 年铁路和公路货运量分别下降 1.6 和 0.5 个百分点，水运和管道分别上升 2.0 和 0.1 个百分点，民航基本保持不变。反映出绿色低碳运输方式的货运分担率持续上升。与货运量相比，各种运输方式货物周转量却未能呈现同步变化。与 2010 年相比，2013 年铁路和水运货物周转量分别下降 2.1 和 1.2 个百分点，公路和管道分别上升 2.6 和 0.8 个百分点，民航基本保持不变。公路平均运距过长而水运平均运距稍短，反映出货运结构的调整还有空间。

货物运输服务水平不断提高。一是运输组织不断优化，铁路货运组织改革、公路甩挂运输试点等工作取得成效；二是服务方式不断创新，公路港、内陆港等货运资源整合平台和服务功能延伸平台模式不断升级；三是一体化程度明显提高，集装箱多式联运、供应链全程物流等一体化服务逐渐增多；四是公共服务能力不断增强，城乡农超配送、邮政普遍服务等工作取得进展。

3. 交通技术和装备发展成绩显著，运输装备总量规模大幅增加，装备结构不断调整优化，装备技术水平有了明显提升，交通信息化支撑力度显著提升

"十二五"期间，交通运输领域技术创新能力不断增强。高速铁路成套技术和铁路重载运输技术不断成熟并得到广泛投入使用；汽车安全性能和智能化水平不断提升；超大型、大型专业运输船舶建造水平大幅提升，内河船舶的环保性能、标准化程度和运输安全性明显改善；国产干支飞机研制取得突破。喷气式飞机逐渐在民航运输中逐渐得到广泛运用；运输装备研发以及交通基础设施建设和养护等方面的众多关键技术取得重大突破，诸多领域达到国际先进水平；交通运输装备产业化和国产化水平有所提升，船舶工业和轨道交通"走出去"初显成效。

交通运输信息统筹整合工作稳步推进，以"一卡通"为代表的整合建设模式得到不断推广。公路、铁路和航空的客票系统信息化和自动化程度显著提升，电子票据得到大力推广，客运体验大幅提升。物流仓储的信息化程度不断提升，智能定位通信装置和智能标签得到广泛应用。智能集装箱和海事通信的广泛应用使得远程货物运输得到可靠保障。不停车收费系统逐步在省市间联网扩展，逐渐形成规模效益，并即将实现全国联网。智慧城市和智能交通的推广示范显著提升了大中城市的出行体验，公共交通信息化水平明显改善。

4. 交通运输节能减排成效显现，交通运输安全呈现稳定向好趋势，交通运输应急保障能力不断提升

"十二五"以来，交通运输业把低碳绿色作为发展方向，通过政府引导和加强市场监管，多措并举，加快推进交通运输业转型升级。运输结构进一步优化，充分发挥铁路、内河水运、城市公共交通等节能环保的运输方式的比较优势，为节能减排提供交通基础条件。2013 年，二级以上公路里程、五级以上航道、万吨级泊位分别比"十一五"末增长 17%、9%、20%；营运货车平均吨位、营运船舶平均净载重量、天然气公交车比例分别比"十一五"末提高了 19%、40%、13%。交通运输系统结构不断优化，使节能减排的网络效应、规模效应和集约效应得到充分发挥，大大提升了交通运输系统节能减排的整体水平。加快推进信息化建设，跨区域的高速公路不停车收费（ETC）、智能交通系统、物流信息技术平台、全球导航卫星系统（GNSS）等现代信息技术；大力推进运输装备标准化、大型化，积极推广 LNG、电力驱动机车、机场桥载设备替代飞机辅助动力装置，减少碳排放；积极推进公水、公铁、空铁等多式联运联程标准和技术应用，有效提升交通运输生产效率和服务水平。在交通基础设施建设养护中积极采用新结构、新工艺和新材料，推广应用隧道节能照明、路面材料再生、温拌沥青等新技术，探索应用太阳能、风能等可再生能源。通过这些科技创新与推广应用，交通运输业低碳绿色发展能力进一步加强。

全国的交通运输行业安全形势呈现稳定向好趋势。铁路、公路、水上交通安全形势良好，重特大交通事故呈下降趋势。航空安全形势平稳。交通运输行业的安全监管体系更加完善，已建立起国家、政府和运输企业的三级交通安全监管体系。各级政府特别是交通运输主管部门进一步完善应急组织架构，加强交通运输应急运行机制建设，不断强化涉及突发事件的危险源排查，着力推进突发事件预测预警、信息报告、应急响应、应急处置及调查评估等机制建设，普遍建立了 24 小时应急时期值班制度，工作例行报告制度，强化突发事件的信息报送和预警工作，在处置过程中更加注重部门间的协调联动和资源及信息共享，交通运输应急保障能力得到进一步提高。交通安全技术智能化水平不断提升，高速公路、普通国省干线公路重要路段、大型桥梁、长大隧道、高风险水域、重要航段和公路客货运输枢纽、港口、机场等基础设施动态实时监控能力显著增强。

5. 交通运输行业体制机制改革不断深入

"十二五"以来，铁路管理体制实现了政企分开，组建了国家铁路局，成立了中国铁路总公司；结合行政管理体制改革的要求，取消和下放了城市轨道交通、港口码头和民用机场等一批审批核准事项；不断继续深化普通国道、城市轨道交通和铁路投融资体制改革；加快车购税改革步伐。

（二）存在的主要问题

交通运输发展在取得显著成就的同时，仍然存在诸多问题，主要表现在：

1. 交通基础设施技术水平总体偏低，网络覆盖面、通达度不足；交通基础设施结构性矛盾仍然较为突出，区域间、方式间、方式内发展不协调，而且这些差距有进一步扩大之势；城市群交通基础设施网络不完善，结构不合理，尤其是轨道交通网络尚未建立，城际铁路、市郊铁路发展滞后，综合交通枢纽刚刚起步建设。交通基础设施发展面临的土地、岸线、生态环境以及资金等资源约束日益趋收紧。

2. 运输服务供给结构性短缺依然存在。客运服务全局性供给紧张状况已基本消除，但局部地区、个别时段仍存在供需结构性矛盾，部分旅客出行需求得不到较好满足；随着城市群、都市圈快速形成和发展，以及城乡之间联系日益密切，城际与城乡交通需求迅猛增长，而相关领域发展滞后，形成短板，制约了系统效率；中西部农村和偏远山区等部分地区还未能实现客运基本公共服务全覆盖，交通公平亟待解决。货物运输服务组织化水平不高，专业化运输服务供给滞后，运输服务市场化程度不均衡等方面，货物运输整体效率偏低，距离"无缝化衔接"和"一体化服务"的要求尚有一定差距。

3. 运输装备和整体技术与世界先进水平仍有差距。不同运输方式的技术装备水平表现出了很大的不平衡性；交通技术和装备自主创新能力有待加强，一些关键技术尚未完全摆脱对国外核心技术和关键零部件的依赖；交通技术和装备产业化进程推进缓慢，运输装备制造业整体竞争力亟待加强，国际化能力有待进一步提升。交通运输信息资源整合力度和共享能力仍待加强；交通信息化的技术水平和覆盖广度目前都有待提升；交通信息化网络结构扁平化不足，交通信息对交通指挥决策的支撑作用有待改善。

4. 公路交通安全隐患依然严峻，其他运输方式安全隐患不容忽视；农村公路、内河渡口等薄弱环节的安全形势凸显；不同部门、不同方式之间的协调和衔接不畅，而且权责划分不清，成为了安全管理的薄弱环节；非传统安全因素对交通运输的影响日益加重，安全应急保证能力和监管水平亟须提高。交通运输节能减排技术推广与应用进程缓慢，能减排技术服务体系尚未建立，节能减排技术产品和服务市场还有待进一步规范，低碳绿色交通运输发展的制度性建设比较滞后。

5. 交通运输综合管理体制改革有待深化，各运输领域的市场化改革缺乏总体设计和配套衔接，相关政策、法规和标准等仍需完善。交通运输领域面临的诸多经济、社会、生态环境等热点问题，如工程腐败、雾霾天气、收费困境、资源瓶颈、债务负担等，对交通发展的约束在不断增强，需要通过体制机制改革来破解。

二、发展环境与要求

"十三五"时期，是中国经济社会转型升级的重要时期，也是全面建成小康社会的攻坚期。产业结构深度调整，传统工业化向新型工业化快速转型；居民生活水平全面提高，城镇化向新型城镇化深入推进；信息化快速发展，互联网经济的变革性影响日益凸显；国际金融危机影响持续，开放型经济新体制全面构建；资源能源环境约束日益增强，生态文明建设大力推进。这就要求交通基础设施融合化、替代化、智能化、标准化、国际化、绿色化发展，为经济社会发展提供更为有力地支撑和引导。

1. 支撑经济社会持续健康发展。"十三五"时期中国国民经济仍将保持平稳较快增长，工业化、信息化、城镇化、市场化、国际化深入发展，内需拉动作用显著增强，经济发展对交通运输的整体需求将继续保持旺盛态势。随着产业结构的转型升级、压缩过剩产能力度加强、节能减排约束强化，加之资源供应渠道多元化，煤炭、矿石等大宗货物运输需求将趋于稳定。随着基于互联网技术的网购规模的倍增式发展，与之配套的小批次、大批量、分散式快递、零担等物流需求将快速增长。社会进步、经济发展、城镇化、机动化水平提高，人民群众对客货运输服务的安全性、便捷性、舒适性、时效性提出更高要求。互联网等新兴技术与传统产业的渗透、融合，客票系统信息化和自动化的普及推广，既改变着人们的出行需求，也创新了交通运输的服务方式，带来整体服务水平的提升，但也可能使旅客的利益格局发生改变，弱势群体的利益需要受到格外关注与保护。

2. 促进城乡区域协调均衡发展。"十三五"时期，区域均衡协调发展将成为重要的战略任务，按照统筹东中西，协调南北方的发展部署，交通基础设施和运输服务将着力适应区域协调发展的要求，着力完善以"五纵五横"为骨干的综合运输大通道，特别是完善长江黄金水道、丝绸之路经济带等通道沿线交通基础设施和提高客货运输服务。尤其要重视西部地区、边远地区、革命老区、农村地区等欠发达地区的交通基础设施建设和客货运服务发展，扩大网络覆盖面和通达深度，补齐通道中的"短板"，消除瓶颈，更加运输服务的注重普遍性和均等化，满足全面建成小康社会的战略要求。

3. 支撑城镇化战略全面推进。"十三五"是推进新型城镇化的关键时期，综合运输运输体系的发展要充分发挥对城市群（圈、带）空间布局和功能优化布局的引导。随着人口向城镇迁移和安居、生活水平提高、消费结构优化，旅客运输需求也将呈现规模扩张和结构升级。城镇化的发展必然带来跨区域人口加速流动，城市群内人员交往将更加频繁，城乡之间旅客运输需求也将快速增长，对城际轨道、高等级公路等快速交通方式发展提出更高要求。同时，城镇化将要求货运服务更加注重均衡性和快捷性，需要注重各大城市群间骨干货运服务网络建设，尤其重视城市群内大中小城市间分层次货运服务网络建设。伴随着城镇化的发展和机动化水平的快速提高，中国大城市交通拥堵问题日益加剧，大力发展城市公共交通将成为必然选择，特别是要加快超大、特大城市轨道交通和大容量地面公交系统建设，抑制小汽车过度增加带来的压力。

4. 适应全方位开发开放的需要。"十三五"时期，丝绸之路经济带、21 世纪海上丝绸之路、中印缅孟经济走廊、中国（上海）自由贸易区等形式的高层次国际区域合作将更加频繁，要求中国加强与周边国家交通基础设施互联互通，完善配套港口、口岸等基础设施和过境服务系统。全面深化对外开放带动国际跨境、过境旅客往来规模与频次的提升。国际旅客运输市场不断扩张，为中国运输企业创造良好机遇，也提出更高要求。国内外市场一体化要求中国货运物流企业更加注重"走出去"，积极开展跨境货运物流服务系统建设。随着中国对外贸易和技术交流合作的深入，迫切要求中国有实力的交通技术装备企业、交通设计企业、施工企业"走出去"，大力开拓海外市场，积极参与国际竞争，创立具有国际影响力的世界级品牌，打造具有全球配置资源能力的跨国企业，全面提升企业的国际竞争力。

5. 强化节约资源保护环境。"十三五"时期，中国经济社会发展的资源环境约束将更加严峻，交通运输节能减排任务依然艰巨，资源环境承载能力与客货运输快速增长的需求规模和日渐高端化、个性化的服务要求之间矛盾将进一步凸显。要求加快交通运输发展方式转变，优化运输结构，提高技术装备水平，改善运输组织，实现集约化发展。客货运服务更加注重节能减排和绿色环保，鼓励绿色节能运输装备和技术的应用，加强交通需求管理，重视多式联运货运平台、共同配送等高效货运组织方式的推广普及。

6. 全面应对安全和突发应急保障风险。随着中国交通网规模的不断扩大和交通运输活动强度和频率的加剧，传统的交通安全风险也相应增大，要求在交通安全和应急保障管理机制、安全应急防控技术、交通安全意识的培育等方面不断强化，降低各种安全事故造成的经济和社会损失。同时，中国正处于经济社会转型的关键时期，影响经济安全和社会稳定的因素很多，恐怖袭击、人为破坏、公共安全等突发事件潜在发生率呈现增长态势，各类交通设施和运载工具是易成为安全风险的薄弱环节和攻击目标，要求加强防范措施，完善应急响应机制，提高交通运输系统应对各类突发事件的能力，最大限度地减少非传统安全对交通运输带来的不利影响。此外，在国际化进程中，中国在海外形成的实际利益存在和国民人身财产安全也需要更加强有力的保护，对客运应急保障能力的现实需求较以往更加迫切。

三、指导思想与基本原则

（一）指导思想

坚持以完善中国特色社会主义市场经济体制为发展总统领，统筹发展与改革、政府与市场的关系，以服务生产、流通和消费为根本出发点，持续推进交通发展方式转变，实现各种运输方式优化布局、区域交通协调均衡、城乡基本交通公共服务基本满足，对外通道互联互通，形成网络设施干支衔接、配套衔接、运输服务安全高效、技术装备先进适用的现代化综合交通运输体系，总体适应经济社会发展和人民群众出行需要，为全面建成小康社会奠定交通保障基础。

（二）基本原则

"十三五"时期，交通运输发展坚持以下原则。

综合发展、统筹兼顾。始终坚持构建综合交通运输体系的发展方向，突出各级政府在综合交通运输体系规划中的主导作用和基础设施建设中的主体责任。以结构调整为主线，统筹区际、城际、城乡、国内国外交通发展，强化各种运输方式协调衔接，全面提高交通运输对经济社会发展、生态环境保护、全方位开放开发的保障能力。

安全发展、以人为本。牢固交通安全第一的理念，建立严格的安全质量监管制度，并贯穿于交通运输规划、设计、建设、运营的各个环节，强化交通技术和装备的安全标准。把保障与人民群众生产生活密切相关的基本交通出行需求放在首要位置，全面提高交通运输的安全性、可靠性和应对自然灾害、突发事件的保障能力。

适度超前、节奏有序。准确把握全面建成小康社会战略部署，立足于打造中国经济升级版的总体要求，努力实现基础设施能力适度超前配置。充分考虑规划要求、项目经济社会效益、技术成熟度、资金保障等因素，把握好发展的节奏。

突出重点、弥补短板。保持规划的连续性，在延续实施前期规划明确已开工项目的同时，重点规划建设互联互通项目、重要经济带、城市群（带、圈）支撑项目、民生改善优先项目以及影响路网效率发挥的瓶颈项目。弥补交通运输系统的短板领域或环节，加快城市公共交通、综合交通枢纽、农村客运、国边防公路等薄弱环节的建设，增强系统性服务能力。

讲求效益、兼顾公平。以多元化需求为导向，统筹行业经济效益与社会效益，既要通过市场化手段配置交通资源，提升多层次运输服务对国民经济运行的保障能力，满足中高端人群出行和物流需求，也要通过政府调控方式整合交通资源，为边远落后地区、弱势群体提供基本的交通保障和公共服务，促进交通公平。

绿色发展、技术先进。从国家战略和基本国情出发，把积极节约集约利用资源和保护环境落实到交通运输各个领域或环节中，推进绿色低碳运输装备技术和组织方式应用，提高资源利用效率和系统运行效率。加大交通新技术、新装备的研发和应用，加快推进具有中国自主知识产权的技术与装备的产业化和国际化，带动相关产业升级。着力强化信息技术对交通运输各领域提升作用，全面推进智能交通的发展。

四、发展思路与目标

（一）发展思路

以运输需求为导向，以优化结构为主线，以重点项目为重点，以"短板弥补"为突破口，坚持增量调整和存量升级相结合，统筹各种运输方式发展，全面贯通"五纵五横"综合运输大通道，大幅提升综合交通枢纽衔接功能，加快推进城市群交通网络建设，强化国际运输通道互联互通，构建经济安全、高效便捷、平安绿色的综合交通基础设施网络。

把握旅客运输需求发展趋势，充分考虑中国人口众多、资源环境承载力有限和区域发展差异显著的国情实际和交通基础设施结构性短缺的客观条件，构建大能力、广覆盖、低能耗、高效率的旅客运输服务系统。适应城市群（圈带）的发展，积极构建城市群城际交通系统，在长三角、珠三角、京津冀等超大城市群完善城际轨道交通体系，引导产业和城市功能优化布局。在保障基本公共服务的前提下，以市场为导向，差别化地满足不同区域、不同群体多元化需求，促进旅客运输市场繁荣发展。

适应货物运输物流化发展要求，构建高效的运输组织体系，鼓励运输装备向大型化、专业化发展。大力保障关系国计民生的能源、资源等大宗产品运输保障能力。创新货物运输和物流组织模式，适应电子商务、网络购物等新兴业态对运输服务业的要求。

坚持城市公共交通为主导的城市交通发展理念，积极推进超大、特大城市大容量公共交通建设，提高网络密度和站点覆盖率，提高公共交通出行分担比重。

按照先进高效、经济适用、绿色环保的要求，自主研发与引进、消化、吸收再创新相结合，鼓励原始创新，不断提高自主创新能力，增强自主发展能力，在主要交通领域尽快掌握关键技术和自主知识产权。加大交通运输新技术、新装备的开发应用，加快推进具有中国自主知识产权的技术的产业化和国际化，促进交通技术装备现代化。

促进交通基础设施与资源环境协调发展，集约节约利用土地资源，有效保护和改善生态环境。依靠科技创新，加快节能减排技术推广与应用，创新体制机制，建立交通运输业节能减排监测和管理长效机制，建设绿色低碳交通运输体系，促进交通运输业转型发展。通过法律手段、技术手段和行政监管手段合力作用，全面提升交通运输安全性、可靠性和应对自然灾害、突发事件的保障能力，更好地保障经济社会和交通运输行业健康发展。

（二）发展目标

到 2020 年，全面贯通"五纵五横"综合运输大通道，综合交通基础设施网络系统基本形成。

——建成高效的铁路网络。全国铁路营业里程达到 15 万公里左右，客运专线 2 万公里左右，主要繁忙干线实现客货分线，基本形成布局合理、结构清晰、功能完善、衔接顺畅的铁路网络。

——建成便捷的公路网络。全国公路网通车里程达到 500 万公里左右，国家公路网达到 35 万公里以上，其中，国家高速公路 10 万公里，普通国道 25 万公里，普通国道中二级及以上公路比重超过 85%，实现所有乡镇通沥青（水泥）路，建制村通沥青（水泥）路率达到 98%。基本形成多层次、高标准、广覆盖、便捷化的公路网络。

——建成通江达海的水运系统。形成以沿海港口、内河港口为枢纽节点，内河航道为连接通道的现代化水运系统。环渤海、长江三角洲、东南沿海、珠江三角洲和西南沿海 5 个港口群体全面建成，煤炭、石油、铁矿石、集装箱、粮食、商品汽车、陆岛滚装和旅客运输等 8 个运输系统基本形成，内河高等级航道达到 1.9 万公里，占全国内河航道里程的 15%，其中三级及以上航道 1.43 万公里。

——建成发达的航空网络。民用机场总数达到 270 个左右，其中，北方机场群 60 个左右、华东机场群 50 个左右、中南机场群 40 个左右、西南机场群 60 个左右、西北机场群 60 个左右。基本建成国际枢纽、区域枢纽、支线机场分工明确、布局合理、协作有序的发达的航空网络。

——基本区域相连的油气管道网。基本建成连接沿海以及东北、西北、西南等国际油气通道，覆盖内陆范围的油气管道网络，油气管道总里程达到 20 万公里以上。

——基本建成一体发展的城际交通网。形成以快速铁路、高速公路等为骨干的城际交通网，实现主要城市群内中心城市之间以及中心城市与周边城市之间 1—2 小时交通圈。

表 2 "十三五"中国主要交通基础设施目标

指标	单位	2015 年目标	2020 年目标
铁路营业里程	万公里	12	15
高速铁路	万公里	1.3	2
公路通车里程	万公里	450	500
国家高速公路	万公里	8.3	10
内河高等级航道里程	万公里	1.3	1.9
管道输油（气）里程	万公里	15	20
民用运输机场数	个	230	270

——实现客运基本公共服务覆盖城乡。依托铁路、国省干线、农村公路和支线与通航机场等基础设施的建设，使客运基本公共服务覆盖绝大多数城乡居民，有条件的建制村开通客运班车，建成区 5 万人口以上城市提供公交服务。

——满足不同类型的大众化运输需求。全国 90% 以上的人口能够较为便捷地享受航空或铁路提供的跨区域运输服务；京津冀、长三角、珠三角、长江中游等主要城市群建成以中心城市为核心的 1—2 小时交通圈，在联系紧密的都市圈提供同城化交通服务。

——全面落实公共交通优先政策，提升城市交通承载能力。大城市公共交通分担率和特大城市轨道交通占公共交通的比例分别提高 5% 左右；东部地区基本实现城乡客运服务一体化。

——建成高效的货物运输体系。货运服务体系的服务产品普遍达到一站式作业、无缝化衔接、门到门运输、全过程服务的基本要求，服务产品全程一体。货运服务的安全性、可靠性、时效性、便捷性、可达性显著提升。

——交通技术装备自主创新能力显著增强。交通技术装备现代化水平显著提升，产业化和国际化进程取得明显进展，产业整体水平进入国际先进行列。

——建成完善的交通应急保障能力。交通事故预警与处置和突发事件运输应急保障能力较为完备，农村及偏远地区灾后交通抢险和救援运输响应速度大幅提高，紧急状态旅客接返服务覆盖全球主要华人聚居区，人民群众利益得到最大限度保护。

五、重点发展任务

（一）基础设施

1. 全面提升综合运输通道能力

加快完善"五纵五横"综合运输大通道，建设形成大容量、高速度、低碳绿色的国家骨干经济走廊。重点加快中西部铁路建设，提升中西部地区路网密度和通达水平。

继续加大高速铁路建设力度，全面建成国家快速铁路网。重点建设中西部资源开发性线路和铁路空白区域的通达线路，提高铁路客货运输服务覆盖范围。强化区际干线，新线建设与既有线改造相结合，全面提高主要运输通道的铁路客货运输能力。建设港口后方铁路集疏运系统，加强内陆港站铁路连接，大力推进铁路集装箱运输通道建设。优化布局煤炭运输等重载货运通道。

加快推进国家公路网建设，尽快形成连通地级行政中心、重点经济区、主要港口和重要边境口岸的高速公路网络，加大国省干线公路改造力度，全面提升技术等级水平。

完善港口布局，不断提高沿海港口群现代化水平。加快现代化航运系统建设，完善内河航道网络，提升港口服务功能，大力发展具有世界竞争力和影响力的国际航运中心。

完善民用机场布局，优化空域资源配置，强化国际枢纽、区域枢纽机场功能，提升支线机场服务水平。

加快形成跨区域、与周边国家或地区紧密连接的油气输送管道。优化国家油气管网，提升覆盖广度和通达深度。

2. 积极推进城市群交通体系建设

加快推进长江三角洲、珠江三角洲、京津冀三大城市群以轨道交通为主的城市群交通系统建设，实现城市群内中心城市与其他城市的便捷、高效通达。推进北京、上海、广州等特大城市市郊铁路发展，建立中心城区与周边卫星城的高速通道。进一步发展城市群高等级公路，在加快建设基本骨架的前提下，逐步推进部分路网加密线、外围延长线及内部联络线的建设，基本形成城际快速交通网络，满足城市群快速化和多样化的客货运输需求。

提升东部地区城市群综合交通运输一体化水平，建成以城际铁路、高速公路为主体的快速客运和大能力货运网络。推进中西部地区城市群内主要城市之间的快速铁路、高速公路建设。

积极发展公共客运和专业化货运，改善城市群区域交通出行结构，构建以公共运输为主导的城市群交通模式。

3. 加快综合交通枢纽建设

顺应新型工业化、新型城镇化发展以及互联网经济发展要求，加快综合交通枢纽建设，优化枢纽布局，拓展枢纽功能，全面提升一体化服务的效率与水平。

明确并适度拓展各级综合交通枢纽（节点城市）功能，根据自身区位优势，按照国际、国家、区域、地区四个层次，优化综合交通枢纽（节点城市）功能和空间布局。

依托综合交通枢纽，加强铁路、公路、民航、水运与城市轨道交通、地面公共交通等交通方式的衔接，完善集疏运系统与配送系统，进一步促进客运"零距离"换乘和货运无缝衔接，促进生产要素自由流动和优化配置。

4. 强化国际通道互联互通

加快国际通道建设，强化与周边国家交通基础设施的互联互通，形成以东北亚运输通道、中亚运输通道和东南亚运输通道为主的区域国际运输系统，增强陆路国际运输延展能力、控制能力，为丝绸之路经济带、海上丝绸之路提供支撑。

（二）旅客运输

1. 建设客运基本公共服务体系

充分考虑"十三五"时期区域协调发展、新型城镇化进程和全面建成小康社会的现实要求，界定客运基本公共服务的范围、层次、方式与内容。明确政府作为客运基本公共服务体系建设的责任主体，同时充分发挥市场配置资源和社会组织的能动性，建立"政府—市场—社会"三位一体多元化供给格局，采用公共生产、私人生产、公私合营等多种供给方式，保障供给的可靠性与高效性。根据区域、城乡之间服务需求水平与服务供给能力差异性，制定相应的服务标准、价格和考核办法，使客运基本公共服务能够满足当地经济社会发展要求。

2. 完善旅客运输服务运营管理体制

加快铁路系统客运改革，完善公司化运营的组织架构，打破垄断，引入竞争。完善道路、水运旅客运输经营许可和班线、航线审批制度，加大企业经营活动自主权。扶持组建大型邮轮公司，努力开拓国际市场。优化空域管理，鼓励航空公司资本运作与兼并重组，培育具有国际竞争力的民航企业集团，大力发展通用航空。

3. 促进客运服务产业可持续发展

通过法律保障、制度建设和政策调节，引导客运企业创新商业模式、优化经营管理、加大科技投入、提高服务水平，按照市场规则优胜劣汰，促进产业结构优化与升级。推广新能源汽车、船舶等低碳环保型交通工具的使用，加快智能化交通系统建设，构建客运服务公共信息平台，加强跨区域、跨运输方式的信息资源整合与共享，提高运输组织效率，降低客运服务过程中的能耗与排放，实现产业绿色发展。

（三）货物运输

1. 建设一体化货物运输服务系统

按照全程一体要求，依据各种运输方式技术经济特点，针对货物运量、运距、时限区别，建设多个一种方式为主体，其他方式为补充的一体化货运服务系统。发展以铁路为主体的货运服务系统，重点发展大中运量、中长距离、中低时限货物一体化运输服务。发展以公路为主体的货运服务系统，重点发展中小运量、中短距离、中高时限货物一体化运输服务。发展以水运为主体的货运服务系统，重点发展大运量、长距离、低时限货物一体化运输服务。发展以民航为主体的货运服务系统重点发展小运量、长距离、高时限货物一体化运输服务。发展以管道为主体的货运服务系统，重点发展中长距离、大中运量液化气化货物一体化运输服务。

2. 培育全程服务企业

满足建设一体化服务系统要求，重点培育铁路、公路、水运、民航、管道等一体化货运服务的主体企业，负责各种货运服务系统的一体化运输组织和运营。同时，积极鼓励各种运输方式的中小企业发展，主动纳入各类主体企业服务链条，完善一体化运输环节。

3. 完善有序竞争市场

加大各项制度、法规、规范和标准建设，提高市场准入门槛，强化市场活动监管，规范价格和收费，加大违规行为惩罚，完善市场退出机制，促进货运服务市场有序运行。打破不同运输领域、不同运输环节、不同区域的市场垄断、分割和壁垒，促进货运服务市场公平竞争。

（四）城市交通

全面实施公共交通优先发展战略，构建大城市多层次的公共交通体系，提高线网密度和站点覆盖率，提高公共交通出行分担比例。积极引入公交导向发展模式，加大力度优先发展大城市公共交通。

根据不同城市规模、特点和客运需求，选取适合的公共交通形式，构建以公共交通为主体的城市机动化出行系统，积极发展快速公共汽车、现代有轨电车等大容量地面公共交通系统，有序推进城市轨道交通建设。强化交通综合管理，有效调控、合理引导个体机动化交通需求。规范出租车健康、有序、合理发展。推动停车产业化，实施差别化停车供给策略，加强执法管理。注重交通需求管理，有效引导机动车的合理使用。推进自行车、步行等交通系统建设，倡导绿色出行。

落实"公交优先"理念，推动城市各交通方式信息共享，加快城市公共交通"一卡通"服务平台建设。推动公交系统改革，建立公共电汽车、轨道交通等多方式一体化和灵活多样的票制票价，优化衔接换乘，提高公交吸引力，创新出租车经营模式。优先鼓励位于城市中心区的客运枢纽综合开发，盘活存量资产，拓展经营效益。

（五）城乡交通

按照公共服务均等化要求，统筹城乡交通一体化发展，要继续加快农村交通基础设施建设，全面提高农村公路的通达深度、覆盖广度、技术标准和网络水平。实施农村公路的桥涵建设、危桥改造以及客运场站等公交配套工程，加强农村公路的标识、标线、护栏等安全设施建设。切实落实农村公路的养护和管理。更大规模的开行农村客运班车，真正为农村百姓提供基本客运服务。

（六）技术装备

1. 提升交通技术装备现代化水平

不断提高铁路高速动车组、大功率电力机车、重载货车等先进装备的应用规模和水平，继续提高空调客车比例和专用货车比例。推进高速动车组谱系化发展。

积极发展公路专用运输车辆、大型厢式货车、多轴重载大型车辆和城市配送车辆，鼓励发展大中型高档客车，大力发展适合农村客运的安全、实用、经济型乡村客车。积极推动载货汽车标准化进程，大力推广集装技术和单元化装载技术。加快老旧车辆更新，促进高效、节能运输车辆的发展。

继续发展大型干散货船、大型油轮、集装箱船、滚装船和液化气船，鼓励发展邮轮、游艇，加快推进内河运输船舶标准化，大力发展江海直达船舶。严格实施和完善老旧船舶强制报废制度，加大船舶技术更新改造力度。

继续完善和优化民用机队结构，积极发展支线飞机和通用飞机。提高民航空管设备的安全运行水平和技术保障能力。

2. 增强交通技术和装备自主创新能力

强化重大关键技术自主研发。以实用性、前瞻性技术为主，紧密结合全国和区域交通运输发展需求，加快推动交通基础设施建设与养护、交通运输组织与管理、交通安全与应急保障、交通资源节约与环境友好、交通运输信息化、交通运输科学决策支持等领域的重点方向的自主研发。以工程项目带动技术创新，重点支持轨道交通建设关键技术、跨江海通道大型结构工程建设关键技术、内河航道通过能力提升关键技术、深海油气管线建设和养护关键技术、新一代智能交通技术开发与应用、新一代公路基础设施维护技术与装备开发、水上搜救打捞、应急保障、航空安全等重大关键技术与装备开发等重大科技专项，力争形成一批拥有核心自主知识产权、技术水平国际领先、实用性强的重大科研项目研发成果。

通过工程应用带动技术研发，继续实施"先进轨道交通装备及关键部件"创新发展工程，突破制约轨道交通装备发展的牵引传动、制动、控制系统等关键系统和核心部件的技术瓶颈。加快推进国产干、支线飞机研制和改进，先进飞行控制技术、高效发动机研制技术、节能减排降噪技术、航空设备及系统集成技术等重大工程技术取得突破。积极推动重载列车、大马力机车、特种重型车辆、低能耗与新能源汽车、大型高技术船舶、大型远洋渔业船舶以及海洋科考船等，低空多用途通用航空飞行器、高黏原油及多相流管道输送系统等新型运载工具的自主发展。

3. 加快推进交通技术装备产业化发展

加快轨道交通装备产业园区建设，推动轨道交通装备产业集群发展。实施支线飞机和通用飞机产业化工程以及民用飞机产业化基础支撑计划。加快推进新能源汽车产业化发展。大力推动高端船舶、特种船舶产业化发展。

加快推进交通装备制造企业间的兼并重组，集聚研发力量和制造资源，提高产业集中度，推进龙头企业整合产业链条，优化生产力布局，培育形成具备成套和总承包能力、国际竞争力强的大型企业集团。

加快运输装备相关配套产业的发展。大力发展与铁路机车主机技术水平相协调的专业化、规模化配套企业，提升轨道交通基础元器件、核心零部件及关键系统的配套能力。大力发展航空机载、任务、空管和地面设备及系统，加快建设飞机和发动机大部件专业化生产基地，大力发展航空材料和基础元器件。加快推进船舶配套业专业化、规模化、特色化发展，促进船舶配套业由设备加工制造向系统集成转变。

发展具有交通技术和运输装备特色的现代制造服务业。围绕产业转型升级，支持骨干企业在交通基础设施建设与运营方面提供全面解决方案，开展工程承包、系统集成、试验验证、认证、监理咨询、维护保养、物流、运营维护、维修改造、再制造、备件供应、设备租赁、培训等方面的增值服务。促进企业由单一提供设备向提供成套设备、工程承包等转变，产业链延伸至下游运营服务领域，逐步实现由生产型制造转向生产服务型制造。

4. 提高交通技术装备产业国际竞争力

支持有实力的企业"走出去"，大力开拓海外市场，积极参与国际竞争，创立具有国际影响力的世界级品牌，打造具有全球配置资源能力的跨国企业，全面提升企业的国际竞争力。鼓励企业加强国际交流，通过联合开发、合资合作、人才交流、兼并重组等多种方式与国外企业和研发中心进行合作。支持企业在境外注册商标和申请专利，促进具有知识产权的技术和产品出口。推进企业由产品、技术出口向资本、管理输出转变，在全球建立一批具有影响力的研发设计、生产制造、销售服务基地，实现交通技术和装备产业的全球化。

5. 提升交通运输信息化水平

继续推进综合交通运输公共信息系统建设。统筹全国公路网、铁路网、特大桥梁、长大隧道技术状况信息监测和安全运行远程监督检查的信息，加强对民航客机和运行船舶的实时航运监控。积极推动客货运输票务、单证等的联程联网系统建设，推进条码、射频、全球定位系统、行包和邮件自动分拣系统等先进技术的应用。逐步建立高速公路全国监控、公路联网和不停车收费系统，提高运营安全与效率。推进铁路综合视频监控系统建设。推广应用空管新技术，提高空管自动化水平。积极推进数字航道、航标遥测遥控等新技术应用，提升航道养护管理的现代化水平。全面推行现代工程管理，不断提高建设管理水平。积极推进移动互联网、大数据技术、新一代移动通信网络技术、定位导航技术等先进技术在交通信息化中的应用。完善和发展车联网和车路协同、船联网和港船一体等先进技术，进一步推进铁路和民航的管理信息化系统改造，提升运行效率和服务能力。利用交通信息化手段，解决交通运输发展中新的管理需求和出行需求，改善出行体验，提升物流效率。

（七）安全保障

1. 强化交通安全理念

充分认识安全预防的重要性，由政府主导、全社会共同参与的交通安全教育与宣传体系，树立交通安全终身教育理念，提升交通参与者，尤其是机动车驾驶员的安全意识。

2. 完善交通安全监管体制

继续健全完善交通运输安全管理体制机制，加强行业外交通安全预防、监管和事故独立处理等能力建设，提升交通安全管理部门之间的沟通协作水平，以枢纽场站、城乡结合部交通线路、铁路线路安全区等薄弱环节为重点，建立权责清晰、高效统一的交通运输安全监管体制。

3. 加强交通安全市场监管

继续坚持交通基础设施与安全保障"同步规划、同步施工、同步运营"三同步原则，转变市场监管方式，重视交通安全事前预防工作，实施交通项目安全审计工作和事故责任追究制度，建立安全责任"终身制"，将交通安全责任人纳入社会信用体系中，提高交通安全管理的智能化水平，建立道路交通动态监控信息平台和重点营运车辆联网联控系统，不断提高交通安全市场监管能力。

4. 加大交通安全设施投入

加大高铁运营安全投入，完善铁路安全监控预警系统；继续推进公路灾害防治、安保工程建设，加大对农村公路安保设施、公路渡口改造等工程的资金投入；推进水路安全设施建设，加快推进电子航道地图应用；完善机场空管、安保、消防救援等设施设备，增强民航机场安全保障能力。

5. 提高交通应急保障能力

构建国家和地方交通应急保障机制，注重与全社会应急保障体系的衔接和配合，制定交通应急能力规划，对交通应急力量分配、应急物资储备、应急部门分工协作等进行科学规划。建立跨区域、跨境突发事件的应急预警、响应和处理机制，提高跨区域的应急信息资源互通和共享能力。加快推进航空紧急救援体系建设，制定航空紧急救援发展战略，加强直升机起降点等航空应急设施建设，提高应急救援反应速度和救援效率。

（八）节约环保

1.以低碳、绿色为方向，推进交通技术装备升级换代

大力推广节能环保型运输工具，实施较高的排放标准，逐步与国际标准接轨，逐步淘汰高能耗、低效率的运输工具，引导向大型化、专业化、标准化、绿色化发展，提高各类运输工具的能源利用效率，最大限度地降低能耗和排放水平。以推动公交示范城市建设为契机，促进城市积极发展公共交通，大力加强加气、充电等配套设施的规划与建设，为节能和新能源汽车推广应用提供有力支撑。

2.以提升效率为目标，推进运输组织体系建设

积极培育多式联运、甩挂运输等现代运输组织方式，推进江海直达、高铁快递等运输。推动公路货运市场的网络化、集约化水平，提高公路货运实载率。优化调控客运班线、城市出租车等运力配置，降低线路空载率。通过优化运输组织，加速运输工具周转，提高运输效率，降低能源消耗。

3.以环境保护为约束，促进交通运输业集约节约发展。

合理确定线路建设规模、技术标准和线路走向，集约节约用地，提高土地利用效率，处理好交通基础设施与水源地、湿地、野生动物栖息地、风景名胜、重要生态功能区等环境敏感区的关系，采取有效措施，最大限度地减少对环境的破坏。加大交通基础设施的节能技术改造力度，推广使用交通废弃物循环利用的新材料、新工艺、新设备，提高资源再利用水平。

4.以建立长效机制为重点，保障低碳绿色交通运输体系持续健康发展。

把节能减排作为构建低碳绿色交通运输体系的重要工作，完善交通运输业节能减排监测统计分析制度，提高监测的信息化、智能化水平，制定覆盖全行业的节能减排责任任务和考核评价制度，完善节能减排组织体系，加强节能减排队伍建设，建立节能减排资金引导的长效机制，完善资金投入规模、拨付方式，提高资金使用的有效性，保障低碳绿色交通运输体系持续健康发展。

六、政策措施

（一）理顺政府与市场关系

切实贯彻使市场在资源配置中起决定性作用和更好发挥政府作用精神，着力解决市场体系不完善、政府干预过多和监管不到位问题，大幅度减少政府对资源的直接配置，推动资源配置依据市场规则、市场价格、市场竞争实现效益最大化和效率最优化。着力建设统一开放、竞争有序的交通运输市场体系，使市场在经营性、准公共性等领域的资源配置中起决定性作用。对于农村公路、内河航道、区域开发型交通基础设施、边防公路、农村客运、城市公共交通各类无障碍设施等公益性强、社会效益显著的交通基础设施和服务，应作为政府支持的重点领域。

（二）拓宽交通融资渠道

加强交通发展投融资模式创新，进一步完善"国家投资、地方筹资、社会融资、利用外资"的投融资机制。继续深化铁路投融资体制改革，扩大铁路发展基金募集规模。创新轨道交通导向型土地综合开发模式。完善普通国道投融资体制，建立完善以公共财政为基础，各级政府责任清晰、事权和支出责任相适应的投融资长效机制，加大财政性资金对普通公路发展支持力度，进一步提高车购税用于普通国省道的支出比重。继续加大中央资金对内河航道和中西部支线机场的投入。开展综合交通枢纽综合开发试点工作，并给予政策支持。抓紧制定鼓励包括民营资本在内的社会资本投资交通基础设施的政策措施，切实消除扩大建设融资规模的体制障碍。加大政策性金融对交通基础设施建设支持力度，鼓励保险和各类融资性担保机构提供信贷和担保支持。推进经营性内河水运工程市场融资，支持符合条件的企业发行用于城际铁路、普通公路、内河航道等建设债券。调整燃油税、城市维护建设税等支出结构，提高对交通运输基本公共服务投入比例。

（三）健全技术标准体系

加强基础设施领域技术标准体系建设，根据综合交通运输体系发展需要，修订基础设施建设领域的已有标准，制定城际轨道交通、城市轨道交通、中低速磁悬浮交通、港口吞吐能力、通用机场和综合交通枢纽等建设标准体系。健全机动车能耗与排放限值标准。进一步完善综合交通运输信息化法规、标准和技术规范，消除信息共享利用的技术壁垒，实现信息互联互通。制定严格的交通信息使用规范，采用高标准的信息安全技术，加强国家级密钥管理工作，保障交通信息数据传输和存储安全可靠。

（四）推进客货运输服务市场化改革

明确政府职责，进一步简政放权，推进运输服务市场化改革。开放经营性客运、客票代理、枢纽运营、交通工具维修检测和租赁、驾驶员培训等竞争性领域，降低行业准入和退出门槛，促进资源要素自由流动。加快国有客运企业改革，推进混合所有制，赋予企业平等市场主体地位，建立出资人及其监管到位的现代企业制度。引导企业开展增值服务，鼓励旅客运输与旅游、休闲、会议、培训等相关产业融合发展，创新产业业态。

深化货运管理体制改革，加快建立有利于一体化服务的货运管理体制。建立跨区域、跨行业的货运运营管理新机制，提高货运服务市场化水平。推进国有货运企业改革，构建现代企业指导，塑造真正的市场主体。探索货运普遍服务和专业服务分营改革，健全普遍服务保障和监督机制，完善专业服务竞争机制。提倡货运主体诚信经营，建立货运服务信用体系。

（五）鼓励交通运输管理与科技创新

加大交通运输科技投入，推广采用新技术、新装备、新理念，提高旅客运输组织效率和服务水平。强化人才队伍建设，加强技能型、管理型人才培养，规范职业培训，提高从业人员职业素质与道德水平，维护行业健康稳定发展。

健全科技创新体系，完善科技创新机制，提高货运服务创新能力。加大资金投入力度，开展创新示范工程。鼓励货运企业作为创新主体，通过系统创新、集成创新，开展技术创新、服务创新、组织创新和模式创新。营造鼓励成功、宽容失败的创新氛围，建立创新保障机制。

（六）强化交通信息化政策

加强参与交通信息化的各部门的协同与沟通，消除行业之间政策壁垒，中央和地方的政策壁垒，建立综合交通信息采集、获取和利用的制度。整合交通信息资源，规范统一业务流程，提高信息共享度，消除信息孤岛和信息瓶颈。

改善交通信息化网络的整体布局，提升网络的整体效益，形成交通信息化网络的规模效应，加强对交通信息化网络的综合利用。理顺交通信息化运营维护的管理机制，建立和完善信息化后评价机制，探索建立公益性信息资源开发与服务的长效机制，推动形成市场主导、规模经营、专业分工、效益显著的交通信息化产业发展格局。

运输所课题组

后　记

　　《"十三五"时期经济社会发展总体思路研究》是国家发展改革委宏观经济研究院 2014 年度重大课题成果，常务副院长陈东琪研究员负责全书的总体思路和逻辑框架设计，全院 65 位研究人员参与课题研究。其中，总报告成员 19 人，分别为吴晓华、宋立、郭春丽、申兵、刘泉红、罗蓉、姚淑梅、杨宏伟、王云平、汪阳红、陈长缨、王元、杜飞轮、郭丽岩、李大伟、曾铮、顾严、刘保奎和张燕。专题一执笔人为宋立、孙学工、曾铮和刘志成。专题二执笔人为刘树杰、臧跃茹、郭丽岩、王磊、刘志成和张铭慎。专题三执笔人为曾智泽、王君、李红宇、张于喆和杨威。专题四执笔人为王云平、蓝海涛、涂圣伟、盛朝讯、张义博和韩祺。专题五执笔人为杨萍。专题六执笔人为肖金成、申兵、欧阳慧、刘保奎和李爱民。专题七执笔人为汪阳红、贾若祥、袁朱和张燕。专题八执笔人为邢伟、李璐和万海远。专题九执笔人为张本波。专题十执笔人为银温泉、孙长学、张璐琴、张林山、郭冠男、李晓琳和孙凤仪。专题十一执笔人为陈长缨、郝洁和李大伟。专题十二执笔人为韩文科、杨宏伟和田智宇。专题十三执笔人为吴文化、樊一江、谢雨蓉、李连成、李玉涛、毛科俊和陈晓博。

国家发展改革委宏观经济研究院

《中国宏观经济丛书》编委会

策　　划：张文勇

责任编辑：张文勇　孙　逸　申　吕　罗　浩

封面设计：李　雁

图书在版编目（CIP）数据

"十三五"时期经济社会发展总体思路研究 / 陈东琪主编 ． —北京：人民出版
　社，2017.9

ISBN　978 - 7 - 01 - 018132 - 5

Ⅰ．①十…　Ⅱ．①陈…　Ⅲ．①中国经济—经济发展趋势—研究—2016—
　2020　Ⅳ．① F123.2

中国版本图书馆 CIP 数据核字（2017）第 215394 号

"十三五"时期经济社会发展总体思路研究

SHISANWU SHIQI JINGJI SHEHUI FAZHAN ZONGTI SILU YANJIU

陈东琪　主编

人 民 出 版 社 出版发行

（100706　北京市东城区隆福寺街 99 号）

北京文林印务有限公司印刷　新华书店经销

2017 年 9 月第 1 版　2017 年 9 月北京第 1 次印刷
开本：710 毫米 × 1000 毫米 1/16　印张：24
字数：410 千字

ISBN 978 - 7 - 01 - 018132 - 5　定价：50.00 元

邮购地址 100706　北京市东城区隆福寺街 99 号
人民东方图书销售中心　电话（010）65250042　65289539